东南亚区域史

中国南方与东南亚民族研究中心建设经费资助

郑维宽 / 主编

暨南大学出版社
JINAN UNIVERSITY PRESS

中国·广州

图书在版编目（CIP）数据

东南亚区域史/郑维宽主编． —广州：暨南大学出版社，2021.8（2025.1 重印）
ISBN 978 - 7 - 5668 - 3223 - 8

Ⅰ．①东…　Ⅱ．①郑…　Ⅲ．①东南亚—历史　Ⅳ．①K33

中国版本图书馆 CIP 数据核字（2021）第 171090 号

东南亚区域史
DONGNANYA QUYUSHI

主　编：郑维宽

出 版 人：阳　翼
责任编辑：曾小利
责任校对：苏　洁　孙劭贤　黄亦秋
责任印制：周一丹　郑玉婷

出版发行：暨南大学出版社（511434）
电　　话：总编室（8620）31105261
　　　　　营销部（8620）37331682　37331689
传　　真：（8620）31105289（办公室）　　37331684（营销部）
网　　址：http://www.jnupress.com
排　　版：广州尚文数码科技有限公司
印　　刷：广州小明数码印刷有限公司
开　　本：787mm×1092mm　1/16
印　　张：21.25
字　　数：413 千
版　　次：2021 年 8 月第 1 版
印　　次：2025 年 1 月第 4 次
定　　价：69.80 元

前　言

在当前建设中国—东盟自由贸易区和"21 世纪海上丝绸之路"的时代背景下，实践中国"走出去"的经济发展战略，构建面向周边国家和地区睦邻友好关系的外交战略，不仅需要政治、经济等硬实力的有力支撑，也需要文化软实力的有机配合。本书的编写者正是出于上述考虑，试图以历史文化为抓手，积极开设有关东盟国家的历史文化课程，将其作为区域国别史课程板块，纳入历史专业的课程体系，打通历史课程与现实的联系，培育历史专业特色，在特色办学上创出一条新路。面向东盟的区域历史文化课程，是培养中国—东盟自由贸易区和"21 世纪海上丝绸之路"建设人才的时代需要。在已有的课程设置中，更多注重的是对现实政治、经济和国际关系问题的讲授，有关东盟国家历史文化的课程甚少，呈现出"重现实、轻历史"的现象。这种将历史与现实割裂开来的课程设置，不利于从历史脉络中探寻现实问题生成的渊源，影响到对中国—东盟关系的深刻把握及双方政治互信、经济互动的深入发展。因此，本书的主要研究内容、着眼点就是将东南亚的历史与现实结合起来，致力于打造东南亚区域史课程。

本书强调从整体史和文明史的角度重构东南亚区域史的书写范式，因此在设计课程的内容板块时，强调将东南亚区域发展的历时性与共时性紧密结合起来，既注重不同时间断面（time-crossing）上东南亚各国和区域整体的演进轨迹，也注意同一时间断面上各个国家和民族之间的横向联系。《东南亚区域史》的主要内容包括"东南亚区域发展史""东南亚文化史""东南亚与周边地区交流史"三个板块。其中，"东南亚区域发展史"注重从整体史观构建东南亚历史的发展脉络，为此需要在传统东南亚国别史的基础上，既注重各国历史的纵向演进，也注意梳理各国历史发展的横向联系，揭示这种横向联系在东南亚区域史形成中的作用，从而完整呈现东南亚区域史的整体面貌。"东南亚文化史"注重从文明史观复原东南亚文化发展的历史过程，主要从本土文化的生长与外来文化的影响两个层面揭示东南亚文化的形成与嬗变过程，文化的要素包括语言文字、文学艺术、宗教信仰、建筑雕刻等。"东南亚与周边地区交流史"是东南亚历史发展进程中一个非常重要的方面，这与东南亚地处东亚与南亚两大文明交汇区的地理区位密切相关，而便捷的水陆通道是东南亚与周边地区交流的桥梁。

本书是广西高等教育本科教学改革工程项目"面向东盟的'东南亚区域史'课程建设"的结项成果，在撰写过程中充分吸收借鉴了既有研究成果，同时在打通历史与现实的联系，体现整体史观和多元文明史观的渗透方面，编写者做出了积极尝试，力争为学习者提供一部内容全面、条理清晰、视野开阔的实用读本，为更好地认识中国南部的近邻提供必要的智力支持。

本书的编写体例和内容设计由郑维宽教授负责统筹，其中林炫臻参与第一、二编的撰写，高志参与第三编的撰写，整部书稿最后由郑维宽教授负责修改、统稿。由于时间仓促，加上编撰者受学识和视野所限，书中肯定还存在诸多不足之处，敬请读者批评指正。希望能在使用过程中不断收集反馈意见，然后加以修订完善。

郑维宽

2020 年 10 月 26 日于广西民族大学

目　录

第三编　东南亚与周边地区交流史

第一编 东南亚区域发展史

东南亚历史悠久，民族众多，文化多元，当今东南亚各国都拥有属于自己的历史和文化。它们在历史发展进程中相互影响，相互促进，既有和平交往，又有战争冲突，政治、经济、文化联系密切。东南亚各地区之间的历史发展统一性和多样性并存，所以在研究东南亚区域发展的过程中，既要将其作为一个整体，又要关注其内部各地区间的差异性，总的来说，它们一般都历经了史前时代、早期国家时代、中央集权王国勃兴时期、西方国家殖民时期、日据时期、独立建国时期、独立后当代发展时期几个阶段。本章对东南亚 8 个主要国家的历史发展进行简要概括，它们分别是越南、柬埔寨、泰国、缅甸、老挝、马来西亚、菲律宾、印度尼西亚。

第一章　东南亚各国的发展历程

第一节　越　南

越南全称越南社会主义共和国，位于中南半岛东部，是东南亚的一个社会主义国家。其北面与中国的广西、云南接壤，西面与老挝、柬埔寨交界；国土面积约329 556平方千米，海岸线长 3 260 多千米，2018 年人口约 9 646 万人，是一个具有地区影响力的国家。现代越南领土由东京、安南、交趾支那三部分组成，也称北圻、中圻、南圻。越南历史悠久，拥有两千多年的可考历史，其经过不断的演进发展形成了今天的越南社会主义共和国。

今越南境内在远古时期已经有人类活动的痕迹。如旧石器时代的史前文化有分布在越南中部清化省的度山文化和分布在越南北部（简称"越北"）红河上游地区的山韦文化。中石器时代的文化以和平文化为代表，在越南境内主要分布在和平、宁平、清化、义安、广平等省。[①] 新石器时代的遗迹较多，包括早期分布在今越南东北部谅山和河北等地的石灰岩地区的北山文化和沿海的琼文文化，中期的多笔文化、查卑文化，

---

① 张利敏：《越南北部红河下游地区史前文化研究》，广西师范大学硕士学位论文，2013 年。

晚期的冯原文化①、下龙文化、保卓文化、梅陂文化等，同时在南部的湄公河流域和同奈盆地也出土了许多新石器时代晚期的石器和陶器②。在公元前5世纪左右，今越南北部出现了早期金属文化——东山文化，并成为越南古代青铜文化的典型代表。后来越南学者声称发现了更早的青铜时代文化——冯原文化、同豆文化，但对其具体年代仍存在争议。与东山文化大约同一时代，在今越南中南部海岸存在着似乎是由早期占人创造的沙萤文化，其时间跨度在公元前600年到公元元年之间。③

越族是当今越南的主体民族，占越南总人口的86%以上，但越族并不是今越南北部的土著民族，越族的祖先是来自中国南方百越地区的雒越族，属于南方蒙古人种。越南历史学家陶维英认为："雒越人是居住在百越地区最南部的百越人中的一个支系。他们的后裔现在是越南族（京族和芒族），大部分集中于平原地区和中游地带，在公元前他们可能是集中于交趾、九真的平原和中游地区。"④ 而越南的土著民族应属于美兰尼西亚种人和印度尼西亚种人，考古专家在越南和平找到了属于美兰尼西亚种与印度尼西亚种的遗骸头骨，在越南北山找到了17件头骨，其中6件属于美兰尼西亚种，8件属于印度尼西亚种，1件是蒙古种和印度尼西亚种的混血，1件类似澳大利亚种。还有一些头骨的头部稍长，类似印度尼西亚种。⑤

研究表明，早在旧石器时代，今越南北部就已经是各人种相互接触的地方，但越南最早的土著居民应属于美兰尼西亚种人和印度尼西亚种人，美兰尼西亚种人又比印度尼西亚种人迁入得早。不过后来美兰尼西亚种人逐渐为印度尼西亚种人所同化和取代。在雒越人大规模迁入后，他们被迫迁移到今越南中南部。古代在今越南中南部建立占婆国的占族人，就属于印度尼西亚种人的一支。

现代意义上的越南作为一个主权国家，与古代的越南并不是同一个概念，它们既有继承性，也存在着很大的差异。今天的越南在古代很长一段时间内分属两个不同的国家，而且文化差异较大。北部（北圻和中圻部分地区）在宋代之前隶属中国管辖，在975年摆脱中国直接统治后独立建国，开始了越南封建王朝的新阶段。南部（中圻和南圻部分地区）则是由迁至今天越南中南部的占婆人建立的王国，⑥ 直到17世纪末，其在今越南北部的封建王朝不断南扩的进程中灭亡，因此本节主要分为今越南北部和南部的占婆两条线索来叙述。

---

① 一说认为属于青铜时代早期。
② 蒋志龙：《越南同奈盆地的史前文化》，《云南民族大学学报（哲学社会科学版）》，1997年第1期。
③ 南林：《东南亚的沙萤陶器》，《东南亚南亚研究》，1987年第1期。
④ ［越］陶维英著，钟民岩译：《越南历代疆域》，北京：商务印书馆，1973年，第34页。
⑤ ［越］陶维英著，刘统文、子钺译：《越南古代史》上册，北京：商务印书馆，1976年，第19页。
⑥ 这些占婆王国在中国古籍中又被称为林邑、环王国、占城。

一、今越南北部的历史发展脉络

（一）传说时代（原始公社时期）

1. 文郎国的建立

根据越南人的传说及古籍记载，越南人的始祖为中国上古传说中炎帝神农氏的后裔。据《岭南摭怪·鸿庞氏传》记载："炎帝神农氏三世孙帝明，生帝宜，南巡狩至五岭，得婺仙之女，纳而归。生禄续，容貌端正，聪明夙成。帝明奇之，使嗣位。禄续固辞，让其兄。乃立宜为嗣，以治北地；封禄续为泾阳王，以治南方，号为赤鬼国。泾阳王能行水府，娶洞庭君龙王女，生崇缆，号为貉龙君，代治其国。泾阳王不知所之。貉龙君教民耕稼农桑，始有君臣尊卑之等，父子夫妇之伦。"貉龙君后娶帝来（帝宜之子）之女，曰妪姬，生百男，"妪姬与五十男居峰州，自相推服，尊其雄长者为主，号曰雄王，国号文郎国"[1]。"雄王"继承王位后，相传建立了"文郎国"，部分越南人认为这是今越南境内建国之始，因此越南人自称"仙子龙孙"。相传文郎国共历18代，时间跨度长达2 600多年。如按时间推算，平均每任文郎国君主在位约150年，所以文郎国的传说显然是站不住脚的，但其反映出今越南境内早期部落联盟开始形成。

2. 瓯雒国的建立

据越南史料记载，公元前257年，蜀王泮攻灭文郎国，建立了瓯雒国，并兴建都城古螺城[2]。据（宋）乐史《太平寰宇记》引《南越志》曰："瓯雒国安阳王，巴蜀人也，姓蜀名泮。因先祖求雄王之女媚娘为婚，不许，怨之。泮欲成前志，兴兵攻雄王，灭文郎国，改曰瓯雒国。"虽然蜀王泮攻灭文郎国这一记载的传说色彩比较浓厚，但是确实反映了当时土著族群与外来族群之间的冲突。关于蜀王泮的来历，可谓众说纷纭，有学者认为蜀氏只不过是文郎国附近的一个独立姓氏，并非中国的蜀国。也有学者根据近代以来的考古发现，认为今越南北部中石器时代至新石器时代的文化与四川地区同一时期的文化相同，在青铜器时代，四川与今越南北部的联系很密切，成都白马寺出土的青铜器在艺术风格上与越南东山出土的青铜器也大致相同。[3] 据此认为蜀地与今越南北部的联系通道早已存在，蜀王泮及其所携人马很可能就来自中国的巴蜀地区。至于蜀王泮是否就是安阳王，由于当时没有留下确切的史料记载，所以单靠后代的推论很难确认。但可以肯定的是，古代越南的民族是不断迁入的新族群与当地族群融合而形成的，瓯雒国时期雒越人与蜀人进行过一次大融合。瓯雒国的疆域相当于汉代的

---

[1] 戴可来、杨保筠校注：《岭南摭怪等史料三种》，郑州：中州古籍出版社，1991年，第9页。

[2] 位于今越南河内东英县古螺乡境内。

[3] 吕士朋：《北属时期的越南》，香港：香港中文大学新亚研究所，1964年，第9–13页。

交趾、九真二郡，当时拥有今越南北部广大地区。当然，瓯雒国的建立并不能标志今越南境内早期国家的形成，一是因为记录它的史料皆来自后代文献，最早的是14世纪末才成书的《岭南摭怪》，不仅相隔年代久远，而且神话色彩非常浓厚。二是根据出土文物和文化遗址判断，当时的生产力水平还非常低下，阶级社会尚未形成。所以瓯雒国只能算是古代越南早期一个较大的部落联盟而已。

（二）北属中国时代

1. 秦朝治理时期

秦始皇在公元前221年兼并东方六国后，又将目光投向了岭南百越地区。公元前219年，秦始皇命令屠睢率领五十万大军分五路南下进攻百越，但是遭到了当地越族的顽强抵抗。秦军损失惨重，主帅屠睢被越人夜袭杀死，不得不暂时停止对百越地区的进攻。后来以任嚣、赵佗为将，"发诸尝逋亡人、赘婿、贾人略取陆梁地"[①]，终于在公元前214年平定岭南，设置南海、桂林、象三郡。后来在南海郡龙川令赵佗的开拓下，将象郡的边界拓展到今越南清化、乂安、河静等地，所以象郡所辖区域一般认为在今天广西西南部、越南北部及中部偏北地区。关于秦朝象郡的南界具体止于何地，学术界仍有争论，但是今越南北部在秦代隶属象郡管辖则确切无疑。所以，象郡的设立是今越南北部北属中国时代的开始。象郡直接隶属秦朝中央政府管辖，虽然秦朝对象郡的管辖较为松弛，而且时间较为短暂，但为汉文化和中原地区先进的生产技术传入今越南境内创造了条件，促进了当地经济文化的发展和封建生产关系的萌发。

2. 南越国统治时期

公元前207年秦朝灭亡，原秦朝南海郡龙川令赵佗随即"击并桂林、象郡，自立为南越武王"[②]，建立了南越割据政权。南越国建立后，继续在今越南北部实行郡县制管辖。史载："后南越王佗攻破安阳王，令二使典主交趾、九真二郡人。"[③] 将今越南北部纳入南越国的有效管辖。南越国对外向汉朝称臣，保持与中央王朝关系的稳定，积极与中原地区开展商贸往来；对内奉行秦汉的封建政治制度，并施行"南北交欢""和辑百越"的民族融合政策。南越国赋予越人一定的参政权，吸收有威望的越人首领到中央任职，如宰相吕嘉就是其中的一位，在地方则任用雒王、雒侯、雒将等管理各雒越部落。南越国在尊重越人传统风俗习惯的同时，也保护北方汉族移民的利益。这些措施有利于封建政治制度和封建生产关系在岭南和今越南北部广大地区推行，增强民族团结，推动民族融合，使中原的先进文化、农耕技术、铁器制品在今越南北部地区

---

① （汉）司马迁：《史记》卷6《秦始皇本纪》。
② （汉）司马迁：《史记》卷113《南越尉佗列传》。
③ （汉）司马迁：《史记》卷113《南越尉佗列传》。

传播，逐渐打破当地较为原始落后的生产生活状态。越南史学家也对赵佗开拓今越南北部的功绩赞赏有加，越南史学家黎嵩称赞道："赵佗并其地，输入汉文化，使越北进入文明之邦，当由此始。"[①] 吴士连也说："赵武帝能开拓我越，而自帝其国，与汉抗衡，为我越俱始帝王之基业，其功可谓大矣。"[②] 可见南越国在历史上对今越北地区影响之深和意义之大。

3. 汉朝治理时期

公元前 115 年，南越王赵兴即位。公元前 113 年，汉武帝派遣安国少季劝说南越王及南越太后入朝。太后樛氏希望南越国内属汉朝，这与不愿归附汉朝的南越国宰相吕嘉产生了巨大的矛盾，樛后还试图暗杀吕嘉，这激起了吕嘉的严重不满和反叛意识。公元前 112 年，吕嘉发动叛乱，尽诛汉使者、樛后、哀王赵兴。汉武帝闻讯震怒，派遣由军士和罪人组成的约 10 万人的军队，兵分五路讨伐南越国。公元前 111 年冬，汉军平定南越，南越国灭亡，岭南百越地区重新归属中央政府管辖。西汉政府随即将原南越国辖境划为九郡，其中交趾、九真、日南三郡相当于今天越南北部和中部偏北地区，交趾位于今红河三角洲一带，九真位于清化和义静一带，日南位于平治、天和、广南一带，岭南九郡由交趾刺史部统领，今越南北部正式纳入汉王朝的统治体系。

西汉对今越南北部的统治，采取了大量温和、开明的措施。史载："汉连出兵三岁，诛羌，灭两粤，番禺以西至蜀南者置初郡十七，且以其故俗治，无赋税。"[③] 由于刚刚经历战事，为了维护百越地区的稳定，缓和雒越族群上层与西汉中央政府的紧张关系，西汉在今越南北部继续实行雒将制度。雒将是当地百越部落的实际统治者，郡县官员不仅不剥夺雒侯、雒将对原部族的管理权，不强行干涉雒越人的生活习惯，而且还免除雒越人的劳役和赋税。位于今越南中北部的三郡远离西汉统治中心，汉朝推行"诸雒将主民如故"和"以其故俗治"的政策，不仅使今越南北部在很长一段时间内保持着社会的稳定，同时减少了西汉王朝在边疆地区的统治成本。虽然西汉王朝在今越南北部设置郡县，但是中央委任的刺史、太守等基本只管理汉族移民事务和一些机要军务，能监督管控州郡县城，却与郡县之下的广大越人缺少直接接触，甚至县令也是委任当地越人首领担任。在今越南北部推行雒将制度，虽然在一定程度上避免了汉越冲突，但也削弱了中央集权，阻碍了封建制度、农耕技术在今越南北部的推广。

今越南北部虽然经历了秦代象郡时期、南越国时期、西汉时期的开发，但是农耕技术尚未普及，生产力相当低下，仍然处于原始氏族社会阶段。从长远看，对雒越

---

① ［越］吴士连：《大越史记全书》外记卷 2。
② ［越］吴士连：《大越史记全书》卷首《越鉴通考总论》。
③ （汉）班固：《汉书》卷 24《食货志下》。

地区长期"统而不治"既不利于西汉对今越南北部的管控，也不利于当地的进步和发展。所以到了西汉末期，西汉王朝开始逐步调整对交趾等三郡的统治政策，在继续保持雒将制度的同时，也大力推行汉化政策。

汉化政策主要的引领者和实施者是当地的有为太守，史书上将他们称为循吏。西汉末期至东汉早期，今越南北部曾有两位著名的太守——锡光和任延，为汉代今越南北部社会的进步做出了重大贡献。他们推行的汉化措施主要包括两个方面：一方面，大力推广铁器、牛耕等先进的农业生产工具及生产技术；另一方面，大力传播封建礼教，加强文化教育。这些措施使中原地区先进的生产工具、生产技术、文化教育在今越北地区得到推广，深刻改变了当地雒越社会的形态。虽然推行这些措施的根本出发点仍然是维护中国封建王朝的统治，却顺应了历史发展的潮流，使今越北地区由氏族社会向封建社会过渡。中越史书均对这两位太守的功绩加以赞扬，皆称"岭南华风，始于二守焉"①。

然而，封建制度和封建文化在今越北地区的推行，却引起了雒侯、雒将的严重不满。旧有的雒将制度受到持续的冲击，原有的氏族部落面临崩溃。随着封建土地所有制的进一步推行，中国封建王朝对今越北地区雒越人"统而不治"的政策发生了根本转变。经过王莽改制，到了东汉时期，今越北地区的州郡官府已经开始对雒越人征收赋税，征发徭役，并且用封建法制规范雒越上层贵族的行为。原来已经习惯于氏族部落生活的雒越人对封建官府的赋税征收和徭役征发十分不满，雒越社会上层的雒侯、雒将也因为自身的既得利益受损而煽动越人反叛。交趾郡的征侧、征贰姐妹于40年起事，今越北地区爆发叛乱。征侧为麊泠县雒将之女，甚雄勇，因为太守苏定想"以法绳之"，她怒而反叛。② 当然也不排除苏定有贪墨行为，或者征收的赋税过于沉重，从而激起越人的反叛。但是从总体上看，这场叛乱归根结底是封建制度与雒将制度不可调和的矛盾引起的。

二征起事给东汉政府在今越南北部的统治带来了巨大的威胁，扰乱了汉王朝在今越北地区的统治秩序，致使岭表不宁，所以汉光武帝刘秀决定以武力平息叛乱。42年，刘秀派遣伏波将军马援、楼船将军段志率兵万余人征讨。次年四月，马援攻破交趾、九真，将征侧、征贰等头领斩首，反叛的雒越军队向汉军投降，岭表悉平。马援平定二征起事后，继续推行封建郡县制度，并废除了原有的雒将制度，大力推行汉律和封建文化，"与越人申明旧制，以约束之"③。在经济开发上凿渠灌溉，以利其民，并且留

---

① （南朝宋）范晔：《后汉书》卷76《循吏列传》；［越］吴士连：《大越史记全书》外记卷3《属西汉记》。

② （南朝宋）范晔：《后汉书》卷86《南蛮西南夷列传》。

③ （南朝宋）范晔：《后汉书》卷31，第1112页。

下一部分掌握农业和手工业技术的士兵，教导雒越人耕种，后世将这些士兵称为"马留人"或"马流人"。

随着中原王朝在今越北地区统治的稳固，东汉政府用一套完整的封建官僚制度替代雒将制度，用县令管理地方，县令服从于太守或刺史等更高一级的官员，而且县令多由汉人担任，由中央直接委派，没有世袭权力，这样就加强了对今越北地区基层雒越社会的管理，从此中国史籍不再有关于雒侯、雒将的记载。封建官僚体制的确立，加上铁犁和新的农业生产技术更加普遍地在今越北地区得到应用，封建地租制也在今越北地区开始确立，形成了更加深刻的封建生产关系。因此，今越北地区在东汉王朝平定二征起事后，正式步入封建社会。

东汉末年，政局动荡，吏治腐败，致使封建政治制度和封建地租制的负面影响在今越北地区不断显现出来，交趾民众广受封建官僚的压迫和封建地租的盘剥，在申诉无门后，往往形成地方叛乱。自东汉顺帝起，今越北地区的土著族群起事不断，138年，象林蛮反汉；160年，九真郡民起事；178年，乌浒蛮发动反抗斗争。直到184年汉灵帝调贾琮担任交趾刺史后，抚慰百姓，惩治贪吏，减免赋税徭役，交趾地区的社会秩序才稳定下来。百姓歌曰："贾父来晚，使我先反，今见清平，吏不敢饭。"[①] 贾琮为维护交趾的社会稳定做出了巨大的贡献。今越北地区恢复稳定后，在人才选拔上也有了巨大进步。交趾人李进担任交趾刺史后，上书汉灵帝，建议朝廷对边远地区以同样方式举贤任官，朝廷同意交趾选取茂才和孝廉在本州任官。后来官至司隶校尉的交趾人李琴和李进一起，恳请汉朝皇帝同等对待交趾人才和中原人才，获得同意，至此，交趾人才得以平等参与王朝人才的选拔。

与此同时，在北方，自汉灵帝中平年间开始，农民起义不断，皇帝大权旁落，军阀混战，中原动荡。由于交趾地区相对稳定，大量中原人士到交州避难，《牟子理惑论》记载，灵帝崩后，"天下扰乱，独交州差安，北方异人咸来在焉。多为神仙辟谷长生之术，时人多有学者"[②]。这给今越北地区的进一步发展带来了契机，中原人口南迁至交趾地区，不仅充实了当地人口，还带来了大量的生产技术和文化，促进了地区经济的发展。

4. 汉末三国统治时期

（1）士燮家族统治时期。

马援平定二征起事、废除雒将制、推行汉制，进一步扫除了汉人南迁和民族融合的障碍。北方汉人南迁的数量不断增加，这些南迁汉人历经数代的繁衍生息，至东汉

---

① （南朝宋）范晔：《后汉书》卷31，第1112页。

② 周叔迦辑撰，周绍良新编：《牟子丛残新编》，北京：中国书店出版社，2001年，第1页。

末年已经形成了非常强大的地方势力，汉人豪族在今越北地区崛起。士燮家族就是交趾汉人豪族的典型。

187 年，士燮任交趾太守。后交州刺史张津、朱符相继被杀。汉献帝听说士燮贤达，遂以士燮为绥南中郎将，兼领交趾太守。士燮掌握交趾地方政权后，又上表奏请任命其三个弟弟士壹、士䵋、士武分别任合浦、九真、南海太守。从此士燮兄弟"并为列郡，雄长一州，偏在万里，威尊无上"①，士燮家族彻底掌握了交州政权。士燮虽无刺史之名，实际上却成为掌控岭南各郡的地方实力派，今越南北部进入了士燮家族的统治时期。

士燮为政开明，学识渊博，治学精微，而且虚怀若谷，宽厚待人，礼贤下士。数以百计的中原名士前来依附，其中不乏刘熙、薛琮、程秉、刘巴、许靖、桓晔、牟子、康僧会等名士大家。在他的统治下，交州社会安定，百姓富庶，安居乐业，与北方纷乱动荡的局面形成鲜明对比。大量中原人士纷纷南下交州避难，带来了先进的生产技术和经学文化，促进了交州的生产发展和文化繁荣。

赤壁之战后，随着三国鼎立局面的形成，孙权在 210 年任命步骘为交州刺史，以士燮为左将军。士燮家族归附于东吴政权，两广地区并入东吴的实际控制范围，但士燮仍担任交趾郡太守，是今越北地区的实际统治者。226 年，统治交趾达 40 年之久的士燮病逝。士燮对今越北地区的社会发展和汉文化在当地的传播都做出了巨大贡献，中越史学家皆对其功绩称赞有加。

（2）东吴统治时期。

210 年，东吴任命步骘为交州刺史、立武中郎将，领武射吏千人，便道南下交州。步骘采用武力手段，扫平了吴巨等岭南地方势力，随着士燮主动归附，今越北地区在名义上进入东吴统治时期。220 年，东吴派遣名将吕岱代替步骘任交州刺史，加强对交州的武力统治。226 年，吕岱上表请求将交州一分为二，置交、广二州，以便于管理。同年士燮病逝，孙吴政权开始着手清除士氏家族在交趾的势力。士燮病逝后，东吴并没有让其子士徽继承交趾太守的职位，而是任命他为九真太守，后士徽抗命不从，东吴趁机铲除了交趾士燮家族的势力。吕岱、陆胤相继担任交州刺史，他们为政勤勉清廉，在他们的治理下，交趾地区"风起绝息，商旅平行，民无疾疫，田稼丰稔"②，对外"南宣国化，暨徼外扶南、林邑、堂明诸王各遣使奉贡"③。吕岱、陆胤不仅维护了交趾地区的社会稳定，而且宣扬了国威，对今越北地区的发展有着重要意义。

---

① （晋）陈寿：《三国志》卷 49《吴书四·士燮传》。
② （晋）陈寿：《三国志》卷 61《吴书十六·陆胤传》。
③ （晋）陈寿：《三国志》卷 60《吴书十五·吕岱传》。

东吴统治后期，交趾太守孙谞为政不廉，引起交趾民众不满。后东吴派遣邓荀督察交趾，没曾想邓荀与孙谞竟是一丘之貉，继续搜刮民脂民膏，终于激起了郡吏吕兴的反叛。吕兴杀死邓荀、孙谞后，率交趾内附曹魏。265 年，晋武帝司马炎逼迫魏元帝曹奂禅位，于是交州又归西晋所辖。277 年，东吴派苍梧太守陶璜率军曾短暂夺回交州，但是随着 280 年西晋灭吴，陶璜降晋，东吴在今越北地区的统治宣告结束。

5. 两晋统治时期

280 年陶璜降晋后，今越北地区正式进入晋朝的稳定统治时期。西晋继续任用陶璜为交州牧，陶璜在任 30 年，他大力发展交州农业，整顿合浦采珠业，为百姓谋利。同时加强交州日南郡的防务，抵御林邑的侵扰，维持晋朝南部边疆的安宁。史载陶璜去世时"举州号哭，如丧慈亲"①，可见其深受交州百姓爱戴。

陶璜去世后，九真兴兵作乱，驱逐太守，叛军首领赵祉又围困郡城。晋廷派遣吾彦为交州刺史，吾彦上任后，领兵平定叛乱，后来又担任交州刺史二十多年，"威恩宣著，南州宁靖"②。此后顾参、陶威、陶淑、陶绥相继担任交州刺史。320 年，东晋朝廷任命王谅为交州刺史，时有新昌郡太守梁硕"专威交土"，不听朝廷号令，并于 322 年发兵进攻王谅，王谅战败被杀，交趾完全落入梁硕手中。东晋大将陶侃派遣将军高宝率军征讨交趾，诛杀梁硕，后陶侃被任命为交州刺史。继陶侃之后担任交州刺史的有李放、阮敷、朱辅等。380 年，九真太守李逊起兵反叛，次年被交趾太守杜瑗平定，381 年晋孝武帝任命杜瑗为交州刺史。399 年，林邑王入侵，攻陷日南、九真，进犯交趾，杜瑗率军击败林邑王。410 年，杜瑗死，其子杜慧度再次击败林邑王，林邑王乞降，杜慧度担任交州刺史。411 年春，卢循攻破合浦，向交州进犯。杜慧度统率文武官员 6 000 人抗击卢循，用巧计大破卢循于龙编，卢循投水而死。杜慧度斩卢循首级，传首建康，杜慧度被封为龙编县侯，食邑千户。杜慧度为政纤密，生活节俭，爱民如子，交趾地区在他的治理下安定无事、井然有序，经济文化大为发展。

西晋时期，中原经过短暂的统一后，又进入八王之乱、"五胡乱华"的混乱时期，中原地区社会动荡不安，唯独交州地区相对稳定。中原的许多农民、手工业者以及文人士大夫南下交州，安家落户，与越人杂居，不仅推动了交州地区封建社会经济的发展，而且提高了该地区的文化教育水平，加快了交州地区封建关系的发展进程，密切了交州与中原地区的联系以及越汉民族的交流融合。

6. 南朝各政权统治时期

中国南北朝时期（420—589），共有宋、齐、梁、陈四个朝代在交州地区实行统

---

① （唐）房玄龄等：《晋书》卷 57《陶璜传》。
② （唐）房玄龄等：《晋书》卷 57《吾彦传》。

治，历时一百余年。其间政局复杂多变，矛盾重重，治少乱多，交州地区不再像以往那样安定平和，而是深陷动荡不安之中。

（1）刘宋时期（420—479）。

刘宋政权在交州设立交趾、武昌、九真、九德、日南、义昌、宋平七郡，总隶于交州，由交州刺史统辖。420 年，宋武帝刘裕篡晋，东晋灭亡。宋武帝仍任命杜慧度为交州刺史。423 年，交州刺史杜慧度卒，朝廷任命其长子员外散骑侍郎杜弘文为振威将军、交州刺史。杜弘文在交州"亦以宽和得众"，取得了一定的政绩。427 年，杜弘文奉命担任九真太守，在赴任九真途中染重疾而死。临死前遣弟杜弘猷诣京师，朝廷甚哀之。同年，宋文帝任命廷尉王徽为交州刺史。432 年，任命右军参军李秀之为交州刺史。434 年，宋文帝任命交趾太守李耽之为交州刺史。435 年，任命右军行参军苟道覆为交州刺史。443 年，任命始兴内史檀和之为交州刺史。檀和之任内，刘宋政权对林邑国的战争取得了骄人的战绩。446 年，刘宋朝廷任命檀和之率军讨伐林邑王范阳迈，檀和之令大将宗悫为振武将军，率军攻破林邑都城浦西，擒斩林邑大将范伏龙，后击败林邑王范阳迈，范阳迈因此愤懑而死。468 年，刘宋朝廷派遣孙奉伯为交州刺史，代替已故的交州刺史刘牧。此时交州人李长仁起兵叛乱，割据交州，自称刺史，还一度进攻广州，后被龙骧将军陈伯绍讨平，李长仁向刘宋政权请降，自贬"行州事"，刘宋朝廷亦派刺史到交州赴任，但均形同虚设，州务由李长仁主理，交州实际上处于割据状态。李长仁死后，其弟李叔献自行继任交州刺史。但宋明帝不承认李叔献为交州刺史，只承认他为武平、新昌二郡太守。李叔献不服，起兵据险自守，对抗刘宋政权，此后交州处于李叔献的实际控制之中。

（2）萧齐时期（479—502）。

479 年，萧道成立齐代宋。南齐建立之初，对李叔献采取笼络政策，承认李叔献对交州的实际管理。后来因为李叔献"断绝贡献"，蔑视朝廷，齐武帝大怒，于 485 年派刘楷为交州刺史，并率军入交州，李叔献才惧而出逃，割据之局亦告终结。齐明帝时先后派遣房宗法、伏登之、李凯为交州刺史。李凯原为梁衍部下，对齐明帝不忠，于 502 年起兵反齐，齐东昏侯派遣长史李畟讨平李凯。

（3）萧梁时期（502—557）。

502 年，萧衍起兵灭齐，建立梁朝，是为梁武帝。是时交州社会动荡不安，因中央政权更迭频繁，对交州的控制亦较松弛，导致官吏之间相互争权残杀。梁武帝派遣武林侯萧谘为交州刺史。但萧谘为政贪婪，"哀刻失众心，土人李贲连结数州豪杰同时反"①。萧谘闻讯逃至广州。542 年，李贲攻占龙编，梁武帝派军征讨，但途中遇上疾

---

① （唐）姚思廉：《陈书》卷 1《高祖纪上》。

疫而返。543 年四月，南部的林邑国进攻李贲，被李贲部将范修率兵击败。李贲军事上进入全盛时期，乃于 544 年自称"南越帝"，年号"天德"，越南史籍上称其政权为万春国和前李朝。

545 年五月，梁武帝派遣新任交州刺史杨㬚、陈霸先和定州刺史萧勃率军先后在朱鸢县和苏沥河口击败李贲。萧梁军队包围了李贲退守的嘉宁城。546 年正月，萧梁军队攻陷嘉宁城，李贲逃奔新昌僚聚居区。546 年九月，李贲率领两万人屯驻典澈湖一带，建造舰船，陈霸先指挥军队趁夜色江水上涨而注入湖中之时进击，李贲部众溃败，再次逃奔屈僚洞，但被部下杀死，后传首京师。李贲之兄李天宝逃到九真，收拾余部两万余人，杀德州刺史陈文戒，围攻爱州。陈霸先再次率军讨平之，李贲起事割据之事至此结束。萧梁政权授予陈霸先为振远将军、交州刺史、西江督护、高要太守，都督七郡诸军事。

（4）陈朝时期（557—589）。

557 年，陈霸先废黜梁敬帝，自立为帝，建立陈朝，是为陈武帝。此时中国南方经历多年战乱，经济遭到严重破坏。陈朝已经无力长期控制交趾，交州及邻近地区力量空虚，于是又重新归入前李朝的势力范围。李天宝于 555 年病死后，由李贲旧部赵光复和李佛子分别领导。571 年，赵光复死，李佛子自称南越帝，统一前李朝的势力。

南朝时期，中原和中国南方正处于乱世，汉族为避乱而南迁交州者为数颇众，从而将汉文化、经济技术输往当地，大大推动了交州地区封建社会的发展。与此同时，交州地区的封建势力也乘机崛起，与中国封建王朝展开争权斗争，并且独立建国的倾向越来越强烈。不管如何，南朝时期中原与交州的经济、文化交往仍很频繁，交趾的封建生产关系已居于主导地位。

7. 隋唐统治时期

589 年，隋灭陈，结束了长达一个半世纪之久的南北割据局面，建立了一个新的统一王朝。602 年，隋朝派刘方征讨交州，李佛子惧而请降，交州又归于中国统治之下。605 年三月，林邑王范梵志起兵北犯，被刘方击退，林邑也被刘方攻占。大业末年，隋军北撤，林邑才得以重新建国，并一直与隋朝保持朝贡关系。为加强对交州的统治、保持交州的稳定，同时防范林邑国，隋朝在交州改革了军政机构。602 年，设置交州道行军总管府，以大将军刘方为交州行军总管，交州隶属隋朝。604 年，隋朝在交州设置行军总管，下辖六郡三十六县。到隋炀帝时，又改州为郡，实行郡县两级制，607 年罢交州为交趾郡。隋朝在交州地方的高级文武官吏均由朝廷直接任命，中央在此地的实际管控力大大加强。

隋前期的交州地方官吏治理有方，建造城邑，修建学校，并起用当地能人为官，当地的各族人民都十分感激。在隋炀帝大业末年，因交趾地理位置偏远，官员多欺压人民，鱼肉百姓，致使百姓咸怨，多次爆发反抗斗争。于是隋朝派遣以惠政闻名的丘和为交趾太守，安抚百姓。直至隋亡，丘和一直任交趾太守。

618年，唐代隋而兴。唐朝是中国封建社会最繁荣和鼎盛的朝代之一，国富兵强，地域辽阔，文化昌盛。唐朝对古代越南的封建化进程产生了极其重要的影响。

622年，唐军平定萧铣之乱后，原隋交趾太守丘和归降唐朝，交趾地区正式归属唐朝。为了加强对交趾的统治，以及适应不同时期管理的需要，特别是唐中后期为了应对南诏的侵扰，唐朝不断对交趾的管理机构进行调整。622年，设置交州总管府，随后改称交州都督府。679年，又改称安南都护府，从此交州改称安南。757年，改安南都护府为镇南都护府，将招讨使升格为节度使。768年，复改镇南都护府为安南都护府，罢节度使，置经略使。790年，增加招讨处置使的头衔。都护府之下设置州、县、乡，还有大量的羁縻州也受安南都护府节制。除了少数民族聚居的羁縻州，安南各级地方政府都必须严格执行唐王朝的一切法令，而且各级官员均由中央委派，这样就大大加强了唐朝对安南的管理和统治。

有唐一代，安南一直与中原地区保持着密切的经济往来，而且岭南两广地区与安南海上经贸往来频繁，朝廷在安南设有市舶使，负责管理中外贸易。唐朝在安南疏通航道，在税赋制度上与中原接轨，全面实行租庸调制和两税法，大大促进了安南的生产发展和经济繁荣。在文教上，安南产生了一批深受中国儒学濡染的文人，而且中原的一些著名诗人、学者移居安南，对安南文化教育的影响很大，使该时期的安南文化一度非常昌盛。总之，唐代安南在政治、经济、文化方面都取得了重大进步，封建制度已经普及平原和沿海地区，内地化趋势不断增强。

8. 五代十国时期今越南北部地方势力的崛起与自主道路的开启

907年，朱全忠废黜唐哀帝，自立为帝，建立后梁政权。中国进入纷乱的五代十国时期。该时期南北封建军阀混战，安南亦处于乱世之中。中原诸封建王朝鞭长莫及，无力控制边远州郡，中国所派安南节度使或静海军节度使徒具虚名，到任者寥寥无几。安南各地豪族纷纷自立，兴起了自主运动。

从唐末开始，安南的实权就掌握在当地豪强曲氏父子手中。905年，曲承裕自称静海军节度使。907年，曲承裕卒。后梁立国后，梁太祖任命曲承裕之子曲承颢为权知节度使。安南在名义上仍处于中国封建王朝管辖之下，但实际上由曲氏控制。911年，曲承颢卒，其子曲承美继承静海军节度使的职位。930年，南汉遣将李守鄘、梁克贞攻占交趾，擒获曲承美等人。南汉打败曲氏后，派李进留守交趾，任命其为交州刺史，统治安南。但仅过了一年，原曲氏部将杨廷艺起兵攻破李进所在的大罗城，李进逃归，杨廷艺还击杀了前来救援的程宝。杨廷艺取得军事上的胜利后，便自称安南节度使，领州事。后来杨廷艺服从南汉的招抚，接受南汉所封交州节度使的官职，但是安南依然是地方割据政权。杨廷艺生活荒淫，对待部下刻薄，引起了其政权内部的分化。937年三月，杨廷艺被牙将矫公羡杀死，矫公羡自称交州节度使。杨廷艺的另一部将吴权于938年十二月从爱州起兵，讨伐矫公羡，后将矫公羡杀死。南汉国主刘龑早就有意夺取安南地区的统治权，"欲因其乱而取之"，于是派兵进攻吴权，刘、吴两军最终在白藤江会战，史称"白藤江之战"。经过惨烈的战斗，吴权部击退南汉军队，确立了其在安南的统治，并于939年自立为王。吴权定都螺城，置百官，制朝仪，定服色，其政权初具国家规模。944年吴权去世，外戚杨三哥驱赶吴权长子吴昌岌，篡位自立，称"杨平王"。950年，吴昌文将杨三哥废黜，自称"南晋王"，并迎回其兄吴昌岌，共理国事。954年吴昌岌死，南汉主刘鋹封吴昌文为静海军节度使、安南都护，越南史书称其为"后吴王"。可见越吴朝只有王号而没有国号，并且接受南汉的册封。此外，越吴朝也未能有效统治安南地区，十二使君各据一方，所以越吴朝依然只是安南的一个地方性割据政权而已。

(三) 今越南北部自主封建国家的更替与发展

1. 丁朝的建立及其统治

越吴朝开国者吴权去世后，外戚杨三哥篡夺吴朝继承者吴昌岌的王位，导致爆发了十二使君之乱 (945—967)。地方豪强纷纷割据，自称使君。吴昌文夺回政权后，依然未能平定诸使君的势力，所以在十二使君之乱爆发后，越吴朝就已经名存实亡了。

在十二使君之乱中后期，丁部领逐渐崛起。他粉碎了吴昌岌兄弟的围剿，割据华闾洞。965年，丁部领联合割据布海口的使君陈览，实力大增。陈览见丁部领相貌魁梧奇特，气度不凡，于是将丁部领收为养子，并授予兵权。陈览死后，丁部领完全掌握了这支队伍。丁部领采取结盟、怀柔、军事征服等手段，对各割据势力逐一击破，于968年基本平定十二使君之乱，完成对今越南北部的统一，丁部领被推为"大胜王"。

968年，丁部领自称"大胜明皇帝"，并开始建宫殿、制朝仪、置百官、立社稷、设六军，筑城凿池，徙都华闾洞，改国号为"大瞿越"。丁朝的建立，标志着今越南北部首次建立了独立的封建国家。至此，今越南北部脱离了中国的封建统治，从中国独立出来。

丁朝建立后，为增强军力，在军事上实行"十道兵制"，对内严刑峻法，"威治天下"，使越南社会很快恢复了稳定。对外与宋朝修好，互遣使节，请求宋朝册封。975年，宋太祖册封丁部领为检校太尉、交趾郡王。丁朝取得了政权的合法性，承认并维持与中原王朝的宗藩关系。

978 年，丁部领弃长立幼，不顾长子丁琏为建国所立下的汗马功劳，封少子丁项郎为太子，引起了丁琏的极度不满。979 年春，丁琏派人刺杀皇太子丁项郎，图谋夺位。同年十月，丁部领与丁琏一同被祗候内人杜释杀死，举国震惊。大臣定国公阮匐处死杜释，又与外臣甲丁佃、十道将军黎桓拥立丁部领年仅六岁的小儿子丁璇为帝，史称废帝，尊其母杨氏为皇太后，黎桓为副王。黎桓执掌兵权，很快掌握了国家军政大权，并于 980 年篡位自立，建立黎朝（即前黎朝）。丁朝仅传二帝，共历十二年而亡。

2. 前黎朝的建立及其统治

979 年，黎桓拥立丁璇为帝后，趁机摄政，掌握军政大权，国事不分巨细，皆由其处理。黎桓专断跋扈，"挟天子以令诸侯"，引起了朝廷内外的不满。丁朝定国公阮匐、外臣甲丁佃和范盖等起兵讨伐黎桓，但被击败。原丁部领驸马吴日庆引占城水师攻打华闾洞，但突遇风暴，船只倾覆，吴日庆和部分占城水军溺亡，黎桓再次获胜。丁朝的内部斗争引起了中国宋朝的注意，980 年七月，宋太宗以侯仁宝为交州水陆计度转运使，偕同其他将领率军干预。在丁朝内乱和宋朝干预之际，黎桓乘机发动政变，命其手下大将范巨俩以"主上幼弱"为由逼迫丁璇禅让，杨太后无可奈何，"命以龙衮加桓身，请即帝位"。黎桓即皇帝位，改年号为"天福"，建立前黎朝，定都华闾。

981 年，前黎朝军队在白藤江和谅山支棱关相继击败宋军，侯仁宝被诱杀。此时宋朝北方辽国和西夏对其威胁日益加重，宋军无心再战，罢兵北撤。黎桓担心自己的势力无法与宋朝长期抗衡，担忧宋军再次南下，遂归还俘虏，上表谢罪。并五次遣使入贡，求"正领节镇"。宋廷于 993 年册封黎桓为交趾郡王，997 年加封其为南平王。前黎朝与宋朝之间的宗藩关系正式确立。

黎桓为巩固自己的统治和国家的独立，采取了一系列加强中央集权和君主专制的措施。第一，为树立君主权威，黎桓首先清除反对势力，例如阮匐、甲丁佃、范盖的部下及其亲族均被斩首。第二，继承丁朝的"十道兵制"，十道之首由黎桓亲自担任。同时黎桓仿照唐制，建立完备的中央和地方官制。重新划分地方行政区划，将全国分为十道，每道下设州、府、县、社①，所有官员均由皇帝任免，以利于加强中央控制。并且分封儿子到各地为王，镇守险要地区。第三，大力发展农业、手工业、商业，同时铸造自己的货币——"天福镇宝"，重视发展与宋朝的贸易。第四，大力扶持佛教僧侣集团，立佛教为国教。第五，进行疆域扩张，向北屡次侵犯中国边境地区，向南入侵占城。通过以上举措，这一时期黎桓的皇权大大加强。前黎朝是越南君主制中央集权的里程碑。

1005 年，黎桓病逝，前黎朝随即陷入混乱，黎桓诸子为争夺皇位进行了残酷的争

---

① 黎桓后期改为路、府、州。

斗。当年十月，太子黎龙铖击败其他王子后夺得帝位，但仅过三天即被开明王黎龙铤杀死，黎龙铤即位后，追谥黎龙铖为"中宗皇帝"。黎龙铤自称宋朝之臣，遣使入朝，请求宋廷册封。宋廷授其为静海节度使、交趾郡王，赐名至忠。但黎龙铤生性残暴，暴虐远胜其父，对周边地区随意发动战争，对所获俘虏在残酷折磨后予以处死，而且经常恣意戏弄朝臣、僧侣、百姓，是越南历史上有名的暴君。黎龙铤身患痔疾，卧而视朝，在位仅四年即病逝。他死后，李公蕴篡夺帝位，次年改元顺天，建立李朝，前黎朝灭亡。

3. 李朝的建立及其统治

1009年，黎龙铤病逝，因太子开封王黎龙乍（黎乍）年幼，无法掌控朝局，黎龙铤之弟行军王黎明提、定藩王黎明昶起兵夺权，但都被左亲卫殿前指挥使李公蕴与右亲卫殿前指挥使阮低各率龙兵五百人歼灭。随后在内祇候陶甘沐和旧臣万行的策划和支持下，李公蕴篡夺皇位，建立李朝，改元顺天，是为"李太祖"。

李朝开国不久，李公蕴即颁布《迁都诏》，将都城迁往红河平原的大罗城，后将大罗城改名升龙城（今河内）。并着手营建新都，将升龙建设成全国的政治、经济、文化、交通中心。迁都升龙，适应了封建经济发展的新要求，对于越南封建制度的巩固和发展有着重要意义。除了营建新都，李太祖还采取各种措施，以强化统治。在政治上加强中央集权，制定中央官制；在地方改组行政机构，分全国为二十四路，路的长官称"知府"，由文官出任；改变以往军政不分、军人拥兵自重的现象；同时建立户口登记制度和税收制度等。这一系列的措施，奠定了李朝的统治基础。

1028年，李佛玛即位，是为李太宗。李佛玛先率军平定"三王之乱"，随后极力巩固皇权，规定每年文武百官都必须到铜鼓神庙行盟礼，发誓效忠皇帝。同时完善中央官制，将中央官员分为文武两班，各司其职，相互制衡，在地方改知府为州牧，各州兵权和行政权都由州牧掌管。李太宗重视法律建设，颁布了古代越南首部成文法——《刑书》。重视农业生产，轻徭薄赋，每逢饥馑之年，便会下令减税或免税。同时李太宗在位期间发动了对占城的大规模战争，1044年，他亲征占城，大获全胜。1054年李太宗死后，太子李日尊继位，是为李圣宗。李圣宗大力提倡儒学，修建孔庙，普及汉文化。在军事上改革兵制，完善兵种配置，军事实力大增。李圣宗在当政期间，积极扩张疆域，北犯宋朝，南侵占城，并要求占城割地赔款。1072年李圣宗去世，由年仅七岁的皇太子李乾德继位，是为李仁宗。李仁宗早期由太师李道成辅助，取得了一定的政绩，在1075年首开科举考试，其后又相继设立国子监和翰林院；对外与北宋爆发大规模战争，北宋熙宁年间，一度攻陷广西钦、廉、邕三州，后在北宋的反击下兵败求和。向南则侵占占城大片疆域。总之，李朝太宗、圣宗、仁宗都是比较有为的君主，他们在位期间，是李朝的强盛时期。

1127 年，李仁宗逝世，李朝开始由盛转衰。继承皇位的神宗、英宗、高宗都是年幼即位，无法掌控朝政，且缺乏祖辈的雄心和能力，致使李朝大权旁落。同时各地封建贵族不断侵占农民和皇室的田地，致使农民流离失所，国库枯竭。阶级矛盾不断激化，农民起义不断，沉重地打击了李朝的封建统治。在外部，真腊（今柬埔寨）、占城不断对其疆域进行侵犯，李朝处于内忧外患之中。1210 年，李高宗去世，太子李昛即位，是为李惠宗。惠宗立陈氏为元妃，封其兄陈嗣庆为彰诚侯，执掌军权。当时国家混乱不堪，"纪纲渐废，民不知兵，盗贼之兴，不可禁遏"[1]，地方势力纷纷崛起，李朝中央权力日益衰微。李惠宗有重疾，政事均由陈嗣庆决断，天下大权尽归陈氏。1223年，陈嗣庆卒，李惠宗于是以陈嗣庆之兄陈承为辅国太尉，次年又以陈承之从弟陈守度为殿前指挥使。自此之后，朝中大小政事皆由陈守度裁决。1224 年，李惠宗传位于昭圣公主，是为李昭皇。1225 年李昭皇即位，但其年幼，大权已完全落入陈氏手中。权臣陈守度安排陈承之子陈煚娶李昭皇为妻，以谋夺大位。十二月，陈煚接受李昭皇禅位，建立陈朝，李朝遂灭。

4. 陈朝的建立及其统治

1225 年，在陈守度一手策划和安排之下，陈煚登上皇位，是为陈太宗。由于陈太宗即位时才 8 岁，冲幼无知，所以国事规划皆由陈守度操作。陈守度为政虽有权谋，但残暴不仁，陈朝立国之初即逼死前朝李惠宗，而后残杀所有李氏宗亲，以绝后患。同时借口"阮祖讳李，因改李朝为阮朝"，同时将李姓国人一律改为阮姓，以绝民望。陈守度虽为人残暴，却是陈朝的实际缔造者之一，对陈朝的江山社稷有汗马之功。为维持陈朝政局的稳定，他领兵讨伐各地叛军，提倡守法，兢兢业业辅佐太宗治国近 40 年，后世将其称为"奸雄"。

陈太宗执政时期，在制度上进行了一系列的革新。在皇权上实行所谓的"上皇制"，皇帝到了一定年龄传位于其子，自己做太上皇，共同理政，防止皇室内讧和他人夺位。在中央官制上模仿宋朝，并结合自身实际进行改革，中央官制日趋完备，但所设机构、职官过多，日渐臃肿，效率低下。在地方行政上，设路（府）、州县、乡社三级。将国土划分为 12 个路，置安抚使一员，镇抚使正、副各一员。社为基层行政单位，安抚使之下设大司社和小司社，五品以上为大司社，六品以下为小司社。每社设有正史监为社官，要求编造户口名册，以备征收赋税、征发兵役等使用。同时陈太宗时期还在内政上实行定税制、改订刑律礼仪十二卷、实行科举选官之制等举措。在对外关系上，陈太宗即位不久，占城不时对陈朝进行骚扰，两国关系紧张。1252 年陈太

---

[1] ［越］吴士连：《大越史记全书》本纪卷4《惠宗皇帝》。

宗御驾亲征，大败占城，掳掠而归。1257 年，陈朝开始第一次抗蒙斗争，1258 年陈朝象兵不敌蒙古骑兵，升龙陷落，惨遭屠城。陈太宗出逃，因向南宋求援不得，遂产生内附蒙古之心，并派出使节，请求内附蒙古。

1258 年春，陈太宗传位于太子陈晃，自称太上皇，陈晃即位，是为陈圣宗。圣宗即位后，重新组织军队，改为军和都，每军有 30 都，每都有 80 人，并且选择精通武艺的宗室来指挥。命令水、陆军制造兵器和战船，并且要在白鹤举行演习。陈朝实行义务兵役制，挑选各路精壮者为兵，其余在各地充当色役，并由各路、府、县选出先锋队。同时对官吏进行相关考核，考核出色者选入皇宫各司做官。陈圣宗重视农业生产，为了扩大耕地，允许王侯、公主、驸马招募无地流民为奴婢，去开垦荒田闲地，设立田庄。王侯拥有田庄自此开始。陈圣宗还敕令黎文修编成《大越史记》，这是古代越南编写的第一部正史。在对外关系上，一方面，陈晃即位后遣人出使蒙古，请求三年一贡。1261 年，忽必烈接受他的请求，封陈太宗为安南国王，陈晃为王世子。另一方面，又与宋朝保持宗藩关系，1262 年宋理宗封陈晃为安南国王。1266 年，蒙古再次遣使至陈朝京都升龙，令陈圣宗履行双方协议，并且要置达鲁花赤进行直接统治。陈朝颇为不服，拒绝履行义务，蒙古统治者极为不满。

1278 年，陈圣宗传位于皇太子陈昑，陈昑即位，是为陈仁宗。陈圣宗为太上皇。陈仁宗在位十四年，逊位五年，出家八年，是越南佛教竹林禅宗派的创始人。仁宗仁慈和易，注意固结民心，振兴事业。仁宗在位期间，与元朝关系紧张，仁宗为维护安南独立，坚决反对元朝政权对安南内政的干预，并两次与元军爆发战争。自 1271 年元朝建立，特别是 1279 年南宋灭亡后，元朝即将目标放在了征服安南上。1284 年，元朝派兵南下发动第二次安南战争，安南以举国之力艰难抗击元军，最终在安南大将军兴道王陈国峻的指挥下艰难击退元军。1287 年，元朝第三次出兵安南，在陈国峻的指挥下，加上元朝内部各地人民反对穷兵黩武，最终陈朝第三次击退元朝军队。元成宗即位后，改变了南下扩张政策，与陈朝重建宗藩关系，直至元末，基本保持和平交往。抗元战争胜利后，陈朝的经济逐渐恢复，国力不断提升。陈仁宗曾数次率兵亲征哀牢。总之，陈朝的太宗、圣宗、仁宗时期是越南陈朝的强盛时期。

陈仁宗于 1293 年传位于长子陈烇，是为陈英宗。自英宗起，历经明宗、宪宗，诸帝趋于守成，国势日渐衰落。统治阶级腐朽堕落，权力斗争激烈，政局混乱，封建土地危机不断加深，社会矛盾日益激化，陈朝开始由盛转衰。从 14 世纪中期开始，陈朝封建贵族的私有田庄迅速发展，皇室将大片国有田地赐予皇亲国戚和功臣将领等，形成了贵族私有田庄制度，私人庄园广泛发展起来。他们还任意掠夺鲸吞农民的地产，使大量农民成为失地流民。由于贵族私有田庄不断增加，造成了奴婢制的盛行。奴婢在安南的社会地位极低，实际上是安南社会的农奴阶层，是贵族地主的私有财产。统治阶级制定严刑峻法来压制农奴，将蓄奴、贩奴合法化，大量失地农民也成为农奴。奴婢和广大农民饱受剥削迫害，又要承受徭役、兵役之苦，所以不断进行武装反抗，给陈朝的统治以沉重打击。在统治阶级内部，奢靡腐化成风，朝纲败坏，奸佞弄权，封建僧侣集团也与陈朝统治者日益对立。最高统治者皆昏庸无能，陈裕宗、艺宗、睿宗、顺宗皆沉迷酒色，不理朝政。国内起义不断，对外又不断发动对占城、哀牢的侵略战争，加上天灾不断，百姓苦不堪言。1400 年，权臣胡季犛废黜陈少帝，降其为保宁大王，自立为帝，建立胡朝，陈朝就此灭亡。

5. 胡朝的短暂统治及改革

胡季犛字理元，其先祖胡兴逸为中国浙江人。胡季犛于陈明宗时踏上仕途，后历经八代君王，一步一步掌握国家大权。1398 年，胡季犛逼迫陈顺宗退位出家，立太子为帝，是为陈少帝。两年后，胡季犛废黜陈少帝，自立为帝，建元圣元，自称胡氏乃中国虞舜之后，故改国号为大虞，是为胡朝。胡季犛即帝位未满一年，便于当年十二月传位于其子胡汉苍，自称太上皇，仍掌握大权。

胡朝在陈朝的基础上，继续加强专制主义中央集权。胡季犛即位后，安排亲信掌管水陆大军，牢牢掌控军权。在官员中推行严格的尊卑等级，根据品级制定各种颜色的官服。加强对官员的监督，命人潜访官员得失。在地方行政上，将边远地区的路改为镇，设置一名武官来统治，路置正、副安抚使，府置正、副镇抚使，州置通判、佥判，县置令、尉、主簿，路统府、府统州、州统县。各路于年底将人丁、钱粮、诉讼案件等记载于册呈报朝廷，以便朝廷查核。同时又将全国划分为若干辖区，设置都督、都护、都统、总管府、太守司等进行管辖。这些政策的实行，大大加强了胡朝中央对地方的管控。

为缓和社会矛盾，胡朝实行限田、限奴的政策。1397 年，陈朝统治者曾在胡季犛的授意下，颁布限制名田法令，限制皇亲国戚等大贵族随意掠夺农民土地，限制使用奴婢强行开发土地，规定除了大王、公主，庶民占田不得超过十亩，多余者则应上交官府或用以赎罪。1401 年，胡氏父子又下诏限奴，立《限名家奴法》，规定不同品级朝臣蓄养奴婢的数量，不同等级贵族大臣的奴婢要刻有不同标记，超过限额者必须归公。由于这些政策严重损害了封建大贵族的利益，遭到他们的强烈抵制，不久这些政策即宣告破产。

在经济政策上，胡朝制定新的税制，仿照中国唐朝的租庸调制，实行《新定田丁租税例》，而且免除了无田地的丁男和孤儿、寡妇的赋税。增加对外商的商业税，规定商业船舶按上、中、下三等纳税。胡季犛在辅政时期就开始改革币制，下令收回铜币，改行纸币，发行"通宝会钞"。胡朝还统一了度量衡，并且在各市场设立市监，严禁哄抬物价和商店关门。这一系列的商业政策是有利于当时经济发展的。

在宗教文化上，自胡季犛掌握大权之后，字喃运动蓬勃发展起来，胡季犛用喃字作诗，将一些汉文经典译成喃文，甚至下达给各路的敕令或诏书也使用喃文进行书写。胡朝实行限佛尊儒的政策，扩大儒学教育，在各路府设置学官，开办学校，赐予官田作为学田，以达到明教化、敦风俗的目的。同时改革科举制度，废除默写，提倡策文，定文体、程序等，使科举考试趋于制度化。胡季犛还有意拔高周公，贬低孔子，有选择地接受儒学，反对一味地仿古，既为他的改革铺路，也强化了安南的民族主义情结。

在对外关系上，胡朝建立后，因胡季犛靠篡夺陈氏政权得国，政权的合法性遭到质疑。为避免明朝的猜疑，胡季犛于 1403 年四月丁未遣使赴明，向明成祖声称陈氏"宗嗣继绝，支庶沦灭，无可绍承。臣，陈氏之甥，为众所推"[①]，欲借此声称自己具有统治的合法性，要求明朝册封。明成祖派人到安南观察后，一时没有怀疑，便封其子胡汉苍为"安南国王"。胡朝因此与明朝保持了正常的宗藩关系。但胡朝又肆意侵扰明朝广西、云南边境地区，引起明廷的强烈不满。在南部，胡朝多次侵犯占城，并夺取了古垒之地（今越南广义省）、占洞之地（今越南广南省），安南疆域不断向南扩展。

胡季犛父子执政期间，推出了一系列的改革措施，在一定程度上顺应了历史发展潮流，但也存在着很大的历史局限性，在具体实施上收效甚微，甚至适得其反，老百姓的负担没有减轻反而更重了。而且这些改革遭到了许多大贵族、大地主的强烈反对，胡季犛大肆屠杀陈氏宗亲、文武重臣，导致朝廷内部离心，最终致使改革失败。另外，由于胡朝不断侵犯明朝边境，并且出尔反尔，袭击护送陈艺宗之孙陈天平回国的明朝军队，并凌迟处死陈天平，致使明成祖大怒，派大军讨伐胡季犛，直接导致胡氏政权的覆灭。

1407 年八月，明成祖下令改安南为交趾，设立都、布、按三司，将安南重新纳入中国版图。至此，胡朝仅历二世七年（1400—1407）而亡。

6. 明朝的短期统治

1405 年，广西思明府土官及云南宁远州土官向明廷控诉，辖境禄州、猛慢等地被安南胡氏政权侵占。明成祖遣使责问，要求其归还中国土地，胡氏父子一方面上表请罪，承诺归还所占土地；另一方面整军备战，继续骚扰明朝边境。同时，逃亡到老挝的陈朝王孙陈天平取道云南北上，到达北京向明成祖控诉胡季犛父子弑主篡位，祈求明廷出兵讨胡复陈。明廷因此派员前往安南核实情况，胡朝迫不得已，表示要"迎归天平，以君事之"。明廷于是派人护送陈天平回国，不曾想胡朝在边境设下伏兵捉拿陈天平，并

---

① 李国祥、杨昶：《明实录类纂·涉外史料卷》，武汉：武汉出版社，1991 年，第 574 页。

袭击明军。陈天平被抓获后，胡氏将其凌迟处死。明成祖得悉后忍无可忍，决意兴师讨伐胡朝。

1406 年，明成祖命成国公朱能、新城侯张辅、西平侯沐晟等人率大军入安南作战。胡朝军队退守多邦城，明军从富良江（今红河）上游强渡，兵分两路夹击多邦城，将其攻克。后又占领东都升龙。1407 年二月，明军在木凡江击败胡朝水军。三月，明军与胡朝军队在咸子关决战，明军大胜，胡氏父子从清化逃往义安，于五月被明军俘获，押回中国囚禁。八月，明廷以陈朝子孙被胡氏杀戮殆尽，无人继承为由，改安南为交趾，设都、布、按三司，对交趾进行直接管辖。

明朝在今越南中北部重设郡县，共设有十七府、五州，在基层实行里甲制度，采用与中国相同的黄册制度来管理户口。同时在当地设立卫所，驻扎大量军队。在交趾开办学校，大力推行中国儒家文化，选拔人才，传播中国礼法。

但是明朝在交趾的直接统治很快就遭到了当地人民的激烈反抗。当时明朝派驻交趾的官员大肆搜刮，当地民众赋税、徭役沉重。明朝在交趾加征盐税，禁止私盐，规定凡是金银矿产皆由官督民采。在山林地区，强令人民捕猎大象，摘取象牙。在海滨地区，又令百姓下海采集珍珠。明朝政府在当地重科厚敛，导致民不聊生，强令当地移风易俗，禁止当地男女剪发，又伤害了当地人民的民族感情。明朝政府种种不恰当的举措，引起了交趾民众的不满和反抗。

1407 年，张辅、沐晟率明军主力归国后，交趾人民的反明斗争随即爆发。先有陈艺宗后裔陈𬱟的起兵，务求"兴复陈室"，自称简定帝。并得到陈朝旧臣邓悉的响应，势力不断扩大，并计划于十二月进攻东都升龙。1408 年八月，明成祖再次派遣沐晟率军南下平定交趾的叛乱，但被陈𬱟的军队击败，陈𬱟想乘胜追击，却被邓悉劝阻，陈𬱟的军队因此发生内讧，邓悉被诛，邓悉之子邓容到清化找到陈艺宗之孙陈季扩，于支罗县尊其为帝，年号重光。陈季扩乘陈𬱟忙于跟明军作战之机，俘虏陈𬱟，尊其为太上皇，随后陈季扩和陈𬱟合力抗明。1409 年明成祖派张辅率军入交趾援助沐晟，1413 年明军获得胜利，俘获陈𬱟、陈季扩，陈季扩在押往南京途中投河自尽。陈氏宗室反明斗争失败。

陈氏的反明斗争虽然被镇压下去，但是交趾各地的暴动仍在继续。其中以黎利领导的蓝山起义规模最大。1418 年正月，清化梁江蓝山乡的豪族黎利发动起义，自称"平定王"，与明军作战。明军征讨数年未果，特别是 1424 年明成祖去世后，黎利的势力更加壮大。1426 年，黎利进军升龙，明宣宗派征夷将军王通率兵十万迎敌，但是在崒洞之役中明军战败。1427 年明廷再派柳升、沐晟前来增援，接着黎利的军队又在支棱之役中击杀柳升，沐晟闻讯撤退，黎利军全面出击，明军溃败。明军已经无心恋战，明宣宗考虑到"数年以来，一方不靖，屡勤王师"①，决定将交趾的部队全部撤回，安南属明时期结束。

7. 后黎朝的建立及其统治

1427年明军撤出安南后，黎利即发布阮廌起草的《平吴大诰》，宣布大越国在黎利的领导下，脱离明朝统治而独立建国。1428年，黎利称帝，改元顺天，国号大越，是为后黎朝，黎利被尊称为黎太祖。1431年正月，黎利接受明朝的册封，明朝与安南关系正常化，安南从此朝贡不绝。

后黎朝建立后，大力推行君主专制、中央集权。黎利致力于国家体制的重建，一方面承袭陈朝体制，另一方面改陈朝时期的十二道为五道，又设五道行遣以管理各道军民簿籍，每道置卫军，每卫设总管。道以下设镇和路，镇、路以下为村社，设社官，管理社内事务。在军事上，黎利改革军制，设立常备军，禁止贵族拥有私人武装。黎利重视教育，设国子监，遴选优秀子弟读书，大力推广儒学，举办明经科考试，选拔优秀人才。在经济上，颁布均田法，禁止兼并土地，发展生产，兴修水利，同时废除胡朝发行的纸币，铸造"顺天通宝"，促进工商业发展。他还参照中国唐朝的刑律制订律法，维护社会稳定和封建统治。

经过黎利的一系列举措，安南在后黎朝初年经济得以恢复，社会保持稳定。但黎利生性多疑，听信谗言，杀害功臣陈元轩、范文巧等，引起朝臣的不满和恐慌。黎利在位仅六年而卒，享年49岁。黎利死后，其子黎元龙（1433—1442年在位）即位，是为黎太宗。黎元龙即位时仅十岁，由黎察辅政。但黎察多行不法，嚣张跋扈，1438年，黎察因滥权而遭处决。黎太宗在位时，仿照中国科举制，于1442年举办进士科考试，这是安南在选官制度上的巨大进步。但黎太宗喜好女色，1442年黎太宗到至灵县阅兵，在看望隐居于至灵县的阮荐时，强迫侍奉阮荐的婢女阮氏随驾伺候，不久黎元龙暴毙，阮荐家族惨遭牵连，被诛三族。黎元龙死后，其第三子黎邦基即位，是为黎仁宗。黎仁宗即位时年幼，由其母宣慈太后秉政，初期取得了一定的政绩，不仅制定了保护私人田产的法律，而且向占城扩张，生擒占城国王。1453年，仁宗亲政。1459年，前太子谅山王黎宜民因其母被废黜，发动兵变，杀死黎仁宗和皇太后，篡位称帝，朝野震动。仅过了8个月，黎宜民因大肆屠戮旧臣，被大臣阮炽、丁列杀死，1460年改立太宗第四子黎思诚为帝，是为黎圣宗。

黎圣宗在位时期，后黎朝经济繁荣，文化昌盛，封建制度不断完善，中央集权制高度发展。为了巩固皇权，他废除宰相，削弱地方权力，改五道为十三道，在地方设承座、都总兵、宪座分割地方行政、军事、监察权。在少数民族地区，任用当地酋长

---

① 李国祥、杨昶：《明实录类纂·涉外史料卷》，武汉：武汉出版社，1991年，第711页。

为官，全国各地被中央政府牢牢掌握，中央集权达到巅峰。黎圣宗重视立法，组织编纂并颁布了越南历史上第一部完整的成文法——《洪德法典》。他推崇儒家文化，重视教育，制定《二十四训条》，提倡封建伦理，并且改革科举，将科举考试制度化。他重视农业生产，兴修水利，立法保护耕牛。与此同时，安南的工商业也不断发展，集市遍布各地乡村，外贸也日渐繁荣。随着后黎朝经济文化的不断发展和政权的稳固，安南的武力也处于巅峰状态，对外接连侵略南掌王国（今老挝）、占城和西北部的泰族地区，并且在侵占的南掌地区设置镇宁府，在侵占的占城地区设置广南道。

1497 年黎思诚卒，其子黎镕即位，是为黎宪宗。宪宗是守成之君，国内百姓安居乐业，对外无征战攻伐，后黎朝处于太平时期。宪宗死后，其子黎敬甫即位，是为黎肃宗，但在位仅 184 天就病死了。肃宗死后，后黎朝每况愈下，后继之君多残暴肆虐，昏庸无能，社会矛盾不断激化，统治集团分裂，后黎朝逐渐走向衰亡。

黎肃宗死后，其兄黎濬即位，是为威穆帝。黎濬好酒色，行暴政，残害宗亲大臣，人称"鬼皇"。1509 年，黎濬的堂弟简修公黎瀅被他逮捕入狱，黎瀅贿赂守卫得以逃脱，后与诸旧臣举兵反抗黎濬，将黎濬生擒并处死。黎瀅杀死威穆帝后，自立为帝，是为襄翼帝。襄翼帝也骄奢淫逸，不理朝政，被人讽为"猪王"。其在位期间内乱四起，民众困苦。1516 年，原郡公郑维惼以讨伐起义者为名入宫杀死襄翼帝，扶立王子黎光治为帝，三天后又将其废黜，改立锦江王之子黎㦖为帝，是为昭宗。昭宗年幼，不能理政，各地将领拥兵自重，互相攻伐，其中以阮弘裕和郑绥的势力最大。后有铁山伯陈真发兵协助郑绥驱逐阮弘裕，控制了升龙，成为朝廷的实际掌控者。黎昭宗害怕陈真夺位，将其诱入宫中杀之。陈真部将黄维岳、阮敬、阮盎等为此发动叛乱，黎昭宗急召莫登庸平息叛乱，并将全部兵权授予他，莫登庸遂掌大权。随着莫登庸的权势越来越大，朝中大臣纷纷依附莫氏，昭宗与郑绥密谋讨伐莫氏，不久黎昭宗逃往山西。与此同时，莫登庸召集群臣，拥立昭宗之弟黎椿为帝，改元统元，是为黎恭帝。昭宗在山西听信宦官范田谗言，杀死郑绥部将阮伯纪，郑绥大怒，将黎昭宗劫持到清化。1525 年，莫登庸发兵攻打清化，杀死郑绥，擒获黎昭宗，将其押往升龙囚禁，次年将其杀害。1527 年，莫登庸胁迫黎恭帝禅位，建立莫朝，改元明德，黎朝统一时期结束，随之进入纷乱的南北朝时期。

8. 黎莫对峙的南北朝与后黎朝晚期的分裂

（1）黎莫对峙的南北朝时期。

1527 年，莫登庸自立为王，以升龙为中心，在安南北部建立莫朝。1530 年，黎意在榔州起兵，并恢复昭宗的年号，后黎朝遗臣纷纷投奔，其势力越来越大，而且多次击败莫登庸的军队。后来黎意被莫登庸偷袭擒获，车裂于升龙，其残部投靠黎朝遗臣阮淦。阮淦在哀牢寻获昭宗的幼子黎维宁,拥立黎维宁为帝,是为黎庄宗。黎氏攻取西都清化,在南方中兴。后世将统治清化以南的黎氏朝廷称为南朝,统治山南以北的莫氏朝廷称为北朝,莫氏政权与黎氏政权的对峙时期(1527—1592)便被称为南北朝。1545 年,阮淦被毒杀,南方黎朝的大权落入郑检手中。北方莫氏和南方黎氏不断爆发战争,互有攻守,给人民带来了深重灾难。1570 年,郑检卒,其次子郑松夺得权力,后黎朝英宗畏惧郑氏,欲铲除郑松,但被识破,郑松杀死英宗,立其第五子为帝,是为黎世宗。郑松大权在握后,全力进攻北方莫氏,1592 年,郑松击破北方莫朝,后黎朝重返升龙,郑松掌握全部军政大权,而且权力世袭,人称"郑主",从此后黎朝形成"黎氏为皇,郑氏执政"的局面。持续六十余年的南北朝混战局面,暂时宣告结束。

(2)后黎朝晚期的分裂:郑、阮之争。

早在南北朝黎莫对峙时期,黎朝大臣阮淦之子阮潢就因为郑检的猜忌,自请出镇顺化。昔日阮淦在取得清化、义安之地后,全力经营,在当地建立起稳固的根基。1593 年起,阮潢全力协助郑松清剿莫氏余党长达八年,但仍为郑松所忌,适值郑松蔑视黎皇,骄横过盛,朝中官员纷纷起兵反郑之时,阮潢向郑松诈称协助讨贼,乘机返回顺化,命其第六子镇守广南,屯兵备战。表面上继续维持友善,并将女儿嫁给郑松之子郑椿,结成姻亲。郑阮对峙局面虽然已经形成,但 1600—1627 年阮氏名义上仍臣服于郑氏,每年定期缴纳赋税,维持和平。1627 年以后,对峙慢慢演变为激烈的军事冲突。

郑阮两大封建集团在 1627—1672 年间进行了七次战争,双方都无法将对手消灭,唯有暂时议和,双方商定以灵江(即今争江)为界,郑、阮各管一方,史称"南北弭兵"。持续数十年的郑阮战争损耗了安南大量的人力、物力,致使人口骤减,田地荒芜,经济萧条,人民背负沉重的赋税、兵役、徭役,苦不堪言。农民起义不断,最终导致了 18 世纪西山农民大起义的爆发。

郑、阮双方为维持自己的统治,避免被另一方征服,大力经营自己所控制的区域。北方郑氏采取"优兵制"和"一兵制"征调兵丁。"优兵"来自清化三府和义安四府,按"三丁抽一"的原则驻防京师升龙;"一兵"来源于北方四镇,按"五丁抽一"的原则戍守各镇。郑氏在官制和律法上多沿袭黎朝旧制,只是略加调整,比如设置六番取代黎氏朝廷的六部,掌握国家权力,并直属郑氏。由于战争开销巨大,郑氏加紧剥削人民,调整租庸调法,增加赋税,开征土产税、盐税等各类杂税,并且开采矿产,铸造货币,统一度量衡。在教育上重视儒学,重定科举考试规则,并特设"武学堂",但考试不正之风愈演愈烈,到了纳钱应试即可通过的地步。在对外关系上,郑主与取代明朝的清朝建立宗藩关系,郑主遣使入贡,1667 年清廷册封黎氏君主为"安南国王"，其后双方保持友好往来。

阮氏为了维护自身利益，在南方的统治亦有所建树。阮氏设"三司"作为自己的统治机构，其中舍差司掌管诉讼，将臣吏司掌管财税，令史司掌管祭祀典礼及支发丁饷。府、县设置知府、知县。阮氏大力整顿军队，提高军队战斗力，并设大炮铸造厂、射击场、驯象场、驯马场等。为维持财政来源，阮氏将土地划分成三等征税，并增加矿税、进出口贸易税等税种。在对外关系上，阮氏政权不断南侵占城，并于1697年彻底灭掉占城国，在占城故地设置平顺府。除了南侵占城，阮氏还大举侵略高棉。1698年，阮氏将领阮有镜夺取高棉辖下的湄公河三角洲地区，设置嘉定府进行统治。1708年，高棉所属河仙镇首领鄚玖向阮主称臣，阮氏不断侵略高棉，使安南疆域不断扩大。1702年，阮福调遣使到广东请求册封，但清廷视黎氏为安南正统，没有答应其请求。

（3）西山朝建立与后黎朝灭亡。

1771年，安南饱受剥削和战乱之苦的广大农民发动武装反抗斗争，西山地区的阮岳、阮惠、阮侣三兄弟领导了声势浩大的西山起义，给安南北郑、南阮政权以致命打击。西山起义军势如破竹，不断击败阮氏的军队，1776年西山起义军攻破富春（今顺化），1777年攻占嘉定，俘获并杀死阮氏太上王阮福淳、新政王阮福旸，旧阮政权覆灭，但阮福淳之侄阮福映的残余势力仍继续抵抗。1778年，阮岳称帝，建元泰德，封阮侣为节制，阮惠为龙骧将军。1782—1783年，西山军接连大败阮福映的军队。阮福映在势穷力竭之时，不惜出卖国家利益，于1784年引来两万余暹罗军队入侵，助其复国。但暹罗侵略军为阮惠所败，阮福映被迫流亡暹罗。1786年阮惠率军北上，攻陷富春，进克升龙，消灭了郑主政权，安南北部尽归西山政权。阮惠接受郑氏降将阮有整的建议，拥立黎维祁（即黎愍宗）上台。此时阮岳和阮惠之间因为争权夺利出现裂痕，开始各自为政。阮惠率军南撤，阮有整乘机掌握北方实权，并叛变西山政权。1787年，阮惠派兵北上，杀死阮有整。1788年，黎维祁逃入中国求援，乾隆帝命两广总督孙士毅领兵入安南干涉，并攻占升龙。同年，阮惠在御屏山登基称帝，改元"光中"，建立西山朝。1789年初，阮惠击败清军，收复升龙，黎维祁再次逃往中国，后死于北京。阮惠上表清廷求封，乾隆册封其为安南国王，后黎朝遂亡。

1787年，阮岳自称中央皇帝，驻归仁。封阮惠为北平王，管理北圻和中圻北部，驻富春；阮侣为东定王，管理南圻，驻嘉定，形成各自为政的局面。1788年，阮岳与阮惠为争权爆发军事冲突，阮惠战胜阮岳，并重新议定管辖范围，以板津为界限，广南以南归阮岳，以北归阮惠。同年，阮惠自立为王，建立西山朝，史称光中帝。西山朝直接管辖今越南北部直至顺化、广南之地，阮岳直接统领之地仅为归仁府，南部阮侣仅仅一年就被阮福映打败，1787年逃回归仁后病死。三兄弟中仅阮惠在政治、军事、经济、文化等方面有所建树。

西山阮氏兄弟结束了安南两个多世纪南北割据分裂的局面，奠定了今天越南国家统一的基础，同时粉碎了外部势力的干涉，保持了国家的独立。西山阮氏政权为改善百姓生活，减轻民众负担，曾做了一系列努力。起义之初没收封建地主的土地和财富分发给贫困农民，政权稳固后实行丁田制和私田制，颁布劝田诏和均田政策，农民的税赋比以往有所减轻。同时鼓励发展工商业，颁布劝学诏，鼓励地方和村庄兴办学堂，实行科举制。

西山起义是越南农民起义的最高峰，给后黎朝阮氏、郑氏统治阶级以沉重打击，并最终导致后黎朝灭亡。在建国初期又实行一系列休养生息的举措，对社会经济的恢复和发展有积极作用。但在西山政权的统治得到巩固后，内部开始争权夺利，自相残杀。1792年和1793年，阮惠与阮岳相继去世。阮惠之子阮光缵继位，称"景盛帝"，尊阮惠为"太祖武皇帝"，封阮岳之子阮文宝为孝公。后来二者内讧不断，阮文宝最终为阮光缵所杀，导致西山朝统治集团元气大伤。另外，大多数后黎朝的旧官吏和地主豪绅混入西山朝的官吏队伍，这些人表面归顺西山朝，实际上作威作福，使新政的施行大打折扣，百姓不堪其苦。不少起义军将领获得高官厚禄后，蜕变为新的官僚贵族，广大农民再次承受高额地租和沉重的徭役，西山朝因此逐渐失去人民的支持。阮福映趁机勾结外部势力，于1799年攻克归仁，1802年攻克升龙，俘获阮光缵，西山政权历时31年而亡。

9. 阮朝的建立及其前期统治

1777年，西山起义军攻破嘉定，阮福映侥幸逃脱，在龙川被阮氏旧臣推为大元帅，摄国政。1780年，阮福映在嘉定称王，妄图恢复阮氏祖业，但在1782年被西山军击败，流亡富国岛。1784年，阮福映勾结暹罗进行反攻，但再次为西山军所败，被迫流亡暹罗。此后又试图获得法国援助，不惜同法国政府签订《越法凡尔赛条约》，后因法国大革命爆发，条约并未履行，也无法获得法国的直接援助。1789年，阮福映乘西山军内部分裂之机回国，夺取嘉定，在嘉定屯田练兵，任用西洋士官训练军队，建造舰艇、铸造枪炮，使军队的战斗力大增。1801年，阮福映攻占富春。1802年五月，阮福映在富春称帝，改元嘉隆，定都富春，建立阮朝。同年攻占升龙，灭掉西山朝，一统南北。

阮朝立国后，便立即遣使赴清，求封为"南越国王"，清嘉庆皇帝不认同"南越"二字，改封阮福映为"越南国王"，"越南"国名自此始。阮福映采取多种措施巩固统治，在全国分设二十三镇及四营，诸镇设留守或镇守管理日常事务，镇守由武官担任。阮朝官制是在黎朝旧制的基础上，参照清朝体制而定，不设丞相，设置五军都统执掌兵权，以兵、刑、礼、工、吏、户六部分理国政，置都察院监察百官。在律法上，阮朝以《大清律》为蓝本，修订《嘉隆律书》，涵盖范围广，但是极其严苛。阮福映下令群臣编写《皇越一统舆地志》《大南一统志》《大南实录》《大南列传》等官方史地丛书，宣扬阮氏功绩。为安定民心，阮朝制定了新的赋税制度，规定在灾荒年可减免税收，在一定程度上减轻了民众负担。阮福映还加强交通建设，大力推行儒学教育，在京师设国子监。对外联合暹罗侵略柬埔寨金边王朝，使真腊成为自己的附属国。总之，阮福映的一系列措施，奠定了阮朝统治的基础，推动了越南封建社会的发展。

1819 年阮福映卒，其第四子阮福晈即位，改元明命，是为明命帝。阮福晈即位时已是壮年，他精通儒学，勤于政事，是阮朝一位颇有作为的皇帝。即位后即进行了官制、经济制度、教育制度等一系列改革，极力加强中央集权。在中央官制上，设内阁主领诸事，又效仿宋朝枢密院及清朝军机处设置机密院，处理重大政务。同时增设宗人府，管理皇室内部事务。参照中国官制品级，划定九品十八级官制。在地方，改各镇为省，设总督、巡抚、布政使、按察使、领兵诸职，分领军政事务，虽然分散了地方权力，但导致官僚机构过于庞大。在少数民族地区采取流官制，由朝廷派员到少数民族地区任职，并监督土著头人。总之，阮朝一切军政事务皆听命于中央政府，中央政府又服从于皇帝。阮福晈重视科举，下令开办会试、廷试以选拔进士，改原先六年一次的科举考试为三年一次。在对待西方宗教上，明命帝严禁西方传教士在越南传教，否则严惩不贷。

明命帝晚年刚愎自用，荒淫无度，滥杀功臣，对内征收重税，对外不断对暹罗、真腊用兵。官员腐败，农民起义不断，国内政局开始动荡不安。1840 年，明命帝积忧成疾而卒，尊号圣祖仁皇帝。1841 年，皇太子阮福暶即位，改元绍治，史称宪祖章皇帝。阮福暶在位期间，没有进行大的政策调整，基本遵循父辈的成规，是一个守成之君，国内相对太平。对外把主要精力放在与真腊和暹罗的战事上。1841 年，由于开销巨大，阮福暶应谢光巨奏请撤回了驻真腊的军队。1845 年，阮福暶命令武文解再次进攻真腊，与真腊和暹罗军队交战，并取得胜利。1847 年，真腊国王安东向阮朝上表请罪，阮福暶封他为高棉国王，双方暂时结束了长年累月的战事。阮福暶继续奉行明命帝的禁教政策，越南与法国的关系极度紧张。1847 年，法国军舰炮击越南船只。在外患日益严峻的时刻，阮福暶去世，阮朝开始走向衰落。在法国的殖民侵略下，阮朝逐渐从一个自主的封建国家沦为法国的殖民地和保护国。

二、今越南南部占婆国的历史发展

占婆国在不同历史时期又称林邑国、环王国、占城国，是古代占族人在位于中南

后又被废，改立范头黎的女儿为王。由于女王不擅理政，国人迎立诸葛地为王，并娶女王为妻。

（五）占婆第五王朝（758—859）

757 年后，林邑改称环王国。此时环王国受到来自爪哇的海盗的巨大威胁，统治中心从美山（今广南省维川县）转移到宾童龙（今富安省南部）和古笪罗（今富安省至金兰湾沿岸一带）。774 年，爪哇海盗袭击了古笪罗，环王释利萨多跋摩于 781 年击退了海盗，随后他大兴土木，修建神庙，又在宾童龙修建华丽宫殿。787 年，爪哇海盗再次侵犯环王国，并破坏了宾童龙地区的一座神庙。因陀罗跋摩即位后，国力日益强盛，恢复了全部被侵占疆域。进入 9 世纪，唐朝国势开始衰落，诃黎跋摩即位后，开始四处扩张，北上进攻安南，一度攻陷驩、爱二州，后被唐军击退。向西，则数次对新建立的吴哥王朝发动袭击。

（六）占婆第六王朝（860—900）

859 年，毗建陀跋摩三世死后无嗣，因陀罗跋摩二世夺得王位，于 860 年建立新的王朝，并建新都于因陀罗补罗（今广南省）。在因陀罗跋摩二世统治时期，中国史籍开始称其国为占城。这一时期占城国内相对太平，人们开始信奉佛教，大力修建寺庙。由于北方的安南被南诏攻掠，安南都护高骈全力经略安南，无暇南顾，故占城在此期间只朝贡中国一次。占城与爪哇交往密切，并且深受爪哇艺术文化的影响。

（七）占婆第七王朝（900—986）

900 年，槟榔部落的诃罗跋摩建立占婆第七王朝。诃罗跋摩死后，其子释利因陀罗跋摩继位，945 年或 946 年，真腊军队曾侵略占城，并洗劫了古笪罗，后被占城军队击退。释利因陀罗跋摩于 951 年向中国北周政权进贡方物。979 年，今越南北部的丁朝发生内讧，丁部领被杀，大权落入大臣黎桓手中。占城国王波罗密首罗跋摩响应交趾康林州使君吴日庆的请求，出兵干涉丁朝的王位争夺，亲率舟师从海路远征丁朝首都华闾，但在华闾附近遭遇暴风，伤亡惨重，波罗密首罗跋摩侥幸逃回占城。黎桓篡权后，于 982 年派遣官员出使占城，但被占城扣留，黎桓亲自率军入侵占城。黎朝军队攻占并摧毁了占城首都因陀罗补罗，占城国王波罗密首罗跋摩被杀，占城新国王因陀罗跋摩四世被迫逃往南方。此时安南人刘继宗逃亡占城，并在占城举兵，于 983 年击败黎朝军队。刘继宗在占城的声望越来越大，986 年因陀罗跋摩四世去世后，刘继宗自称占婆王。

（八）占婆第八王朝（989—1044）

刘继宗为安南人，其自立为占婆王后，对占婆民众实施暴虐统治。989 年，刘继宗去世，占婆人拥立因陀罗跋摩五世为王。因陀罗跋摩五世在位期间，占城多次受到北方黎朝的进攻。因陀罗跋摩五世死后，杨普俱毗茶室离继位，在北方黎朝不断南扩的压力下，1000 年杨普俱毗茶室离将都城迁往佛逝，占婆由此进入佛逝王朝时期。1007年五月，杨普俱毗茶室离遣使到宋朝进贡，自称占城国王。1009 年，李公蕴篡夺王位，在今越南北部建立李朝。李朝建立后，不断对占城进行侵略。1044 年李太宗李佛玛亲征占城，攻陷其首都佛逝城，杀死国王阇耶僧诃跋摩二世，大掠而归。

（九）占婆第九王朝（1044—1074）

1044 年，阇耶波罗密首陀罗跋摩一世建立占婆第九王朝，他勤勉有为，深受百姓拥护，修复了在战争中被破坏的建筑，并且出兵平定了在宾童龙的叛乱。他一方面向中国宋朝进贡，同时也向北部的李朝进贡。1061 年，占城国王律陀罗跋摩三世大修武备，对抗北方李朝。1068 年，他发兵攻打李朝，试图夺回被李朝占领的因陀罗补罗地区。次年李圣宗派遣辅国太尉李常杰率军南征，攻破佛逝城，俘虏了律陀罗跋摩三世，并胁迫其割让地哩、麻令、布政三州。律陀罗跋摩三世被释放归国，随后占城国内大乱，各势力趁机自立，此时的占城陷入分崩离析的境地。

（十）占婆第十王朝（1074—1139）

1074 年，诃黎跋摩三世起兵，自立为王，重建占婆城和美山神庙，并击退了李朝和真腊的侵略军，占城迎来了短暂的复兴。1075 年宋交战争期间，诃黎跋摩三世支持宋朝，"遣蕃兵七千扼交贼要路"[1]，后又于 1077 年同时向宋朝和李朝进贡。1080 年，诃黎跋摩三世传位于其子，阇耶因陀罗跋摩二世即位，但其因年幼而无法理政，同年退位，由波罗摩菩提萨埵继位。阇耶因陀罗跋摩二世成年后，在侍臣、军队将领的支持下再次被拥立为国王，他重修毁于战火的补罗城，而且未忘割地之耻，在进呈中国宋朝的表文中称，如"天朝讨交趾，愿率兵掩袭"[2]。1094 年，李朝演州人李觉发动叛乱失败，逃往占城，阇耶因陀罗跋摩二世在李觉的游说下发兵攻打李朝。1104 年，李仁宗派遣李常杰领兵征讨，占城战败，放弃三州之地，并遣使入李朝朝贡称臣。1113年，阇耶因陀罗跋摩二世之侄诃黎跋摩四世即位，他一方面屡次向中国进贡并得到册封，另一方面又与交趾李朝修好，派使者赴李朝入贡。

（十一）占婆第十一王朝（1139—1145）

诃黎跋摩四世无子，于是立前朝的阇耶因陀罗跋摩三世为嗣。1139 年，诃黎跋摩四世去世，阇耶因陀罗跋摩三世即位。1145 年，柬埔寨的吴哥王朝出兵攻打占城，占

---

① （清）徐松：《宋会要辑稿》蕃夷四之七十一，第 7749 页。

② （元）脱脱：《宋史》卷 489《占城国传》。

城战败，佛逝城沦陷，阇耶因陀罗跋摩三世不知所终，占婆第十一王朝灭亡。

（十二）占婆第十二王朝（1145—1318）

占婆第十一王朝灭亡后，律陀罗跋摩四世继立，并逃往宾童龙，立其子湿婆难陀那为国王，王号为阇耶诃黎跋摩一世。阇耶诃黎跋摩一世甚为雄武，经过一系列的战争，推翻了吴哥王朝在占城的统治，又于1156年讨平了国内各地的叛乱。阇耶诃黎跋摩一世曾于1155年遣使入宋，请求封爵，宋高宗授予其爵位。1167年阇耶诃黎跋摩一世死后，阇耶诃黎跋摩二世继位，但其即位仅数月，王位就被阇耶因陀罗跋摩四世篡夺。阇耶因陀罗跋摩四世即位后，遣使入贡于宋。他为了报复吴哥王朝入侵之仇，在1170年入贡安南，与交趾李朝达成和解，于是发兵进攻吴哥王朝。次年，一位来到占城的中国福建人教授占城军队骑射之法，于是占城在与吴哥王朝的战争中屡战屡胜。1177年，占城水军溯湄公河而上，到达洞里萨湖，直捣真腊首都吴哥，大肆掳掠，并占据吴哥长达五年之久。真腊王子阇耶跋摩七世即位后，于1182年率军抗击占城，将占城军队驱逐出真腊。1190年，阇耶因陀罗跋摩四世再度侵犯真腊，阇耶跋摩七世以占城王子释利毗多难陀那为将军，击退了占城的进攻，并乘胜攻占了占城首都佛逝城，俘虏了阇耶因陀罗跋摩四世。

1192年，释利毗多难陀那攻取占城全境。随后占城被一分为二，北部由真腊的戚英王统辖，建都于佛逝城，王号苏利耶阇耶跋摩。南部宾童龙地区则由释利毗多难陀那统辖，建都于罗阇补罗，但其实际是真腊吴哥王朝的附庸。1220年，真腊军队退回本国，占城人阇耶波罗密首罗跋摩二世即位，占城复国。阇耶波罗密首罗跋摩二世在位期间，屡次攻打安南陈朝的边境地区，安南遣使责问，阇耶波罗密首罗跋摩二世要求安南退还之前占城被迫割让的三州，陈太宗大怒，于1252派军讨伐占城，大掠而归。

在元朝灭亡南宋之际，忽必烈又把目光投向了东南亚。1278年，福建行省左丞唆都受命经营海外，派人到占城招谕。1279年，占城国王阇耶因陀罗跋摩六世遣使上表称臣，1281年受封为占城郡王。同时元朝筹备设立占城行省，准备对占城进行直接统治，这引起了占城的不满。1282年，占城王子诃黎纪特王执政，他不愿屈服于元朝，并扣留元朝使者。同年十一月，占城行省右丞唆都等率元军攻打占城，占城进行了激烈抵抗，在失败后退入山中，聚兵立寨拒守。元军也损失惨重，无力再战。1284年，占城王遣使来大都上表，请求召回唆都所率元军，愿意岁贡方物。与此同时，北方陈朝也顽强抗击来犯的元军。1285年，在兴道王陈国峻的指挥下，陈朝军队重创元军，迫使试图增援唆都的镇南王脱欢撤出安南，而征讨占城的唆都则受到南北夹击，战败身亡。1287年，脱欢又率元军进犯安南，再次被击退。安南、占城为免于再受战祸，在元军撤退后，随即遣使修好。元朝方面，因征南之役导致"公私烦扰，郡邑骚然"，尤其是湖广、江西等省赋役沉重，农民起义不断。忽必烈虽欲再次动兵，终被廷臣谏止。1294 年元成宗即位后，下诏终止南征，占城得以保持国家独立。

在击退元军后，占城损耗巨大，国力衰退。而安南陈朝却在取得三次抗元战争胜利后国力大增，并加快了南扩的步伐。安南陈朝英宗于 1306 年将自己的妹妹玄珍公主嫁给阇耶僧伽跋摩三世为妻，试图以政治上的联姻牵制元朝。作为聘礼，阇耶僧伽跋摩三世将乌、里二州（今承天、顺化省）划归安南管辖。然而玄珍公主嫁到占城后不到一年，阇耶僧伽跋摩三世病逝，按占城之俗，王后要殉葬，陈英宗设计救回玄珍公主，引起占城的不满。1307 年，占城新国王阇耶僧伽跋摩四世即位，多次发兵北伐安南，试图夺回乌、里二州。1312 年，安南陈朝发兵攻打占城，占城战败，阇耶僧伽跋摩四世被俘往安南。1312 年，安南立制陀阿婆粘为占城国王，实际上是安南的傀儡。但制陀阿婆粘趁安南王权交替之机，再次出兵安南，夺回乌、里二州。1318 年，占城军队被陈朝击溃，制陀阿婆粘被迫逃往爪哇，占婆第十二王朝灭亡。

（十三）占婆第十三王朝（1318—1390）

制陀阿婆粘出奔后，无人继承占婆王位，安南改立制阿难为占城王。制阿难即位后，积极联络元朝制衡安南。1323 年，遣其弟奉表入贡元朝。1324 年，元泰定帝诏谕安南勿侵略占城地。1326 年，安南陈明宗御驾亲征占城，被制阿难打败，而且制阿难终止了对安南的朝贡。1342 年制阿难死后，宰相茶和布底因为深得民心而自立。1360 年，新王制蓬峨即位，占城进入了最后的辉煌时期。制蓬峨大力发展军力，积极演习战阵，训练士兵，并建立了一支强大的战象部队。制蓬峨即位后，正值安南陈朝处于衰落时期，他招揽了大量从安南逃亡到占城的人才并加以任用，矢志收复以往被安南夺取的土地。1368—1378 年，制蓬峨发动了三次针对安南的战争，三度攻陷安南都城升龙，杀死安南陈朝君主陈睿宗。1390 年第四次进攻安南时，制蓬峨遇伏身亡，占婆第十三王朝也随之灭亡。

（十四）占婆第十四王朝（1390—1458）

制蓬峨战死后，手下大将罗皑趁机归国夺位，建立占婆第十四王朝。制蓬峨的儿子制麻奴难、制山拏担心被杀，出奔安南避难。罗皑建国后，不断出兵袭扰安南。1400 年罗皑去世，恰逢北方胡季犛夺位自立，1401 年安南胡朝兴兵 15 万攻打占城。占城新国王阇耶僧伽跋摩五世割地赔款求和，但心有不甘，遣使入明申诉。1406 年，明成祖遣朱能、张辅讨伐安南胡季犛，占城军队也趁机北伐，夺回了不久前割让给安南的土地。胡朝灭亡后，安南进入属明时期，阇耶僧伽跋摩五世认为北方的威胁已经解除，于是发兵攻打真腊，并最终迫使真腊放弃首都吴哥。1441 年，阇耶僧伽跋摩五世去世，摩诃贲该即位。1446年，北方后黎朝发兵攻打占城，占城军战败，退守毗阇耶。因为摩诃贲该的侄子摩诃贵来欲夺其位，引后黎朝军队进城，摩诃贲该被俘往安南。1446年，摩诃贵来夺得王位，但仅过三年，便被其弟摩诃贵由废黜，摩诃贵由称王，并不断遣使入贡中国。

（十五）占婆第十五王朝（1458—1471）

1458年，摩诃贵由被摩诃盘罗悦杀死，摩诃盘罗悦建立占婆第十五王朝，也是占婆最后的独立王朝。1460年，摩诃盘罗悦病死，其弟盘罗茶全遣使赴明朝报丧，明英宗敕谕盘罗茶全为占婆国王。1467年，安南后黎朝要求占城以朝贡中国的礼仪向安南朝贡，遭到占城的拒绝。1470年，安南举兵攻打占城，1471年后黎朝军队攻破占城都城，杀死6万余人，俘获盘罗茶全及其家属50余人，并在其地设置交南州。占婆第十五王朝灭亡。

（十六）占婆的灭亡

第十五王朝灭亡后，占城的残余部众逃亡山中，拥立盘罗茶全的弟弟盘罗茶悦为王。1474年，安南擒获盘罗茶悦，并立占城王族斋亚麻弗菴为傀儡国王，占城的大部分疆域被并入安南，仅仅领有宾童龙地区。自此，占城不再为独立王国。1832年，阮朝明命帝大力推行中央集权，下令改土归流，废除顺城镇。从此以后，占婆人的国家完全灭亡。

三、法、日殖民统治时期的越南

越南阮朝绍治帝阮福曔死后，太子阮福时即位，史称翼宗英皇帝，1848年，改元嗣德。嗣德帝即位后，继续推行排外与禁教政策，拒绝与法国拿破仑三世的来使交涉。1859年起，法国以保护传教士和天主教徒的名义，联合西班牙出兵越南，占领越南南部数省，1862年越法签订了第一次《西贡条约》，越南割让边和、嘉定、定祥三省及昆仑岛，赔款法国、西班牙共400万法郎，允许天主教传教，开放土伦、广安等地为通商口岸。嗣德帝为了凑集赔款，采取开征鸦片税、调高税率、卖官鬻爵等误国之策，导致百姓生活困苦、农业凋敝、工商业萧条，人民起义不断，越南社会陷入混乱不堪的状态。1867年，法国军队攻陷永隆、安江、河仙三省，南圻之地完全被法国占领。

在法国的军事压力下，曾有改革志士阮长祚向嗣德帝提出学习西方技术、改革政府等方案，但是由于朝中守旧大臣的反对，最终失败。1873年，法军攻陷河内，后在刘永福黑旗军的帮助下，越军得以收复河内。由于越南对抗法的态度消极与不断退让，1874年，越法签订了第二次《西贡条约》，法国在该条约中承认越南的主权与独立，但阮朝须承认整个南圻为法国领土，并开放河内、施耐汛（归仁）等地为通商口岸。

法国既夺得领土，又取得在越南境内来往、经商、传教之权。1882 年，法国再次攻打河内，正值国家陷入危难之时，嗣德帝病逝。1883 年法军占领顺安港，迫使阮朝签订第一次《顺化条约》，条约规定越南为法国的保护国。由于第一次《顺化条约》是在法国的胁迫下签订的，引起了越南广大爱国人士和阮朝大臣的抵制，特别是刘永福黑旗军对法军强有力的抗击，使法国没能达成其目的。1884 年 6 月 6 日，法国再次胁迫越南签署第二次《顺化条约》，确立了法国对越南的殖民占领。1887 年，法国殖民者将越南分割为南圻、中圻、北圻三个部分，并将这三个地区与柬埔寨一起，组成所谓的法属"印度支那联邦"，阮朝政府成为傀儡，越南完全沦为法国的殖民地。

"二战"期间，越南又成为日本的殖民地。日本军队在 1945 年推翻法国在印度支那的统治，并怂恿越南阮朝末代皇帝阮福晭（保大帝）发表《独立宣言》，宣布废除越南与法国 1884 年签订的不平等条约，脱离法国保护，宣告越南成为独立国家，并加入以日本为首的"大东亚共荣圈"，实际上是在日本控制下的傀儡政府。但是日军的入侵激起了越南人民的反抗，印度支那共产党于 1941 年组成越南独立同盟，旨在推翻法、日的统治。1945 年 8 月 15 日，日本向盟军投降，同年 8 月，胡志明在河内发动"八月革命"夺取政权，成立临时革命政府。并恳请保大帝为维护越南统一立即退位，保大帝从越南民族利益出发，于 8 月 30 日在顺化皇城的午门前举行了退位仪式。立国 144 年的阮朝寿终正寝，同时也为越南上千年的封建帝制画上了句号。

四、现代越南的独立与统一

1945 年 9 月 2 日，胡志明在河内巴亭广场发表《独立宣言》，宣布越南从日寇手中夺回政权，要废除君主制、脱离法国统治，建立越南民主共和国。然而日本刚一投降，法国人就卷土重来，组织 7 万远征军紧急开赴印度支那，对越南的独立进行军事干涉。1946 年，法越谈判破裂，法军于 12 月 19 日晚对河内发起总攻，越南民主共和国被迫还击，越南抗法战争全面爆发。越南军民的顽强抵抗，一次次挫败了法军的进攻，法军损失惨重，便想通过政治分化的方式瓦解越南的抗法力量。

1947 年，法国与流亡香港的保大帝达成初步协议，邀请保大帝回国组建临时政府，越南国内反对越南独立同盟的各派势力也积极为保大帝复出造势，保大帝决心再度复出。1949 年 4 月 27 日，保大帝从中国香港回到越南西贡，6 月 14 日，保大帝宣布建立越南国临时政府，取代法国扶持的"交趾支那自治共和国"，就任越南国国家元首，并获得美、英的支持。而北部的越南民主共和国则获得苏联和新成立的中华人民共和国的承认与支持。1954 年春，越南民主共和国在中国的大力援助下，在奠边府战役中击败法军，5 月当地法军投降，越南取得了抗法战争的胜利。7 月，法国被迫与美、英、

（约615—635年在位）即位，伊奢那跋摩是一位出色的君主，他对内加强中央集权，削弱地方权力，规定国王拥有至高无上的权力，对外与中国保持友好关系，曾五次遣使访问中国。他最傲人的功绩是于630年前后完全兼并了扶南，并迁都伊奢那补罗（今柬埔寨磅同的三坡波雷库），当时真腊的疆域向南达到交趾支那边缘的干丹和茶胶等地，往西则延伸到今泰国的尖竹汶，[①] 使真腊成为当时东南亚地区盛极一时的大国。伊奢那跋摩死后，拔婆跋摩二世继位，拔婆跋摩二世执政期间真腊社会稳定，他大力发展湿婆教，还兴建了大量的圣塔，印度宗教文化进一步在真腊国内得到发展。据《旧唐书》卷197《真腊传》记载，真腊国"尚佛道及天神，天神为大，佛道次之"。拔婆跋摩二世之后阇耶跋摩一世（657—681年在位）继承王位，阇耶跋摩一世是一位开疆拓土型的君主，在军事上取得了极大成就，他征服了老挝并继续向北扩张，势力范围直达南诏边界。同时，他改进了军队兵种结构，将骑兵引入军队，将战象用于运输和后勤补给，并发明了破坏大象运输队的方法。但真腊的强盛并没有维持多久，阇耶跋摩一世死后无嗣，由其侄女阇耶提黛维（681—713年在位）继位，但其无力掌控政局，王室离心，政局动荡。8世纪初，真腊的统一局面已经无法维持，约707年，真腊分裂为南、北两部分，南部为水真腊，北部为陆真腊。水真腊的疆域大致相当于今天的柬埔寨，南部边界可能到达今天越南南部，陆真腊的疆域包括今天的老挝和泰国的一部分，据《新唐书》记载："（唐）神龙后分为二半，北多山阜，号陆真腊半；南际海，饶陂泽，号水真腊半。水真腊地八百里，王居婆罗提拔城。陆真腊或曰文单，曰婆镂，地七百里，王号笪屈。"[②] 文单其实是陆真腊的首都，即今老挝首都万象。

真腊南、北分裂后，陆真腊尚能保持相对的稳定，而水真腊却陷入长时间的动荡分裂，一度分为两个朝廷（即太阳王朝和太阴王朝）和五个小国。在水真腊内部混乱衰弱之时，建于今印度尼西亚爪哇岛上的夏连特拉王朝在约787年攻占水真腊，并俘虏了水真腊国王摩希婆提跋摩，后将其斩首，其头颅被带回爪哇，爪哇夏连特拉王朝对水真腊的统治一直持续到802年。

三、强盛时期的柬埔寨吴哥王朝

爪哇统治水真腊期间，水真腊王室成员阇耶跋摩二世被掳到爪哇夏连特拉王庭充当人质，在790年前后他逃回水真腊，并被拥立为王。802年，阇耶跋摩二世宣布脱离爪哇统治而独立，并将夏连特拉王朝的势力驱逐出水真腊。水真腊重新获得独立后，阇耶跋摩二世将水真腊都城迁往吴哥附近，经过长时间的努力，又将陆真腊兼并，真

---

① 陈显泗：《柬埔寨两千年史》，郑州：中州古籍出版社，1990年，第189页。
② （宋）欧阳修等：《新唐书》卷222下《真腊传》。

腊重新恢复统一。因为此时真腊的都城已经迁至吴哥地区，并且此后的 600 多年间真腊的都城一直设在吴哥，所以后世又将柬埔寨的这一时期称为吴哥王朝，它是柬埔寨历史上最强盛的时期。

吴哥王朝的建立意味着真腊已经从奴隶制国家过渡到了政教合一的封建制国家。阇耶跋摩二世的统治一直持续到 835 年，他死后，其子阇耶跋摩三世（835—877 年在位）继位。阇耶跋摩三世在位期间与民休息，吴哥王朝保持着繁荣，他无疑是一位合格的守成之君。阇耶跋摩三世死后无嗣，其堂弟因陀罗跋摩一世（877—889 年在位）继位。因陀罗跋摩一世在位期间取得了不俗的成就，他极其重视农田水利建设，在吴哥周围建设了庞大的水利灌溉系统，并在都城北部修建人工湖以供灌溉，他的水利工程对吴哥影响深远，保证了吴哥农业生产的稳定和发展。此外，他大力推行湿婆崇拜和祖先崇拜以维护王权，并建造了一大批宏伟的寺庙，巴肯石寺和波列戈石寺就是在此期间建成的，标志着以砖石结构为主体的高棉古典建筑艺术开始形成。因陀罗跋摩一世死后，其子耶输跋摩一世（889—900 年在位）继位。耶输跋摩一世是吴哥王朝中一位著名的国王，他继承先王的农业政策，继续兴修水利，在吴哥附近修建了一座巨大的水库——东巴莱湖，这座水库为吴哥王朝的强盛奠定了基础。他还兴建了吴哥的第一座王城——耶输陀罗补罗城，同时在新城附近兴建大量神庙，允许众多教派并存。在国力不断增强的基础上，他又开始向外扩张，其国恢复到了扶南极盛时期的疆域。

耶输跋摩一世去世后，政局变更频繁，王室斗争激烈，除罗贞陀罗跋摩二世（944—968 年在位）曾在对外扩张战争中取得过一定的战绩外，其他国王都相对平庸，没有过突出政绩。直到进入 11 世纪，苏利耶跋摩一世通过残酷的王位争夺战夺得王位，吴哥王朝开始进入第二个强盛期。1010 年，苏利耶跋摩一世登上王位后，要求官员宣誓效忠自己。他统治期间进行了大规模的对外扩张，将统治版图扩大到今天泰国南部的大部分地区。苏利耶跋摩一世信奉大乘佛教，奉行宽容的宗教政策，积极发展国际贸易，使吴哥王朝得到了空前发展。1050 年，苏利耶跋摩一世去世，其长子乌迭蒂耶跋摩二世（1050—1066 年在位）继位，取得了两次对占婆战争的胜利，并平定了国内的数次战乱。1066 年，曷利沙跋摩三世（1066—1080 年在位）即位，此时吴哥遭到占婆的进攻，损失惨重，但最终还是击退了占婆。1080 年，曷利沙跋摩三世被来自真腊北部的阇耶跋摩六世（1080—1107 年在位）夺取王位，开启了新的王系，吴哥随之陷入内战，直到 1112 年苏利耶跋摩二世平定内乱，重夺王位，恢复旧有的王系。

苏利耶跋摩二世被认为是柬埔寨历史上最有作为的君主之一，他连年征战，开疆拓土，威服四方，西哈努克亲王曾称他为"柬埔寨的拿破仑"[1]。他一度吞并占城，进

---

[1]　贺圣达：《东南亚文化发展史》，昆明：云南人民出版社，2011 年，第 263 页。

攻交趾李朝的清化地区，向西重新兼并今泰国南部的华富里地区，影响力深入马来半岛，吴哥王朝达到极盛，疆域面积达100万平方千米，包括大约20个属国①，是当时东南亚地区最强大的国家。除了对外征战所取得的辉煌，他还兴建大量王宫寺庙，彰显至高无上的王权，吴哥窟就是他在位时期竣工的。但是连年的征战与不计成本地兴建吴哥窟，使得吴哥王朝耗费了巨大的人力、物力，生产力遭到严重损害，吴哥王朝开始走向衰落。

1150年，苏利耶跋摩二世去世，此后1150—1177年的近三十年间，吴哥内乱不断，农民和奴隶起义四起，占城也开始对吴哥进行报复性反击。其间一位吴哥国王耶输跋摩二世（1160—1166年在位）甚至被俘虏到了占城。1177年，占城军队攻陷并洗劫了吴哥，对吴哥进行了五年的占领。直到1181年阇耶跋摩七世（1181—1219年在位）继位后，吴哥军队才将占城侵略者驱赶出国境。为报复占城的侵略，阇耶跋摩七世执政期间亲率大军征讨占城，攻陷占城国都城佛逝，迫使占城臣服。有关这段历史，宋人赵汝适在《诸蕃志》中记载道："本国旧与占城邻好，岁贡金两，因淳熙四年（1177）五月望日占城主以舟师袭其国都，请和不许，杀之，遂为大仇，誓必复怨。庆元己未（1199）大举入占城，俘其主，戮其臣仆，剿杀几无噍类，更立真腊人为主，占城今亦为真腊属国矣。"② 同时他继续征战，势力范围达到今老挝、泰国、缅甸和马来半岛等广大地区，其疆域甚至超过了苏利耶跋摩二世极盛时期，使吴哥再度复兴，成为当时东南亚地区最强大的帝国。但是，阇耶跋摩七世对外穷兵黩武，对内大兴土木，耗尽了真腊国力，他死后，吴哥王朝的衰落已经无法逆转。

1219年，阇耶跋摩七世病死，因陀罗跋摩二世（1226—1243年在位）继位。此时随着真腊国力的衰落，占城、暹罗南部和马来半岛北部纷纷脱离吴哥王朝的统治，特别是1238年泰人在湄南河地区建立素可泰王朝后，完全改变了暹罗跟真腊的实力对比。因陀罗跋摩二世之后，阇耶跋摩八世（1243—1295年在位）继位，由于国势继续衰落，为了与素可泰王朝改善关系，阇耶跋摩八世放弃了湿婆教，而改信小乘佛教（又称南传佛教、南传上座部佛教、上座部佛教）。尽管如此，素可泰王朝还是于1296年首次攻陷吴哥，并且在接下来的一个多世纪里，素可泰王朝及其后建立的阿瑜陀耶王朝数次侵略并占领真腊，吴哥王朝损失惨重。1431年，吴哥再次陷落，1432年真腊国王蓬黑阿·亚特（1432—1467年在位）不得不放弃吴哥，迁都金边。由此，柬埔寨历史上的吴哥王朝结束，开始进入柬埔寨金边王朝时期。

---

① 梁志明：《东南亚古代史》，北京：北京大学出版社，2013年，第279页。
② （宋）赵汝适：《诸蕃志》卷上《真腊国》。

四、在暹罗、安南（越南）夹缝中生存的柬埔寨金边王朝

迁都金边成了现代柬埔寨的起点，却不能逆转柬埔寨衰落的颓势，从这段时间起，柬埔寨又历经了400多年的内忧外患，受到暹罗和越南两国的持续侵犯和控制，直到1863年沦为法国的殖民地。

达摩罗阁（1485—1504年在位）时期，将呵叻、尖竹汶割让给暹罗，实际上成为受暹罗控制的傀儡国王，其弟安赞一世（1516—1566年在位）即位后柬埔寨击败了入侵的暹罗军，并将都城迁到金边西北部的洛韦。后由于暹罗忙于应付来自缅甸的威胁，放缓了对柬埔寨的侵略步伐，使柬埔寨得到喘息的机会，并多次主动还击暹罗。但好景不长，暹罗阿瑜陀耶王朝解除了缅甸的威胁后，于1594年攻陷柬埔寨首都洛韦。后来柬埔寨虽然复国，但其间又因为西班牙人在柬埔寨的肆意妄为而引发骚乱，导致国内动荡不安，而且柬埔寨王室一度处于暹罗的遥控之中。直到1618年，吉·哲塔二世（1618—1622年在位）即位，形势才有所改变，他击退了暹罗军队，并主动与当时安南南部的阮氏政权结盟。但是，随着阮氏政权攻灭占婆，安南开始把柬埔寨作为扩张目标，逐渐向原属柬埔寨的湄公河三角洲地区大量移民和派驻军队。因此，从17世纪20年代开始，柬埔寨从受到暹罗一方的威胁，演变为受到暹罗、安南阮氏政权两方的威胁。随着暹罗、安南阮氏政权势力的不断深入，柬埔寨国内的政治势力也开始分化，王室成员为争夺王位展开了腥风血雨的斗争。1675年，吉·哲塔四世（1675—1695年在位）在暹罗的支持下建都乌东，控制了今天的柬埔寨地区。安侬二世（1775—1779年在位）在安南阮氏政权的支持下在西贡称王，控制了今天的越南南部地区，柬埔寨分裂为两个政权，直到安侬二世病死，柬埔寨才重归统一。

进入18世纪，安南阮氏继续侵夺柬埔寨领土。到18世纪下半叶，安南阮氏已经完全吞并整个湄公河三角洲。1771年安南西山起义后，今越南境内的政权放松了对柬埔寨的侵略，但是西边的暹罗又开始向柬埔寨扩张。1794年，曼谷王朝强行将柬埔寨变为自己的藩属国，并侵占了柬埔寨的大量土地。1802年越南阮朝建立，阮朝随即与曼谷王朝争夺对柬埔寨的控制权，柬埔寨的局势变得更加复杂。经过激烈的斗争，1845年越南阮朝与暹罗签订和约，越南承认暹罗拥立的柬埔寨新国王安东（1841—1859年在位），并撤出军队，柬埔寨则向越南、暹罗两国进贡。1859年，安东病死后，柬埔寨又爆发了王位争夺战，安东长子诺罗敦在暹罗的支持下平定叛乱并回到了国内。此时中南半岛的地缘政治形势开始发生变化，随着法国殖民者在中南半岛的扩张，1861年法国殖民者占领越南南圻数省，为增强其在该地区的影响力，法国公然干涉柬埔寨内政，于1863年派兵进入乌东，逼迫柬埔寨国王诺罗敦·安·吴哥签订《法柬条约》。

1867 年，法国与暹罗达成协议，暹罗放弃对柬埔寨的宗主权，法国则将马德望、诗梳枫、暹粒三省割让给暹罗，柬埔寨正式沦为法国的保护国。

五、法国殖民与日据时期

1867 年，柬埔寨将首都迁往金边，此时法国不满足于在第一次《法柬条约》中获得的权益，逼迫国王诺罗敦·安·吴哥签署第二次《法柬条约》，条约使柬埔寨丧失了一系列国家权力，法国得以对柬埔寨进行直接统治，柬埔寨进一步沦为法国的殖民地。1887 年，法国将越南与柬埔寨合并成法属印度支那联邦，实行总督集权统治。1897 年，法国剥夺柬埔寨国王的全部权力，国王徒有虚名，柬埔寨完全沦为法国殖民地。虽然柬埔寨国内的反法斗争不断，但都被殖民地政府镇压或瓦解。反法起义虽然没有取得成功，但是促进了柬埔寨的民族觉醒。

1939 年"二战"爆发，1940 年法国被德国占领，已经无力顾及在东南亚的殖民地。日本根据局势的变化，决定实施南进政策，率先攻占东南亚，掠夺其丰富的资源，以确保战争物资的供应，妄图建立"大东亚共荣圈"。1941 年，日本出兵柬埔寨，但保留法国在柬埔寨的行政机构，柬埔寨受到法国、日本的双重压迫。1945 年，日本在即将战败之际，推翻法国殖民当局，对柬埔寨进行直接统治，并于当年 3 月 13 日强迫国王诺罗敦·西哈努克（即西哈努克亲王）宣布柬埔寨独立，废除《法柬条约》。随着 8 月 15 日日本宣布无条件投降，法国又重新占领了柬埔寨全境。

六、柬埔寨的独立斗争

1946 年，在第一次印度支那战争爆发前夕，法国为避免受到越南和柬埔寨的两面夹攻，与柬埔寨签订临时协定，法国放弃对柬埔寨的保护。西哈努克亲王做出了爱国的选择，借助不断增长的反法势力，在外交战线上坚持同法国殖民者进行斗争。1949 年 11 月 8 日，法国与柬埔寨签署新条约，法国在法律上承认柬埔寨独立，但是柬埔寨的司法、财政、军队、警察、外交等关键领域仍受法国控制，柬埔寨人民大失所望，以民主党为首的国民议会拒绝批准《法柬条约》。1953 年 2 月 9 日至 11 月 8 日，诺罗敦·西哈努克发起并领导"争取独立的王家改革运动"，迫使法国交出统治权。1953 年 11 月 9 日，法国龙拉克将军向诺罗敦·西哈努克移交军队指挥权，法国对柬埔寨约 90 年的殖民统治结束，柬埔寨将每年 11 月 9 日定为国庆日。

第三节　泰国

泰国全称泰王国，旧称"暹罗"，是东南亚的一个君主立宪制国家。其位于中南半岛中部，国土面积约 513 120 平方千米，2018 年人口约为 6 918 万人。泰国东北部与老挝交界，东南部与柬埔寨交界，西部与缅甸接壤，南部为泰国湾，国土南部延伸部分与马来西亚相接。泰国是东南亚经济较为发达的国家，是东盟的创始国之一，对地区政治经济影响力大，并有着丰富悠久的历史文化。

一、泰国的史前文化

据考古推测，泰国在距今五六十万年时已有猿人生存。1943 年，荷兰学者范·海克伦被日军胁迫到泰缅边境修筑"死亡铁路"时，在北碧府的班考地区无意中发现了属于旧石器时代初期的砍削石器，这种石器与印度、缅甸、印度尼西亚、北京周口店等旧石器时代遗址中发现的砍削石器是同一类型。① 距今 1 万年左右，泰国境内的原始人类开始由旧石器时代过渡到新石器时代，生产工具得到了很大改进，并学会了用火，丧葬观念也开始产生，今天已经发现有翁巴洞、赛育岩、仙人洞等新石器文化遗址。公元前 5000 年左右，泰国逐步迈入农耕时代，人类的主要活动范围从山区转向低地。今天有大量该时期的水稻遗存和陶片出土，其中的班清文化极具代表性，班清遗址出土了大量的陶器、青铜器和铁器，经 C^{14} 测试，班清遗址的陶器最早可追溯到公元前 3600 年，与两河流域文明处于同一时期，青铜器可追溯到公元前 2000 多年。到 250 年左右，班清文化神秘消失。泰国新石器时代的文化遗址还有北碧府的班考、孔敬府的灵诺它等。泰国进入原始农耕时代后，随着生产工具的不断改进，生产力不断提高，私有制的发展促进了早期国家的产生。

二、泰国早期国家

（一）早期孟人国家

孟族②是东南亚最古老的族群之一，泰国中部和南部、缅甸南部、马来西亚北部曾经都是他们的活动范围。大约从公元元年开始，孟人在泰国中部和马来半岛陆续建立了一批早期城邦国家，后来又出现了一些疆域较大的国家，主要有顿逊国、金邻国、

---

① 中山大学东南亚研究所：《泰国史》，广州：广东人民出版社，1987 年。
② 冯承钧在《中国南海交通史》（商务印书馆 2011 年版，第 31 页）中称为"猛吉蔑种"（Môn – Khmer）。

林阳国、都元国、盘盘国、赤土国、狼牙修国、堕罗钵底国、罗斛国、哈里奔猜国等。

今泰国境内湄南河平原地区主要存在金邻和林阳两个孟人国家，具体的立国时间无从考证，但可以确定3世纪时这两个国家已经存在。据三国吴朱应《扶南异物志》记载："金邻，一名金陈，去扶南可二千余里。地出银，人民多好猎，大象生则乘骑，死则取其牙齿。"① 并且中国古代将暹罗湾称为"金邻大湾"，可见金邻国应该位于今泰国中部至南部泰国湾地区。但是缅甸与泰国的学者对金邻的地望仍有较多争议，比较统一的意见为金邻位于下缅甸、泰国西南靠近泰国湾一带。到6世纪下半叶，金邻国逐渐走向衰弱，最终为堕罗钵底国所取代。

林阳国最早在三国时期见于我国史籍，据三国吴万震《南州异物志》记载："林阳在扶南西七千余里。"康泰《扶南土俗》亦载："扶南之西南有林阳国，去扶南七千里，土地奉佛，有数千沙门。"② 林阳国疆域较广，地跨今泰国和缅甸两国，大致位于泰国西部以及缅甸伊洛瓦底江下游和南部丹那沙林地区。也有学者认为林阳国是孟人国家的统称，林阳国即孟人所建的第一个王朝——直通王朝。

在今泰国位于马来半岛的疆域内，该时期还存在许多孟人小国（顿逊、盘盘、赤土、狼牙修等），它们主要分布在东西商贸交通要道上，是商业性的城邦国家，疆域面积比金邻国和林阳国小很多。由于它们自身留下的历史文献极其有限，所以有关这些国家的记载主要见于中国史籍。顿逊国是位于马来半岛北部的古国，有学者认为其统治中心位于今缅甸丹那沙林附近，存在于2—6世纪，后被扶南国吞并。盘盘国位于泰国南部的马来半岛克拉地峡附近，其统治范围大致为泰国素叻他尼府（万伦）一带，存在时间为5—8世纪。赤土国，多数学者认为其位于泰国在马来半岛的宋卡地区，隋朝曾派大臣常骏出使该国③，后被7世纪兴起的室利佛逝征服。狼牙修国④位于泰国南部马来半岛中部的吉打、北大年一带，有学者认为其与盘盘国接壤，存在于2—14世纪，后沦为室利佛逝的属国。

在金邻和林阳之后，从6世纪起，泰国又相继兴起了堕罗钵底（又称堕和罗、独和罗）、罗斛、哈里奔猜等孟人大国。堕罗钵底国是6世纪在湄南河下游兴起的一个重要国家，存在时间为6—11世纪。堕罗钵底的疆域囊括了之前的金邻国和林阳国，主

---

① （宋）李昉：《太平御览》卷790《四夷部十一》。
② （宋）李昉：《太平御览》卷787《四夷部八》。
③ 据（唐）魏徵：《隋书》卷82《赤土传》载，607年，常骏出使赤土国，受到赤土国王的盛情接待，随后又派遣使臣那邪迦随常骏进贡方物。书中记载赤土国"所都土色多赤，因以为号。东波斯剌国，西婆罗娑国，南河罗旦国，北拒大海，地方数千里"。
④ 狼牙修国，在《隋书》中称"狼牙须"，（唐）义净《南海寄归内法传》中称"郎迦戍"，宋元史籍中称"凌牙斯""凌牙斯加""龙牙犀角""棱伽修"等，如（宋）赵汝适的《诸蕃志》将"狼牙修"称为"凌牙斯"，而（元）汪大渊的《岛夷志略》则称之为"龙牙犀角"。

要势力范围在今泰国南部湄南河下游一带，统治中心在今佛统府，以佛教文化昌盛而闻名，后为缅甸蒲甘王朝所灭（一说被吴哥王朝征服）。罗斛国是 12—14 世纪存在于今泰国南部的一个强国，是后来阿瑜陀耶王朝的前身，以华富里为中心，在 14 世纪罗斛与暹地合并，遂称暹罗斛。

哈里奔猜是孟人在今泰国北部地区建立的国家，该国孟人与泰人混居，中国古籍称其为"女王国"，存在时间为 7 世纪下半叶至 13 世纪末，统治中心在今泰国北部的南奔一带，在 1292 年被兰那王国吞并。

（二）泰族的迁入与早期泰人国家

泰国的泰族属于泰语民族的一支，泰语民族支系众多，分布广泛，主要包括今泰国的泰族、越南的泰族、缅甸的掸族、老挝的老族、中国的傣族等。有学者认为泰语民族是今天壮侗语族民族的一个分支，泰国泰族与中国壮侗语族民族属于"同源异流"，共同起源于中国南方的百越族群，泰语民族的发祥地大致在今天中国的两广、云南一带。由于秦汉以来中国中原王朝势力的不断南扩，迫使一些泰语民族向南和西南方向迁徙到中南半岛各地。进入中南半岛后的泰族沿着各大河流及支流继续南下和繁衍，经过不断的分化、迁徙和融合，形成了今天泰语民族各支系的分布状态。目前关于泰语民族先民何时进入泰国的问题，学界比较普遍的看法是 10 世纪前后。根据泰国北部早期历史传说，泰族先民在今泰国北部建立了庸那迦国，以景线为统治中心，庸那迦被认为是今泰国境内最早由泰人建立的国家。此外，泰人还陆续在今泰国北部建立了以帕尧为中心的帕尧国，以素可泰为中心的素可泰国，以宋加洛为中心的差良国，但是它们大多是作为南部强大的吴哥王朝的属国而存在的。因此，在 11—12 世纪，今泰国境内仍处于部族、部落国家分立的状态。

庸那迦国后来发展为兰那王国，兰那王国又被称为八百媳妇国、清迈王国。1050—1250 年，泰族陆续向北迁移到今泰国北部由孟人建立的以南奔为中心的哈里奔猜国境内。随着泰人的增多和实力的不断增强，1261 年，孟莱王在清莱建立了兰那王国，并且在 1292 年攻占南奔，灭掉哈里奔猜国。1296 年，孟莱王迁都清迈城，并逐步控制泰国北部地区。1338 年，兼并帕尧国，13 世纪末至 14 世纪初是兰那王国的强盛期，其疆域东与老挝接壤，西与缅甸毗邻，北与中国的西双版纳隔江相望，南与素可泰王朝交界。[①] 兰那王国历时 500 多年，其间在 14—17 世纪名义上是中国元、明封建王朝的宣慰使司。16 世纪 50 年代以后，兰那王国曾数次沦陷于缅甸的封建王朝，但实际上还是作为一个相对独立的小王国存在。1775 年，兰那王国被暹罗军队兼并。

---

① 段立生：《泰国通史》，上海：上海社会科学院出版社，2014 年。

三、泰国独立王朝的发展史

（一）素可泰王朝

素可泰王朝是泰国历史上的第一个王朝，并且有明确文字记载，其奠定了现代泰国的立国基础。1238年，原隶属于吴哥王朝的泰族首领邦克郎刀（尊号"室利·鹰沙罗铁"）联合另一位泰族首领帕孟趁吴哥王朝衰落之机脱离其统治，攻占素可泰城，建立了素可泰王朝。素可泰王朝于兰甘亨（1279—1298年在位）统治时期达到全盛，其势力东达今老挝万象地区和湄公河西岸，西至缅甸勃固地区，北到南邦府，南抵马来半岛北部。13世纪的素可泰社会刚刚从部落联盟过渡到早期城邦国家，王室和僧侣是国家政权的核心。该王朝王权与神权相结合，实行家长制统治，并带有原始社会的部落民主成分。兰甘亨死后，素可泰王朝便开始走向衰落。1350年，乌通在素可泰南部建立了阿瑜陀耶王朝，与素可泰形成对峙之势，并逐步蚕食素可泰的疆土。1438年，阿瑜陀耶王朝完全吞并素可泰，素可泰王朝历时200余年，凡九世而亡。

（二）阿瑜陀耶王朝

1350年，乌通在夺取素可泰南部诸多城邦控制权后建立了阿瑜陀耶王朝，建都阿瑜陀耶城，该城又称大城，所以阿瑜陀耶王朝又被称为大城王朝。阿瑜陀耶王朝强盛时期，向东、南、西、北四个方向扩张领土。向东挑战柬埔寨吴哥王朝，向北讨伐素可泰和兰那，并于1438年完全吞并素可泰，向西挺进到孟族居住的丹那沙林等地，向南扩展至马六甲半岛中部，奠定了今日泰国的领土范围。

阿瑜陀耶王朝在政治上取得了巨大进步，制定法律，建立萨克迪纳制，加强对人口的控制，正式确立了封建领主制和中央集权的统治。从16世纪中叶开始，阿瑜陀耶王朝与日益强大的缅甸东吁王朝不断爆发冲突，双方在229年间共交战24次。1767年，在缅甸贡榜王朝的进攻下，阿瑜陀耶城沦陷，阿瑜陀耶王朝灭亡，共历时417年。

（三）吞武里王朝

1767年，缅甸军队攻陷阿瑜陀耶城后，进行了15天的烧杀抢掠。由于清朝乾隆皇帝对缅甸进行征讨，所以缅军主力迅速撤出暹罗，留下部分缅军留守。1767年，郑信开始领导驱缅复国运动，并击败阿瑜陀耶城的缅军守将苏基，苏基献城投降。1768年，郑信登基称王，史称郑信王，定都阿瑜陀耶城南部的吞武里城。1782年，暹罗故都阿瑜陀耶城发生严重动乱，出征柬埔寨的昭披耶却闻讯带兵赶回，并趁机处死了郑信，吞武里王朝历时15年而亡。

（四）曼谷王朝

曼谷王朝是从1782年起延续至今的泰国王朝。1782年，昭披耶却处死郑信后，灭掉吞武里王朝，并将都城迁至湄公河对岸的曼谷，史称曼谷王朝。昭披耶却即位称王，号称拉玛一世，其在位期间击退了所有来犯缅军，对内恢复中央集权，稳定国内政治和社会秩序，对外极力扩张。在他去世时，曼谷王朝完全恢复了阿瑜陀耶王朝极盛时期的疆域。在与西方国家的交往中，拉玛一世却采取封闭政策。

自 19 世纪中叶以来，英、法殖民主义者在东南亚的扩张严重威胁着暹罗的主权与独立，为此，在拉玛四世和拉玛五世的领导下，暹罗开始了自上而下的政治改革，引入西方民主政治制度，基本废除奴隶制度和各种封建依附关系，对行政、税收、军事、司法、教育等进行全面的现代化改革，积极向西方学习。虽然这些措施只是在君主专制体制前提下的改良，但最大限度地减轻了西方势力对暹罗独立和主权的侵蚀，推动了泰国朝现代化方向发展。

1910 年拉玛五世驾崩，王储瓦差拉兀即位，是为拉玛六世。拉玛六世接受过西方的良好教育，在位期间继续进行改革，积极学习西方各种先进制度，并且在军队改革中取得了一定成就。1912 年，一群不满暹罗君主专制制度的青年军官发动政变，希望通过武力胁迫国王接受君主立宪制，但政变很快被镇压，拉玛六世转而大力加强君主专制。拉玛六世在位期间，国内政治清明，经济文化繁荣。在对外关系上，"一战"爆发后先是保持中立，1917 年参加协约国对德宣战，并派遣 850 名远征军奔赴法国。"一战"后利用战胜国的有利条件，废除治外法权，收回关税权等权利，体现了拉玛六世高超的外交智慧。1925 年，拉玛六世因心脏病去世，由于没有子嗣，其弟巴差铁扑即位，是为拉玛七世。

拉玛七世即位后，借鉴英国文官制度，于 1928 年颁布了《文官条例》，虽然在封建君主专制体制下《文官条例》未能发挥太大的实际作用，但足见拉玛七世继续深化改革的决心。1929 年世界经济危机爆发，暹罗经济受到巨大冲击，政府财政拮据，国内矛盾不断激化。1932 年 6 月 24 日，民党发动军事政变，建立君主立宪政体，但之后政变迭起，政权在保皇派和立宪派之间几度易手，最终民党的少壮派军人通过武力掌控了局面，1935 年拉玛七世退位，由其侄子阿南塔·玛希敦继任王位，是为拉玛八世，泰国正式走上君主立宪的道路。

四、"二战"时期的泰国

1938 年，銮披汶政府上台后，大力推行"大泰民族主义"政策，1939 年将国名由暹罗改为泰国。銮披汶政府对内进行民族压迫，对外被日本帝国主义利用。1941 年 12 月 7 日，太平洋战争爆发，銮披汶政府在日本威逼利诱下签订了攻守同盟条约。1942 年 1 月 25 日，泰国正式参加轴心国一方，向英美宣战。与此同时，广大泰国爱国民众对日本侵略者进行坚决抵抗，在华盛顿发起"自由泰运动"，在国内组织抗日义勇队，与日本进行了艰苦的斗争。1944 年日本东条英机下台，銮披汶·颂堪被迫辞职。1945 年 8 月 14 日日本宣布无条件投降，自由泰政府随即在 16 日以国王名义发布《和平宣言》，宣布銮披汶政府对美英宣战无效，取得了同盟国的承认和谅解，并在 1946 年 12 月 16 日成功加入联合国。

自由泰政府执政期间，一方面，开放党禁，允许成立新政党，走出了军人专制的阴影，民主政治得到较大发展；另一方面，大力改善民生、保护工人权利、发展民族工业等，使泰国社会呈现出一片崭新的气象。

五、当代泰国的政局

1946 年 6 月 9 日，泰国国王拉玛八世阿南塔·玛希敦在宫中突遭暗杀身亡，由其弟普密蓬·阿杜德继承王位，是为拉玛九世。此时泰国在政治上仍未从君主专制制度崩溃所造成的力量真空中完全恢复过来，通过选举产生的政府无法自存。[1] 1947 年 11 月 8 日，副总理屏·春哈旺发动政变，推翻了自由泰政府，次年銮披汶·颂堪再度出山，重掌政权，泰国再次进入军人独裁时期。但是在沙立—他侬军政府统治时期，通过实施一系列的经济政策，泰国经济开始"腾飞"。此后泰国政府更迭频繁，多次出现军人专政，又有多次民选的文官政府。自 1932 年立宪改革以来，泰国历史上共发生过 20 次军事政变。迄今为止，泰国仍是世界上政府更迭最为频繁的国家之一。

直到 20 世纪 90 年代初，泰国才基本上结束了军人政权的威权统治，开始探求全面的政治民主化道路，确立并实行了议会民主制。2016 年 10 月 13 日，泰国国王普密蓬去世，享年 88 岁。王储玛哈·哇集拉隆功 2016 年 12 月 1 日完成即位仪式，正式成为泰国新国王，是为拉玛十世。

第四节　缅甸

缅甸全称缅甸联邦共和国，为总统共和制国家。缅甸位于中南半岛西部，面积约 676 578 平方千米，2018 年人口约为 5 385 万人，是中南半岛第一大国。南临安达曼海，西南临孟加拉湾，西北与印度和孟加拉国相接，东北毗邻中国云南和西藏，东南接壤泰国与老挝，具有重要的战略地位。缅甸是一个以农业为主的欠发达国家，但其历史悠久，文化丰富，是东南亚的一个文明古国。

---

① 《普密蓬·阿杜德》，译摘自《泰国年鉴（1975—1976 年）》，1980 年第 2 期。

一、缅甸的史前人类与文化

1979 年 5 月，缅甸曼德勒大学人类学家与美国人类学家在曼德勒以西的崩当山区发现了 4 000 万年前的古猿化石，比腊玛古猿还早 1 000 万年，可能与人类的起源有关。20 世纪 80 年代初，考古学家在缅甸中部的瑞明丁山上发现了四五十万年前的猿人化石，并将其定名为巴玛人。巴玛人以采集和渔猎为生，是缅甸最早的直立人，巴玛人的出现揭开了缅甸旧石器时代的历史。

此外，在伊洛瓦底江沿岸的干燥地区和南掸邦地区，也发现了大量的旧石器，考古学家将缅甸的旧石器文化统称为安雅特文化，也就是上缅甸人文化。距今约 1 万年，缅甸开始进入新石器时代，随着生产工具的发展和生产力的提高，人类的活动范围更为广阔。从西部阿拉干沿海到东部掸邦高原，从北部克钦邦山地到南部丹那沙林沿海，都有新石器时代的遗存出土。该时期缅甸精细的磨制石器取代了粗糙的打制石器，其特点是单面磨光，体积较小。缅甸新石器时代较有代表性的文化有帕达林文化、勒班齐波文化、陶马贡文化。

二、缅甸早期国家

公元前后，缅甸从石器时代向金石并用时代过渡，铜器开始大量出现，生产力的不断提高使缅甸从原始社会逐步过渡到阶级社会，并出现了一批由不同民族建立的早期国家，这些国家主要由骠族、掸族（泰族的一支）、孟族、若开族建立。

骠族在今缅甸境内建立的早期国家是骠国，大部分学者认为骠人源于氐羌人，属于藏缅语族，也有学者认为骠人属于孟—高棉语族。骠国主要位于伊洛瓦底江流域，由许多隶属松散的属国和部落组成。从现有的考古资料分析，骠国主要存在于 1—9 世纪。骠国历史可划分为前、后两个时期，前期为 1—5 世纪，以今缅甸中部的毗湿奴城（今马圭省东敦枝镇西 20 千米处）为中心；后期为 6—9 世纪，以今缅甸西部中南的室利差呾罗城（今勃固省卑谬市东南 8 千米处）为都城。除了毗湿奴城和室利差呾罗城，汉林城（今实阶省瑞波县委勒镇区）也是当时骠国重要的城市，被认为是骠国中心从毗湿奴城转向室利差呾罗城的过渡时期的中心。在今缅甸中部一带建国的前期蒲甘，也被认为是骠人建立的隶属骠国的一个城邦国家。5—8 世纪是骠国的鼎盛时期，其疆域东起萨尔温江流域，西接若开族建立的阿拉干王国，北与南诏接壤，南达孟加拉湾，疆域非常广阔。832 年，南诏攻陷骠国都城，骠国解体，大部分骠人逐步融入缅甸其他民族。

掸族在缅甸建立的国家叫掸国，掸族属于泰语民族。掸国的疆域范围包括今缅甸北部掸邦、克钦邦地区和中国云南西部德宏地区，约存在于2—6世纪。在公元前，掸族先民就在怒江、澜沧江流域建立了哀牢国。公元元年前后，汉帝国势力逐渐渗入云南，69年哀牢国归附东汉，东汉帝国在哀牢国故地设置永昌郡，但哀牢于76年起兵反汉，77年反汉失败后，其残余势力逐渐西迁至伊洛瓦底江上游地区，组建部落联盟国家掸国。随即掸国遣使向东汉进贡，纳入中国中央王朝的朝贡体系。东汉和帝永元九年（97），永昌郡边境外的小国，以及掸国王雍由调"遣重译奉国珍宝，和帝赐金印紫绶，小君长皆加印绶、钱帛"。永宁元年（120），"掸国王雍由调复遣使者诣阙朝贺，献乐及幻人，能变化吐火，自支解，易牛马头。又善跳丸，数乃至千。……明年元会，安帝作乐于庭，封雍由调为汉大都尉，赐印绶、金银、彩缯各有差也"[1]。6世纪末，掸国为骠国所灭。

孟族在缅甸建立的古国主要是林阳国，上文已经提到林阳国地跨今泰国和缅甸两国，地域辽阔。三国吴万震《南州异物志》曰："其地皆平博……民十万余家。"[2] 主要包括今缅甸伊洛瓦底江下游、南部丹那沙林地区和泰国西部部分地区。有学者认为林阳国是孟人国家的统称，林阳即孟人史籍中记载的苏伐那蒲迷王朝（即直通王朝）。4世纪时，孟人在今缅甸南部还建立了许多小国，到10世纪，今缅甸境内主要的孟人国家有郎迦戍（丹那沙林）、勃固、直通、勃生。11世纪中叶，大部分孟人王国在蒲甘王朝的征服下灭亡，孟族也逐渐与缅族合流，并对后来的缅甸文化产生了巨大影响，缅文便是在孟文的基础上创制的。

若开族又叫阿拉干族，是今天缅甸的第四大民族。阿拉干地区位于今缅甸西南若开山脉以西的狭长海岸地带，是东南亚最靠近印度的地区，公元前几个世纪，若开人就开始在这里建立自己的国家。公元前4世纪到公元前2世纪，阿拉干地区建立了一个维萨里王朝。之后又有一个坎德拉王朝，存在于4—7世纪。6世纪后该地区新出现的王朝被缅甸史学家称为新王朝。阿拉干王国与印度联系密切，深受印度文化的影响。由于阿拉干山脉的阻隔，阿拉干地区与缅甸伊洛瓦底江流域之间的交流有限，在很长一段时间内两地都保持着独立和相对隔绝的状态，直到1785年被缅甸贡榜王朝吞并，阿拉干才成为缅甸王国的一部分。

除了上述的古国，过去缅甸一直有"缅甸历史始于太公"的说法，传说印度王子于公元前850年建立了太公古国。但是从考古发掘来看，太公古国建立于1世纪以后，中心在今缅甸达岗地区，很可能是当时骠国的一部分。

---

① 《后汉书》卷86《西南夷传》。

② （宋）李昉等：《太平御览》卷787《四夷部八》引《南州异物志》。

三、缅甸王朝国家的发展史

（一）蒲甘王朝

1044 年，阿奴律陀建立了缅甸历史上第一个统一的王朝——蒲甘王朝，蒲甘王朝是缅族人以今缅甸中部蒲甘城为中心建立的政权。蒲甘王朝于 11 世纪左右南征孟族地区，北进掸邦地区，西征若开地区，于 1057 年前后实现了统一。蒲甘王朝极盛时期，统治范围东到萨尔温江流域，西到克钦邦地区，北到太公地区，南到德林达依。蒲甘王朝前期的经济较为发达，并积极吸收孟人和骠人的文化，从而发展出自己的文化。为了维护统治，蒲甘王朝大力推广佛教，利用宗教控制民众。据宋人赵汝适《诸蕃志》（卷上）记载："其俗奉佛尤谨，僧皆衣黄。地主早朝，官僚各持花来献，僧作梵语祝寿，以花戴王首，余花归寺供佛。"

13 世纪中叶，随着地方势力崛起，僧伽势力膨胀，寺院控制了大量土地，其经济实力甚至超过了国家，大量民众失去土地，阶级矛盾十分尖锐，大量通过战争掠夺来的奴隶要么逃跑，要么不断举行武装起义，国内掸人和孟人等少数民族趁机反抗缅族的统治，蒲甘王朝迅速衰落。1287 年，元朝军队攻占蒲甘，加速了蒲甘王朝的灭亡。在内忧外患之下，蒲甘王朝陷入分裂，名存实亡。1364 年，蒲甘王朝彻底覆灭。

（二）缅甸历史上的"战国时期"

1287 年，蒲甘王朝瓦解，今缅甸境内进入长达两个半世纪的分裂时期，史称缅甸历史上的"战国时期"。

在上缅甸地区，1287 年之后的一段时间里，名义上仍隶属蒲甘王朝统治，但实际统治权落入"掸族三兄弟"手中。1312 年，"掸族三兄弟"的僧哥速建立了彬牙王朝，以彬牙城（今曼德勒附近）为都城。1315 年，僧哥速幼子阿丁克亚苏云在实皆建立王朝，称为实皆王朝。僧哥速死后，彬牙与实皆相对立。在上缅甸地区，形成了彬牙、实皆、蒲甘三足鼎立的格局。直到 1364 年，他拖弥婆耶杀死彬牙和实皆的国王，掌握了彬牙和实皆王朝的统治权，兴建阿瓦城（今曼德勒附近），建立起阿瓦王朝，随后平定各地叛乱，攻占蒲甘城，这才统一了上缅甸。

在下缅甸地区，趁蒲甘王朝衰弱之机，孟族首领伐丽流于 1281 年在马都八称王，1287 年与勃固孟人首领多罗跋联合，将缅人势力驱赶出下缅甸。后伐丽流杀死多罗跋，统一下缅甸，建都马都八，称为孟人王国，与上缅甸政权分庭抗礼。1296 年，多罗跋的孙子为祖父复仇，杀死伐丽流，伐丽流的弟弟即位。此后半个多世纪里，孟人王国内部爆发了激烈的权力争夺，直到 1353 年彬尼亚乌即位。此后孟人王国又受到暹罗泰人的侵犯，彬尼亚乌被迫于 1370 年迁都勃固，政局才稳定下来。至此下缅甸孟人王国又称为勃固王朝（或白古王朝）。

今缅甸西部的若开人趁蒲甘王朝衰落之际，在若开地区建立了自己的王朝。因该王朝诸王先后在不同的城市建都，故称四城王朝。

到14世纪60年代，缅甸形成了阿瓦、勃固、阿拉干三国鼎立的局面，各方保持均势与和平的状态。1385年，彬尼亚乌死后，形势急转直下，从1386年开始，勃固与阿瓦之间进行了一场长达40年的战争，史称"四十年战争"。后来阿瓦又远征阿拉干，阿拉干也被卷入战争中。直到1425年，战争才宣告结束，这场战争使阿瓦和勃固的人口损失惨重，社会经济也遭到极大破坏，大大削弱了两国的国力，而阿拉干则彻底摆脱了阿瓦的控制。

"四十年战争"结束后，阿瓦王朝的宫廷斗争激烈，内部持续动荡，最终走向衰亡。勃固王朝则经历了一段黄金发展期，内部稳定，外无战事，经济文化快速发展，佛教昌盛。阿拉干则引入伊斯兰教，并迁都末罗汉，而且王国版图不断扩大，日益强盛。

（三）东吁王朝

1. 早期东吁

东吁原为阿瓦王国的属国，位于锡唐河流域中部，蒲甘王朝瓦解后，特别是"四十年战争"期间大量缅人为躲避战乱而逃难于此，大大促进了当地的开发。1486年明吉瑜登上王位，东吁逐渐发展为今缅甸境内的一支重要力量。1531年，莽瑞体正式建立东吁王朝，并与其妹夫莽应龙发动了重新统一缅甸的战争。1539年，东吁攻灭勃固，1555年，平定阿瓦，并进军掸邦和暹罗北部，基本统一了除若开外的缅甸大部分地区。莽应龙统一缅甸后，并没有迎来和平，而是随即发动了对暹罗的战争，并且一度北上骚扰中国明朝的云南边境地区，给这些地区的人民带来了深重的灾难。莽应龙的四处征伐也消耗了东吁王朝的国力，早期的东吁王朝既没有强大的经济基础，又没有有效的政治统治制度，使这个主要凭借军事征服而建立起来的国家很快就陷入了危机。1581年，莽应龙之子莽应里即位，继续施行对外侵略的政策，他的穷兵黩武招致国内各方势力的不满，中央与地方关系紧张，一些大封建主不再听从国王的号令，并伺机反叛。1599年，莽应龙的弟弟东吁侯联合阿拉干国王攻占勃固城，莽应里被杀。东吁王朝陷入分裂状态，良渊侯占据中北部，东吁侯和卑谬侯割据南方，丹那沙林地区由暹罗的阿瑜陀耶王朝控制。

2. 东吁的复兴与灭亡

1581年，莽应龙的一个儿子受封于良渊，因此被称为良渊侯。良渊侯统治着今缅甸中部农业较为发达的密铁拉一带，并逐步发展自己的势力。1600年他在阿瓦登上王位，向北开始进攻掸邦和克钦邦一带的明朝土司，将他们纳入自己的统治中。良渊侯大力发展农业，加强兵农合一的阿赫木旦制度，为缅甸的再统一奠定了基础。1605 年，良渊侯病死，其子阿那毕隆继位，此时的阿那毕隆已经统一了上缅甸。1608 年阿那毕隆进军南方，开始了重新统一缅甸的步伐，他先后攻取卑谬和东吁，1612 年又夺回了被葡萄牙殖民者占据的沙帘，完成了除阿拉干和丹那沙林之外的缅甸的再次统一。1629 年，阿那毕隆的弟弟他隆即位，随即开启了一系列改革，使东吁王朝逐步弥合因长期战争导致的人口锐减和经济衰退带来的创伤。他隆整顿和加强阿赫木旦组织，调查全国人口和土地，发展生产，鼓励人口生育，控制和利用宗教势力。1653 年，他将都城从勃固迁回阿瓦，使东吁王室能够直接控制今缅甸中部的农业发达地区，他的一系列措施巩固了东吁的统治，使东吁走向强盛。在中国的史籍中，他隆即缅王平达力（Pindale），他收留了逃亡至缅甸的南明政权的永历帝。1659 年 9 月，洪承畴致书平达力，要求他交出永历帝，但是平达力没有同意。平达力说："因人之危而为之利，不义。且彼天之所立，中土之所戴，我不能助而反为之害，是逆天也。逆天不祥，不如全之以为后图。"[1] 直到 1661 年缅王莽白继位后，在清军的威逼下，终于答应交出永历帝。但是缅甸与清朝的关系较为冷淡，直到东吁王朝末代国王莽达拉（即摩诃陀摩耶沙底波帝）时，才于乾隆十五年（1750）派遣使臣到清朝进贡，但乾隆十七年东吁使臣尚未返回都城阿瓦，缅王已被孟族军队俘虏。

18 世纪，缅甸国内的阶级矛盾和民族矛盾不断激化，阿赫木旦组织大量解体，王室斗争激烈，各地封建主纷纷脱离统治，东吁王朝土崩瓦解。1752 年，南方的孟族军队攻占东吁首都阿瓦，东吁王朝灭亡。

（四）贡榜王朝

1752 年，孟族军队攻占阿瓦后，主力便撤回南方，所以其在上缅甸的统治并不稳固。同年，上缅甸地区的一个缅族首领雍籍牙起兵反抗孟族统治，并且很快就击败了孟族军队。1753 年，雍籍牙定都瑞冒，建立起缅甸历史上最后一个王朝——贡榜王朝（又称雍籍牙王朝）。根据中国史籍的记载，雍籍牙是上缅甸木邦境内木梳铺的头目。[2]

贡榜王朝带有浓厚的军事封建主义色彩，除了努力实现国内的统一，还走上了不断对外扩张的道路。1754 年，雍籍牙派兵攻占阿瓦；1755 年 2 月攻下卑谬，4 月攻下南方孟族的大本营达贡，并将其改名为仰光；1756 年 7 月攻下法军协防的沙帘，12 月占领南方孟人政权最后一个据点勃固。由此，贡榜王朝再度统一了除阿拉干和丹那沙林之外的缅甸。在统一缅甸的过程中，贡榜王朝招降了大批孟族人，并任命一批孟族

---

① （清）徐鼒：《小腆纪年附考》，北京：中华书局，1957 年，第 765 页。
② 《清高宗实录》卷 569，乾隆二十二年八月。

官员，孟族与缅族在生活和文化上日趋接近，大量孟人与缅人通婚，使孟人逐步融入缅人之中。

雍籍牙的继位者为其子孟驳，孟驳又传子赘角牙。赘角牙被杀后，1782年雍籍牙第四子孟云即位。据乾隆四十七年（1782）云贵总督富纲奏称："缅酋赘角牙被老酋雍籍牙之孙孟鲁乘间杀害，旋有雍籍牙四子孟陨（即孟云）复将孟鲁杀死，自立为酋。"[1] 孟云在位38年（1782—1819），在他的统治下，贡榜王朝臻于极盛。对内，孟云大力加强中央集权和王权专制，加大对各级官僚的监控。继续加强阿赫木旦组织，调查全国户口、土地和税收，发展农业生产，迫使宗教势力完全服从王权。对外，孟云向东对暹罗发动大规模侵略，夺回南部土瓦地区，向西兼并了阿拉干王国，结束了其作为独立国家的历史，他还一度远征并占领印度东北部地区。孟云统治末期，贡榜王朝的疆域西起印度的阿萨姆、曼尼坡，东至今缅泰边境，北到克钦邦，南到丹那沙林的广大地区，成为当时东南亚面积最广阔的国家。孟云的统治使缅甸的封建社会发展至鼎盛时期。

贡榜王朝初期（雍籍牙、孟驳统治时期），不仅兼并明代臣属中国的边外土司，还袭扰中国云南边境，最终导致了乾隆年间的中缅战争。正如赵翼所言："我诸土司之近缅者，往时皆于缅私有年例。自木梳（指雍籍牙）据位，号诸土司以其故，夷等不复予，而木梳方与贵家诸夷相攻，未遑远问。及贵家、木邦相继为所并，及渐及我土司，此起衅之由。"[2] 中缅关系的逐渐正常化，是在赘角牙继位后出现转机的。孟云继位后，进一步改善双边关系，终于在1788年派遣使臣访华，乾隆帝则册封孟云为缅甸国王。1790年中缅重开边境贸易。1791年以后，孟云频繁遣使入贡，大大超过了十年一贡之例，可见中缅关系的紧密。

孟云死后，看似强盛的贡榜王朝，实际上隐藏着深刻的危机，常年的战争使大批人口不从事生产，而是死于战场；对内大兴土木，民众负担沉重，农奴频繁起义；推行闭关锁国的政策，使得上层统治阶级对外部世界知之甚少。1824年，英国发动了第一次英缅战争。1824—1885年，英国共发动了三次对缅战争。在英国人的枪炮声中，缅甸逐步沦为英国的殖民地。即使在这样的情况下，贡榜王朝继续保持同清朝的朝贡关系。1875年，贡榜王朝的使臣最后一次访华。[3] 1885年，英军攻占曼德勒，缅甸末代君主锡袍被英国侵略军流放，缅甸正式沦为英国的属地，贡榜王朝灭亡。

---

[1] 《清高宗实录》卷1159，乾隆四十七年六月庚寅。
[2] （清）赵翼：《瓯北全集》卷3《武功纪盛·平定缅甸述略》。
[3] 《清德宗实录》卷15，光绪元年八月丁丑。

四、英治时期的缅甸

英国通过发动第三次侵缅战争，在 1885 年完全占领了缅甸，1886 年将缅甸各地合并，称为"英属缅甸"。1897 年，宣布缅甸为英属印度的一个"自治省"，设总督统治，时间一直持续到 1937 年。英国占领缅甸后，推行"分而治之"的民族政策，加剧了缅甸各民族之间的对立，使他们无法形成合力共同对抗英国。在经济上大肆对缅甸的财富和资源进行掠夺，英国资本全面掌控和垄断了缅甸国内的各主要经济部门和运输部门。同时，为了获得廉价劳动力，英国殖民当局吸收了数以百万的印度移民迁入，他们通过发放高利贷掌控了下缅甸的大量土地，引起缅甸农民的强烈不满。

1920 年 7 月，缅甸"佛教青年会"举行周年纪念大会，并决定更名为"缅甸人民团体总会"，从此成为缅甸一个具有广泛群众性的爱国组织。此次会议之后，缅甸的民族主义运动开始在全国展开，缅甸的学生、僧人、农民掀起了一波又一波的反英斗争。英国政府对缅甸的反英运动一面坚决镇压，一面又采取怀柔措施。1922 年，面对缅甸高涨的民族主义，英政府决定做出让步，实行"二元制"行政改革，将行政权分为保留职权和移交职权，国防、外交、财政、税收等重要部门仍由缅甸总督及其行政委员会控制，教育、公共卫生、农林等部门由选举产生的缅甸官员负责。1937 年，英国政府又决定实行"印缅分治"政策，缅甸成为英国直接管辖的殖民地，由英国女王任命总督直接统治。20 世纪 30 年代中期，"缅甸人民团体总会"选择与英国合作，已无法领导反英斗争。与此同时，一个新的爱国组织"我缅人协会"兴起，昂山、吴努、德钦丹东等成为协会领导人。在"我缅人协会"的领导下，20 世纪 30 年代后期缅甸民族解放运动高涨，工人、农民、商人、僧侣、学生不断举行大规模示威游行，英国殖民当局进行了血腥的镇压。面对强大的英国当局，"我缅人协会"部分领导人妄图通过日本势力驱逐英国殖民者，实现缅甸独立，昂山就是其中之一。1941 年 12 月 8 日太平洋战争爆发，日本进军缅甸，昂山组织起了"缅甸独立军"，配合日军作战，将英国军队逐出了缅甸，英国对缅甸的统治告一段落。

五、日据时期的缅甸

1941 年 12 月 15 日，日军入侵缅甸，英军节节败退，其间虽然有中国远征军重创日军，但未能挽回颓势。1942 年 5 月 30 日，日军占领整个缅甸。日军占领缅甸后，全面控制了缅甸的政治、军事、经济和外交，日军大量裁减缅甸独立军，并将其改造为国防军，强占了所有英国统治时期的工厂和矿山，大肆掠夺缅甸资源，而且强征缅甸劳工修筑"缅泰铁路"，致使大量劳工死亡。日本的种种暴行引起了缅甸人民的极度不满，缅甸民族主义者也意识到自己已经引狼入室。1943 年 8 月，为了稳固在缅甸的统治，缓解缅甸人的抗日情绪，日本宣布给予缅甸独立。缅甸虽然形式上获得独立，但权力仍然掌控在日本统治者手中，新成立的缅甸政府不过是日本人的傀儡。

1944 年 8 月，缅甸各派抗日力量领导人召开秘密会议，决定成立"缅甸反法西斯人民同盟"（1945 年改称"缅甸反法西斯人民自由同盟"，以下简称"自由同盟"），昂山任最高领导人，德钦丹东任总书记，该组织团结国内抗日力量，形成抗日统一战线。1945 年 3 月 27 日，缅甸"自由同盟"举行武装起义，配合盟军反攻，同年 5 月 1 日光复仰光，日本在缅甸的统治终结。

六、缅甸独立与政局的曲折发展

（一）缅甸的独立

盟军在缅甸对日作战的过程中，大批英军重返缅甸。"二战"后，英国企图恢复对缅甸的殖民统治。缅甸人民继续为争取国家的彻底独立和解放而斗争。1946 年，"自由同盟"通过决议，表明同盟的目标是争取缅甸的完全独立。1947 年，昂山在伦敦与英国首相艾德礼签订协议，英国承认缅甸有完全独立的权利。1947 年 4 月 9 日，缅甸举行全国选举，"自由同盟"获胜，由昂山组织临时政府。同年 6 月 10 日，缅甸制宪大会通过缅甸独立决议案。7 月 19 日，首都仰光发生一起震惊世界的谋杀事件，一群暴徒冲进昂山办公室，枪杀了昂山及当时正在一起开会的部长。事后查明缅甸右翼势力"爱国党"领袖吴素为幕后黑手，吴素被抓获归案并被处以绞刑。昂山死后，吴努继任缅甸临时内阁总理，1947 年 12 月 10 日，英国议会批准《缅甸联邦宪法》，并通过缅甸独立的法案。1948 年 1 月 4 日，缅甸正式脱离英联邦而独立。

（二）独立后缅甸政局的曲折发展

1948 年缅甸独立后，"自由同盟"执政，由于缅甸共产党和其他政治派别的反抗，以及缅甸主体民族缅族与各少数民族的矛盾，旋即爆发了内战。缅甸共产党和克伦族武装向缅甸政府军发起进攻，缅甸政府军最初处于劣势，直到 1949 年 5 月，在英国、印度等国的支持下才收复了大部分地区。1951 年，在缅甸政府的镇压下，缅甸共产党和克伦族等武装妥协，大规模的反政府武装斗争平息。战后成立克伦邦，缅甸少数民族获得了更多权力。1952 年举行全国大选，"自由同盟"获胜并保住了执政党地位，但党内派系斗争不断加剧。1958 年，"自由同盟"分裂为以吴努为首的"廉洁派"和以吴巴瑞、吴觉迎为首的"巩固派"，9 月 26 日，吴努将政权移交给以吴奈温为首的过渡政府。1960 年缅甸举行大选，吴努重新取得执政权，但是随着经济形势的进一步恶化，掸邦、克钦邦等少数民族地区分裂倾向加剧。1962 年，军事将领吴奈温发动政变并接管国家政权，成立缅甸联邦革命委员会，吴奈温任委员会主席，宣布要使缅甸成为社会主义国家，走"缅甸式社会主义道路"。1964 年以后，缅甸经济每况愈下，外交日益孤立，1974 年缅甸联邦改名为"缅甸联邦社会主义共和国"，并通过宪法，规定国家实行一党制，缅甸社会主义纲领党为唯一执政党，同时吴奈温等军官放弃军职，形式上结束了军政府统治。但是在"缅甸式社会主义"经济体制的束缚下，1980 年左右，缅甸已经成为世界上最不发达国家之一。

1988 年，缅甸陷入大动荡之中，国内反政府活动四起，昂山之女昂山素季发表讲话，要求尽快成立临时政府，实行多党制，举行全国大选。昂山素季是 1991 年诺贝尔和平奖得主，成为缅甸迈向民主之路的精神动力。1988 年 9 月 18 日，以国防部长苏貌将军为首的军人接管政权，成立"国家恢复法律和秩序委员会"，宣布废除宪法，解散人民议会和国家权力机构，9 月 23 日，缅甸国名由"缅甸联邦社会主义共和国"改为"缅甸联邦共和国"。与此同时，军政府与昂山素季领导的全国民主联盟（简称"民盟"）矛盾不断激化，苏貌政府坚持"先制宪，后交权"的政策，并不断打压"民盟"，昂山素季遭到软禁。1992 年，丹瑞大将上台，1997 年将"国家恢复法律和秩序委员会"改名为"缅甸国家和平与发展委员会"。2002 年，军政府与"民盟"关系缓和，释放了昂山素季。2003 年，由于"民盟"支持者与军政府的冲突，军政府再次软禁昂山素季，联合国和西方国家立即对缅甸进行新的制裁，时任联合国秘书长的安南要求立即释放昂山素季。2008 年 5 月，缅甸联邦共和国新宪法获得通过，规定实行总统制，并于 2010 年依据新宪法举行多党制全国大选。2011 年 2 月 4 日，缅甸国会选出吴登盛为缅甸第一任总统。2011 年昂山素季被释放。2016 年 3 月 15 日，缅甸联邦议会选出吴廷觉为总统，其为半个多世纪以来缅甸首位民选非军人总统，这标志着半个多世纪的缅甸军政府统治结束。

第五节　老挝

老挝全称老挝人民民主共和国，实行社会主义制度（老挝宪法称之为人民民主制度）。老挝位于中南半岛中部，是中南半岛唯一的内陆国家，国土面积约为 23.68 万平方千米，2018 年人口约为 696 万人。老挝东邻越南，西接泰国，北与中国毗邻，南与柬埔寨接壤，西北接缅甸，是当今世界最不发达国家之一。老挝在历史上饱经战乱和外部势力入侵，但也有过澜沧王国时期的辉煌。

一、老挝史前时代的居民与文化

老挝境内发现的最早人类遗存，是距今五六十万年的位于今老挝北部华潘省的坦杭遗址和琅勃拉邦的坦巴雷遗址。考古学家在这两处遗址发现了人科骨骼遗存和猿人类型的牙齿，以及当时的一些骨器和石器，据此推测坦杭地区的古人类可能处于早期智人阶段，"根据更新世年代的动物化石与人类遗骨及打制石器的共同存在，可以将北坦杭石屋顶第二层看作是东南亚一个具有代表性的旧石器初期考古遗址"①。但是学术界对这些判定仍存在较大争议，有学者认为坦杭文化出现的时间没有那么久远，可能只属于旧石器时代后期。还有学者认为："到本世纪七十年代，还没有发现老挝存在旧石器时代的确凿证据，而其新石器时代文化即给人一种极发达的印象。"②

在距今约 1 万年的新石器时代，在中南半岛普遍存在的和平文化和北山文化遗存，在老挝境内都有发现，而且分布广泛。老挝新石器时代早期的文化遗址有北部的坦杭遗址、坦囊安遗址、坦甬遗址，川圹省的巴川东遗址，中部甘蒙地区的板当石洞、马哈赛石洞、万象古河床带等，在这些遗址中出土了许多具有和平文化特征的瓮器、斧子、杵等石制工具。相比较而言，新石器时代晚期的遗址则更加密集地分布在琅勃拉邦和甘蒙地区，还有万象周围及南部的占巴塞省。在这些遗址中，出土了大量的四角石斧、有肩石斧及一些陶片，这些都是新石器时代后期古人类的代表性文物。在坦甬和坦囊安遗址中，除了和平文化的遗存，还发现了北山印章、北山石斧及绳纹陶，它们比具有和平文化特点的石器及陶器更加精致。根据不同时期的新石器时代遗址分布推测，在旧石器时代晚期和新石器时代早期，老挝的史前居民主要聚居在老挝北部的山洞中，到新石器时代晚期，他们已经逐步向南扩散到琅勃拉邦和甘蒙地区。

距今 4 000—3 500 年，东南亚地区开始步入铜器时代。到目前为止，老挝还没有对铜器时代的文化遗址进行系统性挖掘。20 世纪法国人在今天琅勃拉邦地区和甘蒙地区搜集到了一批黄铜文物和铸造斧头的模具，以及铜器时代后期的铁器，这些文物以铜斧居多，至今已经发现了侬诺他遗址、荣马拉特文化遗址、杭盈遗址三个主要的铜器遗址。进入铁器时代后，今老挝北部又出现了著名的巨石文化。老挝北部的巨石遗址主要分成两类，分别是华潘高原的"石柱群"和川圹高原的"石缸田"。石缸被用来存放火化者的骨灰，根据石缸的尺寸及数量可以判断，川圹高原石缸遗址的主人已经出现贫富分化，进入了阶级社会。除了上述遗址，考古人员还在老挝收集到了来自中国南方地区的铜鼓。作为金属文化中心的琅勃拉邦、甘蒙、万象、占巴塞和作为巨石文化中心的华潘、川圹的存在，说明老挝人在远古时期有过辉煌的历史，而且呈现

---

① ［越］邓碧河等：《老挝史前时期和铜器时代文明遗址》，载范宏贵、黄兴球、卢建家：《老挝佬族起源研究文集》，广州：世界图书出版广东有限公司，2011 年，第 279 页。

② 申旭：《老挝泰佬族系民族探源》，载范宏贵、黄兴球、卢建家：《老挝佬族起源研究文集》，广州：世界图书出版广东有限公司，2011 年，第 200 页。

出文化的多样性。

二、老挝境内的族群与早期国家

1968 年，老挝爱国战线（即老挝共产党）将居住在老挝境内的族群划分为老听、老龙、老松三大族系。关于这些族系的起源和划分的说法不一，分歧较大，至今没有定论。一般认为老挝地区的原始居民主要是古印度尼西亚人和尼格利陀人（即矮黑人），后来他们与迁入的南岛语系和南亚语系族群相互融合，形成老听族（旧称"佧族"）。老龙族属于汉藏语系的泰老语族，是今天老挝的主体民族，约占全国人口的三分之二，主要由老挝境内的各泰老族群构成，其中以佬人（他们自称"勐泰"）最多。老龙族先民原先生活在中国南方，13 世纪时由于蒙古人南下，他们被迫从中国的云南、广西一带向中南半岛迁移。佬人进入老挝后，将原来生活在那里的老听族人驱赶到了山区，自己则占领了平原地区。老松族属于汉藏语系的苗瑶语族，多数由 19 世纪从中国云贵高原迁入老挝境内的苗族、瑶族组成，所以又称"中国系"。

由于老挝在 15 世纪之前几乎没有自己的历史记载，所以对于老挝早期国家的整理主要依据中国史籍的记载。在中国史籍中，老挝地区出现的最早国家叫"越裳"，首见于《尚书大传》中，书中记载越裳在周公当政时期曾来进贡方物，可见越裳人在公元前 11 世纪就已经立国，但可能只是当时掸族的一个部落联盟，或泛指当时中南半岛北部的掸泰族地区。"越裳"的具体地望存在争议，徐松石认为其统治中心在今天的老挝一带，但它的疆域似乎包括了缅甸、暹罗、安南的大部分。[①]

2 世纪左右，高棉人在今老挝下寮一带和柬埔寨北部一带建立了真腊国。3 世纪初，今老挝中寮一带存在一个"堂明国"，最早见于《三国志》的记载。5 世纪以后，真腊逐步强大起来，兼并了扶南、堂明等周边国家，疆域囊括了今天的老挝和柬埔寨。8 世纪初期，真腊国分裂为陆真腊、水真腊，陆真腊领有今老挝辖境。9 世纪中叶，吴哥王朝将水、陆真腊重新合并，仍称真腊国，虽然期间已经有一些泰老族先民迁入，但今老挝境内仍处于高棉人的直接控制之下。到了 12 世纪，随着真腊王国的不断衰落，原来属于真腊属国的一批由泰老人建立的小国，如猛骚、白衣、猛老、挝国、老告、盆蛮、老抓等，不断脱离其统治，泰老族群日益壮大。

三、澜沧王国时期的老挝

1353 年，法昂在川铜（琅勃拉邦）建立澜沧王国，它是老挝历史上第一个统一王

---

① 徐松石：《粤江流域人民史》，上海：中华书局，1939 年，第 267 页。

国。法昂原是今老挝北部佬族国家的王子，年少时因为与叔父争夺王位失败，被迫与其父流亡到吴哥王朝。吴哥国王善待法昂，在法昂长大后，吴哥国王还将女儿娘巧肯雅公主嫁给他为妻，并帮助他组建军队，伺机返回老挝复位。1349 年，法昂挥师北伐，经过连续征战，先后占领了孟北格（今泰国乌汶府）、甘蒙、川圹等地，并在 1351 年收复了被安南占领的三个东部城镇，最后经过三次战争，终于击败其叔父，夺回王位。1353 年，法昂在川铜登上王位，澜沧王国正式立国，中国与越南的史籍又称它为"南掌国"。1353 年以后，法昂以同出一个祖先为理由，招降了今老挝境内的小国和部落联盟，对于不归顺澜沧王国的割据势力，继续出兵征讨。此外，法昂还先后出兵今泰国境内的兰那王国和阿瑜陀耶，迫使两国割地求和。至此，其疆域北接中国云南，南与吴哥王朝交界，东临安南与占城，西临兰那王国和阿瑜陀耶，成为当时东南亚的一个大国，也是老挝历史上第一个统一了今天整个老挝地区的中央集权制国家。

1368 年，王后娘巧肯雅死后，法昂日渐消沉，不理政务。1371 年朝中大臣将他罢黜并流放，1373 年郁郁而终。法昂死后，其子温孟继位，温孟又称"桑森泰"（1374—1417 年在位），意为"统治 30 万泰人之王"。中国史籍将温孟称为"刀线歹"。1404 年，明永乐帝在老挝设"老挝军民宣慰使司"，"刀线歹"任宣慰使，澜沧王国与明朝保持宗藩关系。温孟在位期间，勤政爱民，社会稳定，小乘佛教快速传播，佛教成为维护国王统治的工具，僧侣们被授予爵位，成为统治集团的一部分。温孟死后，其子兰坎登继位（1417—1428 年在位），基本保持了澜沧王国的统一与稳定。1428 年，兰坎登逝世，澜沧王国统治集团内部爆发了激烈的权力争夺，国家陷入混乱之中，国力大大削弱，国家的最高权力一度落入僧侣手中，开创了老挝僧侣掌握行政权力的先河。1479 年越南后黎朝军队入侵澜沧王国，并攻陷川圹，杀死当时的澜沧国王旺布里，澜沧王国再次受到巨大打击。

1500 年，维苏那腊（1500—1520 年在位）即位，在他的励精图治下，澜沧王国中兴。1520 年，维苏那腊去世，其子菩提萨拉（1520—1548 年在位）即位，延续了维苏那腊的政策，大力发展经济文化，限制鬼神信仰，推行佛教，并将首都迁到万象，以便开展商业活动。维苏那腊父子在位期间，是澜沧王国的繁荣时期，王国的经济、文化、宗教都得到了极大的发展。短暂中兴的澜沧王国此后再次衰落，内乱不断。而且来自外部的威胁也在加剧，澜沧王国不断受到周围邻国的侵袭，强大的缅甸东吁王朝曾经一度攻占澜沧王国的首都万象。1637 年，苏里亚旺萨（1637—1694 年在位）即位，澜沧王国的国力有所恢复，但苏里亚旺萨的长子因通奸罪被他处死，次子又被迫流亡阿瑜陀耶，导致苏里亚旺萨身旁再没有一个王子。直到 1694 年苏里亚旺萨去世，他也未立储君，这直接导致了后来澜沧王国的分裂。

四、三国分立与附属暹罗

苏里亚旺萨死后，王族各派开始争夺王位，导致澜沧王国分裂。1698 年，塞·翁·顺化在安南人的支持下攻占万象，自立为王。1706 年，苏里亚旺萨的孙子景基萨腊带兵攻占琅勃拉邦，自立为琅勃拉邦王，1707 年宣布脱离万象而独立。老挝正式分裂为琅勃拉邦和万象两个王国。而苏里亚旺萨的女儿在逃亡途中生下王子诺卡萨，在僧侣的支持和协助下逃往南方，在占巴塞定居下来。1713 年，诺卡萨在占巴塞百姓和僧侣的拥护下自立为王，建立占巴塞国。于是老挝处于三国并立的状态，此外还存在一些半独立的小邦国，如川圹、孟新等。

琅勃拉邦王国在中国史籍中被称为"南掌"。关于"南掌"国号的由来，雍正年间云贵总督鄂尔泰在奏疏中这样解释道："臣伏查老挝系俗名，南掌系国号。方言以水为南，以象为掌，因水上出象，故名南掌，即古之越裳氏。僻处云南之极西，与交趾、缅甸交界。其人民蕃庶，疆域辽阔，亦与两国相等。"[1] 很显然，鄂尔泰在此处关于"南掌"的解释非常牵强。

1713 年，琅勃拉邦王景基萨腊去世，后由其弟英塔松继位。英塔松统治时期，老挝境内的三个王国受到来自暹罗、缅甸的威胁，于是向外寻求援助，直接导致 1729 年琅勃拉邦国王英塔松遣使到中国朝贡，建立与中国的外交关系。[2]

18 世纪以后，老挝的邻国暹罗日益强大。1778 年，暹罗王郑信攻破占巴塞和万象，二者均沦为暹罗的属国。1779 年，琅勃拉邦被迫向暹罗称臣。1825 年，万象王国昭阿努反抗暹罗的统治失败，导致万象被暹罗完全吞并。与此同时，越南阮朝明命帝又乘机出兵分割老挝，攫取了大片领土。实际上，在 1779 年以后，老挝就一直处于附属暹罗的状态，直到 1893 年老挝沦为法国的保护国。

五、法属时期的老挝

19 世纪中后期，西方资本主义国家纷纷在中南半岛扩充势力，掠夺资源。由于当时老挝是暹罗的附属国，1883 年，当暹罗发觉法国意图吞并老挝后，暹罗国王拉玛五世即刻派兵进入老挝。法国亦不甘示弱，经过前期准备，于 1893 年 4 月兵分三路入侵老挝，法暹战争爆发。结果暹罗战败，于同年 10 月 3 日被迫签订《法暹条约》，暹罗割让湄公河以东的全部老挝领土给法国，由此老挝由暹罗的藩属国沦为法国的"保护

---

① 光绪《云南通志》卷 206 引《鄂尔泰报南掌国进贡疏》。

② 余定邦、喻常森等：《近代中国与东南亚关系史》，广州：世界图书出版广东有限公司，2015 年，第 211 页。

国"，标志着老挝开始步入了近代。

法国在老挝采取"以老治老""分而治之"的政策，在形式上保留了老挝的三个王国及其君主，并委派老挝人担任基层官员，但实际上老挝的一切军政大权都掌握在法国派往老挝的总督手中。1895 年，法国将老挝分为上寮和下寮，并分别派驻行政专员。1899 年，又将上寮和下寮合并，将老挝变成法属印度支那联邦的一个保护领。1911 年，法国为了强化对老挝的统治，废除了除川圹、万象、占巴塞和琅勃拉邦以外各个地区的"土王"。在保留原有王国的地区，也派驻军队严加监控，并逐步剥夺他们的财政权，法国在老挝不断完善从中央到地方的殖民统治体系。

在巩固对老挝殖民统治的同时，法国又加紧了对老挝的殖民掠夺。法国殖民当局在老挝大肆掠夺各种矿产、林业资源，强行没收农民的大量土地，加征繁重的劳役和沉重的赋税，尤以征收鸦片烟税为甚。老挝人民饱受压迫，苦不堪言。在思想和文化上，法国也加紧同化和控制，大肆掠夺和破坏老挝的文物、古籍，将法文定为唯一的官方用文，强迫学校使用法语教学，加强天主教在老挝的渗透和传播，收买上层僧伽，利用宗教控制民众思想，弱化他们的反抗意识。

法国在老挝的残酷统治，激起了老挝各族人民的强烈不满。从 20 世纪初开始，老挝人民反抗法国殖民统治的斗争此起彼伏。1901 年，爆发了富巴都领导的老龙族起义。1911 年，爆发昂克欧率领的老听族起义，这场起义规模巨大，直到 1936 年才被镇压下去。1918—1922 年，上寮地区的苗民在巴寨的领导下举行武装反法斗争，1922 年巴寨被杀后才逐渐被镇压下去。老挝三大民系的反法斗争，唤醒了老挝的民族意识，为后来老挝的独立积累了宝贵经验。

1939 年 9 月 1 日，"二战"爆发。1940 年 6 月法国向德国投降，7 月法国维希傀儡政府建立，日本趁机占领了法属印度支那。1941 年初，日本利用泰国与法属印度支那的边境冲突进行"调停"，重新将老挝划为泰国的附庸，但是日本并没有赶走法国殖民当局，而是利用法国殖民当局攫取老挝资源。直到 1945 年日本才驱赶了法国在老挝的势力，独占老挝，但时间仅维持了 5 个月，日本便向盟国投降。

六、"二战"后老挝的独立与发展

1945 年 10 月 12 日，老挝宣布独立，成立了伊沙拉政府，但不被法国承认。1946 年法国卷土重来，伊沙拉政府解体。1949 年，法国承认老挝为法兰西联邦内的独立国家，但实际上国家权力仍掌握在法国人手中。1950 年，老挝抗战政府成立，重建了伊沙拉阵线，以苏发努冯亲王为抗战政府总理。经过艰苦的武装反法斗争，1954 年 7 月法国被迫签署《日内瓦协议》，从老挝撤军。1955 年，老挝加入联合国，1956 年"老挝爱国阵线"成立，1957年老挝王国政府与"老挝爱国阵线"组成以富马亲王为首的第一个联合政府。1958年，在美国支持下，亲美军人发动政变，推翻第一个联合政府，老挝国内爆发内战。在国际社会的巨大压力及老挝各界爱国人士的努力下，1962年美国在日内瓦被迫签订《关于老挝中立的宣言》。老挝成立以富马亲王为首相、苏发努冯亲王为副首相的第二个联合政府。1964年美国扶持和武装亲美势力诺撒万集团，破坏联合政府，越过1961年的停火线进攻解放区，老挝内战再次爆发。同年，美国对"老挝爱国阵线"和老挝中立派控制的老挝北部地区进行狂轰滥炸，老挝军民在"老挝爱国阵线"领导下进行了英勇的抗美斗争。1968年美国尼克松总统上台，逐步撤出在老挝的军队，并鼓励亚洲国家自己解决本国问题。1973年2月，"老挝爱国阵线"与万象方面宣布停火，老挝各方签署了关于在老挝恢复和平和实现民族和睦的协定。1974年4月，成立以富马为首相的临时联合政府，以及以苏发努冯为主席的政治联合委员会，第三个联合政府成立。1975年11月，老挝国王宣布退位，12月首届全国人民代表大会在万象召开，宣布废除君主制，成立老挝人民民主共和国，老挝人民革命党执政。1986年，老挝人民革命党召开"四大"，开始实行革新开放，探索适合本国的社会主义道路。1991年8月，老挝最高人民议会通过《老挝人民民主共和国宪法》，是老挝人民民主共和国的第一部宪法，此后老挝政治、经济、外交方面的改革顺利进行，掀开了老挝崭新的一页。

第六节　马来西亚

马来西亚全称马来西亚联邦，简称大马，是东南亚的一个君主立宪制国家，实行议会内阁制。马来西亚国土分为东、西两部分，国土面积约330 345平方千米，2018年人口约为3 240万人。西马位于马来半岛南部，北与泰国接壤，南与新加坡隔柔佛海峡相望，东临南中国海，西濒马六甲海峡；东马位于加里曼丹岛北部，包括沙巴和沙捞越（今称砂拉越州），与印度尼西亚、文莱接壤。马来西亚是东盟的创始国之一，自20世纪90年代起经济迅猛发展，成为"亚洲四小龙"之一，是东南亚较为发达的国家。

一、马来西亚的史前文化遗址与居民构成

马来西亚地区很早就有原始人类活动，并且创造出了原始文化。目前，马来西亚境内的马来半岛南部、沙巴与沙捞越均发现有史前文化遗存，而且历史非常悠久。位于马来西亚北部的科达·坦彭曾出土了一批旧石器时代早期的砍砸器，器型有由砾石

打造而成的尖状器、砍砸器、挖掘器和刮削器，这种砍砸器文化被称为坦彭文化。[①] 在沙捞越的尼阿洞穴发现了距今约 4 万年的石片工具；在马来西亚霹雳州的哥打坦潘遗址，从砂石地基里面发现打制的砾石石斧，属于旧石器时代中期的工具。在西马的吉打、吉兰丹、霹雳和彭亨的岩洞里和东马沙捞越的尼阿洞穴遗址中，都发现了属于旧石器时代晚期的和平型石器。到了新石器时代早期，距今 1 万年左右，东南亚地区普遍出现了以石器局部磨光为主要特征的北山文化，在马来西亚摩达河南岸的瓜克帕贝丘遗址，发现了刃部磨制的特殊类型的斧形工具，在霹雳、彭亨地区的洞穴和吉打州北部的瓜德卜遗址中，也发现了刃部打磨的北山型石斧。[②] 到了新石器时代中后期，马来西亚又出现了方形石斧，替代了和平型石器，这时马来先民已经学会制作陶器，并进行农耕和畜牧。在公元前 3 世纪左右，马来西亚开始进入金属时代，在彭亨和雪兰莪的巴生出土有东山型铜鼓和部分铁器及铜钟。在马来半岛及各群岛出土的青铜器和铁器属于约 2 500 年前的遗物。[③]

马来西亚的尼格利陀人、沙盖人和雅贡人被称为原始马来人，属于南岛语系民族。其中最早的居民应该是尼格利陀人。马来人的先民在约 5 000 年前从中国西南地区迁入东南亚的过程中，不断地与当地的黑色土著民族融合，形成了早期的马来人，今天我们仍能见到还残存在东南亚一些地区的黑色人种。在公元前 300 年左右，又有一批蒙古利亚人种从亚洲大陆迁来，这波移民浪潮一直持续到 10 世纪，新来的移民同原始马来人相融合，逐渐形成了"新马来人"，也就是今天马来人的先祖。英国历史学家霍尔认为，今天东南亚的马来人即操南岛语系语言的人是分两批迁来的，第一批迁来的是"原始马来人"，第二批迁来的是"第二批马来人"，又叫"续至马来人"。第一批"原始马来人"带来了高度发展的新石器文化，而东南亚的青铜文化则是"第二批马来人"带来的。

二、马来西亚的早期国家

马来西亚在公元前 3 世纪左右就与印度有接触，公元初年大量印度商人和僧侣开始进入马来半岛，对马来西亚的文化产生了巨大影响，马来西亚开始进入印度化时期。早期的马来半岛并没有形成统一的国家，在 1—7 世纪该地区陆续出现了一些小邦国，如中国史籍中记载的狼牙修国、都元国、赤土国（羯荼国）、丹丹国、婆皇国、干陀利（斤陀利、干陁利）国、渤泥国（婆利国）等，这些国家深受印度文化的影响，依托

---

① 周大鸣：《东南亚地区旧石器文化与中国旧石器文化的关系》，《东南文化》，1988 年第 1 期。
② 王民同：《东南亚史前文化述略》，《云南师范大学学报（哲学社会科学版）》，1983 年第 1 期。
③ 梁英明：《东南亚史》，北京：人民出版社，2010 年，第 15 页。

当时的海上贸易通道而发展起来。

马来西亚最早印度化的国家是狼牙修国[1]，它位于马来西亚的吉打至泰国的北大年一带。都元国在今马来西亚东部的登嘉楼州（旧译"丁加奴""登牙侬""丁家卢"）一带。赤土国在吉打州一带。干陀利国也被认为在吉打一带。丹丹国在吉兰丹一带。婆皇国位于今天彭亨一带。渤泥国则位于加里曼丹岛北部，约 5 世纪左右建国。3 世纪左右，它们大多附属于当时北部强大的扶南国。到 6 世纪中期，随着扶南的衰弱，马来半岛上的国家开始摆脱其控制。3—7 世纪，马来西亚的早期国家不断遣使到中国进行朝贡贸易，与中国交往密切。

7 世纪以后，马来西亚主要有佛罗安（位于马来半岛西部）、单马令[2]（彭亨淡贝岭河流域）、凌牙斯加（即狼牙修）、蓬丰（彭亨一带）、登牙侬、吉兰丹（吉兰丹州一带）、渤泥（文莱、沙捞越和沙巴一带）等国家。与此同时，7 世纪苏门答腊岛上的室利佛逝（三佛齐）开始兴起，后来逐渐强盛，取代了扶南在马来半岛的宗主地位，这些马来小国又成了室利佛逝的属国[3]，但东马婆罗洲的渤泥国则保持独立。13 世纪末，室利佛逝为爪哇的新柯沙里王国所征服，不久新柯沙里王国又为满者伯夷（麻喏巴歇，Majapahit）所取代。满者伯夷是 14 世纪东南亚最强大的海岛帝国，今天的马来西亚在当时都属于它的疆域范围。16 世纪初，衰落的满者伯夷被今属印度尼西亚的淡目王国灭亡。

三、马六甲王国

15 世纪初，以今天马六甲城为中心的马六甲王国迅速崛起，马六甲王国在马来西亚历史上占有极其重要的地位，虽然它只存在了一百多年，但是在政治、经济、文化、外交、军事等方面都取得了巨大成就。

1402 年，拜里米苏拉以马六甲为中心建立马六甲王国，中国明朝将其称为满剌加国。《明史》卷 325《满剌加传》记载："满剌加在占城南，顺风八日至龙牙门，又西行二月即至，或云即古顿逊，唐哥罗富沙。"在接受中国明朝招纳之前，"其地无王，亦不称国，服属暹罗，岁输金四十两为赋"。据《明史》所载，拜里米苏拉臣属中国后被册封为"满剌加国王"，满剌加因此得名。马六甲最初只是一个小渔村，按照《马来

---

① 据（唐）姚思廉：《梁书》卷 54《狼牙修国传》记载，在南朝梁之前，狼牙修国已经立国 400 多年。515 年，狼牙修国遣使到中国朝贡，表文中有"譬如梵王，世界之主，人天一切，莫不归依"，可见狼牙修国已经接受了印度教"梵天"的观念。

② 单马令，又称丹眉流、丹流眉、丁流眉、登流眉、丹马令等。

③ （宋）赵汝适：《诸蕃志》中记载，佛罗安、凌牙斯加"岁贡三佛齐"，单马令"本国以所得金银器纠集日啰亭等国类聚献入三佛齐国"，可证室利佛逝（三佛齐）对马来诸小国的影响。

纪年》的说法，拜里米苏拉原是淡马锡（今新加坡）国王，后来满者伯夷派兵攻灭淡马锡王国，拜里米苏拉逃到了马六甲，大批马六甲人和海盗前来投靠，使马六甲很快从小渔村发展成了一个港口城市。① 由于马六甲位于沟通太平洋和印度洋海上商路的交通要道上，优越的地理位置加上丰富的物产，它很快就成为当时东南亚的贸易中心。随着海上贸易的发展，为了适应日益增多的来往船只和贸易量激增的需要，马六甲王国建立起较为完备的贸易管理制度，如统一度量衡；设立数名港长，管理前来进行商贸活动的各国商人；向东西方商船征收定额的赋税；等等。拜里米苏拉还迎娶了信奉伊斯兰教的巴塞国公主，从而放弃了印度教而改信伊斯兰教，并且改用满加特·依斯坎达沙的称号，从此伊斯兰教在马六甲得到快速传播。

马六甲最初为暹罗的属国，为了摆脱暹罗的控制，拜里米苏拉积极建立与中国的关系，争取外援。1405 年拜里米苏拉遣使到中国朝贡，明成祖册封其为满剌加国王。1411—1414 年，拜里米苏拉两次亲率使团访问中国，明朝郑和也多次访问马六甲。马六甲开始停止履行对暹罗的臣属义务，转而与明朝保持宗藩关系。暹罗当然不愿意放弃对满剌加的控制，不断威胁满剌加。明廷出面调停暹罗与满剌加的冲突，1421 年暹罗遣使来朝，"谢侵满剌加国之罪"②，从此暹罗对满剌加的威胁被解除。

1424 年，拜里米苏拉去世，其子穆罕默德·沙即位，穆罕默德·沙在位 20 年，进行了一系列的政治改革，不断加强中央集权与王权专制。他设立四级行政官员，首创了本达哈拉、天猛公、拉沙马那、朋鲁本达哈里四个高级官职，为第一等级，分管行政、司法及军务、海军、财政。本达哈拉即宰相，为首席大臣。之下还有各部首长，称为门特里，为第二等级。此外还有第三、第四等级的官员。同时，他还学习中国一系列典章制度和各种典礼仪式，按等级划分不同的礼仪和行为标准。因此，穆罕默德·沙在创立制度上取得了巨大的成就。

1444 年，穆罕默德·沙去世，马六甲王国上层对王位产生了激烈的争夺，先是其次子罗阁易卜拉欣继承王位，但被穆斯林集团谋杀；随后其长子罗阁卡西姆被扶上王位，号称穆扎法尔·沙。穆扎法尔·沙是马六甲王国历史上第一个使用苏丹称号的君主，他规定伊斯兰教为马六甲王国的国教，同时又保留马来人的习俗。穆扎法尔·沙任命当时著名的政治家、军事家和外交家敦·霹雳任本达哈拉，在敦·霹雳的协助下，马六甲王国经济繁荣、军事强大，两次击败北部强大的暹罗，又重新与中国建立了邦交关系。1459 年，穆扎法尔·沙之子曼苏尔·沙继位为苏丹，他在父亲取得的功绩上进一步将马六甲王国推向极盛，此时的马六甲王国已经成为东南亚的国际贸易中心，

---

① ［马来西亚］敦·斯利·拉囊著，黄元焕译：《马来纪年》，吉隆坡：学林书局，2004 年。
② 《明太宗实录》卷 236，永乐十九年四月辛亥。

完全控制了马六甲海峡的商贸和航运。同时马六甲王国凭借庞大的军力统一了马来半岛，还将势力扩张到了苏门答腊。该时期经济的繁荣和文化的昌盛是马来西亚历史上最辉煌的一页。

1477 年曼苏尔·沙病逝，其子阿拉乌丁·黎阿耶特·沙继位。此时马六甲统治集团内部矛盾日益尖锐，控制着大量财富的泰米尔穆斯林商人开始干预朝政，与马来贵族产生了激烈的冲突，阿拉乌丁·黎阿耶特·沙远没有祖父与父亲的手腕和能力，他墨守成规，无法掌控局面。1488 年，阿拉乌丁·黎阿耶特·沙去世，其弟马哈穆德·沙继位，虽然他为扭转马六甲王国的颓势做过努力，诛杀了当时滥用职权、引起公愤的宰相敦·穆塔希尔，通过攻打北部的北大年和吉打转移矛盾，但最终于事无补。1511 年，内耗严重的马六甲王国无法抵御来自西方的强大对手葡萄牙的进攻，虽然马六甲人进行了顽强的抵抗，但最终马六甲沦为葡萄牙的殖民地。

四、西方列强在马来西亚的殖民统治

（一）葡萄牙的殖民统治

1511 年，葡萄牙军攻入马六甲城，苏丹马哈穆德·沙出逃，马六甲王国灭亡。中国史籍称葡萄牙为"佛郎机"，《明史》对葡萄牙灭亡马六甲王国的经过记载道："后佛郎机强，举兵侵夺其地，王苏端妈末（Mahmud）出奔，遣使告难。时世宗（即嘉靖帝）嗣位，敕责佛郎机，令还其故土，谕暹罗诸国王以救灾恤邻之义，迄无应者，满剌加竟为所灭。"[1]

葡萄牙占领了马六甲后，将其打造为葡萄牙在东南亚的贸易基地和军事堡垒。葡萄牙人在马六甲修建城堡、教堂、兵营、学校等设施，并将原住民迁移到城外，葡萄牙人则居住在城内。葡萄牙人在马六甲的最高长官是总督，由于葡萄牙人实力有限，只在马六甲驻扎了 200 人的军队和 300 名文职人员，所以更多的是任命当地头人做官，依俗而治。马六甲王国原有的政治体系和社会、经济结构并没有发生太大改变。葡萄牙人的统治也主要局限于马六甲城，并没有深入今马来西亚内地。而且随着葡萄牙对过往商船的横征暴敛，官员贪污腐败，16 世纪末马六甲已经丧失了东南亚国际贸易中心的地位，国际贸易活动逐步转移到苏门答腊岛新兴的亚齐王国、爪哇的万丹和加里曼丹岛的文莱。

末代马六甲国王马哈穆德·沙逃到柔佛，并在那里建立了柔佛帝国。马哈穆德·沙以柔佛为基地，一度与葡萄牙反复争夺马六甲，但均未成功，最终在 1528 年客死他

---

[1]　（清）张廷玉等：《明史》卷 325《满剌加传》。苏端妈末即"苏丹马哈穆德·沙"。

乡。马哈穆德·沙死后，其次子被拥立为柔佛苏丹，长子穆扎法尔到马来半岛的霹雳地区建立了霹雳王国。后来柔佛和霹雳不断受到南部亚齐王国的侵略，1619年霹雳王国被亚齐征服，柔佛的统治者则四处流亡。1623年，阿卜杜尔·贾利勒·里阿亚特·沙即位为柔佛苏丹，柔佛开始复兴。据《明史》记载："万历间其（指柔佛）酋好构兵，邻国丁机宜（即今登嘉楼）、彭亨屡被其患。华人贩他国者，多就之，贸易时或邀至其国。……无事通商于外，有事则召募为兵，称强国焉。"[1] 17世纪初，葡萄牙开始走下坡路，荷兰东印度公司开始挑战其在马六甲的统治。1641年，荷兰联合柔佛王国夺取马六甲，葡萄牙在马六甲的殖民统治结束。

（二）荷兰的殖民统治

1637年，荷兰东印度公司与柔佛王国签订协议，柔佛同意荷兰在进攻马六甲期间给予援助，荷兰则帮助柔佛恢复对彭亨和苏门答腊诸国的宗主权。1640年6月，荷兰开始进攻马六甲，经过半年多的围攻，葡萄牙人于1641年1月城破投降，马六甲被荷兰占领，马来半岛南部进入荷兰的殖民统治时期。与此同时，马来半岛南端的柔佛王国也得以重建都城，整顿商贸，恢复马六甲王国时期的贸易管理机构，制定优惠政策吸引外国商船，使得柔佛更加繁荣。1666年，柔佛与占碑进行了20年的战争，占碑最终战败。1699年，当时的柔佛苏丹马哈穆德二世残暴无能，肆意妄为，引起了马来贵族的强烈不满，他在一次出巡中被海军将领杀死。马哈穆德二世没有子嗣，他死后，马来贵族拥戴宰相敦·阿卜杜尔·贾利勒为苏丹，马六甲王国的世系在柔佛终结，另一支在霹雳仍然延续。暹罗阿瑜陀耶王朝趁柔佛内乱之机，将马来半岛的吉打、吉兰丹、北大年、玻璃市和丁加奴变成自己的属国。

荷兰人在统治马六甲期间，同样没能扭转马六甲商业衰落的颓势。荷兰人还强行向马来半岛其他地方的居民征收赋税，招致反抗。同时荷兰还妄图强占霹雳和吉打王国的锡矿，垄断马来地区与苏门答腊的锡矿贸易，最终因马来人的袭击与反对也宣告失败[2]。由于荷兰东印度公司日益腐败，加上1795年法国拿破仑发动对荷兰本土的入侵，荷兰东印度公司在马六甲的统治暂时结束，英国乘机从荷兰人手中夺取了马六甲。荷兰新成立的傀儡政府巴达维亚共和国还于1799年吊销了荷兰东印度公司的特许状。直到拿破仑战败，荷兰才摆脱法国的控制，并根据1814年的《伦敦协定》从英国人手中拿回了马六甲。1824年，荷兰又被迫与英国签署条约撤离马六甲，英国正式占有马

---

① （清）张廷玉等：《明史》卷325《柔佛传》。

② 据（元）汪大渊：《岛夷志略》记载，马来半岛上的丹马令出产"白锡"，彭亨（亦作彭坑、蓬丰）出产"花锡"。另据《明史》记载，马六甲和柔佛产锡，其中马六甲"有山出泉，流为溪，土人淘沙取锡，煮成块，曰斗锡"。

六甲，荷兰对马六甲的殖民统治结束。

（三）英国的殖民统治

英国早在16世纪末就开始在马来半岛进行殖民活动，由于受到葡萄牙的阻挠而未能立足，18世纪后期，随着北美殖民地的独立，英国将其殖民重点转向东方。1785年，英国以为吉打提供军事保护为诱惑，骗取吉打王国割让槟榔屿，由于吉打当时受到暹罗严重的军事威胁，被迫接受英国的条件。1786年，英军占领槟榔屿，拉开了英国在马来半岛殖民侵略的序幕。但英国占领槟榔屿后并没有履行保护吉打的义务，而是讨价还价，迫使吉打割让槟榔屿对岸的狭长地带。1819年，吉打受到暹罗入侵，吉打苏丹逃到槟榔屿避难，英国仍不愿意帮助吉打苏丹复国，最后在1841年吉打被迫向暹罗求和，沦为暹罗的保护国。同样是在1819年，英国人莱佛士又逼迫柔佛苏丹割让新加坡，1824年英荷签署《英荷协定》，划定两国在东南亚的势力范围，英国以苏门答腊的明古连交换荷兰占据的马六甲，从此荷兰势力退出马来半岛，英国则正式占有马六甲。1826年，英国把槟榔屿、马六甲、新加坡与沙巴的纳闽岛整合，组成了"海峡殖民地"，隶属英国东印度公司管理。1867年，"海峡殖民地"由伦敦的殖民厅接管，成为英国直辖的殖民地。英国对"海峡殖民地"实行直接统治后，当地传统的政治结构基本被废除，代之由总督掌握最高权力，另设行政会议和立法会议作为总督的咨询机构，一定程度上促进了当地政治和社会的进步。

1874年，英国人通过插手霹雳的矿场之争和统治集团内部的王位争夺，使霹雳沦为自己的保护国，接着雪兰莪、彭亨、森美兰也先后成为英国的保护国。1896年，英国将上述四个邦合并为"马来联邦"，四个邦名义上仍由本邦的苏丹统治，但最重要的军事权和外交权掌握在英国派驻的参政司手中。四个邦虽然都设有议会，但所通过的法律必须由参政司批准才能生效，而且参政司的最高长官直接向伦敦殖民厅负责，英国政府通过参政司全面控制上述地区。1909年，英国以改变它在暹罗的治外法权为条件，与暹罗签订《曼谷条约》，换取了对马来半岛北部吉打、吉兰丹、玻璃市和丁加奴四个邦的宗主权。1914年，又强迫柔佛成为其保护国，英国将上述五个邦组成"马来属邦"。"马来属邦"比"马来联邦"拥有更多的自治权力，保留了原有的苏丹统治的方式，英国仅向这些地方派遣"顾问"，但实际上"顾问"仍可以左右苏丹的决策。"海峡殖民地""马来联邦""马来属邦"合称为"英属马来亚"（简称"马来亚"）。

东马地区的沙捞越和沙巴西部，在19世纪初还是文莱王国的领土，沙巴的东部则名义上归苏禄苏丹统治。19世纪30年代，英国海峡殖民地官员詹姆斯·布鲁克帮助文莱当局镇压沙捞越河流域的伊班人起义，从而获得了今砂拉越州第一省的土地，尔后布鲁克通过帮助文莱镇压海盗又不断获得新的土地，文莱曾经想收回赐予布鲁克的土地，但受到英国海军的威胁而不得不作罢。1863 年布鲁克退休，其外甥查尔斯·布鲁克接手了沙捞越地区。沙巴地区则在 1848 年成为英国殖民地，后来文莱苏丹宣布放弃对沙巴州的主权，沙巴州落入英国商人阿尔弗雷德·登特手中。1881 年英国成立英属北婆罗洲公司，批准北婆罗洲公司统治沙巴。1888 年文莱沦为英国的保护国，1890 年查尔斯·布鲁克又吞并了林梦地区。自此今天马来西亚的砂拉越州和沙巴地区全部沦为英国的殖民地。

五、日据时期的马来西亚

1941 年 12 月，日本发动太平洋战争，英军不堪一击，致使马来半岛在两个月之内便落入日本侵略者手中。1942 年 2 月 15 日，新加坡陷落，随后驻扎在沙捞越、沙巴的英军纷纷撤退，日军不费吹灰之力便占领了今马来西亚东部地区。在英军节节败退之时，马来亚人民则对日军的侵略进行了英勇抗击，其中以马来亚华侨为主的"马来亚人民抗日军"成为抗日的主力军，他们对日作战 300 多次，打死打伤日伪军 5 500 多人。

日军占领马来亚期间，血腥镇压反日活动，推行安居证和连坐制度，扩充警察规模，十多万人被残杀，其中大部分是华人。日本还大肆掠夺马来亚的资源，控制马来亚的经济，以支持日军的作战行动。与此同时，日本大力灌输"大东亚共荣"思想，树立有限的马来亚民族主义，承诺战后让马来亚独立，这使得日本人在马来亚管理机构和知识分子中赢得一定程度的支持，大多数苏丹主动与日本人合作，同时激起了马来人的反英情绪和民族独立意识。在民族关系上，日本恶意挑拨马来人与华人的关系，使之互相残杀，削弱马来亚国内的反日力量。1945 年 8 月日本投降后，马来亚重新沦为英国的殖民地。

六、马来西亚的独立与发展演变

（一）马来西亚的独立

在日本占领时期，马来西亚的民族独立情绪就高涨起来。"二战"后，英国继续对马来半岛各邦实行政治上"分而治之"和经济上殖民掠夺的政策，激起马来人民的强烈不满，马来亚的民族独立运动风起云涌。1946 年，英国人单方面宣布了一个组织马来亚联邦的计划，将原先的马来联邦和马来属邦加上槟城和马六甲组成一个英国海外领地，并在数年后独立，原有的苏丹将会被剥夺实际权力，以立法会议和行政会议取代，新加坡、沙巴和沙捞越则成为英国的直接殖民地。但该计划遭到了马来人的强烈反对，英国政府被迫做出让步妥协，最终与各邦苏丹和马来亚各大政党达成协议，准备建立一个马来亚联合邦。1948 年 2 月，马来亚联合邦宣布成立，但是有名无实，最高权力仍掌握在英国派驻的高级专员手中，这激起了马来亚人民更为激烈的斗争。以马来亚共产党为代表的激进派不断组织罢工和游行，甚至发动武装暴动，暗杀在当地的英国资本家。1948 年，英国在马来亚实行紧急状态，镇压马来亚共产党，马共通过暗杀、暴动的手段争取独立，也逐渐失去了许多温和派华人的支持。在英国的镇压和围剿下，马共武装被迫转入农村和山林之中。马来亚人民要求独立的呼声日益高涨，英国终于宣布在 1955 年举行马来亚联合邦议会选举。1954 年，巫统（马来民族统一机构）、马华（马来亚华人公会）、马来亚印度人国大党联合组成马华印联盟，在 1955 年的议会选举中以绝对优势获胜，成为国会的执政党，巫统的主席拉赫曼任首席部长，但享有否决权的英国高级专员仍掌握实权。同年 12 月，拉赫曼率团前往伦敦开展争取独立的行动，英国当局宣布马来亚实行"部分独立"。1956 年 2 月，马英双方达成协议，英国终于同意让马来亚完全独立，1957 年 8 月 31 日，马来亚联邦正式宣告独立，拉赫曼成为马来亚联邦第一任总理。马来亚联邦独立时，沙巴、沙捞越和新加坡还处在英国的统治之下。经过多次谈判，1963 年 6 月，英国政府同意新加坡、沙巴、沙捞越以州的名义与马来亚联邦合并，组成马来西亚联邦。1963 年 9 月 16 日，马来西亚联邦正式宣布成立，但依然作为成员国留在英联邦。

（二）新加坡、马来西亚分治与马来西亚的发展

马来西亚联邦的成立，圆了拉赫曼和李光耀的政治梦想，但在后来的政治进程中，由于经济上和政治上的原因，新加坡和马来西亚又产生了不可调和的矛盾。李光耀希望新加坡能在联邦中拥有更多的政治参与度，巫统和马华则害怕李光耀的新加坡人民行动党对马来西亚选民的吸引力会对自己构成严重的挑战。1965 年 5 月，新加坡人民行动党召开马来西亚团结大会，认为马来西亚不应该建立在种族利益的基础上，实际上表明了人民行动党反对马来西亚联邦政府的种族政治制度，要求各民族的政治平等，反对马来人的特权。这次大会立即引起轩然大波，一方面它得到了马来西亚众多华人反对党的支持，另一方面又受到了马来种族主义者的强烈抨击。随着马来西亚国内形势日趋严峻，总理拉赫曼权衡利弊后，要求新加坡退出马来西亚。李光耀别无选择，新加坡被迫退出马来西亚联邦，1965 年 8 月 9 日，新加坡宣告独立。

新加坡的退出并没有缓解马来西亚的种族矛盾，而且在 20 世纪 60 年代后期这些矛盾发展到顶峰。1969 年 5 月 13 日，马来人与华人在吉隆坡爆发了血腥的种族冲突，这场冲突很快从吉隆坡蔓延到了马来西亚各地，这场骚乱持续了半个多月，共造成 196 人死亡，其中华人 143 人、马来人 24 人、印度族 13 人、其他 16 人无法辨认，这场严重的种族冲突又被称为"五·一三"事件。

"五·一三"事件后，马来人全面掌握了政权，政府禁止人们讨论有可能引起种族冲突的话题，并且继续维护马来人的特殊地位。马来西亚政府认为这次冲突的根源是马来人与华人在经济地位上的不平等导致的，20 世纪 70 年代，马来西亚施行新经济政策，加强马来人在马来西亚的经济地位，在消灭种族及经济差异的同时降低贫民率。1981—2003 年，马哈蒂尔担任总理期间，马来西亚经济快速发展，并成功渡过了 80 年代的政治经济危机。2003 年，马来西亚在位最久的总理马哈蒂尔宣布退休，由副总理巴达维接任。在 2004 年马来西亚大选中，巴达维领导的国民阵线大获全胜。2008 年 10 月，由于党内压力，巴达维宣布于 2009 年 4 月引退。2009 年 4 月起，纳吉布成为马来西亚第六任总理。2018 年 4 月 6 日，马来西亚总理纳吉布宣布解散马来西亚议会，重新举行大选，2018 年 5 月 9 日，马来西亚反对党首次赢得大选，92 岁的马哈蒂尔再任总理。

第七节　菲律宾

菲律宾全称菲律宾共和国，是东南亚的一个总统共和制国家。菲律宾国土面积约 299 681 平方千米，2018 年人口约为 10 665 万人，是一个群岛国家，全国主要由吕宋、米沙鄢和棉兰老岛三大群岛构成。菲律宾北隔巴士海峡与中国台湾岛相望，西南隔苏拉威西海、苏禄海与印度尼西亚、马来西亚相望，西临南海，东临太平洋。菲律宾历史悠久，但经济不算发达，虽然独立后在经济建设上也有所成就，但至今仍然离不开来自美、日、西欧等国家和国际金融组织的巨额资金援助。菲律宾国内政坛较为动荡，加上官员腐败、毒品泛滥，这些俨然成为阻碍菲律宾发展的巨大障碍。

一、菲律宾史前时代的人类与文化

目前考古发掘资料证明，早在更新世中期，就有使用旧石器的远古人类在吕宋岛北部的卡加延河谷进行活动，距今约 40 万年。[①] 这些古人类是在更新世后期的冰期来临时，由于海平面降低，通过当时连接亚洲大陆和菲律宾群岛的陆桥进入菲律宾的。后来由于气候变化和自然灾害，最早来到菲律宾的古人类同岛上的大型哺乳动物一起灭绝了。菲律宾旧石器时代后期的文化是 3 万—2.5 万年前依然通过连接大陆的陆桥到达菲律宾的尼格利陀人创造的，其文化遗址主要是巴拉望岛上的约 200 处岩洞。1962—1967 年，菲律宾国家博物馆在巴拉望岛西海岸的塔崩洞穴进行发掘，发现了一

---

① 金应熙：《菲律宾史》，开封：河南大学出版社，1990 年，第 2 页。

块头盖骨残片，经 C^{14} 测定，距今 24 000—22 000 年，属于旧石器时代晚期的智人。塔崩洞里发现的石器几乎都是石片石器，在塔崩洞穴的最底层发现一面打制的石片石器，距今约三万年。[①] 约从公元前 9000 年开始，菲律宾进入新、旧石器交替时期，石器文化呈现出了多样性，除了传统的石片石器，还出现了细石器和和平型石器。菲律宾的细石器体积小，刃部锋利，而且种类多样，有刀、锯、刮削器等，主要分布在布拉干到比科尔一带。和平型石器是东南亚旧石器时代晚期在岩洞中普遍存在的一种砾石器，主要分布在菲律宾巴丹半岛、黎萨、布拉干一带。

公元前 6000 年至公元前 1500 年，先后有两批蒙古利亚种的古印度尼西亚人渡海来到菲律宾，他们使用磨光的石器工具，掌握简单制陶技术，开始从事原始农业，是菲律宾新石器时代文化的创造者。菲律宾新石器时代从公元前 5000 年或更早一些时间开始，结束的时间在各地区则不尽相同，总体来说西部地区结束较早，东部较晚。就目前资料来看，可以把公元前 2000 年作为分界线，将菲律宾新石器时代划分为早、晚两期。新石器时代早期基本上仍使用刃边磨制的打制石片石器，随后出现了菲律宾新石器早期的代表性器物——圆柱形的石斧和石锛。主要遗址有巴拉望的萨贡岩洞和杜容洞。到新石器时代晚期，标志性器物是有肩石斧、有段石锛及长方形石锛，全国各地均有出土。此外，菲律宾在新石器时代晚期还产生了瓮棺葬和崖葬等习俗，在三描礼示、索索贡和巴拉望等处均有发现，代表性墓葬遗址有著名的马农古尔洞穴。在卡加延地区还出土了新石器时代的陶器、玉器和装饰品，表明菲律宾原始艺术已经发展到一定水平。

菲律宾的金属时代出现在公元前 700 年至 900 年，其中公元前 700 年至公元前 200 年又被称为菲律宾"早期金属时代"。菲律宾最早的青铜器是在塔崩洞穴出土的青铜斧、袋状枪头、带杆的镞等青铜器，其年代测定为公元前 700 年至公元前 200 年。[②] 杜容洞也出土了一些青铜矛尖和小刀，存在年代为公元前 700 年至公元前 500 年。由于菲律宾产铜极少，而且不产锡，所以菲律宾早期金属时代的金属工具以少量青铜器和铜器为主，没有出现铁器，石器仍占主要地位。公元前 300 年到 1500 年，又有三批新马来人陆续迁入菲律宾，他们是当今占菲律宾人口大多数的比萨扬人、他加禄人、伊洛克人的祖先，给菲律宾带来了大量金属工具及丰富的文化。由于外来金属器具及技术的进入，所以公元前 200 年至 900 年被称为菲律宾"发展的金属时代"，其特征是铁器的出现及普及，在菲律宾的马农古尔洞、巴拉望岛、八打雁、马斯帕特岛、内格罗斯岛等地都有该时期的铁器以及铜器、青铜器出土。随着金属工具的普遍使用，生产力

---

① 王民同：《东南亚史前文化述略》，《昆明师范学院学报（哲学社会科学版）》，1983 年第 1 期。

② 刘稚：《东南亚概论》第二版，昆明：云南大学出版社，2016 年，第 39 页。

大大提高，菲律宾的农业水平得到不断提升。吕宋和比萨扬群岛的海岸和河谷地区的肥沃土地首先得到开发，是人口的主要分布区。接着吕宋北部和中部的山区又逐渐兴建起了梯田，面积最大的梯田为伊富高族所建，面积达400平方千米①，这些梯田最早出现在公元前1000年左右，中期的梯田则出现在金属时代末期。除了农业生产，菲律宾的纺织技术和制陶技术等手工生产技术在金属时代也得到较大发展。

考古学家在吕宋岛南部和巴拉望岛上发现了从旧石器时代经新石器时代到金属时代的完整的文化层系，表明几万年以来，菲律宾群岛就是菲律宾古代先民劳动繁衍的地方。

二、菲律宾早期国家的出现

从菲律宾金属时代末期开始，由于生产力的发展和私有制的出现，加上商品贸易的发展，产生了阶级分化和贫富差距，一些人因为债务问题而沦为依附民。为了争夺人口和资源，爆发了日益频繁的部落战争，又使相当一部分人沦为奴隶。从公元前后开始，原先没有阶级区别的农村公社逐步演变成有首领、自由民、依附民、奴隶等阶级区分的"巴朗盖"。在16世纪之前，巴朗盖一直是菲律宾最基本的社会组织。刚开始时各巴朗盖是互相分立的，后来由于生产发展和战争的需要，又受到外来先进文化的影响，各个巴朗盖之间逐步组成巴朗盖联盟，这是菲律宾早期国家的雏形。

根据中国史籍的记载，10世纪之后菲律宾群岛上开始出现一些奴隶制小国。宋代史籍中记载的菲律宾古国有麻逸国（亦称摩逸、麻叶、磨叶）、三屿、蒲端、蒲里噜等，其中以麻逸最为有名，其存在时间是10—14世纪②，最早见于南宋的《云麓漫钞》和《诸蕃志》。13世纪是麻逸的全盛时期，其疆域包括民都洛岛、巴拉望岛及吕宋西部和北部的广阔地区，是当时菲律宾北部的贸易中心和商品集散地。据南宋赵汝适《诸蕃志》所载，13世纪时三屿、白蒲延、蒲里噜、里银东、流新、里汉等小国都臣属于麻逸，《诸蕃志》还记载了麻逸商贸和转输的繁荣情况："商舶入港，驻于官场前，官场者，其国阛阓之所也。登舟与之杂处。……交易之例，蛮贾丛至，随菱篼搬取物货而去，初若不可晓，徐辨认搬货之人，亦无遗失。蛮贾乃以其货转入他岛屿贸易，率至八九月始归，以其所得准偿舶商。"③14世纪以后，随着三屿和蒲里噜等属国的崛起，麻逸走向衰落，无力控制其属地和属国，疆域只限于民都洛岛。明代中国史籍中不再有麻逸国的记载。而据菲律宾《班乃纪年》的记载，12世纪至15世纪中叶，菲律

---

① 金应熙：《菲律宾史》，开封：河南大学出版社，1990年，第21页。
② 梁志明：《东南亚古代史》，北京：北京大学出版社，2013年，第491页。
③ 冯承钧：《中国南洋交通史》，北京：商务印书馆，2011年，第168－169页。

宾班乃岛上曾有一个"马迪加亚斯国"①，它应该是早期的一个巴朗盖联盟。

元代在菲律宾崛起的古国有三屿、蒲里噜、民多朗和苏禄等。三屿包括巴拉望岛、卡拉棉岛、布桑加岛三个岛屿，到元代摆脱了麻逸的控制，国势比麻逸更加强盛。蒲里噜控制吕宋岛西南沿海地区，存在于13世纪中叶到14世纪中叶，元末明初为吕宋所取代。民多朗位于棉兰老岛北部，约存在于元代，后被古麻喇朗等国取代。14—15世纪，一批伊斯兰化的新马来人从马来半岛和苏门答腊迁入菲律宾，建立了一批伊斯兰苏丹国，苏禄群岛兴起的苏禄国就是其中的代表，元人汪大渊在《岛夷志略》中就记载了苏禄国的一些情况。苏禄存在于14世纪初至19世纪中叶，是菲律宾古代存在时间最久的国家。14世纪中期以后，苏禄国力强大，曾一度出兵攻打加里曼丹岛的渤泥王国，鼎盛时期苏禄的疆域囊括了苏禄群岛和加里曼丹岛的沙巴地区。据《明史》卷325《苏禄传》记载："苏禄地近浮泥（即渤泥）、阇婆，洪武初发兵侵浮泥，大获，以阇婆援兵至，乃还。"

明代在菲律宾崛起的国家有吕宋、合猫里、沙瑶、古麻喇朗、网巾礁老等，其中以吕宋最为有名。吕宋故地在今吕宋岛马尼拉至八打雁一带，洪武五年（1372）曾遣使到中国朝贡，永乐三年（1405）十月明成祖派遣使者携带诏书抚谕其国，永乐八年（1410）吕宋又入贡，但是"自后久不至"②。15—16世纪，吕宋与中国东南沿海特别是福建漳州的商贸往来频繁，据《明史》卷323《吕宋传》记载："闽人以其地近，且饶富，商贩者至数万人，往往久居不返，至长子孙。"西班牙在该地进行殖民统治后，明清史籍仍称其为吕宋。

三、西班牙在菲律宾的殖民统治

菲律宾从16世纪20年代开始逐步沦为西班牙的殖民地。15世纪末16世纪初，西欧国家为到东方寻找黄金和香料，掀起了开辟新航路、争夺殖民地的热潮。葡萄牙探险家麦哲伦在他的环球航行过程中意外发现了菲律宾群岛。1519年9月20日，麦哲伦在西班牙国王的资助下，率领一支由265人组成的船队开始了环球航行，1520年11月发现了南美洲南端通往太平洋的海峡，并穿过海峡，进入太平洋。1521年3月，麦哲伦船队在寻找东方香料的重要产地马鲁古群岛时，由于航线偏差，到达了今天的菲律宾群岛，并在那里耀武扬威，强迫当地人接受天主教的洗礼。4月27日，麦哲伦在率领船队侵略马克坦岛的战斗中被当地居民杀死，整个船队仅剩"维多利亚号"脱离战场。后来"维多利亚号"成功到达了马鲁古群岛的蒂多雷岛，并满载香料回到西班牙。

---

① 梁志明：《东南亚古代史》，北京：北京大学出版社，2013年，第490页。
② （清）张廷玉等：《明史》卷323《吕宋传》。

"维多利亚号"的归来,更加刺激了西班牙人征服东方的欲望。自1527年起,西班牙当局数次派遣舰队远征菲律宾,但均在菲律宾人民的顽强抵抗下失败了。直到1565年4月,西班牙政府派黎牙实比率领舰队占领宿务岛,并建立起殖民统治。1571年5月,黎牙实比利用从墨西哥调来的大批殖民军队占领马尼拉,然后将那里作为殖民统治的中心,扩大对菲律宾诸岛的侵略。据《明史》记载,万历初年,西班牙人在吕宋岛上"营室筑城,列火器,设守御具,为窥伺计。已竟乘其无备,袭杀其王,逐其人民而据其国,名仍吕宋,实佛郎机也"[①]。可见西班牙人首先侵占的是吕宋岛。后来他们逐步征服了菲律宾的北部和中部,而在菲律宾南部的棉兰老岛和苏禄群岛,则遭到了当地穆斯林和山区少数民族的激烈抵抗,直到19世纪西班牙出动现代化的海军,才占领了菲律宾南部大部分城镇,迫使当地穆斯林退入内地的乡村和森林地区。

菲律宾沦为西班牙的殖民地后,名义上由西班牙国王设置在墨西哥殖民地的副王进行统治,实际上当时西班牙在菲律宾设有总督,作为殖民当局的首脑,总揽行政、司法和军事大权。西班牙人把本国的封地制度运用于菲律宾,把村舍合并为一片一片的领地,但领主无法拥有土地的所有权,却要承担在封地内进行征税、派徭役、维护治安等义务,各领主对农民进行残酷的剥削,成为实际上的地方行政长官,而且权力不断扩大。17世纪20年代以后,西班牙政府害怕对这些领主失去控制,于是逐步将封地收归王室所有,在菲律宾终止了封地制度。西班牙在菲律宾进行殖民统治期间,还大力传播天主教,扶持教会力量,使天主教会成为其殖民统治的重要支柱。至1622年,菲律宾的天主教徒已经超过50万,同时教会还开办医院、学校,占有大量土地,天主教的广泛传播,弱化了菲律宾人民的反抗情绪。

此外,殖民当局还实行经济封锁及垄断政策,控制了菲律宾的对外贸易。1593年,西班牙国王颁布敕令,规定每年从马尼拉运往墨西哥的货物总值不得超过25万比索,且不得转销秘鲁等西班牙领地,从墨西哥运回的货物总值则不得超过50万比索[②],贸易由王室垄断,国王对大帆船的数量、吨位、货物运载量和贸易总值等均加以限制,这种被垄断的西属菲律宾与西属墨西哥之间的贸易又被称为"大帆船贸易"。大帆船贸易经销的大多为中国的商品,所以当时大量的墨西哥白银流入中国。1569年7月,第一任菲律宾总督黎牙实比在呈给西班牙国王的报告中说:"我们必须想方设法同中国建立商业联系,以期获得中国的丝绸、瓷器、安息香、麝香和其他物资。通过开展此种商业活动,(菲律宾)居民便可以马上增加他们的财富收入。"[③] 可见菲律宾充当了中

---

① (清)张廷玉等:《明史》卷323《吕宋传》。

② 梁英明:《东南亚史》,北京:人民出版社,2010年,第72页。

③ BLAIR E H, ROBERTSON J A. The Philippine Islands, 1493–1898, Cleveland, 1903, Vol. 3, p. 58.

国与墨西哥贸易中转站的角色。由于菲律宾当时的对外贸易对象只限于墨西哥和中国等少数几个国家，菲律宾的贸易发展受到严重阻碍。18世纪下半叶，英国的海上实力日益强大，贸易量也大幅增加，导致西班牙经济凋敝，被迫开放马尼拉港，大帆船贸易也日趋衰落。1815年10月，西班牙国王下令废止大帆船贸易。

西班牙殖民者的高压统治，遭到了菲律宾人民的不断反抗。15—18世纪，菲律宾人民起义不断，但是都遭到西班牙当局的武力镇压。19世纪后半叶，由于资本主义经济的不断发展，菲律宾形成了本国的民族资产阶级，并开始领导民族解放运动。在国内外革命浪潮的推动下，侨居国外的一些菲律宾爱国知识分子在何塞·黎刹领导下发起宣传运动，要求在菲律宾实行政治、经济、文化的改革。这个宣传运动虽然失败了，但是为后来的革命培养了一批人才。1892年7月7日，在马尼拉成立了一个秘密的政治组织——"卡蒂普南"，成员包括工人、农民、知识分子、商人、底层士兵等，明确宣布以武力革命实现菲律宾的独立。1896年8月26日，波尼法秀在巴林塔瓦召开大会，宣布武装起义，从而爆发菲律宾革命。"卡蒂普南"的另一位领导人阿奎纳多也在甲米地发动起义，争取独立的武装斗争在全国展开。

由于代表小资产阶级利益的波尼法秀和代表大资产阶级利益的阿奎纳多分歧日益严重，起义队伍内部出现分裂。1897年，实力更加强大的阿奎纳多排挤波尼法秀和"卡蒂普南"，夺取了革命领导权。革命阵营的分裂削弱了革命力量，使西班牙军队乘机夺回甲米地省，起义军被迫转战破石洞（比亚克纳巴托）地区，并在那里制定了一部宪法，名为《破石洞宪法》，接着宣布菲律宾共和国（后称破石洞共和国）成立，阿奎纳多当选总统。1897年12月，阿奎纳多在殖民当局的威逼利诱下，与西班牙殖民者达成"破石洞协议"，起义军决定放下武器，阿奎纳多流亡香港。革命阵营中抵抗派将士拒绝投降，继续武装斗争，殖民当局既不履行改革诺言，又拒不付给换取阿奎纳多放下武器的全部款项，激起了更大规模的反抗，菲律宾革命形势又重新高涨。1898年2月，起义再次爆发，1898年4月，起义军中不愿投降的将领马卡布洛斯等人率军在中吕宋建立临时革命政府，与西班牙殖民军作战。正当菲律宾人民同西班牙殖民者进行艰苦战斗之际，1898年5月1日，美国发动了对西班牙的战争，并与阿奎纳多集团合作，共同对付西班牙人。1898年6月12日，阿奎纳多在甲米地发表《独立宣言》，宣布菲律宾独立，成立了以他为首的中央政府。8月13日，西班牙军队向美国投降。9月15日，菲律宾议会在马拉洛斯举行，并制定了宪法。11月29日，宪法获得通过。1899年1月23日，菲律宾共和国（后称马拉洛斯共和国）宣告成立，阿奎纳多任总统。菲律宾共和国的成立，标志着西班牙在菲律宾300多年的殖民统治结束。

四、美国对菲律宾的统治

美西战争后，美国与西班牙在巴黎签订和约，西班牙以 2 000 万美元的价格将菲律宾群岛的统治权转让给美国。美国早已图谋将菲律宾置于自己的统治之下，1899 年 1 月 4 日美国发表《开明同化宣言》，声称自己对菲律宾拥有主权。菲律宾革命政府于 1 月 5 日和 8 日先后两次发表声明，强烈抗议美国粗暴践踏菲律宾主权。1899 年 2 月 4 日，美军对菲律宾共和国军队发动进攻。菲律宾共和国领导人阿奎纳多等虽曾组织军队与之对抗，但未能阻止美军挺进，共和国被迫五度迁都。1898 年 8 月 13 日，美军占领马尼拉，建立军政府，向菲律宾全国扩展其统治权。与此同时，美国派出两届"菲律宾委员会"，声明美国将尊重菲律宾人民的风俗和传统。在美国拉拢和打击并行的双重策略分化下，菲律宾共和国政府内部的妥协派开始动摇并逐渐占据上风，1901 年 3 月 23 日，菲律宾共和国总统阿奎纳多在怡萨贝拉省帕拉南镇被美军俘获，4 月 1 日他公开宣誓效忠美国，随后一大批反美武装纷纷投降。1902 年 7 月 4 日，美国总统西奥多·罗斯福宣布对菲律宾的战争结束，由此菲律宾历史上第一个共和国被美国扼杀。虽然后来各地仍有反美游击队坚持作战，但均遭到美国的围剿和镇压。

美国在统治菲律宾期间，采取了不同于西班牙殖民者的政策。在政治上全面引进美式的资产阶级政治、司法和教育体制，取代西班牙的殖民机构，大力培植本地资产阶级的亲美集团，并扩大他们参与政治的权利，最终给予他们政治独立，但保持自己的控制权。在经济上推行自由资本主义，实行"免税贸易"，以关税和外贸为杠杆，使菲律宾依附于美国市场，成为美国的原料产地和商品倾销市场。1902 年美国宣布结束军事统治，在菲律宾建立以美国人为主的文官政府。1916 年通过《琼斯法案》，要求在菲律宾建立美国式政府，并扩大本地人参与政治的机会，想以此缓和菲律宾人的反美情绪。1934 年罗斯福总统签署《菲律宾独立法案》，宣布在菲律宾实行 10 年自治过渡体制，规定由民选的制宪委员会制定一部菲律宾宪法。1935 年宪法获得通过，1936 年 7 月 4 日，菲律宾自治政府成立，奎松当选总统，奥斯敏纳当选副总统。

菲律宾自治政府成立后，为了缓和国内矛盾，推行资产阶级改良主义政策。采取了一系列发展经济和建设国防的措施，同时在教育方面进行了一些改革，包括对教学内容和课程设置进行改革，以便减轻殖民主义教育的影响，宣扬民族文化，加强爱国主义教育。但此时国际国内形势严峻，特别是受世界性经济危机的影响，菲律宾经济萧条，人民生活困苦，民族矛盾和社会矛盾十分尖锐。

五、日据时期的菲律宾

1941 年 12 月 7 日太平洋战争爆发。日本军队入侵东南亚，击败了麦克阿瑟领导的美菲联军，于 1942 年 1 月 2 日占领马尼拉。5 月，驻菲律宾美军宣布投降，日本法西斯遂占领了整个菲律宾，菲律宾自治政府流亡美国，美国对菲律宾的占领亦宣告结束。日本在菲律宾建立起法西斯统治，严禁一切抗日言行，镇压反对日本占领的活动。在经济上，控制菲律宾的交通、矿产和公共事业等，以便为日本的侵略战争服务，同时搜刮大量粮食以供军用。日本占领当局在菲律宾实行军阀统治，极力拉拢当地上层人物，先是强令建立所谓的中央"行政委员会"，继而又逼迫投降的菲律宾高官建立"菲律宾共和国"，并以劳雷尔为"总统"，假装宣布给予菲律宾独立，实际上是为了巩固它在菲律宾的统治。

日本法西斯的残暴统治激起了菲律宾人民的激烈反抗，1942 年 3 月 29 日，在菲律宾共产党的领导下，建立起菲律宾人民抗日军，至年底发展到 5 000 多人，当地华侨也纷纷参加抗日武装。在日本占领的三年多时间里，菲律宾抗日武装歼灭日伪军两万多人，给予日军沉重打击。1943 年，随着世界反法西斯战争的深入，日本在太平洋战场上接连败北。于是，美军在菲律宾游击队的配合下，于 1945 年击溃了日军，并重新占领马尼拉，结束了日本在菲律宾的统治。

六、菲律宾的独立与曲折发展

菲律宾在"二战"中损失惨重，100 多万人死亡，无数房屋、工厂被毁，直接经济损失达 80 多亿美元。菲律宾流亡政府总统奎松在战争期间去世，由奥斯敏纳继任总统，他于 1944 年 10 月回到菲律宾。由于战后菲律宾经济形势严峻，他不得不向美国求援，美国和联合国都给予了菲律宾一定的物资和资金援助，但仍远远无法解决问题。此时美国为了战后依然能够控制菲律宾，开始大肆镇压菲律宾共产党领导的人民抗日军，并扶持以罗哈斯为首的菲律宾资产阶级右翼集团。战后美国曾试图延缓或取消菲律宾的独立，但随着菲律宾人民民族独立情绪的高涨，美国不得不履行当初的承诺，允许菲律宾于 1946 年 7 月 4 日独立。经过激烈的竞选，美国支持的罗哈斯建立了菲律宾共和国，菲律宾从此正式独立。

菲律宾独立后，罗哈斯总统迫于美国的压力，与美国签订了一系列不平等条约。两国签订了《美菲总关系条约》和《美菲关于菲律宾独立后过渡时期中的贸易和有关事项的协定》，美国保持在菲律宾的经济和政治方面的特权地位。在军事上，美国继续保留在菲律宾的军事基地，1947 年罗哈斯政府先后与美国签订了《美菲军事基地协定》和《美国对菲律宾军事援助协定》，这两个协定使美国在菲律宾保留军事基地并享有治外法权，并于 1948—1953 年对菲律宾共产党领导的人民武装力量多次进行军事围剿。可见，独立后的菲律宾在经济和军事上仍受到美国的控制，并对美国产生严重的依赖。

1965 年马科斯当选总统，他加强了菲律宾与东南亚国家的关系，并于 1967 年加入东盟。1969 年马科斯连任总统，并于 1972 年 9 月以防止共产党进行颠覆活动为理由，宣布进入紧急状态，实行军管，加紧镇压反对党，围剿菲律宾共产党武装，限制民主，废除两院制国会和多党制，改为一院制的"国民大会"，实行独裁统治，并禁止罢工、集会和示威游行。在经济上，大力发展外向型经济，大量引进外资，建立出口加工工业区，增加对农业的投资和引进新技术，并在 1972 年推行旨在废除封建土地所有制的土地改革法。马科斯的一系列经济措施，在一定程度上促进了菲律宾经济的发展。在外交上，逐渐摆脱美国的控制和影响，寻求在国际事务中发挥更积极的作用。

20 世纪 80 年代后，菲律宾经济发展缓慢，失业率高，贫富差距不断扩大，政治腐败，社会矛盾日趋激化，人们对马科斯的独裁统治极度不满。1981 年，马科斯在抗议声中宣布结束军管，并第三次当选总统。1983 年，流亡美国的自由党领袖贝·阿基诺回国，在马尼拉机场被暗杀，这使得反对马科斯政府的斗争高涨，美国也对他丧失了信心。1985 年 11 月，马科斯决定于 1986 年 2 月 7 日提前举行总统选举。1986 年 2 月 16 日，科拉松·阿基诺在选举中胜出，并于 25 日在群众和军队的支持下就任总统。马科斯则仓皇出走夏威夷，并于 1989 年 9 月 28 日在夏威夷去世。

阿基诺政府成立后，释放政治犯，恢复人身保护法令，并成立各种委员会，着手改革，菲律宾逐步走上正轨。此后经历了拉莫斯、埃斯特拉达、阿罗约、阿基诺三世等几任总统。2016 年 6 月 30 日，杜特尔特宣誓就任菲律宾共和国第 16 任总统，他实行铁腕治理，力图清除毒品和腐败对菲律宾的影响。

第八节　印度尼西亚

印度尼西亚全称印度尼西亚共和国，是东南亚的一个总统共和制国家。印度尼西亚国土面积约 1 913 578 平方千米，2020 年人口约为 27 352 万人，东与巴布亚新几内亚接壤，北与菲律宾、马来西亚和文莱等国家相邻，东南与澳大利亚相望，领土跨亚洲和大洋洲两大洲，东、西两面分别濒临太平洋和印度洋，地处东西交通要冲。印度尼西亚由 17 508 个岛屿组成，是全世界最大的群岛国家，素有"千岛之国"之称。印度尼西亚是东盟的创始国之一，也是东南亚最大的经济体，在东南亚舞台上占有重要地位。

一、印度尼西亚史前时代的人类与文化

印度尼西亚是人类最早的发祥地之一，迄今为止，东南亚发现的最早的人类化石

就是爪哇猿人的化石，距今有 130 万—50 万年。1891—1892 年，荷兰军医尤金·杜布哇在中爪哇的特里尼尔发掘出了属于爪哇猿人的一块头盖骨、一枚上臼齿和一块大腿骨。1936 年，荷兰人孔尼华在东爪哇的苏腊巴亚（今泗水）莫约克托附近发掘到了莫约克托人的一块头盖骨，据说比特里尼尔出土的爪哇猿人还古老[1]，距今约 100 万年。爪哇猿人属于直立人的一种，其形态特征介于猿与人之间。爪哇猿人很可能已会制造工具，1935 年在爪哇南部发现一批十分粗糙的打制石器，被认为系爪哇猿人制作。

1931—1943 年，荷兰人奥本努在距离特里尼尔不远的昂栋地区梭罗河畔，发现了与爪哇猿人不同的古人类化石，他们被称为"梭罗人"。这种原始人比爪哇猿人出现得较晚，距今 25 万—5 万年，他们已经进化到了早期智人阶段，属于原始澳大利亚人种，与爪哇猿人有着比较密切的亲缘关系。1889—1890 年，杜布哇在中爪哇的瓦贾克发现了一男一女两个头盖骨化石，年代在距今 3.5 万—1.5 万年[2]，后被确定为晚期智人化石，被称为"原始澳大利亚人"或"瓦贾克人"。"直立人""智人"化石的相继出土，证明很早就有人类在印度尼西亚生存和繁衍。

公元前 4 万年前，印度尼西亚原始居民开始进入原始氏族社会，他们会使用石器、骨器，从事采集、渔猎等简单的生产活动，过着原始群居生活。到了旧石器时代晚期，石器工具有所进步，印度尼西亚苏门答腊岛北部、加里曼丹岛等地都出土有和平型石器。约在 8 000 年前，在苏拉威西岛西南部和爪哇岛部分地区的古人类开始使用一种小型的石刀，被称为陶连文化，以苏拉威西岛的陶连遗址为代表。

印度尼西亚在距今 7 000—4 000 年进入新石器时代，印度尼西亚的生产技术和生产工具进一步提高，出现了畜牧业和农业，海上交通不断发展，各岛屿之间的联系加强。新石器时代生产工具的提高主要表现在石器工具的不断改进，在新石器时代早期，苏门答腊岛出现了刃部磨光的北山型石斧；到了新石器时代中后期，在印度尼西亚出现的石器种类和数量大大增加，包括有肩石斧、长方形石斧、圆筒石斧和有段石锛、石镞等。有肩石斧主要分布在印度尼西亚东部，属于南亚语系民族创造；长方形石斧分布得更加普遍，尤其是在印度尼西亚西部地区，他们属于南岛语系民族；圆筒石斧主要分布在印度尼西亚东部各岛屿，苏拉威西岛、马鲁古群岛都有发现，属于巴布亚语系民族；有段石锛则主要分布在苏拉威西岛及加里曼丹岛东北部；石镞主要分布在爪哇岛和苏拉威西岛。

印度尼西亚群岛最早的居民是澳大利亚—美拉尼西亚人的后裔尼格利陀人，后来又陆续迁入了原始马来人和新马来人。

---

[1]　王民同：《东南亚史前文化述略》，《云南师范大学学报（哲学社会科学版）》，1983 年第 1 期。

[2]　王任叔：《印度尼西亚古代史》，北京：中国社会科学出版社，1987 年，第 56 页。

原始马来人自新石器时代开始逐步从中国南方地区分两路迁入印尼群岛，一是从中国云南一带经中南半岛、马来半岛，越过马六甲海峡，进入苏门答腊后向东分散至印尼其他一些岛屿；另一条是从中国闽粤一带经台湾岛和菲律宾群岛，至加里曼丹、爪哇等岛屿。属于原始马来人的民族，在印尼主要有巴罗克人、奥郎贝努亚人、塞卡人、朱鲁人、巴召人，普南人、托拉查人、加约人、阿拉斯人、巴塔克人、尼亚斯人、门塔韦人、恩加诺人、达雅克人等。[①]

印度尼西亚原住民被迁入的原始马来人同化或被迫往山区迁徙。公元前200年至300年，又从亚洲南部迁来了一大批移民。考古学家称他们为新马来人或续至马来人。他们与在印度尼西亚群岛的原始马来人通婚，或把他们中的一部分排挤至内地。这些马来移民后来成为当今印度尼西亚民族的主要成分。他们是今天印度尼西亚爪哇人、巽他人、马都拉人、亚齐人、米南卡保人、巴厘人、望加锡人、布吉人等民族的祖先。[②]

大约在3世纪，印度尼西亚各种族部落的迁移运动基本上完成，一些主要的岛屿如爪哇、苏门答腊等已经出现了部落联盟，正准备向国家过渡。

二、印度尼西亚早期国家的出现

随着生产力的提高，印度尼西亚境内出现了私有制和剥削，原始公社逐渐解体，阶级社会随之产生。据中国史籍记载，3世纪左右，印度尼西亚境内已经出现叶调国、毗骞国、加营国、诸薄国和斯调国等早期国家。然而真正有碑文可证的印度尼西亚早期王国只有两个：一个是加里曼丹岛东部的古戴王国，另一个是西爪哇地区的多罗磨（也称达鲁曼）王国，它们出现于5世纪左右。这两个国家都深受印度文化的影响，它们留下的碑文，使用的是印度梵语，文字为钵罗婆字母；两国的国王和贵族都接受了印度的婆罗门教，史学家称它们为印度化国家。另据中国南北朝时期的史籍记载，5—6世纪时，"当时的印度尼西亚王国有阇婆达、婆皇、诃罗单、干陀利和婆利。根据推测，前三者可能位于中爪哇，而其他的则坐落于苏门答腊"[③]。

---

① 许红艳：《印度尼西亚地区南岛语民族的形成初探》，《曲靖师范学院学报》，2013年第1期。
② 唐慧等：《印度尼西亚概论》，广州：世界图书出版广东有限公司，2012年，第35页。
③ 李美贤：《印尼史——异中求同的海上神鹰》，台北：三民书局，2005年，第23页。

三、印度尼西亚中央集权制国家的兴起与王朝发展史

（一）爪哇岛上的王国

7 世纪，在中爪哇兴起了诃陵王国[1]，中国史籍又称之为"羯陵伽""社婆""阇婆""莆家龙"。考古学家在中爪哇戈拉巴戈地区挖掘出一块立于公元 500 年前后、记载了该国历史的石碑，7 世纪下半叶，诃陵国人推悉莫为女王，国势强盛，征服中爪哇地区和东爪哇地区的 28 个小国。诃陵信奉婆罗门教，创制有文字，颇识星历，与中国交往频繁，唐太宗贞观十四年（640）初次遣使来朝，此后多次朝贡。[2] 约在 7 世纪末迫于室利佛逝的军事压力迁往东爪哇地区。诃陵国东迁后，统治诃陵的散查亚家族于 732 年趁室利佛逝内乱之际宣布建立一个"康乐和富庶的国家"，称为"散查亚王朝"或"前马打蓝王国"，并重新征服了中爪哇周边地区。可是好景不长，8 世纪中叶，夏连特拉王国兴起后，散查亚王朝沦为其属国。夏连特拉王朝又称"山地王朝"，是 8 世纪中叶爪哇地区的一个强大王朝，它于 8 世纪中叶在中爪哇地区日惹附近兴起，不久统一了爪哇地区。夏连特拉王朝在强盛时期一度远征真腊和占婆，并且建造了众多至今闻名于世的佛教建筑。9 世纪后，夏连特拉王朝逐渐走向衰弱。832 年，散查亚家族脱离夏连特拉而独立，856 年击败并灭亡夏连特拉王朝，继续统治中爪哇地区。929 年，散查亚的统治者在东爪哇建立了辛托克王朝，到达尔玛旺夏时期（约 985—1007 年）国势愈发强大，与西边的室利佛逝互有攻守，形成对峙之势。1007 年，室利佛逝突袭辛托克王朝，达尔玛旺夏阵亡，王城陷落，达尔玛旺夏生前曾指定其女婿艾尔朗加作为继承人，此时他才 16 岁，王城陷落后他在侍从的保护下逃往民间。1019 年，艾尔朗加在东爪哇宣布复国，但当时辛托克王朝的国土极其有限。1025 年，艾尔朗加趁室利佛逝衰弱之时四处扩张领土，势力一直延伸至西爪哇，后来他娶了室利佛逝的公主，两国保持了友好关系。1049 年，艾尔朗加逝世，在他死前几年，就已经将王国分给他的两个儿子，他以布兰塔斯河为界，东部为戎牙路王国，西部为谏义里王国，辛托克王朝终结。12 世纪初，两国通过婚姻重新合并，称为谏义里王国。

13 世纪初，谏义里发生大规模农民起义，杜马坡的地方长官庚·阿洛趁机自立为王，于 1222 年推翻谏义里王国，建立新柯沙里王国。新柯沙里王国的首都位于今玛琅市北部，并逐步统一爪哇岛大部分地区，后扩展至加里曼丹岛西南部、马鲁古群岛、

---

[1] 冯承钧认为爪哇之所以称"诃陵"（《大唐西域记》称"羯陵伽"），是因为印度移民常以印度古国名称呼其侨居之地，故恒河以东诸地受印度化者多有梵名（冯承钧：《中国南洋交通史》，北京：商务印书馆，2011 年，第 103 页）。

[2] （后晋）刘昫：《旧唐书》卷 197《诃陵传》；（宋）欧阳修等：《新唐书》卷 222 下《诃陵传》。

巴厘，又征服室利佛逝属国末罗游，将势力范围延伸到苏门答腊南部及马来半岛南部的彭亨地区。1292 年，元朝忽必烈派遣使者去新柯沙里王国，要求国王格尔达纳卡拉亲自来朝进贡，格尔达纳卡拉不服，下令在元朝派来的使者脸上刺字，并把他驱逐回国，忽必烈随后派大军于 1292 年 2 月远征爪哇岛。《元史》卷 210《爪哇传》记载了忽必烈对征讨爪哇将领的讲话："卿等至爪哇，明告其国军民，朝廷初与爪哇通使，往来交好。后刺诏使孟右丞（即孟琪）之面，以此进讨。"由于当年格尔达纳卡拉率军远征末罗游，国内突然爆发叛乱，原谏义里王子查亚卡旺率军突袭回师的格尔达纳卡拉及诸大臣，格尔达纳卡拉被杀，新柯沙里王国在元军到来之前就灭亡了。

13 世纪末，新柯沙里王国格尔达纳卡拉的女婿威查亚借助元朝军队力量击败查亚卡旺，取得胜利后又击退元朝军队，在原新柯沙里王国的基础上建立起了满者伯夷王国。满者伯夷王国是 14 世纪东南亚最强大的海岛帝国，其疆域囊括了今天马来群岛的大部分地区，包含今印度尼西亚全部、马来西亚大部和菲律宾部分地区，是印度尼西亚史上最辉煌的时期，奠定了今天印度尼西亚版图的基础。

15 世纪以后，随着马六甲的兴起，东南亚的贸易中心从满者伯夷转移到马六甲。加上伊斯兰教的广泛传播，也使信奉印度教的满者伯夷统治者受到冲击，为此满者伯夷王国逐步走向衰弱，国内内战和暴动不断，爪哇岛以外的领土纷纷脱离王国自立。1478 年，新兴的淡目王国国王拉登·帕塔联合泗水、马都拉等地领主攻陷满者伯夷首都，将其变为属国。1527 年，淡目王国彻底摧毁满者伯夷王国，满者伯夷从此消失。

（二）苏门答腊岛上的王国

7 世纪早期，在苏门答腊东部的占碑一带出现了一个叫末罗游的国家，到 7 世纪晚期，它为南部兴起的室利佛逝所取代。室利佛逝是印度尼西亚历史上第一个强大的帝国，它于 7 世纪 70 年代兴起于苏门答腊东南部，建国数年内便攻取占碑和邦加岛地区。《新唐书》卷 222 下《室利佛逝传》记载该国"地东西千里，南北四千里而远，有城十四，以二国分总……其王号曷蜜多，咸亨至开元间数遣使者朝"。

室利佛逝首都位于巨港，统治中心在苏门答腊南部的巨港、占碑一带。其鼎盛时期疆域囊括了苏门答腊岛、自泰国素叻他尼以南的马来半岛、爪哇岛西部，以及加里曼丹岛西部的广大地区，完全控制住马六甲、巽他两海峡的海上通道，成为南洋海上贸易中心和东南亚的海上强国。据南宋赵汝适《诸蕃志》卷上"三佛齐国"条所载，唐宋时期室利佛逝曾有属国 15 个，包括蓬丰、登牙侬、凌牙斯加、吉兰丹、佛罗安、日罗亭、潜迈、拔沓、单马令、加罗希、巴林冯、新拖、监篦、蓝无里、细兰等。而且凭借地处西亚阿拉伯帝国与中国唐宋王朝海路交通枢纽的地位，其商业贸易非常兴盛，"土地所产，玳瑁、脑子、沉速、暂香、粗熟香、香降真、丁香、檀香、豆蔻外，有真珠、乳香、蔷薇水、栀子花、腽肭脐、没药、芦荟、阿魏、木香、苏合油、象牙、珊瑚树、猫儿睛、琥珀、番布、番剑等，皆大食诸番所产，萃于本国。番商兴贩，用金银、瓷器、锦、绫、缬、绢、糖、铁、酒、米、干良姜、大黄、樟脑等物博易。其国在海中，扼诸番舟车往来之咽喉"。

该时期室利佛逝的佛教极度兴盛，中国由海道求学取经的僧人往往先在这里学习梵文，然后再去印度。10世纪初，中国文献改称其为"三佛齐"。到11世纪，室利佛逝在外来势力的不断侵扰下急剧衰落，印度强大的注辇王国曾于1025年攻占其都城巨港并杀死其国王。13世纪初，室利佛逝为爪哇的新柯沙里王国所征服，前后存在600余年。

四、西方殖民统治前的印度尼西亚伊斯兰教诸王国

满者伯夷王国瓦解后，在印度尼西亚出现一系列伊斯兰教王国。这些王国主要有东爪哇的淡目（后为马打蓝）王国、帕章王国，西爪哇的万丹王国，苏门答腊的亚齐王国，苏拉威西的哥阿王国等。

淡目王国建立在满者伯夷王国的故土上，其建立者拉登·帕塔有华人血统，中文名为陈振文，为满者伯夷华裔王妃所生。淡目主要统治爪哇北部沿海地区，1513年陈振文曾出兵马六甲，但为葡萄牙人所败。拉登·特连加那在位期间（1521—1546），淡目进入鼎盛时期，彻底消灭了满者伯夷的残余势力，控制了爪哇岛大部分地区。1546年特连加那在进攻东爪哇帕那鲁干时战败，被侍卫杀死。特连加那死后，淡目发生了激烈的王位争夺，国力大减。帕章国王阿迪·威查亚乘机篡夺淡目政权，王国中心从淡目转移到帕章，淡目沦为帕章王国的属地，帕章王国的统治中心也从沿海地区转移到了中爪哇内陆地区。1568年，帕章国王阿迪·威查亚正式称苏丹。帕章王国强盛时期，势力范围包括了中爪哇和东爪哇地区，泗水、马打蓝等都成为其属国。16世纪末，新兴的伊斯兰教政权马打蓝王国日益强大，马打蓝原是帕章的属国，雄才大略的斯诺巴迪在1584年即位后，马打蓝国力不断增强。帕章害怕马打蓝威胁到其地位，主动讨伐马打蓝，但被斯诺巴迪击败，斯诺巴迪逼迫帕章苏丹让出王位，继而成为后马打蓝王国的建立者。到17世纪初，马打蓝王国已经完全控制了中爪哇地区，苏丹阿贡（1613—1645年在位）即位后，后马打蓝王国走向鼎盛，统一了除西爪哇万丹国外的整个爪哇岛。

淡目的霸权落入帕章后，位于西爪哇万丹地区的原淡目属国万丹国于1568年宣布脱离中爪哇而独立。万丹地区盛产胡椒，许多国家包括欧洲的商人都前往该国从事香料交易，从而促进了当地经济的发展。这里的万丹国疑即《诸蕃志》所载之"苏吉

丹"，该国"胡椒最多，时和岁丰，货银二十五两可博十包至二十包，每包五十升。设有凶歉寇攘，但易其半"。《诸蕃志》卷上"阇婆国（即爪哇）"条记载："此番胡椒萃聚，商船利倍蓰之获，往往冒禁，潜载铜钱博换。朝廷屡行禁止兴贩，番商诡计，易其名曰苏吉丹。"元代汪大渊在《岛夷志略》中也记载爪哇国"胡椒每岁万斤"。[①] 16世纪末，万丹国日益兴盛，成为爪哇最大的商业港口。在哈沙努丁和尤素夫统治时期（1568—1580），其版图包括了整个西爪哇和苏门答腊南部地区。

1514年，苏门答腊岛的西北端建立起亚齐王国。从16世纪末到17世纪初，亚齐王国逐步繁荣。1524年亚齐击败葡萄牙，统一了苏门答腊岛北部，后又征服了彭亨、吉打、霹雳等马来半岛南部地区。亚齐的繁荣同万丹一样，是苏门答腊西海岸海运和贸易发展的结果，亚齐因为海上商贸的发展迅速变为一个新的贸易中心。从16世纪起，亚齐及马来半岛的柔佛都想控制马六甲海峡的重要航线，导致亚齐、柔佛和葡萄牙之间的三角战争，整个战争一直持续到1636年，战争主要在亚齐和柔佛之间进行，致使葡萄牙人坐收渔人之利。17世纪初，亚齐苏丹伊斯干达尔·慕达执政时期，亚齐大力推行扩张政策，成为强盛的王国，控制了苏门答腊和马六甲半岛。但是从1636年苏丹伊斯干达尔·泰尼继任开始，亚齐在苏门答腊岛和马六甲半岛的势力逐渐衰弱。

哥阿王国位于苏拉威西岛的南部，首都在望加锡，所以也称为望加锡王国。17世纪起，望加锡王国不断向邻近地区扩张，逐渐强大。望加锡王国盛产稻米，它同生产香料的马鲁古群岛有频繁的贸易来往，而且位于爪哇岛和马鲁古群岛之间，为重要的中转站，所以逐渐成为一个重要的贸易中心。

五、西方列强对印度尼西亚的殖民统治

15世纪末，欧洲各国往东方探寻黄金及香料的热情空前高涨，从16世纪开始，西方殖民主义者开始染指印度尼西亚，今印度尼西亚群岛先后遭到葡萄牙、西班牙、荷兰、英国的入侵。盛产丁香、豆蔻等香料的马鲁古群岛成为它们争夺的第一个目标。1511年，葡萄牙人首先踏上群岛中的安汶岛，然后通过武力和收买等手段占领了安汶岛、特纳底和帝多利等地，并在这些地方建立了商站和炮台，开始对印度尼西亚进行野蛮掠夺。1522年，西班牙人也开始入侵马鲁古群岛，但后来被葡萄牙击败而被迫撤离。

1596年，荷兰殖民者接踵而来，他们首先与西爪哇的万丹国接触，后来因为抢夺

---

① 印度尼西亚除了爪哇岛盛产胡椒，苏门答腊岛也是胡椒的重要产地。据（明）马欢：《瀛涯胜览》"苏门答剌国"（即苏门答腊）条记载："其胡椒倚山居住人家置园种之，藤蔓而生，若中国广东甜菜样，开花黄白色，结椒成实，生则青，老则红，候其半老之时，摘采晒干货卖，其椒粒虚大者，即此处椒也。"

了当地人的两艘船而被万丹国驱逐。1598年，荷兰因为帮助万丹国驱逐了葡萄牙人，而被允许在万丹设置贸易办事处。荷兰人在与印度尼西亚进行的香料贸易中获得了巨大的利润，为了垄断贸易，1602年荷兰在印度尼西亚建立"联合东印度公司"，荷兰东印度公司拥有征兵、外交、宣战等权力，实际上成为荷兰政府在印度尼西亚进行殖民活动的权力机构。东印度公司成立后，荷兰派遣大批舰队到达印度尼西亚，将葡萄牙人和西班牙人排挤出印度尼西亚，妄图独占印度尼西亚，垄断贸易。1610年，荷兰东印度公司在印度尼西亚设置了总督，管辖在印度尼西亚各地的商站。1617年在雅加达建立军事堡垒，1619年荷兰又击败了在此处进行殖民活动的英国，同时将万丹的军队一并赶走，独占雅加达，并将它改名为巴达维亚。从此雅加达成为荷兰对印度尼西亚进行长达近3个半世纪的殖民活动的据点。

在击败了西方的殖民对手后，荷兰开始发动对爪哇的侵略战争，它首先利用泗水阻挠当时强大的马打蓝王国统一爪哇岛的行动，并于1628年和1629年两次击败马打蓝苏丹阿贡的军队。1646年，阿贡去世后，随后的国王阿莽古特拉一世和阿莽古特拉二世被迫选择同荷兰合作，给予荷兰大量贸易特权。除爪哇以外，荷兰还在印度尼西亚其他地方进行侵略活动，1641年，荷兰人从葡萄牙人手中夺取马六甲；1659，荷兰攻占巨港；1667年，迫使望加锡王国割地并承认其垄断贸易的特权；1668年，征服哥阿王国；1656年，荷兰利用万丹苏丹和王储之间的矛盾，从内部瓦解万丹国，1682年荷兰东印度公司立王储为苏丹，获得宗主权；17世纪中后期，又迫使井里汶和加里曼丹岛西部和南部领主接受其统治。至此，荷兰东印度公司确立了其在印度尼西亚的统治地位。

到18世纪后期，随着英国的经济和工业实力对荷兰的全面超越，荷兰与英国进行的几次战争，都以荷兰失败而告终，尤其是1780—1784年的第4次英荷战争，使荷兰丧失了在印度尼西亚的部分殖民地，印度尼西亚的海上交通也受到英国海军的控制，东印度公司的统治受到了直接威胁。1799年，荷兰东印度公司破产，印度尼西亚由荷兰政府直接统治。由于法国拿破仑帝国的扩张，1806年荷兰被法国占领。同年，英国舰队在雅加达海面击溃了荷兰舰队，印度尼西亚各主要岛屿处于英国海军的包围之中。1811年8月英军在爪哇登陆，向雅加达发起进攻。荷兰军队无力抵抗，于1811年9月18日向英军投降。双方签订协定，荷兰将印度尼西亚交由英国统治。英国占领印度尼西亚后，任命印度副总督华莱士管理，他迫使各地领主交出权力，但保留苏丹称号，并以一定资金作为补偿，英国很快就在印度尼西亚诸岛确立了统治权。但是英国人统治印度尼西亚的时间并不长。1813年10月，拿破仑帝国崩溃，荷兰恢复了独立。英国为了利用荷兰牵制法国，同意与荷兰和好。1814年，英荷签订《伦敦协定》，英国答应归还之前占领的荷兰的海外殖民地。不过，英荷之间有关殖民地的争执，直到1824年双方签订《苏门答腊协定》后才最终解决。根据该协定，荷兰把它在印度的商馆和马六甲移交给英国，英国则放弃在印度尼西亚的领土和商业特权，英荷两国有权进入对方的殖民地，并享受最大的特惠权。

荷兰从英国手里接管印度尼西亚后，重新恢复了统治。根据荷兰宪法的规定，印度尼西亚的最高统治权属于荷兰国王。荷兰对各地苏丹和土王进一步压制，在经济上恢复垄断贸易，并向印度尼西亚普通民众征收各种苛捐杂税，荷兰殖民者在政治和经济方面都采取了严厉的措施，以维护自己在印度尼西亚的统治。荷兰殖民者疯狂的掠夺和剥削，激起了印度尼西亚上层贵族的不满和人民的反抗。1684—1707年，奴隶出身的苏拉巴蒂领导东爪哇人民举行反荷大起义；1825—1830年，印度尼西亚民族英雄、日惹王国王子蒂博·尼哥罗领导爪哇人民举行大起义。虽然这些起义最终都被荷兰殖民者镇压下去，但大大地鼓舞了印度尼西亚人民争取独立的信心。

1848年，巴厘王公被迫承认荷兰的统治。1860年，荷兰吞并了加里曼丹的马辰王国。到19世纪70年代，外岛基本上沦为荷兰的殖民地。1904年，荷兰人征服亚齐，完全占有整个印度尼西亚。

六、印度尼西亚民族独立运动的勃兴

20世纪初，印度尼西亚的民族资本主义得到初步发展，但印度尼西亚的殖民主义和封建主义势力严重阻碍了印度尼西亚民族资本主义的进一步发展，一批代表新兴民族资产阶级的知识分子开始觉醒，他们开始宣扬民族主义，为印度尼西亚的独立斗争制造舆论。一些印度尼西亚民族主义政治团体纷纷建立。

1908年5月20日，印度尼西亚的第一个资产阶级改良主义组织崇知社（也称至善社）在雅加达宣告成立。崇知社主张爪哇民族的团结和协调发展，复兴民族文化，发展民族工商业，扩大爪哇人在行政机构中的名额，通过合法斗争实现上述要求和目标。崇知社的活动对印度尼西亚民族的觉醒起到了重要的推动作用，它是印度尼西亚民族运动兴起的重要标志，后来人们把它的成立日期定为"民族觉醒日"或"民族复兴节"。1911年，民族资产阶级在梭罗成立了"伊斯兰商人联盟"，同年改名为"伊斯兰联盟"，要求维护伊斯兰商人的利益，并进行经济互助，一些激进派还开展反对荷兰殖民统治的活动。

1914年，印度尼西亚先进的知识分子和在印度尼西亚的荷兰左翼社会民主党人，共同组织了旨在传播马克思主义的"东印度社会民主联盟"。在俄国十月革命的影响下，印度尼西亚无产阶级也登上了历史舞台，1920年5月，印度尼西亚共产党成立。

1926 年，印度尼西亚共产党领导工人、农民等爱国群众进行反抗荷兰殖民当局的武装起义，但一个多月后被殖民当局残酷镇压，印度尼西亚共产党也被列为"非法组织"。

1927 年，在苏加诺的倡议下，一个民族资产阶级政党——印度尼西亚民族民主联盟正式成立，次年改名为"印度尼西亚民族党"，明确提出了争取独立的斗争口号，苏加诺担任该党主席。出于对民族独立运动的恐惧，1929 年荷兰殖民当局逮捕了苏加诺，并宣布印度尼西亚民族党为"非法组织"，印度尼西亚民族党解散。1931 年，印度尼西亚民族党内的其他领导人建立了印度尼西亚党，继续进行民族独立斗争。1939 年，印度尼西亚政治联盟成立，联盟的目标是争取实现印度尼西亚的自决，产生由民主选举的议会，实现印度尼西亚与荷兰协调一致，建立反法西斯统一战线。1940 年 5 月，荷兰被德国占领，但流亡在英国的荷兰政府仍通过雅加达的殖民政府控制印度尼西亚，且拒绝了印度尼西亚各政治派别关于印度尼西亚独立的要求。

七、"二战"中日本对印度尼西亚的短期占领

1941 年 12 月 7 日，日本偷袭珍珠港，发动了太平洋战争。1942 年，日本军队进攻爪哇，美国、澳大利亚、荷兰联军节节败退。2 月 5 日，日军攻占雅加达，8 日荷兰驻印度尼西亚总督向日军投降，印度尼西亚沦为日本的殖民地。日本帝国主义占领印度尼西亚后，开始对印度尼西亚人民实行法西斯统治。在进行疯狂掠夺的同时，解散了一切政党和群众团体，大批屠杀进步人士，并强征大量印度尼西亚人参加"卫国军""兵补""先锋队"等军事、半军事组织，或到国外服劳役。在日本军国主义的残暴统治下，印度尼西亚人民处于水深火热之中。

1945 年春，太平洋战争局势急转直下，日本的失败已成定局。在这种形势下，1945 年 3 月，日本允许印度尼西亚独立，并为此成立了"印度尼西亚独立筹备委员会"。5 月，又同意成立"印度尼西亚独立调查委员会"。1945 年 7 月和 8 月，日军驻越南西贡的寺内寿一根据东京的指示，两次将苏加诺和哈达召往西贡，商讨印度尼西亚独立问题。苏加诺和哈达也想通过谈判从日本占领者手中获得独立。寺内寿一宣称，将于 8 月 24 日宣布印度尼西亚独立。雅加达各地下抗日青年小组领导人也在雅加达召开秘密会议，会上做出了立即宣布印度尼西亚独立的决议，并派代表与苏加诺、哈达等人会晤，苏加诺同意他们的决议并签署了独立宣言。8 月 17 日，苏加诺代表印度尼西亚人民在其雅加达的寓所前宣读了独立宣言，向全国和全世界宣告了印度尼西亚的独立，而日本帝国主义则在 8 月 14 日就宣布投降了。

八、印度尼西亚联邦共和国的建立与发展

1945 年 8 月 18 日，印度尼西亚独立筹备委员会举行由各政党、社会团体参加的会

议，通过了印度尼西亚共和国的第一部宪法（"1945 年宪法"），成立印度尼西亚共和国，苏加诺和哈达分别当选为共和国总统、副总统。不久，独立筹备委员会改组为中央国民委员会，行使国会权力。9 月，按照宪法，成立了由苏加诺总统领导的总统制内阁。10 月，各政党被宣布为合法组织，恢复活动。

印度尼西亚共和国成立后，英国、荷兰等国曾千方百计想把印度尼西亚民族解放运动镇压下去，将这个年轻的共和国扼杀在摇篮之中。英国、荷兰先后三次发动殖民战争，入侵印度尼西亚，印度尼西亚人民英勇地投入到保卫共和国的斗争中。1947 年后，荷兰与印度尼西亚经过多次战争和协商，于 1949 年 11 月签订印荷《圆桌会议协定》，根据此协定，印度尼西亚于同年 12 月 27 日成立联邦共和国，参加荷印联邦。1950 年 8 月 15 日，印度尼西亚联邦议院颁布了统一的印度尼西亚共和国临时宪法，苏加诺总统宣布成立印度尼西亚共和国，取代原来的印度尼西亚联邦共和国。印度尼西亚共和国实行总统内阁制，苏加诺就任印度尼西亚第一任总统。1950 年 8 月 27 日，印度尼西亚加入联合国。1954 年 8 月，印度尼西亚宣布脱离荷印联邦。1963 年收复被荷兰占领的西伊里安，自此印度尼西亚终于走上了完全独立的发展道路。

苏哈托政府执政以来，印度尼西亚政局基本上保持稳定，经济建设有较大的发展，人民生活得到一定的改善，但也发生过几次大的骚乱，对华人带有较大歧视。1997 年亚洲金融危机对印度尼西亚造成全面冲击，引起政局动荡。1998 年 5 月，执政长达 32 年的苏哈托辞去总统职务，副总统哈比比接任总统。2004 年 7 月，印度尼西亚举行历史上首次总统直选，苏西洛当选总统。2008 年 10 月，印度尼西亚国会通过《消除种族歧视法》，这是印度尼西亚民主人权进步的体现。

第二章 东南亚各国历史发展的道路

东南亚各国的历史非常悠久，是人类最重要的发源地之一，优越的气候条件使该地区在远古时代就有原始人类生存繁衍，并创造出了灿烂的史前文化。但是东南亚复杂的地理环境和区位条件又造成了内部各地区之间发展的不平衡性及文化的差异性。东南亚整体上可分为"中南半岛"和"马来群岛"两大部分，由于自然地理环境的差异，不管是史前时代还是此后的王国或帝国时代，两大区域内国家的发展历程和文化选择都各具特色。同时陆、海交通条件的不断发展以及族群的迁移和融合，又使东南亚各国之间存在内在的联系和一些共性。上述差异性和共性，贯穿着东南亚历史发展的始终。

第一节 东南亚的史前时代

一、东南亚的原始人类及民族来源

根据最新的考古资料，东南亚地区已经发现了从南方古猿、直立人到早期智人、晚期智人的不同时期、较为完整的古人类化石系列。有学者推测东南亚曾是腊玛古猿的活动区域，这种古猿被认为是人类最早的祖先，但是迄今仍未在东南亚找到与腊玛古猿相关的化石遗存。迄今东南亚发现的最早猿人化石被认为属于南方古猿的一类，20世纪40年代初被发现于爪哇的桑吉兰地区，有学者将其称为"爪哇魁人"，距今400万—100万年。也有学者持不同意见，认为它只是早期直立人。可以肯定的是，南方古猿还不是完全意义上的人类，仍然保留了很多猿类的特征。此外，印度尼西亚还发现了早期猿人——惹班猿人，有学者估计其距今已经有200万年。

东南亚的旧石器时代，是伴随着直立人的出现而开始的。目前发现的东南亚旧石器时代初期的直立人主要是爪哇猿人和莫佐克托猿人，他们已经会制造粗糙的石器。爪哇猿人被发现于中爪哇的特里尼尔，比东爪哇的莫佐克托人要稍晚一点，距今130

万—50 万年。比爪哇猿人稍晚的还有缅甸的巴玛猿人，距今约 50 万年，被认为是缅甸最早的直立人。继直立人之后，距今 25 万—5 万年间，东南亚开始出现早期智人，他们是旧石器时代中期的人类，其代表是爪哇的梭罗人，梭罗人被认为是澳大利亚人种的直接祖先。而东南亚旧石器时代晚期的人类分布更为广泛一些，他们属于晚期智人，在印度尼西亚的瓦贾克遗址、越南的和平遗址和北山遗址、菲律宾的塔崩洞穴遗址、马来西亚沙捞越的尼阿洞穴遗址等地，都有晚期智人的遗骨出土。

"二战"后，人类学家根据古人类学新资料研究认为：爪哇猿人经过梭罗人和瓦贾克人，发展成为澳大利亚人种；北京猿人经过山顶洞人的发展而成为蒙古人种[①]。今天东南亚的所有民族按民族学谱系划分，可分为澳大利亚—美拉尼西亚族群、南岛语系族群、南亚语系族群、汉藏语系族群，后三者都属于南方蒙古人种。东南亚早期的原始居民应该是澳大利亚—美拉尼西亚人，他们最初主要分布在马来群岛和澳大利亚，后来可能通过陆桥来到东南亚的半岛地区，约 4 万年前，澳大利亚人种已经广泛生活在东南亚大部分地区。自新石器时代以来，向东南亚有三次大的族群迁徙运动，大体有属于蒙古利亚人种的三大语系的民族来到东南亚，首先迁入的是南岛语系族群，时间约在 7 000 年前；随后迁入的是南亚语系族群，时间约在 3 000 年前；最后迁入的是藏缅语系诸族群，时间约在公元前后。此后仍有一些反复的迁徙运动，经过不断的融合演变，最终形成今天东南亚的民族体系。

二、东南亚的史前文化

东南亚的原始文化主要体现为石器文化，东南亚原始社会经历了从旧石器时代、中石器时代、新石器时代、金石并用时代到金属时代的历程。东南亚旧石器文化发源于海岛地区，主要包括印度尼西亚爪哇岛、菲律宾巴拉望岛西部、马来西亚的沙捞越地区等地。同时，在越南、柬埔寨东部、泰国北部和缅甸一些地区也发现了旧石器文化的遗迹。旧石器文化的石器多以砾石或天然石块为材料打制而成，以砍砸器、刮削器为主。从 1 万年前开始，东南亚地区进入了"中石器时代"，该时期以越南的和平文化为代表，在东南亚的半岛和海岛地区都广泛分布。早期和平文化以洞穴遗址、石片石器为主的砾石打制石器和屈肢葬为特征，典型的石器代表是椭圆形石斧。和平文化中期开始出现刃部磨制石器，在越南谅山省北山地区出土的石器以局部（比如刃部）磨光为特征，被称为北山文化，它被认为是东南亚进入新石器时代的标志，时间在距今 6 000 年左右。东南亚的大陆和海岛地区都出土有大量"北山型"石斧，说明当时

---

① 王民同：《东南亚民族的来源和分布》，《云南师范大学学报（哲学社会科学版）》，1984 年第 2 期。

东南亚几乎所有低地和沿海地区都已进入新石器时代。北山文化之后，东南亚开始进入新石器时代的文化发达期，此时东南亚主要有四种石器文化，包括肩石斧文化、长方石斧文化、圆筒石斧文化和有段石锛文化。新石器时代石制生产工具的进步促进了东南亚原始农业的产生。而且该时期陶器的制作也愈加成熟，东南亚地区的陶器最早可追溯到 5 000 年前。由于东南亚各地发展的不平衡性，各地进入新石器时代的时间和延续的时间也不尽相同，总的来说，海岛地区比大陆地区进入新石器时代的时间要晚一些，延续的时间也要长一些。

4 500 年前，青铜器在东南亚大陆地区已经出现，较具代表性的有泰国东北部的班清文化、能诺它文化，两地出土的青铜器距今已有 5 000 年。此外，还有越南清化省的东山文化，它被认为是越南青铜文化的代表，其出现的时间比班清文化要晚，一般认为在公元前 600 年左右，下限是公元 43 年。在大陆地区的老挝、缅甸、柬埔寨，也有大量金属时代的文化遗址被发现。在海岛东南亚地区，青铜器和铁器大约在 2 500 年前同时出现，较具代表性的是菲律宾巴拉望岛的塔崩洞穴群，这里出土的青铜器的产生时间在公元前 700 年至公元前 200 年。青铜器时代的东南亚还有一种"复合文化"，即巨石文化。东南亚的巨石文化从青铜器时代一直延续到铁器时代初期，这是史前人类用巨大的石块制作的遗物，作为葬具和祭祀的一种形式。东南亚地区的巨石文化，主要以石瓮、石棚、石板墓为特征，代表性的巨石文化有老挝查尔平原的石瓮群，泰国乌隆府用石板搭盖的石棚，泰国东北部排列成圆圈形的石条，马来西亚、菲律宾的石板墓，印度尼西亚苏门答腊帕诗马高原的石棚、石柱、石板墓和石像等[1]。在东南亚的金属时代，铜鼓也是该时期的代表性文物，东南亚铜鼓文化从公元前 600 年一直延续到公元 1 世纪，其形式与中国南方的铜鼓相似，越南历史学家陶维英认为"铜鼓乃是原始公社瓦解阶段技术和文化水平的标志"[2]。

第二节　东南亚早期国家的出现与中央集权的建立

一、东南亚早期国家形态

东南亚大部分居民最迟于公元前 1000 年已基本掌握农业、畜牧业的生产或驯养方法，以及青铜器和铁器的铸造技术。二者大大提高了粮食产量，从而产生了较为稳定的农耕社会。公元前后，随着东南亚生产力的进步，加上受到印度文化和中国文化的

---

[1]　王民同：《东南亚史前文化述略》，《云南师范大学学报（哲学社会科学版）》，1983 年第 1 期。
[2]　［越］陶维英著，刘统文、子钺译：《越南古代史》下册，北京：商务印书馆，1976 年，第 355 页。

影响，东南亚半岛地区首先产生了早期国家。3 世纪左右，海岛地区也兴起了一系列的小国。公元初到 10 世纪，东南亚处于早期国家阶段。

东南亚大陆地区早期的主要国家有：高棉人建立的扶南、真腊、文单国；占婆人建立的林邑；骠人建立的骠国、太公古国；掸人建立的掸国；孟人建立的金邻、堕罗钵底、林阳国、直通王国、哈里奔猜；若开人建立的阿拉干王国。可见中南半岛地区的各主要民族几乎都在公元初年建立了各自的国家。

在东南亚的海岛地区（包括马来半岛）建立的一系列马来人和爪哇人的小国，大多是依托当时东西海上交通线而建立起来的商业城邦国家。在马来半岛，比较有名的国家有顿逊国、盘盘国、丹丹国、赤土国、狼牙修国等；在马来半岛以外的海岛地区，早期国家有叶调国、毗骞国、加营国、诸薄国、斯调国、古戴王国、多罗磨（达鲁玛）、诃陵、干陀利、末罗游、室利佛逝、散查亚王朝、夏连特拉王朝等。海岛地区早期国家的形成明显要晚于大陆地区，真正有实物印证的早期海岛国家到了 5 世纪才产生。菲律宾群岛更是长期处于"巴朗盖"的氏族社会阶段，直到 10 世纪才产生早期国家。

东南亚早期的文明中心和大国的核心地域基本上位于主要的水稻生产区，稻作文化的进步与勃兴是东南亚早期国家形成的基础，当然海上商贸的兴起对沿海早期国家的形成也有重要意义。此外，不能忽视中国、印度文化在东南亚早期国家形成中的影响。东南亚一大批早期国家是在引进印度文化之后才兴起和发展起来的，印度宗教对他们的政治、社会、文化产生了深远影响，这些早期国家的国王常将自己塑造为湿婆神的一部分或参与湿婆神力来展现自己的神性[1]，将王权与神权紧密结合，将印度宗教与本土崇拜相结合，利用宗教祭祀和僧侣来加强自己的统治。所以有学者将这些国家称为"印度化国家"。受中国文化影响的地区主要是今越南北部，但当时越南北部还只是中国中央王朝统治下的一个地方行政区，没有形成独立的国家。

总的来说，东南亚的早期国家基本上属于部落联盟式的国家或城邦式的国家，中央权力的下渗非常有限，与典型意义上的国家还相距甚远。但是随着时间的推移，一些疆域较大的早期国家也开始逐步建立自己的官僚体系与行政体系，改变原先比较松弛的部落或属国之间的联盟关系，国王逐渐走向权力的中央，并辅以宗教，将神权与王权相结合，以维护国王的权威。东南亚早期国家官僚体制的不断完善和王权的不断增强，为 10 世纪以后中央集权王国的兴起奠定了基础。

---

[1] 此句话来自梁志明等主编：《东南亚古代史：上古至 16 世纪初》，北京：北京大学出版社，2013 年，第261 页。

二、东南亚各国中央集权的建立

10 世纪前后，位于中南半岛大河流域中下游农业中心区的国家愈加强盛，农业更加发达，逐步形成中央集权的王国，而位于马来群岛海上交通要道上的国家，则通过商业和外贸的发展逐步形成跨岛的集权王国。总之，大陆地区的国家基本为农业王国，海岛地区的国家则基本为商业王国。10 世纪至 16 世纪初属于东南亚历史上的封建中央集权王国时期，这一时期东南亚早期小国林立的局面被打破，新的地区强国兴起，通过兼并战争或王室联姻等手段，先后形成了几个以一个民族为主体、若干个民族组成的统一王朝。这些王朝的疆域范围很多成为今天东南亚一些国家领土的雏形。

在今越南北部，自 968 年丁朝得到中国宋王朝册封并承认独立后，标志着今越南北部首次建立了独立的封建国家。此后又经历了前黎朝、李朝、陈朝、胡朝、后黎朝、西山朝、阮朝等封建王朝。同时今越南北部的封建王朝还不断向南兼并占婆，到 15 世纪末，占婆已经不再是独立王国。

在柬埔寨，9 世纪初真腊迁都吴哥，称为吴哥王朝。12—13 世纪，吴哥王朝达到鼎盛，成为柬埔寨历史上最强大的中央集权王朝。到 15 世纪，吴哥王朝结束，并迁都金边，形成柬埔寨王国。

在泰国，自 13 世纪形成统一的中央集权王朝，分别经历了素可泰王朝、阿瑜陀耶王朝、吞武里王朝、曼谷王朝，其中曼谷王朝延续至今。

在缅甸，历史上一共出现过三个统一的中央集权王朝，11 世纪建立了蒲甘王朝，16 世纪建立了东吁王朝，最后一个王朝是 18 世纪建立的贡榜王朝（雍籍牙王朝）。

在老挝，1353 年建立的澜沧王国是老挝历史上第一个统一王国。

在马来群岛地区，爪哇岛上先后产生了诸王国，跨岛的海上商业帝国主要以室利佛逝、前马打蓝、新柯沙里、满者伯夷为代表。在 14 世纪，随着伊斯兰教的广泛传播，又产生了一系列伊斯兰教国家，以马六甲王国、淡目王国为代表。

这一时期，上述封建中央集权王国的王权仍在不断增强，官僚制度也日趋完善，在土地方面基本实行土地王有制，以农业作为经济基础，海岛帝国则更为重视发展海上商贸。

中国文化、印度文化、伊斯兰文化在东南亚的不同国家和不同时期占据着主流地位，一个显著的特点是长期在东南亚占据统治地位的印度教和婆罗门教不断衰弱，小乘佛教逐渐兴盛，在缅甸、泰国、老挝、柬埔寨开始占据主流地位。据法显《佛国记》所载，4—5 世纪耶婆提（即阇婆、爪哇）的婆罗门教很兴盛。而据《高僧传》卷三记载，5 世纪阇婆国（冯承钧疑为苏门答腊）国王的母亲首先接受了佛教，随后国王也奉母命受戒皈依佛教，甚至欲出家修道，最后向群臣提出三个要求："一愿凡所王境，同奉和尚；二愿尽所治内，一切断杀；三愿所有储财，赈给贫病。"而群臣欣然接受，"于是一国皆从受戒"。6世纪时，东南亚地区的扶南、棱伽修两国均为佛教东传的重要据点。7世纪时，义净在《南海寄归内法传》卷一中记载海岛东南亚诸国包括尸利佛誓（即室利佛逝）信奉佛教，又说"斯乃咸遵佛法多是小乘，唯末罗游少有大乘耳"。盘盘国"其国与狼牙修国相邻，皆学婆罗门书，甚敬佛法"①。赤土国"其俗敬佛，尤重婆罗门"②。13世纪，真腊国内"奉佛谨严，日用番女三百余人舞献佛饭，谓之阿南……其僧道咒法灵甚，僧衣黄者有室家，衣红者寺居，戒律精严"③。可见4—13世纪东南亚国家的宗教信仰经历了从婆罗门教向佛教转变的过程。

伊斯兰教传入海岛东南亚诸国，与信奉伊斯兰教的阿拉伯商人移居有关。据明代马欢《瀛涯胜览》记载，14—15世纪爪哇国有三等人，一等为回族人，二等为唐人，三等为土人，不仅回族人信奉伊斯兰教，而且来自中国广东和福建漳州、泉州的唐人"多有从回回教门受戒持斋者"，可见伊斯兰教的盛行。14世纪，在统治阶层的推动下伊斯兰教在海岛东南亚地区传播开来，海岛地区各国民众由原来信奉印度教和佛教转向信奉伊斯兰教。

由于这一时期大国并起，国家间的战争频繁发生，包括今越南北部政权分别与占婆、柬埔寨、老挝间的战争；泰国与缅甸的战争；室利佛逝与爪哇诸王国的对峙；爪哇内部诸王国的战争等。这些战争规模大、时间长，有些持续百年之久，很多国家的疆域因战争进行了重新整合，对今天东南亚的国家分布及领土规模影响巨大。到15世纪末期，海岛东南亚地区已基本处在封建社会的衰落期，原来庞大的帝国纷纷瓦解，原有的土地上分为若干个相对较小的王国统治。而大陆地区的大国如缅甸东吁王朝、贡榜王朝，泰国阿瑜陀耶王朝，安南诸封建王朝等依然保持着强大。

总体来说，10—16世纪东南亚各中央集权王国经历了兴起、强盛、衰落的过程。到了16世纪，它们将要迎来西方殖民者的挑战，而东南亚封建制度的日趋衰落，也预示了它们自16世纪起的坎坷命运。

---

① （后晋）刘昫：《旧唐书》卷197《盘盘国传》。
② （唐）魏徵：《隋书》卷82《赤土传》。
③ （宋）赵汝适：《诸蕃志》卷上"真腊国"条。

第三节 近代殖民侵略与东南亚的依附性发展

一、西方殖民侵略与东南亚的殖民地化

从 16 世纪开始，中国、印度、阿拉伯的移民就不断涌入东南亚，充实了东南亚地区的人口，促进了东南亚地区商业的进一步发展繁荣。与此同时，在地球的另一端，随着西欧封建社会的逐渐解体，资本主义生产关系开始形成。西欧各国处于资本主义原始积累阶段，对物质财富的追求非常强烈。随着 15 世纪末 16 世纪初新航路的开辟，欧洲的传教士和探险家纷纷来到东南亚，这里丰富的物产特别是香料让他们惊叹，同时嗅到了巨大的商机。他们将东南亚的信息与财宝带回欧洲后，进一步刺激了欧洲人向东南亚侵略殖民的野心。

由于 16 世纪初东南亚大陆地区的封建王朝依然强劲，所以西方殖民者对东南亚的侵略是从海岛地区开始的。第一个入侵东南亚的西方殖民者是葡萄牙人，1511 年，葡萄牙入侵并占领了马六甲，开启了东南亚的西方殖民侵略时代。紧接着来到东南亚的西方殖民者是西班牙人，占领了菲律宾群岛北部地区。而后荷兰人和英国人也接踵而至，他们在东南亚大量设置商站，并分别成立东印度公司，试图垄断贸易。17 世纪，资本主义发展更为良好的荷兰在与英国的竞争中占据优势，1641 年荷兰人攻占马六甲，驱逐了葡萄牙的势力。这一时期，西方殖民者主要是在东南亚沿岸建立商馆和兵站，除了西班牙在菲律宾的侵略外，其他地方的殖民势力都基本上未深入内地，也没有触及当地国家的统治模式，只是寻求商业利益，中南半岛上的封建大国仍保持封建社会经济形态与政治独立。到了 18 世纪末，随着工业革命的不断发展，西方国家的工业资产阶级力量已经超过商业资产阶级力量，以商业资产阶级为核心的贸易特许公司开始衰落，被政府直接取代。到了 19 世纪，传统的以贸易来获取商业利润的方式已经无法满足工业资产阶级的需求，他们的目标是掠夺当地的资源，并将东南亚变成他们的商品倾销市场。这一时期，西方殖民者直接通过武力征服的方式扩大自己的领地，用殖民战争和政治欺诈、收买、离间的方式使自己的势力深入东南亚内地，中南半岛上的封建帝国也走向衰落，无法抵御西方工业强国的坚船利炮，他们大部分由封建社会向半殖民地半封建社会转变。此外，西方殖民者之间也对东南亚的殖民地进行了激烈的争夺，英国、法国逐渐取代葡萄牙、西班牙、荷兰成为主要的殖民国家。

19 世纪末 20 世纪初，西方自由资本主义已经过渡到垄断资本主义阶段，第一次世界大战后，帝国主义在东南亚的殖民体系正式形成，除了暹罗在名义上保持独立，其

他东南亚国家均已沦为西方国家的殖民地或保护国。至"二战"前夕，西方国家瓜分东南亚的情况是：英国占有缅甸、马来亚、文莱、沙捞越、沙巴和新加坡；法国占有越南、老挝、柬埔寨；荷兰占有印度尼西亚；葡萄牙占有东帝汶；美国取代西班牙占领菲律宾群岛。在瓜分完东南亚后，西方国家开始对各殖民地进行经济开发，随着西方资本的大规模涌入，东南亚各国除了沦为西方国家的原材料产地和商品倾销市场，自身传统的自然经济模式也在瓦解。城市兴起，工业进步，民族资产阶级和无产阶级也相继产生并发展起来。在政治体制上，东南亚各殖民地、保护国的体制虽各有特点，但一致的是军政大权基本集中在宗主国国王或政府任命并控制下的总督手中，同时保留当地上层贵族、部落首领，作为缓解民族反抗情绪的工具。在很多地方，西方殖民者还任命当地人为地方官员，"因俗而治，分而治之"，实行间接统治。美、英等国还在自己的殖民地实行所谓的"宪政"改革，引入"三权分立"体制、政党制等，各殖民地相继建立了咨议院、法院等机构。客观上说，上述措施对东南亚各国政治和经济的现代化具有一定的促进作用。但是它们的根本出发点仍是维持自身的殖民统治，地方的最高决策权仍然掌握在总督手中。20 世纪初，随着东南亚各殖民地民族资本主义的发展和西方民主政治思想的传入，特别是受到中国辛亥革命的影响，东南亚的民族解放运动高涨，一大批资产阶级民族主义人士和先进知识分子为了民族的独立和解放而奔波，成立了各式政党，希望能从殖民者手中拿回国家主权，虽然都在西方殖民者的镇压下失败了，但是他们的斗争为"二战"后东南亚各国的独立奠定了坚实基础。

二、"二战"时期日本军事占领下的东南亚

1941 年 12 月 8 日，太平洋战争爆发，日军随后击败了东南亚各国的殖民军队，对东南亚实行军事占领。日本对东南亚地区的侵占达 4 年之久。

为了保持对东南亚的殖民统治，日本依据不同情况，对东南亚各占领区与国家实行不同的占领政策与统治方式。第一，对一些战略要地如新加坡、槟榔屿等地实行直接统治，在这些地方驻扎陆、海军，设立宪兵总部，并设置行政、经济和特务等部门，进行严密控制。在马来西亚以及爪哇、苏门答腊等地，除了名义上保留酋长，实际上也是实行直接统治，英属马来联邦与马来属邦被取消，马来亚被分成 8 个州，并分别成立军政府。第二，在菲律宾和缅甸这些对西方殖民者反抗强烈的地区，以准备给予名义上自治或"独立"为条件，扶持亲日政权，这类国家表面上有某种自治权力，实际上毫无实权，只不过是日本监控下的傀儡政权。第三，在法属印度支那联邦与泰国，日本保留了当地原有的政府架构，只设置军事基地，但强迫其与日本建立军事政治同盟关系，实际上日本军事当局在当地拥有至高无上的权力，法属印度支那联邦的总督

府与泰国的銮披汶政府均须听命于日本的调遣，全力支持日本的侵略战争①。

日本法西斯对东南亚实行高压统治，在经济上，大肆掠夺资源，强行霸占各大公司和工厂，控制东南亚的交通、矿产、银行等各主要经济部门，为其侵略战争服务。日本还强征劳工修筑铁路、机场或军事设施，造成大量人口死亡。在文化上，实行同化政策，宣扬"大东亚共荣"的理念，强迫学校教授日语。在社会治安上，一旦发现有反日举动，即予以严厉镇压，对其控制地区的东南亚人民实行严密的监控。在政治上，拉拢一些不明真相的民族主义者，以准许国家独立为条件，利用殖民地部分民族主义人士对西方殖民者的不满情绪，威逼利诱，使他们成立亲日政府，成为日本法西斯的傀儡。日本的残暴统治激起了东南亚人民的激烈反抗，他们纷纷成立抗日武装，英勇抗击日军。1945 年，东南亚各抗日武装配合盟军反攻，击溃了日本军队，8 月 14日日本正式宣布投降，其在东南亚的军事占领结束。

第四节　"二战"后东南亚各国相继独立与国家发展道路的多样化

日本法西斯被击败后，东南亚各国的独立情绪高涨，而英国、法国、荷兰几个殖民国家则卷土重来，试图继续维持在东南亚的殖民统治，甚至不惜通过战争手段维护自己作为宗主国的地位，东南亚也就成为美、苏两个大国角力的战场，他们纷纷扶持自己的政治势力，维护自己的地区霸权。但是东南亚民族的独立趋势已不可阻挡，他们通过不同的斗争方式纷纷获得了独立。进入 20 世纪 60 年代，东南亚的非殖民地化进程已经基本完成，东南亚国家开始进入国家建设和发展的新阶段。在东南亚国家中，不同的国家选择了不同的发展道路，既有选择资本主义道路的，也有选择社会主义道路的，或者先选择社会主义道路然后转向资本主义道路的。在具体的模式上，既有现代化的君主立宪制国家、总统制国家、议会内阁制国家，也有传统的政教合一的伊斯兰教苏丹国，还有军人独裁的国家等。总之，东南亚各国的政治体制仍在不断完善之中，仍在摸索符合自己的发展道路。自 20 世纪 60 年代以来，东南亚各国更加团结，1967 年组成东南亚国家联盟，加强互助合作，抵御外来的霸权主义威胁。20 世纪 90年代之前，东南亚经济飞速发展，特别是新加坡、马来西亚、泰国走在了东南亚经济发展的前列，越南、老挝、柬埔寨、缅甸的政局和社会也逐步恢复稳定，并加大改革力度，经济开始好转。

现今东南亚各国仍在发展和进步之中，一些新的问题和挑战也在出现。回顾东南

---

① 梁志明：《论日本对东南亚的占领及其影响（1941—1945）》，《世界历史》，1995 年第 4 期。

亚各国发展的历史，汲取有关经验教训，对我国的改革发展和我国与东南亚各国保持友好关系都具有重要意义。

复习思考题

一、名词解释

1. 林邑国　2. 十二使君之乱　3. 水真腊　4. 班清文化　5. 爪哇猿人　6. 澜沧王国　7. 破石洞共和国　8. 大帆船贸易　9. 山地王朝　10. 海峡殖民地

二、简答与论述题

1. 简述 17 世纪至 20 世纪 40 年代西方各国在东南亚的殖民统治状况。

2. 论述越南诸封建王朝向南扩张的历程。

3. 论述古代东南亚大陆国家与海岛国家形成和发展的异同。

第二编　东南亚文化史

东南亚民族众多，处在族群迁徙的"十字路口"，与中国、印度、澳大利亚、阿拉伯等地的族群和人种交流都非常密切。从古至今，大量的外来民族在不同的历史时期成规模迁入东南亚，形成了一次又一次的移民浪潮，各种文化在这里交融演变。历史上，东南亚文化的发展打上了印度文化、中国文化、伊斯兰文化、基督教文化等外来文化的深刻印记，多样的外来文化与本土的传统文化或原始文化相融合，经过不断的民族化、在地化演变，形成了今天绚丽多彩的东南亚文化。有学者认为"东南亚文化的本质是宗教文化"①，东南亚文化的历史演变主要经历了原始社会末期的原始宗教文化阶段、早期国家形成和发展时期的"印度化"阶段、13—16世纪东南亚大陆地区的"小乘佛教化"阶段和海岛地区的"伊斯兰教化"阶段、16世纪以来基督教文化等西方文化习俗在东南亚的传播阶段。以主要宗教信仰及相关文化特征为划分标准，当今东南亚大致分为四个文化区，即缅甸、泰国、柬埔寨、老挝四国为小乘佛教文化区；越南和新加坡为儒释道文化区；马来半岛、印度尼西亚群岛、菲律宾群岛南部为伊斯兰文化区；菲律宾群岛北部和东帝汶为基督教文化区。总之，东南亚文化的发展具有多样化和本土化的特点，本章将对东南亚各国文化中的宗教、语言、文字、文学、艺术、建筑、风俗等方面做一个初步的梳理。

第三章　东南亚的宗教

东南亚的宗教是本地传统信仰与外来宗教相互融合的产物，也是东南亚各国之间宗教信仰互相影响与传播的产物，丰富的宗教文化是东南亚多元文化的突出特征。千百年来，印度教、大乘佛教、小乘佛教、儒教、道教、伊斯兰教、天主教、新教等在不同时期不同程度地在该地区传播开来。古代东南亚文化的显著标志就是宗教文化的兴盛与发展，东南亚各国在历史上乃至在当代，宗教文化与本国的政治体制、社会经济、生活习俗、文化艺术、民族关系等都是密不可分、相互交织的，它们的历史与文化深深地烙上了宗教的印记。东南亚宗教文化的发展过程，是在原始宗教的基础上，在不同历史时期吸收不同外来宗教，并最终以外来宗教作为主要宗教信仰的过程。当今世界三大宗教的佛教、伊斯兰教、基督教，分别在东南亚不同的区域占据主流地位。

---

① 段立生：《东南亚宗教论集》前言，曼谷：大通出版社，2002年。

第一节 东南亚宗教的形成与发展

东南亚宗教文化的发展主要经历了三个阶段，即原始宗教阶段、宗教"印度化"阶段与宗教分区定型阶段。

在印度文化和中国文化传入东南亚之前，东南亚的宗教文化并非一片空白。

东南亚的史前居民信仰自己独特的原始宗教，原始宗教是东南亚宗教发展中的初始阶段，这种宗教有五个特征：①泛神灵信仰；②祖先崇拜和崇奉土地神；③在高地建立祭坛；④瓮棺葬和石冢葬；⑤充满着山对海、有翼动物对水生动物、山民与海岸人对立的宇宙二元论的神话①。此外，东南亚原始宗教信仰还普遍存在生殖崇拜，以太阳崇拜为主的自然崇拜等。东南亚的旧石器时代、新石器时代、早期金属时代在宗教信仰上都属于东南亚的原始宗教阶段，该阶段的史前岩画、铜鼓文化、巨石文化都与原始宗教有密切联系。

东南亚宗教发展的第二阶段是在自然宗教的基础上吸收了外来族群的宗教信仰，主要表现为宗教的"印度化"，时间为公元元年前后至13世纪。这一时期，在印度文化的影响下，东南亚一批早期国家开始建立和发展起来，外来宗教在统治阶级的推动下得到传播，并成为统治阶级维护王权、控制普通民众的工具。这一时期在东南亚得到最广泛传播的是印度文化系统的婆罗门教—印度教和佛教，它们都属于多神教。由于婆罗门教—印度教和佛教都是外来宗教，所以排他性不强，于是在信奉印度宗教的地区出现了各种宗教并存的局面，佛教徒、婆罗门教徒、道教徒、土著神灵信众和平相处。7世纪初，真腊国"近都有陵伽钵婆山，上有神祠，每以兵二千人守卫之。城东有神名婆多利，祭用人肉，其王年别杀人，以夜祀祷，亦有守卫者千人，其敬鬼如此。多奉佛法，尤信道士，佛及道士并立像于馆"②，形象地反映了各种宗教信仰并存的景象。同时各种神灵有主次之分，比如真腊"国尚佛、道及天神，天神为大，佛、道次之"③。

由于东南亚的统治阶级首先接受了外来宗教，所以来自印度的宗教又称宫廷宗教，而在印度宗教传入的早期，大量底层民众和偏远的海岛与内陆山区的民众仍以自然崇拜和祖先崇拜为主。此外，中华文化系统内的儒教和道教，加上汉传佛教（大乘佛教的一支）也在今越南北部红河流域得到传播，当地的封建官吏、文人绅士大多信奉儒

---

① 黄宗焕：《试论东南亚宗教的演变》，《南洋问题研究》，1986年第2期。
② （唐）魏徵：《隋书》卷82《真腊传》。
③ （后晋）刘昫：《旧唐书》卷197《真腊传》。

教与道教，汉传佛教与土著信仰结合在一起，成为普通群众的宗教信仰。

东南亚宗教发展的第三阶段是宗教分区化、民族化与大变革时期，时间在 13—17 世纪。从 13 世纪起，伊斯兰教开始在海岛东南亚地区传播开来；14 世纪，印度教与大乘佛教在东南亚不断衰落；到了 15 世纪，伊斯兰教在海岛东南亚国家占据统治地位，马来西亚、印度尼西亚、菲律宾南部诸岛居民相继信奉伊斯兰教，而在中南半岛的缅甸、泰国、柬埔寨和老挝则开始独尊小乘佛教。该时期今越南北部依旧是儒、释、道信仰混合，只不过随着安南诸封建王朝的南扩，南部占婆的疆域被进一步压缩，直至丧失独立地位，从而使这种儒、释、道混合的宗教信仰进一步向今越南南部扩展。16 世纪西方殖民者东来后，菲律宾的北部地区和中部地区，印度尼西亚苏拉威西的西北部和马鲁古群岛的一些小岛开始在西班牙殖民者的影响和推动下信奉天主教，在东南亚开始形成天主教文化圈。至此，17 世纪东南亚已经初步形成了 4 个信仰不同宗教的区域，而小乘佛教信仰与伊斯兰教信仰所占比例较大。该时期东南亚宗教发展的一个显著特点是宗教的民族化趋势加强，宗教与民族之间的联系日益密切，一个民族一般只信奉一个主要宗教，宗教成为维护民族团结与统一的精神纽带。另外，宗教的民族化也导致了不同民族、不同教派之间的冲突，自东南亚各国主流宗教定型以来，主流宗教的信奉者就不断与国内信仰其他不同教派的信徒产生冲突，致使宗教问题与民族问题相互渗透、相互影响，造成民族与不同宗教的矛盾与对立。

17 世纪以后，东南亚各国均已确立各自信奉的主流宗教。但是随着人口的流动和民族的迁徙，各地区信奉的宗教又发生了一些微妙的变化。随着华人大规模迁入南洋，儒、道文化在东南亚一些国家的华人聚居区得到传播。在东南亚的英属殖民地，基督新教也得到一定传播。到了 20 世纪中后期，随着全球化趋势的加强和法制的进步，宗教传播开始出现跨区域化，不同的宗教在东南亚得到合法传播，东南亚地区宗教的世俗化和多元化因为时代的进步也得到一定发展。但是东南亚各国主流宗教的地位和影响力并没有因此而改变，其对国家的政治、社会、文化等依旧产生极大的影响。

第二节　东南亚的印度宗教

东南亚的印度宗教包括婆罗门教、印度教（新婆罗门教）、大乘佛教和小乘佛教。最早传入东南亚的是大乘佛教和婆罗门教，继而印度教与小乘佛教传入。印度宗教在历史上曾对东南亚的宗教发展产生过巨大影响，小乘佛教至今仍在中南半岛大部分地区的宗教信仰中占据主导地位。在印度，从公元元年前后到公元 10 世纪，是印度教和佛教的并存时期，公元初的印度，北部有信奉佛教的贵霜王朝，南部有信奉婆罗门教的安度罗王朝。关于印度宗教传入东南亚的确切记载，是从公元前3世纪孔雀王朝阿育王遣使至金地（下缅甸直通或泰国佛统一带）弘扬佛法开始的。公元初的几个世纪，印度利用西南季风的天然优势和与东南亚毗邻的地缘优势，开通了前往东南亚的航线。而且该时期由于战乱等诸多原因，印度掀起了向东南亚移民的高潮，大批商人、僧侣、祭司移民东南亚，成为印度宗教文化在东南亚的有力传播者。印度人利用商业活动与宗教活动相结合的方式，使印度宗教在东南亚一些国家逐渐被接受。

一、婆罗门教—印度教在东南亚的传播与发展

在原始社会时期，印度最早的信仰是拜物教。公元前2000年，印度出现了多神信仰，即吠陀信仰。到公元前7世纪时，在吠陀多神信仰的基础上形成了婆罗门教。婆罗门教的三大主神——梵天、毗湿奴、湿婆，分别代表创造、保护和毁灭。婆罗门教有三大主张：一是"吠陀天启"，即读《吠陀》经典；二是祭祀万灵，重视祭祀的礼仪；三是婆罗门至上。婆罗门教将人分为婆罗门、刹帝利、吠舍、首陀罗四大种姓。婆罗门教主张因果轮回，要求按"法"行事，实现"梵我一致"。公元前6世纪至公元前5世纪，佛教和耆那教兴起，婆罗门教日趋衰落。4世纪以后，婆罗门教吸收了佛教和耆那教的部分教义以及一些民间信仰，于8—9世纪发展为新婆罗门教（即印度教），其基本教义未变，主要经典还是《吠陀》。印度教在发展过程中又分为毗湿奴教、湿婆教、性力派三大教派。婆罗门教的教义及主张适应了东南亚早期奴隶制国家的发展要求。4世纪以后，婆罗门教在东南亚得到广泛的传播和发展，对缅甸、泰国、柬埔寨、老挝、印度尼西亚等东南亚国家的文化与风俗产生了重要影响。

婆罗门教传入东南亚地区的最早时间至今仍存在较大争议。根据考古资料及相关古籍记载，有学者认为婆罗门教在公元前3世纪已经传入东南亚，它或许与佛教同时传入，或许比佛教稍晚，公元前3世纪至公元前2世纪的一些印度古籍如《佛本生经》《政事论》等也提到了东南亚①。缅甸是最邻近印度的东南亚国家，所以有缅甸学者认为缅甸早期的骠国是婆罗门教最早传入的地方，当时的骠人信奉婆罗门教中的毗湿奴教。经考古工作者测定，骠人最早建立的城邦国家毗湿奴城就存在于1—5世纪。所以一般认为婆罗门教在公元前后由阿萨姆地区传入上缅甸，再由缅甸传入湄公河盆地②。当然这只是陆上的一条传播路线，自公元初开始，印度与东南亚的海上交流日益频繁，婆罗门教通过海路传播似乎更加方便，下缅甸和柬埔寨地区的婆罗门教多由海路传入。1世纪时，柬埔寨境内的扶南国就流行婆罗门教。5世纪初，来自天竺的婆罗门憍陈如

---

① 顾海：《古代印度与锡兰著作中的东南亚——东南亚史料简介之一》，《东南亚》，1985年第3期。
② 黄心川主编：《世界十大宗教》，北京：东方出版社，1988年，第95页。

来到扶南，此时由于扶南王位空缺，诸大臣便推举他为王。憍陈如大力推行印度文化，采用印度历法，并将婆罗门教立为国教。据《梁书》卷54《扶南传》记载："其后憍陈如，本天竺婆罗门也，有神语曰，应王扶南。憍陈如心悦，南至盘盘，扶南人闻之，举国欣戴，迎而立焉。复改制度，用天竺法。"婆罗门教敬奉的天神即梵天，"天神以铜为像，二面者四手，四面者八手，手各有所持，或小儿，或鸟兽，或日月"。在扶南的属国顿逊，也有较多婆罗门，据竺枝《扶南记》载："顿逊国属扶南国，主名昆仑。国有天竺胡五百家，两佛图，天竺婆罗门千余人。顿逊敬奉其道，嫁女与之，故多不去，惟读《天神经》。"① 顿逊人不仅信奉婆罗门教，而且将女子嫁与婆罗门为妻，以至这些婆罗门都定居不去，逐渐本土化。

5世纪以后，婆罗门教从扶南逐渐传播到中南半岛其他地区，并成为一些古王国的主要宗教。东南亚地区信奉婆罗门教的早期国家有扶南、真腊，今越南南部的林邑，泰国地区的林阳、堕罗钵底，马来半岛的盘盘、狼牙修、顿逊等。在海岛东南亚地区，据考证，从1世纪以来，印度商人就在今印度尼西亚境内诸岛传播婆罗门教，他们主要信奉婆罗门教中的湿婆教。5世纪左右，在东加里曼丹出现了信奉湿婆教的古戴王国，在爪哇岛上也出现了几个信奉婆罗门教的小国，如多罗磨、耶婆提、诃陵等国。据《高僧传》卷3《法显传》记载，4—5世纪时，耶婆提（即阇婆、爪哇）"其国外道婆罗门兴盛，佛法不足言"。当时佛教徒将婆罗门教称为"外道"，而婆罗门教在耶婆提等国却很兴盛。

4—11世纪是婆罗门教—印度教在东南亚的鼎盛时期。此时在东南亚的古王国和后来兴起的封建帝国的宫廷中，绝大多数都长期维持着一个数目庞大的婆罗门僧侣集团，他们不仅身份尊贵，而且还掌握很大权力，掌管着诸如国王加冕、王室成员葬礼等重要仪式。这些婆罗门教国家接受并逐步强化印度的王权观念和等级观念，重用婆罗门祭司为其王权服务，并将王权与神权相结合，宣扬自己是湿婆等诸神的化身。在律法上，《摩奴法典》和婆罗门教法规得到国家承认，宗教法规与传统习惯法并用。在社会上，婆罗门也地位尊贵，5—6世纪林邑的大姓尊长称为"婆罗门"，主持男女嫁娶仪式，"女先求男，由贱男而贵女。同姓还相婚姻。使婆罗门引婿见妇，握手相付，咒曰'吉利吉利'为成礼"②。马来半岛上的盘盘国"多有婆罗门，自天竺来，就王乞财物，王甚重之"③，可见婆罗门在盘盘国有一定地位。

8—9世纪改革后的婆罗门教（即印度教）的新思想传入东南亚，进一步充实和完

---

① （宋）李昉：《太平御览》卷788《四夷部九·顿逊国》。
② （唐）李延寿：《南史》卷78《林邑国传》。
③ （唐）杜佑：《通典》卷188《边防四·盘盘国》。

善了东南亚的婆罗门教（往后改称印度教），一大批规模宏大的婆罗门教寺庙相继建立。总之，宗教与政治相结合是婆罗门教国家的一个重要特点，婆罗门教由于得到东南亚国家统治阶级的青睐，在该时期得到巨大的发展。

印度教只能通过上层种姓的移民，即刹帝利或婆罗门来加以传播，通过僧侣插手虚构的神权统治制度来支持王权。因此，印度教无法吸引大众，缺乏群众基础，只能依靠王室的宠爱，因而受制于统治者地位的变化[①]。11 世纪以后，东南亚国家众多统治者改信佛教或伊斯兰教，这限制了印度教的发展，而且佛教和伊斯兰教的一些教义更容易为普通民众所接受，传播也更加广泛。11 世纪末叶以后，婆罗门教在东南亚逐渐衰落，到 14 世纪，印度教在中南半岛为小乘佛教所取代，而在海岛地区，则让位于伊斯兰教。虽然东南亚地区仍有一些印度教徒，但作为一个宗教的影响力已经极为有限，它的一些教义和传统也融入其他主流宗教中。

二、佛教在东南亚的传播与发展

东南亚的印度宗教，影响最大、最深远的还是佛教。公元前 5 世纪，乔达摩·悉达多在印度北部（今尼泊尔）创立了佛教。佛教作为反对婆罗门教主张的新教派，它的观点是人生苦海无边，只有禁欲，四大皆空，才能通过"涅槃"进入极乐世界。佛教宣扬普度众生，主张行善戒恶、戒杀生，强调仁慈、忍耐。释迦牟尼在世时，佛教尚处于早期阶段。释迦牟尼去世后，从公元前 4 世纪中叶开始，佛教演变为部派佛教，主要分为大乘佛教和小乘佛教。大乘佛教主张多种信仰，其内部又分裂为各种教派。7 世纪以后，大乘佛教和婆罗门教相结合，产生了密宗。小乘佛教较接近于早期佛教，虔诚信仰佛祖，自认为是早期佛教的继承者[②]。

公元前 3 世纪，随着孔雀王朝的阿育王皈依佛教，他于公元前 253 年召集佛教上层僧侣在华氏城举行佛教历史上第三次大"结集"，并派出僧侣使团到各地传教，其中就包括缅甸和柬埔寨等地。公元前后，印度半岛南部的师子国（今斯里兰卡）成为印度佛教向东南亚地区传播的中心，这里有释迦牟尼坐化的各种传说，有释迦牟尼涅槃真身、佛牙和舍利子等物[③]。在 5 世纪左右，又在这里形成了小乘佛教。据东晋法显《佛国记》记载，5 世纪时师子国的王城俨然佛都，不仅国王礼佛、供佛，而且普通民众也虔诚信佛，佛教僧侣达五六万人，每月八日、十四日、十五日"铺施高座，道俗四众皆集听法"。王城北面的一座大佛塔高 40 丈，金银装饰，塔旁建造的无畏山寺庙，"有

---

① 马丁：《试论东南亚宗教的特点》，《历史教学（下半月刊）》，1996 年第 3 期。
② 王冬梅：《浅析印度宗教文化对东南亚的影响》，《晋东南师范专科学校学报》，2000 年第 1 期。
③ （明）马欢：《瀛涯胜览》"锡兰国"条；（清）张廷玉等：《明史》卷 326《锡兰山传》。

五千僧，起一佛殿，金银刻镂，悉以众宝，中有一青玉像，高二丈许，通身七宝，炎光威相，严显非言所载，右掌中有一无价宝珠"。"城中又起佛齿精舍，皆七宝作。王净信梵行，城内人信敬之情亦笃"。可见师子国作为佛教传播中心的盛况。不仅如此，师子国的君主还将佛教信仰作为开展邦交的一个纽带，南朝宋元嘉五年（428），师子国国王刹利摩诃南在给宋文帝的表文中说："我先王以来，唯以修德为正，不严而治，奉事三宝，道济天下，欣人为善，庆若在己。欲与天子共弘正法，以度难化，故托四道人遣二白衣送牙台像以为信誓，信还愿垂音告。"①

佛教从今斯里兰卡通过水路传播到缅甸南部、泰国南部、湄公河三角洲及海岛东南亚地区。缅甸境内曾发现大量骠国时期的佛教建筑及其他佛教文物，说明早期佛教与婆罗门教一样流行于缅甸地区。中南半岛南部的孟—高棉人地区，在11世纪以前主要信奉大乘佛教，今越南北部则主要受到中国影响，佛教主要是北传大乘佛教。

在海岛地区，东部的爪哇、东婆罗洲等地虽然也流行佛教，但影响力不及婆罗门教，佛教在该地区最鼎盛的时期是夏连特拉王朝时期。在西部的苏门答腊、马来半岛、西婆罗洲等地，从公元初到伊斯兰教传入之前，一直都盛行佛教。3世纪时，今泰国境内的林阳国"土地奉佛，有数千沙门，持戒六斋，曰鱼肉不得入国。……男女行仁善，皆侍佛"②，可谓"举国事佛"。苏门答腊的室利佛逝国，佛教在该国非常流行，不仅有小乘佛教，也有大乘佛教。5世纪时，苏门答腊岛上的呵罗单国佛教盛行，南朝宋元嘉十年（433），呵罗单国王毗沙跋摩在给宋文帝的表文中对本国信奉佛教的情况做了较为详细的阐述："诸佛世尊，常乐安隐，三达六通，为世间道，是名如来。应供正觉，遗形舍利，造诸塔像，庄严国土，如须弥山。"③ 7世纪时，马来半岛的盘盘国有小乘佛教和大乘佛教，但小乘佛教更盛行，大乘佛教则不受重视。小乘佛教僧人吃肉不饮酒，而大乘佛教徒不食酒肉，所谓"有佛道士祠，僧食肉，不饮酒。道士谓为贪，不食酒肉"④。这里的"道士"实际上是指大乘佛教徒。唐人杜佑在《通典》中也记载了盘盘国"有僧尼寺十所，僧尼读《佛经》，皆肉食而不饮酒。亦有道士寺一所，道士不饮食酒肉，读《阿修罗王经》，其国不甚重之。俗皆呼僧为比丘，呼道士为贪"⑤。唐代高僧义净在其所著《南海寄归内法传》中，说到7世纪南海诸岛国的小乘佛教较多，"咸遵佛法多是小乘，唯末罗游少有大乘耳"。可见小乘佛教在东南亚的传播重心经历了从海岛诸国逐渐向大陆地区转移的过程。

---

① （梁）沈约：《宋书》卷97《师子国传》。
② （宋）李昉：《太平御览》卷787《四夷部八·林阳国》引康泰《扶南土俗》。
③ （梁）沈约：《宋书》卷97《呵罗单国传》。
④ （宋）欧阳修等：《新唐书》卷222下《盘盘传》。
⑤ （唐）杜佑：《通典》卷188《边防四·盘盘国》。

11—15 世纪，小乘佛教文化圈在中南半岛逐渐形成。12 世纪末，孟族僧侣将斯里兰卡的小乘佛教传入缅甸，之后又从缅甸传入湄南河流域。据南宋赵汝适《诸蕃志》卷上记载，蒲甘国（即今缅甸）"其俗奉佛尤谨，僧皆衣黄。地主（指国王）早朝，官僚各持花来献，僧作梵语祝寿，以花戴王首，余花归寺供佛"。13 世纪中期，小乘佛教向北传入泰族地区，向东传到高棉，14 世纪又传入老挝，并先后取代这些国家原来所信奉的印度教、大乘佛教和自然宗教等，成为各国绝大多数居民所信奉的宗教[1]。14—17 世纪，真腊（今柬埔寨）崇尚的佛教就是小乘佛教，不同于大乘佛教禁食荤腥，小乘佛教徒可以吃肉，但是只能吃鱼肉，不能饮酒，"僧皆食鱼肉，或以供佛，惟不饮酒"[2]。

小乘佛教之所以能在东南亚大陆地区广泛传播，包括政治和宗教本身两方面原因。11 世纪以后，东南亚地区今缅甸、泰国、老挝等国家或由分裂、割据的局面走上统一的道路，或从众多的部落、酋邦、早期国家向以某一个民族（如缅族或泰族）为主导的多民族中央集权式封建国家过渡，而信奉印度教和大乘佛教、在 11—12 世纪盛极一时的吴哥王朝在 13 世纪以后则面临危机，转向衰弱[3]。东南亚大陆地区中西部各国需要一个与统一封建国家、确立和巩固封建王权相适应的宗教。另外，在小乘佛教的主导地位确立之前，该地区一直流行大乘佛教和印度教，它们仪式繁多、建筑雄伟，深受统治阶级喜爱，却给普通百姓带来了沉重的负担，所以大乘佛教和印度教在东南亚底层民众中并不是十分受欢迎。相对而言，朴素简约的小乘佛教传入后，则越来越成为普通民众的信仰选择。于是，在以各国国王为首的封建统治者的大力提倡和支持下，小乘佛教便发展成在这些国家占统治地位的宗教。

小乘佛教以巴利三藏为经典，包括律藏、经典藏和论藏。巴利三藏保持了佛教早期教义的面貌。从宗教教义上看，小乘佛教较为严格地遵循了早期佛教的教义，其基本思想和教义联系密切，可以概括为因缘论（十二因缘）、轮回业报、四谛、五蕴、八正道、三法印、四念处。小乘佛教认为佛陀是人类的导师但不是神，崇拜佛牙、佛塔和菩提树，尽可能避免烦琐的修行程序，恪守清规戒律、艰苦的禁欲生活方式，以经受长期艰苦的磨难作为修炼、解脱的途径和方式。虽然小乘佛教有自己的特点，但与大乘佛教、印度教一样，都是以解脱轮回之苦为理想，不同的是解脱的目的与方式。因此，小乘佛教在传播时不仅遇到的阻力较小，而且容易被人接受。15 世纪以后，小

---

① 黄宗焕：《试论东南亚宗教的演变》，《南洋问题研究》，1986 年第 2 期。
② （清）张廷玉等：《明史》卷 324《真腊传》。
③ 贺圣达：《东南亚南传上座部佛教文化圈的形成、发展及其基本特点》，《东南亚南亚研究》，2015 年第 4 期。

乘佛教在除安南以外的中南半岛基本上确立了其在宗教信仰领域的统治地位。

印度宗教文化的传入对东南亚社会的历史发展影响巨大，婆罗门教和佛教作为印度的两个主要宗教，虽然在教义和服务对象上有所不同，但在东南亚的传播和发展过程中都相安无事、和平共处，哪怕在不同时间段、不同国家的地位有所不同或反复，但也没有相互排斥。古代印度宗教文化的传入，推动了东南亚历史的发展，并且与当地土著文化相融合，从而产生了东南亚地区新的民族文化。

第三节　东南亚的伊斯兰教

伊斯兰教是 7 世纪初由穆罕默德在阿拉伯半岛创立的一种一神教，其基本教义是"六信"和"五功"。"六信"为信安拉，信诸天使，信《古兰经》及其之前的诸经典为"天启"经文，信穆罕默德为封印使者及其之前的诸使者，信死后复活和末日审判，信一切皆由安拉前定，但是反对偶像崇拜。"五功"是"念""礼""斋""课""朝"。后来伊斯兰教也分裂为各种教派，除了逊尼派和什叶派这两大主要教派，还有哈瓦利吉派、苏非派等。在逊尼派内，因根据"古兰经""圣训"等制定教法时的见解不同，形成了四大教法学派，即哈乃斐派、沙菲仪派、马立克派和罕百里派。传入东南亚的是沙菲仪学派，并以苏非主义作为传播的手段[1]。

东南亚最早的伊斯兰教在 10 世纪末至 11 世纪初随阿拉伯和印度穆斯林商人传入。一般认为，伊斯兰教在东南亚地区较大规模的传播出现在 13 世纪以后，以苏门答腊岛西部马六甲王国的伊斯兰教化为开端，到 16 世纪海岛东南亚大部分地区都已经伊斯兰教化。据明人巩珍《西洋番国志》所载，爪哇国"其国人有三等，一等西番回回人，因作商贾流落于此，日用饮酒清洁；一等唐人，皆中国广东及福建漳、泉州下海者，逃居于此，日用食物亦洁净。皆投回回教门"[2]。"回回教"即伊斯兰教，可见 15 世纪爪哇岛上外来的回族人都皈依了伊斯兰教。16 世纪时，中国明朝人严从简对从西亚经东南亚传入中国沿海地区的伊斯兰教已经有较为准确的认识，他在《殊域周咨录》中说：人尤重杀，非同类杀者不食。不食豕肉，每岁斋戒一月，沐浴更衣。居必异常处，每日西向拜天。国人尊信其教，虽适殊域，传子孙累世不敢易……按回回祖国，史正纲以为大食，《一统志》以为默德那。据其教崇奉礼拜寺，四夷惟天方国有其寺，或实天方也。[3] 17 世纪时，西洋海路沿线成为伊斯兰教的重要传播区，据顾祖禹《天下郡

---

① 黄宗焕：《试论东南亚宗教的演变》，《南洋问题研究》，1986 年第 2 期。
② （明）巩珍著，向达校注：《西洋番国志》之《诸番国名·爪哇国》。
③ （明）严从简撰，余思黎点校：《殊域周咨录》卷 11《默德那》。

国利病书·广东下》所载:"日南徼外,占城以至西域默德那国,其教专以事天为本,而无像设。其经有三十藏,凡三千六百余卷。其书体旁行,有篆、草、楷三法,今西洋诸国皆用之……重杀,非同类杀者不食,不食豕肉,谓之回回色目教门。"

马来群岛第一个伊斯兰教王国是巴赛王国。马六甲第二代国王伊斯坎达沙羡慕侨居马六甲的巴赛穆斯林商人的财富与权势,倾向伊斯兰教,与巴赛苏丹公主结婚,并信奉伊斯兰教。由于马六甲为东西国际贸易的重要港口,马六甲王国很快取代巴赛成为东南亚传播伊斯兰教的根据地。随着马六甲王国发展为帝国,宗教也跟着政治的扩张步伐而传播开来。半岛上的彭亨、丁加奴、吉兰丹、吉打和苏门答腊的罗康、坎帕尔、英德拉基里、锡阿克等小土邦都陆续接受了伊斯兰教信仰。马六甲还是向帝国疆域以外传播伊斯兰教的基地。文莱通过与马六甲的贸易,接受了伊斯兰教,据《明史》记载,文莱"其地负山面海,崇释教,恶杀喜施,禁食豕肉,犯者罪死……有礼拜寺,每祭用牺"[1]。这里"禁食豕肉,犯者罪死"的规定,是典型的伊斯兰教戒律。此外,马六甲的传教士还把伊斯兰教传入苏禄和棉兰老岛。进入15世纪,信奉印度教的满者伯夷帝国开始衰落。帝国的地方长官和属国为了摆脱满者伯夷的统治,争取独立的地位,便陆续接受伊斯兰教,以它作为思想武器,展开反对信奉印度教和佛教的中央政权的斗争,进一步促进了伊斯兰教在海岛东南亚地区的传播。1518年,爪哇岛上信奉伊斯兰教的淡目王国灭掉满者伯夷,随后新兴的伊斯兰教王国陆续以武力征服爪哇内陆的印度教王国,用战争的方式加速了伊斯兰教在爪哇岛上的传播,仅有巴厘岛保持住原来的印度教信仰。16世纪中叶,由于爪哇淡目王国的影响,伊斯兰教传入加里曼丹岛,使伊斯兰教遍及海岛东南亚地区各主要岛屿。此外,伊斯兰教在东南亚大陆的缅甸若开地区、越南中南部的占婆地区也得到传播,但由于受到信奉佛教或其他宗教的世俗政权的强烈抵制,未能扩散开来。在海岛地区,随着时代的发展,伊斯兰教逐步与当地文化融为一体,并对东南亚伊斯兰国家的政治、经济、教育、道德规范、习俗等产生了重要影响。

第四节 东南亚的中国宗教

东南亚6亿多人口中,约有1.5亿人口信奉儒、释、道文化,主要包括越南的越族、新加坡的汉族及各国的华侨华人。人们一般把儒学、汉传佛教、道教称为儒释道,在其发展过程中常常会形成"三教合一"的模式,甚至与祖先崇拜相结合,是典型的中国宗教文化。在古代,中国儒学和道教所形成的庞大的宗教体系和官僚制度过于复

---

① (清)张廷玉等:《明史》卷323《婆罗传》。按,婆罗即文莱。

杂,远非早期东南亚各民族所能采用。东南亚地区只有越南比较系统、全面地接受了中国的儒学、道教和汉传佛教。

一、儒学在东南亚的传播

儒学是以夏商周的五教和祭礼为本源,祖述尧舜,宪章文武,以天子为代表神权治理世俗社会的首领,以孔子为先师,以《诗》《书》《礼》《易》《春秋》中的神道设教。越南人习惯把儒家学说称为"儒教"或"孔教",但儒家学说到底是不是宗教至今还有很大争论。中国的儒学很早就传到了今越南境内。西汉武帝时,确立了儒学独尊的地位,处于中国封建统治下的今越南北部自然受到儒学的影响。汉末三国时期是儒学传入越南北部的重要时期,由于北方连年战乱,大批儒士逃到岭南,其中不乏刘熙、许靖、虞翻等名士,他们促进了两广地区及越南北部儒学的繁荣。隋唐时期,科举制的推行对儒学在今越南北部的传播起到了极大的推动作用,因为科举考试的主要内容就是以儒家经典为基础,儒学开始渗入越族社会的各个阶层,从而确立了越南封建文明的基本形态,直到法国殖民统治时期,儒学在越南的地位才逐渐被动摇。

二、汉传佛教在东南亚的传播

佛教在东汉时期传入中国,之后逐步与中国文化相融合,形成了中国化的佛教。汉传佛教从 2 世纪末传入今越南境内,越南北部的宗教信仰主要受到来自中国的北传大乘佛教的影响。6 世纪时,中国佛教的重要流派禅宗开始传入交州。7 世纪,六祖慧能在广东韶州宝林寺(今南华禅寺)创立禅宗南派。9 世纪初,传自慧能一系的中国高僧无言通南下安南,创立"无言通禅宗派"。这些宗派促进了越南佛教的繁荣和发展,而且在今越南北部独立建国后对其政治、经济、文化产生了重要影响。在安南前黎朝、李朝和陈朝时期,佛教是维护封建统治的重要支柱。19 世纪至 20 世纪中叶,大量的华人下南洋,移民到新加坡、马来西亚,使当地的宗教信徒成分又发生了变化,信仰北传大乘佛教的信徒大增。

三、道教在东南亚的传播

道教发源于中国,创立于 2 世纪中叶。道教以"道"作为最高信仰。在中国古代鬼神崇拜观念的基础上,以黄、老道家思想为理论根据,承袭战国以来的神仙方术衍化而成。道教创立后不久,就通过移居交州的士人和在当地任职的官吏传入今越南境内,并在当地官吏的推动下得到传播。传入今越南北部的道教,首先是符箓派道教,其特点是宣扬鬼神崇拜、画符念咒等。因与当地人的原始信仰和习俗相同,所以迅速在越南北部传播开来。东晋南北朝时期，道教逐渐被上层社会接纳。隋唐时期，由于唐朝李氏将自己家族与道教创始人李聃（老子）联系在一起，所以道教备受朝廷推崇，自然也推动了道教在安南的传播和发展。道教在安南的本土化和兴盛期是在10世纪今越南北部独立之后，特别是在李朝和陈朝时期备受推崇，与儒学、佛教并尊。此后安南道教还根据自身需求，杂糅多种信仰，形成了以道教为基础的母道教和高台教，并影响至今。

儒学、佛教、道教在今越南境内相互吸收，联系密切。18世纪，安南兴起了佛、道、儒"三教合一运动"。总之，中国的儒学、佛教、道教文化对越南长期保持了影响力。但是，它们在东南亚的影响力主要集中在越南和其他地方的一些华人聚居区，相对于小乘佛教和伊斯兰教而言，它们在东南亚的影响范围较为有限。

第五节　东南亚的基督教

基督教会宣称基督教是由耶稣及其门徒在巴勒斯坦创立的。基督教的经典是《圣经》，由《旧约》和《新约》两部分构成，最基本教义是创世说、原罪说和赎罪说。基督教后来分成许多流派，最主要的三个教派是天主教、新教、东正教。其中传入东南亚的主要教派是天主教。今天东南亚主要信奉天主教的国家是菲律宾和东帝汶。

在西方殖民者到来之前，菲律宾人的宗教信仰还处于较为早期的阶段。16—17世纪，西班牙通过武力征服菲律宾北部后，兴建教堂，并利用传教士进行传教活动，使菲律宾居民迅速信奉天主教，弱化他们的反抗意识。天主教会在菲律宾得到西班牙殖民当局的大力扶持，成为其殖民统治的重要支柱。而天主教的"博爱"教义，简单的宗教仪式，也容易为普通民众所接受。可见在西班牙征服菲律宾的过程中，十字架比枪炮起到了更大的作用。经过几百年的发展，菲律宾已经成为一个80%以上居民都信仰天主教的国家。

葡萄牙人不仅在葡属帝汶岛传教，而且在其到达并停留的其他地方也开启传教活动，比如16—17世纪的澳门，"居民几乎全是葡萄牙人，另有混血的基督教徒和当地人……该地有装饰华丽的寺院与教堂，公开进行礼拜圣事。有一位主教，称为中国主教，是由我王国派遣的，对该地区及日本有广泛的传教权，常驻该地"[①]。1585年葡萄牙统治者将澳门提升为市，称为"上帝圣名之城"，"这里是使徒圣托梅沿海路从印度进入中国的大门，福音书也是在这时由耶稣教士们经这里带到这些王国及日本和交趾

---

① 王元林主编：《广东海上丝绸之路史料汇编（明代卷）》，广州：广东经济出版社，2017年，第321页。

支那的"①。

除了菲律宾，16 世纪以后，由于东南亚各国几乎都沦为了西方国家的殖民地或保护国，基督教在英国、荷兰等殖民统治者的推动下，在东南亚其他国家也得到了迅速传播。16 世纪，中国明朝人李日华通过与意大利人利玛窦的交往，得以了解天主教的一般情况，而利玛窦正是通过东南亚从海路来到广东。李日华在《紫桃轩杂缀》中记载道："大西国，在中国西六万里而遥，其地名欧海。国列三主：一理教化，一掌会计，一专听断。人皆畏听断者，而教化、会计独其尊等耳……国中圣人皆秉教于天主。天主者，以为最初生人生物之主也，立庙共祠之。其言天地万物之理，与中国异，谓天有三十二层，地四面悬空，皆可着人。"② 19 世纪天主教传入越南境内，称为"爷苏教"（即耶稣教），但被阮朝政府视为异端而遭到严禁。

今天，几乎所有东南亚国家都有天主教教徒，天主教已经成为东南亚地区继佛教和伊斯兰教之后的第三大宗教。

---

① 王元林主编：《广东海上丝绸之路史料汇编（明代卷）》，广州：广东经济出版社，2017 年，第 326 页。
② （明）李日华：《紫桃轩杂缀》卷 1《大西国》。

第四章　东南亚的语言与文字

　　语言和文字是文化的重要载体，语言是人类交流的工具，文字则是记录语言的符号。文化的接触与选择又不断产生新的语言和文字。

　　东南亚的语言主要分为三大类，即南岛语系、南亚语系和汉藏语系。南岛语系又称马来—波利尼西亚语系，有马来语、印度尼西亚语、菲律宾语。菲律宾的主要民族语言是他加禄语，这种语言与马来语相近，是"表亲"语言；印度尼西亚语是在马来语的基础上发展起来的，与马来语也很相近；文莱人主要讲马来语。南亚语系又称孟—高棉语系。柬埔寨语属于此语系，讲此语言的主要是柬埔寨的主体民族高棉族，还有孟族、佤族等。越南语的系属未定，有中国学者从越南语的底层进行研究，发现越南语与佤族语言同源，由此推断越南语属于南亚语系。

　　汉藏语系藏缅语族主要分布在缅甸、老挝和泰国，讲此语系语言的主要是缅族、泰族、老族和越南的岱依族、侬族。缅族是缅甸的主体民族，在泰国也有 15 万人。汉藏语系苗瑶语族则分布于中南半岛北部，从越南到老挝、泰国，缅甸也有几千苗族人。此外，操与广西壮族语言相近的壮傣语各民族在东南亚分布广泛，他们是泰国、老挝的主体民族①。16 世纪以后，西方殖民者东来，葡萄牙语、西班牙语、英语、法语、荷兰语不断传入，对今天东南亚各国的语言产生了巨大的影响。

　　在文字上，早期东南亚地区没有独立产生自己的成熟文字，东南亚各国的文字都是沿用外来文字或在外来文字的基础上改造发展而来。历史上东南亚的文字主要受到印度字母系统、汉字系统和阿拉伯字母系统三大文字系统的影响，其中印度字母传入早，影响范围广，扶南、占婆、古戴、蒲甘等东南亚古国都是使用由印度传入的梵文或者巴利文，或者在梵文、巴利文的基础上改造成本国文字。梵文是古印度最重要的文字，在古代东南亚信奉婆罗门教和佛教的国家广泛使用，婆罗门教和佛教的经典几乎都是使用梵文书写的。巴利文是古代斯里兰卡僧侣在印度梵文婆罗米字母的基础上创制的，主要用于对小乘佛教经典的注疏，所以巴利文在东南亚信奉小乘佛教的国家

---

　　① 杨然：《东南亚语言纵横谈》，《广西日报》2004 年 1 月 15 日，第 6 版。

比较流行。汉字主要在越南北部地区得到长时间推行和使用。阿拉伯字母则是13世纪海岛东南亚地区趋于伊斯兰化时被广泛使用。

16世纪以后，东南亚长期受到西方国家的殖民统治和西方文化的影响，今天东南亚的文字已经趋于拉丁化，使用拉丁字母的国家包括：使用马来语的印度尼西亚、马来西亚、文莱；以英语为主的新加坡和使用菲律宾语（他加禄语）的菲律宾，以及使用越南语的越南。

第一节　越南的语言与文字

今越南以越语为官方语言，越语又称京语。现代越语用拉丁字母拼写，被称为"国语字"。1945年越南民主共和国成立后，国语字获得国家法定文字的地位。

越语的特点是音标和声调比较多，而且许多音标之间区别很小，稍微发音不准，就会变成另一个音标。越语政治文化词汇中的汉语借词很多。由于长期受中国文化的影响，越语中有大量的汉语借词，此外，越语的科技词汇主要借自法语，现代高科技词汇则主要借自英语。越语在语言谱系中的归属至今仍没有定论，有学者认为它属于南亚语系，也有学者认为它属于一种混合语言。

从古至今，越南曾先后使用过三种文字：汉字、喃字和国语字。历史上越南最初无文字，只有口头语言，汉字在公元前3世纪传入今越南境内后，才作为越族人的书面文字存在。自公元前214年至968年大瞿越建立，今越南北部一直处于中国的封建统治之下，因此，古代越南人多使用汉字文言文来书写文章，记录历史和社会文化。历代越南北部的封建王朝都把汉语、汉字作为国家的正式语言和文字，而越语则作为日常口语。随着越南人民族意识的逐渐增强，口语与书面语、本族语与外来语两种矛盾的激化，越南人力图消除语言与文字不一致的矛盾，开始创制本民族的文字——喃字。喃字是以汉字为基础，利用汉字的构造原则创制，是一种将书面语与口语结合起来的文字。13世纪时，喃字趋于系统化，开始用于文学创作。在17世纪以前，越南人使用汉语文言和越语两种语言，以及汉字和喃字两种书面文字，但汉字一般用于正式场合，喃字则流行于民间的文艺创作。越南历史上虽然曾经出现过以喃字取代汉字的努力，但不过是昙花一现。

在越南南部，历史上林邑国因为受到印度文化的影响，5—6世纪曾使用印度梵文，故《北史》卷95《林邑列传》记载林邑"文字同于天竺"。

从16世纪末开始，来到今越南境内的欧洲传教士逐渐增多，由于汉字和喃字的书写和识读都非常困难，给欧洲传教士造成了巨大的语言障碍，于是他们借助拉丁字母体系创制出一套越语记音符号系统。17 世纪上半叶，越南国语拼音文字诞生。但是直到 19 世纪中叶，国语字仍只是用于传教士和他们出版的宗教书籍中。1862 年，法国殖民者入侵越南，19 世纪 80 年代，法国控制了整个越南，法国殖民者规定政府需要以法文办公，并在 1919 年废除科举考试，法国殖民统治者和阮朝政权完全废除了旧的儒学学习和科考制度，改用法—越学制，学习和考试都使用法文和国语字。

1945 年越南民主共和国成立后，采取一系列的行动和措施来确立越语和国语字作为官方正式语言的地位。1980 年 2 月越南政府第 53 号令中明确规定，普通话和普通字（越南政府把越语和国语字称为普通话和普通字）是越南民族共同体的通用语言，是全国各民族和地区间不可缺少的交际工具。每个越南人都有学习使用普通话、普通字的义务和权利。学校使用越语作为教学语言，并把这一主张于 1991 年正式写入《小学教育普及法》①。

第二节　柬埔寨的语言与文字

柬埔寨的国语是高棉语，属于南亚语系孟—高棉语族。现代高棉语是在古高棉语的基础上发展而来的，而古高棉语又是在印度文明传播到柬埔寨后才产生的。高棉语中有梵语、巴利语和法语借词。在柬埔寨的城市中，法语仍经常使用。柬埔寨语的拼音由辅音和元音组成，辅音又细分成高辅音、低辅音、重叠辅音和阻声辅音；元音又可以分成高元音、低元音、复合元音和独立元音，词语基本一词一意。

高棉语文字的字母来自南印度的梵文和巴利文。早期的扶南国和真腊国主要使用梵文。在吴哥王朝早期，柬埔寨地区主要流行梵文。13 世纪时柬埔寨的语言究竟如何，元人周达观在《真腊风土记》中留下了宝贵的资料，他说："国中语言自成音声，虽近而占城、暹人皆不通话说。如以一为梅、二为别、三为卑、四为般、五为孛监、六为孛监梅、七为孛监别、八为孛监卑、九为孛监般、十为荅呼。父为巴驼，叔伯亦呼为巴驼。呼母为米，姑姨婶姆以至邻人之尊年者亦呼为米。呼兄为邦，姊亦呼为邦。呼弟为补温，呼舅为吃赖，姑夫亦呼为孛赖。大抵多以下字在上，如言此人乃张三之弟，则曰补温张三，彼人乃李四之舅，则曰吃赖李四。又如呼中国为备世，呼官人为巴丁，呼秀才为班诘。"而且官府、文人、僧道、平民在语言的使用上也不相同，反映出语言的复杂性。《明史》关于真腊语言的记载与《真腊风土记》所载相似，比如"其地谓儒为班诘，僧为苎姑，道为八思"②，将秀才、儒生称为"班诘"，他们通过科举考试

---

① 唐庆华：《越南历代语言政策的嬗变》，《东南亚纵横》，2009 年第 12 期。

② （清）张廷玉等：《明史》卷 324《真腊传》。

入仕做官。

15 世纪迁都金边后，柬埔寨大多数人改信小乘佛教，巴利语的地位逐渐提高，高棉文也得到广泛应用。到了 16 世纪，柬埔寨语言产生了永久性的变化，高棉语和高棉文成为柬埔寨最主要的语言和文字。19 世纪中后期，柬埔寨沦为法国的保护国，法语成为官方语言，高棉语被排斥，学校不再教授高棉语。柬埔寨独立后，高棉语重新成为官方语言，并被写入宪法。这一时期，为解决高棉语中缺乏现代政治、历史、经济、科技词汇的问题，一方面从巴利语中大量借用词汇，另一方面从法语和英语中借词，创制了许多现代高棉语词汇，并编写了《高棉语大辞典》。如今高棉语、英语、法语同为柬埔寨官方语言。

第三节　缅甸的语言与文字

缅甸文是在孟文和骠文的基础上创制的。孟文是东南亚早期国家阶段活跃在中南半岛南部的孟族人吸取婆罗米字母创制的文字，共有 35 个字母，在缅甸南部的许多地方和泰国南部的佛统等地，都发现了公元 1 世纪前的孟文碑铭。12 世纪后，孟文仍为缅甸南部的孟族居民使用。骠文是古代骠国居民在婆罗米字母的基础上创制的文字，最早的骠文产生于 4 世纪，多用作瓮铭和碑铭文字，12 世纪后，骠文逐渐不再使用。

现今缅甸的官方语言为缅甸语，属汉藏语系藏缅语族。缅文是一种拼音文字，由 33 个辅音字母、11 个辅音符号、69 个元音符号、12 个特殊字母和一批叠字组成[①]。辅音字母是基字，与元音拼合后，组成音节。缅文是 11 世纪时以孟文字母为基础创制而成的，而孟文是由巴利文演变而来的。11 世纪蒲甘王朝时期，孟族文化在蒲甘宫廷中拥有最高的地位，巴利语成为蒲甘的宗教语言，缅语开始被广泛应用于文学创作中。1886 年，缅甸沦为英国殖民地，英语作为一种强势语言涌进缅甸，对缅甸传统的语言文字造成一定冲击，但也带来了一些新特点。

1948 年，缅甸联邦摆脱了英国的殖民统治，获得民族独立，新宪法规定缅甸语为缅甸联邦的通用语。但目前在公务和商业活动中，英语仍经常使用。

第四节　老挝的语言与文字

老挝语是老挝的官方语言，老挝有三大族系，其中老龙族是老挝的主体民族，属于汉藏语系泰老语族，老挝语即老龙族的语言。此外，老听族属于孟—高棉语族，老

---

① 古小松主编：《东南亚文化》，北京：中国社会科学出版社，2015 年，第 172 页。

松族属于苗瑶语族。虽然作为老挝主体民族的老龙族只占老挝总人口的60%多，但操老挝语的人却占总人口的80%左右，现已基本普及全境。老挝语与泰语大同小异，与西双版纳傣族语约有70%的词汇相同。老挝语共有32个基本辅音、29个元音。老挝原有的词汇多为单音节词，后来随着外来文化的不断进入，双音节词和多音节词逐渐增多，并产生了很多组合词和外来借词。

老挝文是当今老挝唯一的民族文字，老挝文字的形成与发展受到多种文字的影响。公元初源于巴利文和梵文，后来老挝文字又受到孟族、缅甸、高棉文字的影响，得到一定发展。14世纪，法昂统一老挝，并从柬埔寨引进小乘佛教。老挝开始同时使用高棉文字和老族文字，不同的是高棉文字一般用于宗教，老族文字用于世俗。16世纪，老族文字的字形从原来的长方形演变成圆形，以老族文字为主体的老挝文字进入迅速发展时期。1893年，老挝沦为法国的殖民地，老挝人被强迫学习法语。20世纪50年代以后，老挝文字向民族化、大众化、进步化和科学化方向发展。1967年《老挝语语法》一书问世，该书对老挝的语言、文字作了详尽的阐述和总结。1975年12月2日老挝第一届全国人民代表大会作出决议，将老龙族语言和改革后的老龙族文字定为老挝的普通话和官方文字[①]。

第五节　泰国的语言与文字

泰语是泰国的官方语言，属汉藏语系壮侗语族。泰语分为大泰方言、兰那方言、暹罗方言三大方言，以暹罗方言为标准泰语。现代泰文有辅音字母42个，元音字母32个，基本词汇以单音节词居多，不同的声调有区分词汇和语法的作用。泰文自左向右书写，一般不使用标点符号，大部分字母带有小圆圈，被称为"蝌蚪文"。

泰语是一种复杂的、多元化的语言混合体，泰语中有许多汉语、梵语、巴利语、高棉语、缅甸语、英语等的借词。泰语首先源于梵语和巴利语，当今泰语大部分政治、哲学、宗教、艺术、心理及抽象用语等词汇来自梵语及巴利语，它们是早期东南亚"印度化"时期随着婆罗门教及佛教的传播而从印度传过来的。13世纪素可泰王朝时期，兰甘亨王以古高棉文和孟文为基础创制了泰文。虽然近代泰国是东南亚唯一一个名义上保持独立的国家，但也主动吸收了大量先进的西方文化，使英语在泰国得到了一定程度的运用和传播。当今泰语中的现代科技词汇几乎全部照搬英语。泰语广泛地吸收外来词汇，极大地丰富了泰语的表达内容。

---

① 陆蕴联：《浅析老挝文字的历史渊源》，《东南亚纵横》，2007年第3期。

第六节　马来西亚的语言与文字

马来西亚的国语是马来语，马来语属于南岛语系，广义上与印度尼西亚语是同一种语言。马来语自古以来就是印度尼西亚群岛的马来族各部落的通用语言，有约两千年的历史。如今马来语是马来西亚和文莱的官方语言，也是新加坡的官方语言之一。现代标准马来语被称为马来西亚语，它在部分基本词汇、部分语音和某些形态与句法特征方面跟印度尼西亚语有所区别。马来语有 6 个单元音，3 个双元音，24 个辅音（其中 6 个是外来语的辅音），基本语序与汉语一样，为主谓宾结构，还有许多借自梵语、阿拉伯语、汉语、英语的词汇。马来语是马来半岛的主要语言，各地的原住民或少数民族也有他们各自的语言，但他们的语言基本上与马来语为同一个语系语种。1967 年，马来西亚联邦议会通过了《国家语言法令》，马来语被正式宣布为马来西亚官方语言。英语在知识分子和政府机构中也经常使用，被视为马来西亚的第二语言。

最早的马来文使用的是印度字母，7 世纪时，位于马来半岛的盘盘国和狼牙修国"皆学婆罗门书"[1]。14—15 世纪，由于多数马来人信奉伊斯兰教，所以他们使用一种叫作"爪威文"的改良式阿拉伯字母书写系统。19 世纪末，英国殖民者制订了马来文的拉丁化方案，把马来文的阿拉伯字母改成了拉丁字母；1904 年以后，在马来亚推行用拉丁字母书写的现代马来语。马来西亚的官方文字是拉丁化的马来文（也叫卢米文），但过去的使用阿拉伯字母的"爪威文"仍可继续使用。

第七节　印度尼西亚的语言与文字

印度尼西亚的国语是印度尼西亚语，它是以廖内方言为基础的一种马来语，属于南岛语系。因此，印度尼西亚语与马来语只是在书写系统的拼音和语汇上有一些差异。

印度尼西亚最早的本土文字是东爪哇地区的卡威爪哇文。卡威爪哇文是古代爪哇居民在南印度婆罗米字母的基础上创制的文字，最早见于东爪哇出土的帝须那石刻，7 世纪以前就已经流行。在此后几个世纪中，卡威爪哇文在爪哇岛得到广泛使用，但自 13 世纪伊斯兰教在印度尼西亚群岛广泛传播后，爪哇文采用了阿拉伯字母，卡威爪哇文逐渐消失。

16 世纪，荷兰人占领印度尼西亚。19 世纪中叶，荷兰殖民者出于维护殖民统治的需要，开始用荷兰式拉丁字母记录马来语。由于拉丁字母具有简便、适用的特点，印

---

① （后晋）刘昫：《旧唐书》卷 197《盘盘国传》。

度尼西亚境内的马来语在 20 世纪初就基本上完成了拉丁化，原来的阿拉伯字母书写系统逐渐被废弃①。印度尼西亚的文字目前也使用拉丁字母。印度尼西亚于 1945 年从荷兰手中宣布独立以后，原先所使用的马来语被改称印度尼西亚语，以印度尼西亚语作为官方语言，印度尼西亚文作为官方文字。为了能与马来语书面文字统一，1972 年印度尼西亚政府推出以马来文拼写系统为标准的精确拼音，使得现在印度尼西亚语跟马来语的拼写非常接近。

第八节　菲律宾的语言与文字

菲律宾的官方语言是他加禄语和英语。他加禄语也被称为菲律宾语，与马来语相近，同属南岛语系。他加禄语包括 5 个元音，15 个辅音，基本词序是谓—主—宾。现今菲律宾使用的文字为拉丁字母拼音文字。

他加禄语的字母最早源于印度字母，当伊斯兰教传入菲律宾南部后，阿拉伯语开始在菲律宾流行。1565 年，西班牙统治菲律宾，西班牙语成为菲律宾的官方语言。但西班牙殖民政府没有过多干涉菲律宾的民族语言，使之得以稳步发展。1898 年，菲律宾被美国占领，美国在菲律宾大力推广英语，使菲律宾至今仍是亚洲使用英语人数最多的国家。"二战"后，民族主义在菲律宾兴起，政策制定者试图用自己的民族语言（他加禄语）代替宗主国语言（英语）。菲律宾政府正式将他加禄语更名为"菲律宾语"，并大力推广。由于暂时摆脱不了英语的影响，所以，1974 年菲律宾暂行"英菲并重"的双语教育政策②。1986 年阿基诺夫人上台后，大力提高他加禄语的地位，并确立了他加禄语作为菲律宾国语的地位。

---

① 钱伟：《东南亚国家文字的拉丁化改革》，《东南亚南亚研究》，2016 年第 1 期。
② 郭卫东、刘敏：《菲律宾不同时期语言政策及其造成的影响》，《新疆社会科学》，2016 年第 6 期。

第五章　东南亚文学的发展[①]

东南亚文学是东方文学的重要组成部分，是东方文学中独具特色的一部分。它的独特性源自其文化的多元性和多样性。东南亚古代深受印度文化和中国文化的影响，13世纪后伊斯兰文化在海岛地区迅速传播，16世纪西方天主教文化开始影响东南亚小部分地区。19世纪以后，伴随西方殖民者对东南亚各国的殖民侵略，西方近代文化和基督教的影响波及并深入东南亚各地，且强烈冲击着东南亚传统文化。各种文化在东南亚交汇融合，使东南亚文学在这样一个复杂、多元的文化氛围中产生和发展。东南亚文学主要经历了孕育期、成型期、近代转型期、现代发展期四个发展阶段。

第一节　东南亚文学的孕育期

东南亚文学的孕育期为3—13世纪，该时期东南亚文学从具象思维到理性思维，从审美意识的萌发到口头文学创作，从口耳相传到成文写作，书面文学初露端倪。

在东南亚早期文明阶段，神话、民歌民谣、史诗是相对发达的文学样式，口头流传性是其特点。神话是人类征服自然的能力还很低下时的时代产物，它既是原始的文学创作，又是神灵崇拜等原始宗教的反映。在东南亚地区流传的创世神话、人类起源神话、关于自然现象和文化现象的神话等，都充满神秘的象征和幻想的支配力量。比如由动物、植物图腾崇拜演变成人类起源的神话在东南亚各国十分普遍，这与东南亚地区的自然地理特点密切相关。

民歌民谣的产生与生产劳动密切相关。在从事集体生产劳动中，为了协调动作、统一步伐，自然地发出具有节奏感的劳动号子。而在劳动过程中，人的主体创造力得到了实现，外化在劳动对象上，就产生了创作的喜悦，审美感知由此产生。如越南的劳动歌谣、缅甸的插秧曲、柬埔寨的采桑歌等，无一不是"劳者歌其事"，是劳动者在生产劳动中情感的自然流露。在海岛东南亚地区，一些表达各民族喜怒哀乐之情或爱

[①]　本章主要参考尹湘玲主编：《东南亚文学史概论》，广州：世界图书出版广东有限公司，2011年。

情的民歌也多与劳动及劳动环境交织在一起。

碑铭文学被称为书面文学的基石。东南亚一些国家早期出现的碑铭内容多是关于王朝的记载和佛事功德的记录。从文体上看，印度尼西亚和缅甸的碑铭多为纪事散文，而柬埔寨的碑铭多为韵律严谨的古诗歌体，都具有浓郁的民族特色。碑铭的文学价值和历史价值同样重要。如缅甸蒲甘王朝碑铭中最具代表性的一方《妙齐提碑》（刻于1112 年），全文用词洗练，笔调流畅，对话简洁朴实，叙事、抒情兼而有之，被认为是缅甸最古老的短篇小说的雏形。越南书面文学的滥觞是汉语文学，早期诗文中充盈着禅宗的思想和哲理。在东南亚用当地民族语言创作的书面文学，最早见于古爪哇语的"格卡温"作品，它直接源自对印度两大史诗《摩诃婆罗多》《罗摩衍那》的移植和模仿，反映出印度宗教和文学对当地文学的深远影响。

第二节　东南亚文学的成型期

东南亚文学的成型期为 13 世纪前后至 19 世纪中叶，该时期东南亚的文学意识从自发走向自觉，在对先进文化和文学的认同、吸收、创造中形成严整的民族性艺术规范体系和文学传统。

东南亚古代文化的特点十分突出，即传统的农业生产方式、封建专制制度和与之相适应的宗教意识形态相结合，构成君权与神权的高度统一。在文学上的体现就是形成了在封建统治时期一直占主导地位的宗教文学和宫廷文学。

佛教与文学之间具有天然的亲缘性，佛教以其丰富深厚的蕴涵为文学作品提供了创作源泉，文学又为弘扬佛法服务。在小乘佛教占主导地位的缅甸、泰国、柬埔寨、老挝的古代文学中，佛教文学和宫廷文学属于正统文学，是以佛教教义来统一人们的思想观念，以佛教戒律来约束人们的言行举止，佛教也是统治者进行道德传播的媒介和工具。佛教文学说到底是为封建统治政权服务的。佛教经典尤其是《佛本生经》是作家们取之不尽的创作素材。这些佛经故事在进入各国文学作品时都经过选材和艺术加工，文学体裁上经过艰苦的再创作，将原来的散文体佛经故事创作成具有民族特色的长诗、诗体小说、戏剧等；内容上经过民族化，使主题得以深化和升华。

在伊斯兰教占据宗教信仰领域主导地位的海岛地区，见诸记载的马来亚古典文学是在伊斯兰文化传入之后开始发展起来的。马来王朝建立后，即用伊斯兰教的意识形态作为巩固政教合一王朝统治的基础。马来亚伊斯兰教经典文学就是以《古兰经》等经典为指导和基础，结合马来王朝的特点和需要而形成的具有意识形态权威的宫廷宗教经典文学。教义传播和文学交流往往同时进行，富有传奇性的伊斯兰教先知的英雄故事不仅为马来亚历史传记文学的创作开辟了道路，而且也促进了备受市民阶层喜爱的"希卡雅特"文体的兴起。

越南虽然没有出现典型的宗教文学，但与中国化佛教——禅宗的渊源极深，在越南的汉语诗文中充满了禅宗的意境。那些出自王朝统治者和高僧的作品，其内容多涉及佛教哲理。

东南亚各国的宫廷文学是封建王朝时代兴起并发展起来的一种文学现象，它有特殊的创作群体、表现主题及艺术特质。其内容多记录王朝世系的历史、宫廷礼仪、王公贵族的生活，以及歌功颂德等。其中不乏封建帝王及王族成员的感言，更多的则是宫廷御用文人的奉命应景之作，它集中体现了统治阶级的政治理想、生活情趣和审美观念，同时也渗透着强烈的宗教思想。

宗教文学和宫廷文学占据统治地位后，抑制了民间文学的发展。即使这样，具有顽强生命力、代表民间智慧和想象力的民间文学并没有被完全窒息，而是一直处在不断的创作积累之中。在东南亚各国，广为流传的班基故事及民族化了的罗摩故事，被誉为泰国古代文学鼎盛期代表作的"平律格仑诗之冠"《昆昌昆平》，融汇民间歌谣的语言元素和表现手法、极富艺术感染力的越南古典文学名著《金云翘传》，对印度尼西亚诗歌发展产生深远影响的"班顿"民歌，蕴涵民族文化传统和特质的菲律宾"呼德呼德"英雄史诗等，无疑都是东南亚民间文学宝库中的瑰宝。

第三节　东南亚文学的近代转型期

东南亚文学的近代转型期为 19 世纪中叶至 20 世纪中叶，该时期东南亚文学从封闭保守到开放兼容，在对传统的扬弃更新和与异质文化的冲突对抗、互鉴互补中实现了文学的近代化过渡转型。

近代以来，西方殖民统治取代了东南亚各国的封建王朝统治，西方工业文明猛烈撞击东南亚传统农业文明及其社会组织，西方资产阶级文化猛烈冲击以宗教信仰为核心的东南亚传统文化。西方资本主义生产方式的涌入，近现代商业贸易、交通、教育、城市、民族工业和民族资本的出现，从根基上动摇了东南亚长久以来自给自足、封闭保守且稳定不变的传统农业生产方式和寺庙教育，也改变了东南亚文化发展的既定轨道。东南亚文化一方面发生着危机和断裂，另一方面又进行着重组与更新。伴随着殖民社会的形成，东南亚文化被推向了重要的近代转型期。

文学作为文化系统中最敏感的构成因子，作为社会发展进程的启蒙工具和舆论先导，无疑率先呈现出种种变革和转型的特征。其中，文学体裁的变革首先显现。伴随近代商业中心、都市文化、市民阶层的出现和印刷术、教育的普及，东南亚近代小说应时而生。近代小说在叙述语言、叙述方式、题材、主题表现上都发生了一场革命。越南小说开始褪去骈文和章回小说的痕迹，日益走向拉丁化文学化。缅甸、印度尼西亚等国家的文学家突破韵文及韵散杂糅等文体的束缚，开始使用通俗易懂、思路开阔、有利于自由发挥的白话散文体进行创作。他们摆脱神话传说和宗教故事的束缚，将目光转向广阔的社会生活；改革宗教文学及寓言故事的叙事方法，广泛借鉴西方的文学观念和创作技巧，使文学获得了现代的形式与内容，呈现出新的活力和面貌。这一变革大多从翻译、改写、模仿西方小说开始，继而进入独立创作的阶段。较典型的是东南亚唯一没有沦为殖民地的国家——泰国，翻译西方文学作品之风给泰国文坛吹进了一股清新空气，也催生了泰国第一部短篇小说和第一部长篇小说的问世。

西方文学观念的引入和本土化创作实践，推动了东南亚文学创作的全面转型和发展。伴随西方的殖民侵略，民族主义思想也从西方传到东方。而民族主义思想在东方的传播，又促成了东方各国民族意识的觉醒，凝聚成摧毁西方殖民主义枷锁的精神力量。东南亚的民族主义诞生于反对殖民主义、反对帝国主义的斗争浪潮中，民族主义文学成为反对殖民主义文学的同义词。缅怀民族的辉煌历史，振兴民族语言、宗教和教育，捍卫民族传统文化，激发民族自豪感和忧患意识，反对奴化教育，抵制西方物质文明，这些不仅是东南亚国家站在民族解放斗争前列的民族精英们的口号和行动宗旨，也是东南亚民族主义文学作品所表达的思想主题。印度尼西亚民族运动先驱迪尔托·阿迪·苏里约，著名诗人穆罕默德·耶明、萨努西·巴奈，缅甸爱国诗人德钦哥都迈等，都是以文学为武器向殖民统治者展开斗争。

产生于近代西方的浪漫主义、现实主义、自然主义、象征主义、存在主义、社会主义等文艺思潮，自20世纪20年代以来广泛影响东南亚文坛，成为不同文学流派、文学运动产生的驱动力量，推动了东南亚民族文学的重新建构。在东南亚文坛出现了启蒙文学、反帝反封建的"觉醒文学"、无产阶级反帝革命文学和进步文学、探索时代的"实验文学"、社会改良文学等，其作品所表现的文学主题，都是对国家前途、民族命运的关切和反思，对人的价值和生存状态的追问和思考。不同倾向的文学对不同文学观念和创作方法有所倚重，如反帝反封建文学更倾向于现实主义的真实性和社会批判性，偏重于对客观生活的反映；革命进步文学、实验文学更青睐于浪漫主义，偏重于对理想感情的抒发。与此同时，各种文学观念又相互渗透、相互补充，没有哪一种文学秉持的仅是单一的文学思想和创作原则。

对西方文化、文学的本土性转化和对传统文化、文学的现代性改造，始终贯穿于东南亚文学近代转型的整个过程。西方文化和文学长驱直入，对东南亚各民族文学产生了很大影响，但不可能改变其传统基因。在意识形态上，印度尼西亚和马来西亚的近代文学受伊斯兰教的影响十分强烈，缅甸等国家的文学受佛教思想的影响依然根深蒂固，其文化传统与西方文化的冲突始终存在。尽管东南亚文学的近代转型过程充满了冲突和对抗，但文学的文化生存空间也在这一过程中得到了极大扩展，它必然带来文学内涵的转移与变迁。

第四节　东南亚文学的现代发展期

东南亚文学的现代发展期为20世纪中叶至今，该时期的东南亚文学从文化冲突到文化融合，在民族性与时代性相结合中迈向世界性的文学时代，并在民族性与世界性的对立统一中探寻民族文学发展的道路。

"二战"以来，世界发生了深刻变化。随着殖民体系的土崩瓦解，东南亚各国先后迎来了民族独立，东南亚文学的发展进入了新的历史时期。战后及独立初期的东南亚，其文学更加贴近社会和人生，在一个时期内较为集中地反映了各国民族独立战争的进程，揭露战争给东南亚带来的深重灾难和损失，记录人民的苦难和抗争，讴歌民族斗争精神。印度尼西亚、越南、缅甸、泰国等国都出现了具有文学史意义的现实主义力作。在西方各种现代派潮流和马列主义革命潮流的交相影响下，东南亚一些国家先后掀起"为人民（人生）而艺术"和"为艺术而艺术"两种文艺观、文艺路线的论争，在这场理论争鸣和创作实践活动中，东南亚进步文学得到长足发展，现实主义创作方法得到充分肯定和推崇，逐渐成为文艺思想和创作的主流。20世纪中叶，西方文学形成了现代主义、后现代主义与社会主义左翼文学鼎足并立的格局。对这些外来思潮的选择和引入，取决于东南亚民族的历史命运、发展道路取向和社会文化土壤的适应性。社会主义文学观念在一定时期内对东南亚文学的发展起到了促进作用，产生了深远影响，也留下了不尽的思考。而对现代主义文学的接受和借鉴，则始终经历着坎坷的历程。

"二战"后迅猛发展并一直延续至今的科技革命，给人类带来了前所未有的巨变。它不仅极大地推动了人类社会经济、政治、文化领域的变革，也深刻地改变着人们的生活方式、思维方式和文化价值观念。20世纪80年代中后期以来，伴随着经济和科技的全球化，多元化的世界文化格局继而形成，世界性文学浪潮势不可挡。在全球化的语境下，东南亚文学与域外文学的交流对话异常活跃，普遍呈现出多元化的创作趋向，同时也面临民族性与世界性对立统一的新课题。如印度尼西亚的表现主义诗歌和现代派小说，缅甸的"新风格""新感受"短篇小说及新诗中的存在主义元素等。当然也有一些作家仍对现代主义抱着排斥和批判的态度，比如缅甸就有文学批评家称现代主义是疏离缅甸民族思维方式和审美观念的一种表现形式。不管怎样，对创作方法的选择不再是单一的、封闭的，而是多元的、开放的。尤其是对流派纷呈的现代主义、后现代主义文学的各种方法技巧的借鉴，往往与本民族文化传统和心理素质相结合，形成了与现实主义、浪漫主义交融互渗的创作风格。

第六章　东南亚的艺术

东南亚在地理、族群、文化或宗教等方面，无疑都是一个多元、复杂的区域，多元的文化使东南亚人民从古至今不断创造出丰富多彩的艺术。东南亚艺术由来已久，原始时代人类就萌生了审美观念和造型艺术，在新石器时代产生了原始艺术，东南亚史前岩画就是东南亚原始艺术的代表。此后，随着外来宗教文化不断传入东南亚，宗教极大地影响着东南亚艺术的发展。宗教艺术提供了理解东南亚宗教文明的最为直观的视觉材料，它在东南亚美术中占有极大比重。源自本土的原始文化，与外来的印度、中国和阿拉伯等古老文化在此交织，印度教、佛教、伊斯兰教、基督教和原始崇拜以及欧洲殖民统治者遗留下来的西方文化与制度，在这里相遇、碰撞、融合，构成了东南亚艺术的独特面貌。东南亚艺术主要包括音乐、舞蹈、戏剧之类的表演艺术和书法、绘画、雕刻等美术艺术，而东南亚的美术与建筑又密不可分，很多美术元素都是通过东南亚的宗教建筑表现出来的，东南亚的古代建筑无疑是其艺术文化的融合体。

第一节　越南的艺术成就

越南历史悠久，民族众多，自古以来深受中华文明影响，越南的古代艺术有着浓厚的中国艺术的特点，同时也具有本民族的特色。越南的古代艺术主要包括表演艺术、书法艺术、建筑与雕刻艺术。

一、越南的表演艺术

越南现存的民族戏剧样式主要有嘲剧、㗎剧、改良剧、话剧、水上木偶戏和民间歌剧六种，嘲剧、㗎剧、水上木偶戏属于传统戏剧样式，20 世纪以后，改良剧、话剧和民间歌剧才出现①。

越南早期的表演艺术只有歌舞、音乐，而无戏剧。嘲剧可能是越南最早的传统民

---

① 陈丽琴：《越南传统戏剧衍生与传承的文化生态》，《社会科学家》，2015 年第 12 期。

族戏曲形式之一，通常是带有歌舞的戏剧形式，且带有嘲讽、调笑和戏谑的意味，家喻户晓的嘲剧剧目有《帅云》《氏敬观音》《朱实卧》等。据越南戏剧研究者推测，嘲剧可能在李朝、陈朝（11—14 世纪）时期即已流行于民间，陈朝后期传入宫中，成为宫廷娱乐项目之一①。嘲剧的戏文多采自越南民间流传的神话故事，或直接撷取人民生活中的典型事件，生动活泼，富有生活气息。嘲剧曾在陈朝宫廷演出，但到了 1437年，黎太宗下诏禁演嘲剧，自此嘲剧便难登大雅之堂。不过由于越南人民对它十分喜爱，所以并没有消失。十七八世纪以后，大量的喃字文学问世，给嘲剧提供了丰富的剧本，而且舞蹈动作逐渐规范化，又适当吸收了嗺剧的演出技巧，一时风靡全国。到了 20 世纪初，随着西方文艺思潮传入越南，嘲剧日益没落，不得不做出改变。20 世纪五六十年代，嘲剧开始借鉴中国戏剧的表演思想、优秀脚本、舞台处理方法、伴奏乐器及灯光音响等，重获新生。后在政府相关部门的推动下，还成立了"嘲剧研究会"，嘲剧获得显著的发展。

嗺剧是从中国传入古代越南的古老剧种。据越南史书记载，嗺剧在 13 世纪已传入安南。陈朝（1225—1400）时，安南军队曾三次与中国元朝的军队交战，俘获了元军的随军艺人李元吉。后来就将李元吉送入王宫为皇帝献艺，得到安南国王的赏识，便命他在宫中教授宫人扮演，名之为嗺剧。从此，嗺剧便在安南上层社会逐渐流行开来。根据有关推测，嗺剧应是以元杂剧为基础，同时吸收了当时安南流行的讴曲的一定成分而形成的。嗺剧的演出形式比较接近中国广东汕头一带的戏剧，兼用韵文和散文，分折演出。唱词和说白全用越式汉音（越南人读汉字的一种通用读法，不同于越南母语），唱腔缠绵悱恻，舞蹈性较强，所演多为忠臣孝子等故事②。据统计，越南古典嗺剧中有 80 个剧目取材于中国。到了十八九世纪，嗺剧发展到黄金时期，从宫廷到民间，从北方到南方，到处都流行嗺剧，比较著名的剧目有《万宝呈祥》《群芳》《学林》《荡寇志》《武元龙》《陈香阁》《张古城》《赵庆生》等。近现代越南对嗺剧进行改革，既借鉴西方戏曲，吸收其浪漫主义思想，又追随中国传统戏剧的改革步伐，增加了新的表演手法，并加入不少中国戏剧音乐形式，广泛使用中国戏剧唱腔，将唱、舞、音乐融为一体，使嗺剧得到新的发展。

水上木偶戏是越南独具特色的艺术表演形式。越南的水上木偶戏是在水上表演的，先在水上搭好帷幕，表演者在幕后用长线或竹竿操纵木偶在水上游动表演。据越南史书记载，前黎朝时期就有水上木偶戏，在 18 世纪达到高峰。但到 19 世纪中后期，随着法国殖民者对越南的入侵，水上木偶戏曾一度衰落。到 20 世纪 50 年代以后，水上木偶

---

① 颜保：《越南戏剧发展初探》，《国外文学》，1988 年第 2 期。

② 颜保：《越南戏剧发展初探》，《国外文学》，1988 年第 2 期。

戏在越南北部逐渐复兴。如今水上木偶戏越来越受到重视，不仅被一些大学列为学习课程，而且还有像河内的升龙剧院、胡志明市的金龙水上木偶剧院等专业表演机构。

改良剧是越南沦为法国殖民地后产生的剧种，发源地在南圻永隆省。原本是一种由一人说唱并配合一些简单表演的曲艺形式，后来在融合古典音乐、新型舞台表演方式、众多传统剧目的基础上，发展成为多人分别扮演、唱腔多样、动作自然、布景新颖的新戏曲。改良剧题材广泛，既有越南的传统题材，也有来自中国和法国的知名剧目，至今深受普通民众欢迎。

话剧是从西方移植过来的剧种，"一战"后逐渐受到越南小资产阶级知识分子的推崇和喜爱，但发展比较曲折。1945年越南八月革命后，在越南共产党文艺方针的鼓舞下，话剧才开始走上一条平坦的道路，但拥有的观众仍限于城市知识分子阶层。

二、越南的书法艺术

越南在封建时代通用汉字，即使本民族创制的文字——喃字，也具有汉字的特点，具有中国书法特点的书法艺术也就成为越南古代的一种重要艺术。黎圣宗在其《草书戏成》一诗中，表露了他学习书法的心得和对草书艺术的欣赏，反映出当时已颇为讲究书法艺术。诗云："铁画银钩学古人，闲来试草日将曛。扬扬渴骥宗徐皓，袅袅秋蛇病子云。红锦笺中舒柳骨，彩花笔下束颜筋。壮怀猛涩如春梦，押得经天纬地文。"这里提到了"柳骨""颜筋"，即柳公权、颜真卿的书法，可见黎圣宗是在学习两位中国唐代书法家的艺术。

后来越南的文人，擅长书法的不少，如阮朝著名作家高伯适就擅长篆书、隶书、行书、草书四种书法。但对于越南古代书法，研究者极少，能见到其作品者更少①。

三、越南的建筑与雕刻艺术

越南的古代建筑与雕刻艺术，形成于李朝时期，发展于陈朝和后黎朝时期，完善于阮朝时期。越南李朝的建筑主要分为两类：一类是为适应封建王朝统治需要而建立的城垒，包括城墙、宫殿和楼台；另一类是由于当时佛教兴盛而在各地建造的佛塔。前一类建筑的典型是首都升龙，自李太祖定都到后黎朝时期，它一直是越南的首都。升龙城规模巨大，分为内、外两层，总周长约25千米。皇城内有高达四层的宫殿。后一类建筑是佛塔寺庙，寺庙通常是正方形布局，规模较大。现存的有海防祥隘寺，广宁省安子山华安寺，河内香海寺、招禅寺、石婆寺、独柱寺等。李朝古城、宫殿、寺

---

① 贺圣达：《东南亚文化发展史》，昆明：云南人民出版社，2011年，第164页。

庙的建筑风格同中国同类建筑既有相似之处，也有自己的特点，这些寺庙大多修建于山川秀美之处。相较于印度、中国、柬埔寨、印度尼西亚，越南佛教建筑的特点是：工程并不浩大，各寺诸塔规模适中、美观飘逸，甚至有的细小而玲珑，有如隐士独处之草庵，寺小而多。越南佛教建筑的这一特点，在李朝时期即已显现，后来又有所发展。

李朝的雕刻艺术主要体现在石雕上，常见的雕刻图像有云、浪等自然景色，荷花和菊花等花卉，象、水牛、狮子、鳄鱼等动物，这一时期造型艺术的主要风格体现为对称、简洁、细腻、生动。龙已成为雕刻物中一个独特而普遍的艺术形象，但李朝时期的龙通常有像蛇一样光滑而细长的身躯，盘绕柔和、自然，似乎还是与稻作农业相联系的水和云、雨的象征，而不是封建帝王的象征。

陈朝的建筑艺术和雕刻艺术继承了李朝的传统。寺庙佛塔是陈朝最具艺术特色的建筑，广宁省安子山在陈朝成为佛教圣山，修建有禁植寺、楼洞寺、解宽寺等，建于李朝的华安寺经重建改名为云安寺，供奉"竹林三祖"（陈仁宗、法螺、玄光）；坐落在河南省南定的普明寺建筑群呈"工"字形，寺院前有普明塔，用砖头砌成，布局严密、对称。普明寺的木门上雕刻有龙的图像，躯体苗实，相较于李朝时期的龙，显得更为豪放、有力。

后黎朝的建筑艺术又有所发展。庙宇、寺院和佛塔仍是主要的建筑形式。后黎朝时兴建的甘蔗寺、香山寺、天姥寺、碎云山圣禄寺等，都是越南保存至今的名寺。升龙文庙虽然始建于李朝，但现在的规模和格局却定于后黎朝，占地 26 000 多平方米，由飞檐高耸的大门、二重门、魁文楼、天光井、大成殿等组成，魁文楼东西两侧有 82 块石龟作底的石碑，题刻后黎朝各次考中的进士名录；大门、二门和殿门前有多副对联、题匾。升龙文庙具有与中国文庙大致相同的风格，但进士题名碑、天光井又为中国文庙所无，呈现出越南特色。后黎朝时期的雕塑艺术，尤其是人像雕塑和佛像雕塑，比李、陈两朝更为精湛、细腻。河西甘蔗寺内的大小塑像，达 287 尊之多，一半为木刻，一半为泥塑，均漆朱贴金。正殿泥塑八尊金刚像，栩栩如生，堪称表现人物尚武精神的艺术典型，"观音送子""雪山"等塑像，也手工细致，生动独特，堪称杰作。

阮朝时期，越南的建筑艺术和雕刻艺术获得高度的发展，其精华集中在首都顺化。以三重城墙，大量壕沟、渠道，数十座城门和门楼，砖石构造的拱形桥组成首都顺化的城墙系统，是唯一保持完整原貌的越南民族建筑遗产。太和殿、隆安殿是越南独一无二的宫殿建筑，也是民族建筑遗产中最大的木构建筑物。顺化的建设规划严格遵守儒家的哲理和政治观念，体现王权至高无上的地位。王宫有 100 多座大大小小的建筑物，每座建筑物都有自己的功能、独特的装饰和建筑形式，形成了一个既多样化，又对称、融洽的建筑群体。顺化王宫建筑的特点是形状和色彩比较丰富，此外它的各项技术，如雕刻，在建筑物上贴金涂红、镶嵌贝壳和陶瓷、盖瓦、使用珐琅等技术，都已达到了较完美的程度①。

第二节 印度文化影响下的柬埔寨艺术

柬埔寨是一个历史悠久的文明国家，公元 1 世纪起，这里相继建立扶南国、真腊国。扶南国是中南半岛上传播婆罗门教（后发展为印度教）的一个中心，9 世纪以前，柬埔寨的文化里有许多印度教与本民族宗教融合的现象。后来，柬埔寨首都被迫从吴哥迁往金边，成为信奉小乘佛教的国家。由于先后受到印度教、佛教的影响，柬埔寨的艺术与建筑深受印度文化的影响。

一、柬埔寨的音乐与表演艺术

柬埔寨最早的音乐表现为古代宫廷音乐，但它属于王公贵族们才能享有的文化，并且严禁外传。但是，现代留存的柬埔寨宫廷音乐似乎已经与民间音乐没有明显的区别，其原因在于柬埔寨王朝的宫廷艺术长期遭受来自国外与本国战乱的破坏。吴哥王朝衰亡后，优秀的艺术家被战胜国掳掠，少部分宫廷艺人流落到民间，从而使柬埔寨的宫廷音乐逐渐与民间音乐混融，以至于后来宫廷音乐与民间音乐的表现形式、表演场合、乐队和使用的乐器等几乎没有严格的区别。柬埔寨音乐与泰国、老挝等国的音乐大致上属于同一体系，在古代也受到印度和爪哇音乐的影响。音乐在柬埔寨人民的生活中十分重要，从口传历史的叙事歌到出家、年轻人谈恋爱、婚礼仪式、新年、节庆、葬礼以及各种宗教仪式等都离不开音乐。音乐反映出柬埔寨人民的历史、社会、文学艺术、生活习俗、宗教信仰等文化。

柬埔寨的表演艺术在吴哥王朝时期就已经达到较高的水平，吴哥王朝的舞蹈和舞剧吸收了大量印度舞蹈和印度宗教的元素，舞剧主要从印度史诗《罗摩衍那》《摩诃婆罗多》等神话故事中提取素材。柬埔寨的古典舞蹈需要乐队伴奏，古典舞剧不仅需要乐队伴奏，还要有歌唱演员为之伴唱。因此，这时期的音乐已经能够结合舞剧的剧情而发展。13 世纪末，小乘佛教逐渐成为高棉人信奉的宗教，14 世纪成为柬埔寨的国教。柬埔寨人信奉的主要宗教虽然发生了变更，但是其民间表演艺术仍是多元的，通过结合阿拉伯的舞蹈和演技、佛教的故事和情节、中国戏曲的头饰和化妆等因素，形成了高棉戏。柬埔寨在吴哥王朝后一直饱经战乱和殖民统治，直到 20 世纪末，柬埔寨才逐步跳出内乱的泥潭，音乐艺术再次得到重视和发展。

---

① 贺圣达：《东南亚文化发展史》，昆明：云南人民出版社，2011 年，第 165 – 167 页。

二、柬埔寨的建筑与雕刻艺术

古代柬埔寨的建筑和雕刻艺术在东南亚长期处于领先地位，而且柬埔寨人一直把这一优势保持到吴哥王朝时期。东方著名艺术家伯·格鲁西特说："柬埔寨的艺术和文化成就，在一些重要的方面，超过了它的东南亚邻国。例如，堕罗钵底的孟人就没有创造出什么令人印象深刻的建筑物，而且从未能摆脱吴哥时代从笈多时代的印度引进的雕刻模式。"而在吴哥王朝时期，高棉人在建筑方面的成就，表现为由砖结构发展为石结构，这样就可以使用更为大胆的建筑工艺和发展精细的浮雕设计。吴哥建筑的最大特点是用巨石筑成，而且几乎每块石头上都有雕刻，成为古代东南亚最大的也是最富艺术性的石质建筑群。吴哥建筑不仅反映了古代柬埔寨以至古代东南亚建筑艺术所达到的高度，而且反映了柬埔寨的历史和当时的社会面貌，以及当时柬埔寨人的宗教观念、审美观念和民族精神。

吴哥王朝的建筑是印度教和佛教的艺术同高棉民族传统文化有机融合的产物。吴哥寺庙建筑和雕刻体现了对国王的敬仰和对神、佛的崇拜等，反映出来自印度的宗教思想与当地的人文社会背景已经结合为一体。一方面，可以看到印度宗教文化的影响；另一方面，无论是主题思想还是人物形象方面，都突出地反映了当时高棉民族的特征。吴哥浮雕的题材，除了有关宗教的内容，还有印度史诗、神话，以及柬埔寨的历史、战争、风土人情等，充满着浓厚的生活气息。因此，尽管颂扬和神化王权、宣扬佛教和印度教是吴哥王朝统治者大兴神庙寺塔的出发点，但是在具体的艺术表现上，吴哥艺术具有神权与君权合二为一、宗教与世俗兼收并蓄的特点。从总体上看，具有气势宏伟、结构严密、富于象征意义的高棉艺术的特征。

吴哥王朝衰落后，吴哥的艺术传统并没有马上消失。由于不再修建巨大的宗教建筑，这种传统也就不再表现在石头庙宇上，而是表现在细腻逼真的宗教塑像上。18 世纪以后，在日益强大的泰国和越南的不断入侵下，柬埔寨国力式微，传统艺术也逐渐衰落。到 19 世纪中叶，柬埔寨沦为法国的殖民地，柬埔寨艺术最终从辉煌的高峰跌落下来。19 世纪 90 年代所建的王宫，已是兼有古代和近代风格的建筑。

第三节　独具特色的缅甸艺术

缅甸地处印度和中国两大文明古国的中间地带，所以其艺术和建筑既受到印度文化的深刻影响，又与中国南方文化存在一定的联系。缅甸是一个多民族聚居的国家。数千年来，各民族都有各自的音乐舞蹈及艺术特点。缅甸各民族根据各自不同的居住环境，传承、交融、保留、变易、发展自己的民族文化，使这块土地上的文化区别于东南亚其他国家，成为世界民族文化艺术发展中最难以让人琢磨的文化区域之一[①]。

一、缅甸的音乐与表演艺术

从缅甸的古迹和文物中绘制的各种乐器、舞姿的画面等，可以证明独具特色的缅甸音乐与舞蹈艺术已有千余年的历史。缅甸的歌曲大致包括民歌、古曲、曲艺、戏曲四大类。古代还有宫廷乐舞"阿迎"，随着封建王朝的灭亡，"阿迎"流传到了民间。如今，在民间的节庆里，"阿迎"与歌、舞、曲艺、戏剧一起出现在城乡的舞台上，深受缅甸人民的喜爱。

自古以来，缅甸音乐一直被上层社会认为是一种高雅的文化。正因为有这样的历史背景，在缅甸的艺术发展史中，许多大臣、王子、公主都爱吟诗作曲，如著名的帕碟达牙沙，是17世纪东吁王朝末期的丞相，他写有多首弦曲，收集在缅甸的古典音乐歌集《玛哈基大》里；吴撒被奉为缅甸音乐的祖师爷，他是贡榜王朝孟云时期（1782—1819）的大臣，不仅创作了许多著名的歌曲，还改革了弯琴，他在缅甸"赛旺"乐队的组合上也做出了重要贡献。历史上，缅甸佛教的各种节日都需要用歌舞来庆祝。因此，缅甸民间有许多专业和业余的歌舞表演团体、戏班子、木偶戏班子等，它们在这样的宗教文化氛围中存在了很长时间。

缅甸封建王朝时期，王宫里有宫廷乐队、乐师和舞蹈家。英国于1824年控制缅甸，1885年缅甸成为英国的殖民地，缅甸贡榜王朝灭亡，国王被废除。从此，缅甸的宫廷艺人流落到民间[②]，客观上促进了缅甸民间歌舞的发展。1948年缅甸独立，政府重视音乐、歌舞的发展，不仅成立了国家歌舞团，而且还建立了专门的舞蹈音乐学校以培养人才。缅甸的音乐歌舞表演主要表现在泼水节、独立节以及佛教的各种节庆活动中，届时人们纵情地歌舞，也会在临时搭建的舞台上表演歌舞、戏剧。

二、缅甸的佛教建筑与绘画艺术

作为深受佛教文化影响的国度，古代缅甸的建筑、绘画、雕刻艺术打上了佛教的深刻烙印。自蒲甘王朝以来，小乘佛教一直是缅甸的国教，居于至高无上的地位。古代缅甸人大量建造佛塔和寺庙，为建塔不仅在财物上无所吝惜，而且把他们的思想感情、期盼希望，所感悟、所想象的审美观念，都倾注在佛塔寺院的建造中。因此，佛塔寺院集中体现了古代缅甸建筑、雕刻和绘画的特点与水平。

蒲甘王朝时期，缅甸的寺庙和佛塔建筑达到鼎盛，仅佛塔就修建了5 000多座。该

---

① 朱海鹰：《东南亚民族音乐》，昆明：云南大学出版社，2012年，第214页。
② 朱海鹰：《东南亚民族音乐》，昆明：云南大学出版社，2012年，第217页。

时期缅甸佛塔的样式有两类：一类为吊钟形佛塔，顶上呈圆锥形，以阿巴雅塔那塔为代表；另一类以方形基坛重叠，其上载尖形圆锥，上层基坛四隅建小型圆柱形窣多波，以阿难陀寺为代表。蒲甘王朝衰落后，缅甸陷于分裂，各个独立的小王国财力有限，互相之间又争斗不已，大多无力建造蒲甘王朝时期那样的佛塔，导致缅甸佛塔艺术衰落。但是，在缅甸南部，孟人统治下的勃固王国却重修了两座大佛塔，其中一座是王国首都勃固郊外的瑞慕陶塔，高 113.8 米，是缅甸最高的佛塔；另一座是仰光的瑞大光塔，又称仰光大金塔，经过后世不断的扩建与增筑，如今高 109 米，建筑稳健雄壮，装饰华丽，周围小型佛塔如众星拱月般向其簇拥，完美体现了缅甸佛塔的建筑艺术及其文化内涵。

缅甸的绘画和雕刻艺术，在 12 世纪以后也有所发展。蒲甘王朝时期的人们在寺庙的墙壁、天花板、房柱、拱门上留下了许多绘画，反映出蒲甘王朝绘画艺术所达到的高度。寺庙壁画的主题是宗教故事，大部分以释迦牟尼事迹和《佛本生经》的故事为内容，也有一些反映印度教经典故事的内容。仅在 1090 年建成的阿难陀寺内，就有 1 500 幅壁画，大多取材于《佛本生经》，每幅都有巴利文和孟文的说明。蒲甘王朝早期的绘画深受南印度绘画风格的影响，但在 12—13 世纪的寺庙中，绘画艺术已经具有高度缅甸化的风格。蒲甘王朝时期的青铜像或其他青铜制品，具有印度、尼泊尔艺术的风格，可见蒲甘王朝的青铜艺术受到印度、尼泊尔艺术的影响较大。蒲甘王朝时期石像雕刻的成就，远远超过了骠国时期，此时释迦牟尼石像的雕刻较为普遍。蒲甘王朝时期的佛像多呈沉思状，双足底部朝天，背后一般衬以两鸟，仰首朝天，口衔枝叶或串珠。佛像均着紧身袍服，左肩披襟，头戴王冠，这些都表明其在风格上受到印度东北部佛教艺术的影响。

14 世纪以后，缅甸的壁画艺术有了进一步发展，制作更加精美，题材更为广泛。除了佛教的内容，还有描绘当时世俗生活的画面，不仅用于佛教建筑，也用于王宫建筑。造纸术传入缅甸后，出现了"波拉拜"折页画，除了反映佛教徒的生活画面，还出现了许多奉命绘制的宫廷画，比如"缅王骑象出巡图""王宫庆典""赛马会"等。缅甸民族风格的绘画形成于贡榜王朝时期，许多民间手工艺匠人被召至宫廷，集中为王室作画，使绘画技艺进一步提高，由"波拉拜"折页画发展到在布、丝绸、玻璃上作画。由于当时宫廷内外盛行举办隆重的红白喜事及各种功德活动，临时性的装饰事业广为发展，这对绘画艺术的发展起到了推动作用。当时已流行在布及锌版上作画，这些可移动的反映佛教内容的画作，被悬挂在寺院、佛塔内外，从而代替了壁画①。

---

① 贺圣达：《东南亚文化发展史》，昆明：云南人民出版社，2011 年，第 198－199 页。

第四节　兼收并蓄的泰国艺术

泰国是一个信奉佛教的国家，泰国的艺术和建筑深受佛教文化的影响，泰国的音乐、舞蹈、绘画等也融入了许多佛教元素。在泰国的大街小巷，寺庙佛塔林立，佛教气息浓厚。泰国虽然以小乘佛教为国教，但它又融合了原始祖先崇拜、印度教、大乘佛教的一些特征，所以泰国文化具有较大的包容性。

一、泰国的音乐与表演艺术

9—13 世纪，湄南河大部分区域处于吴哥王朝的控制之下，由于吴哥王朝信奉佛教和印度教，因此在湄南河流域印度文化得到了广泛传播。13 世纪以前的泰国音乐处于多种风格、多元文化的发展阶段，既有泰族的音乐，也有高棉人的音乐，还有来自苏门答腊的室利佛逝以及马来西亚、缅甸等国音乐的影响，造就了泰国早期音乐的混融发展期。

13 世纪，吴哥王朝日益衰落，素可泰王朝兴起，并且很快向四周扩张。到兰甘亨国王统治时期（1279—1298），素可泰王朝已经成为中南半岛上的一个强国。素可泰是泰国第一个由泰族建立的国家，因此也被视为"泰族文明的摇篮"。泰族作为素可泰王朝的主体民族，成为泰国音乐舞蹈文化的主要创造者和传播者。与此同时，兰甘亨国王时期佛教的快速传播，使得这时的泰国文化汲取了很多印度文化的因子，泰国开始在融合域外文化艺术中发展出自己的舞蹈音乐文化。14 世纪，泰国的阿瑜陀耶王朝兴起，它向北不断蚕食素可泰王朝，并在 15 世纪将其完全吞并；向东入侵吴哥王朝，并将吴哥击败，掳走了几乎所有的吴哥宫廷艺人。由于当时吴哥王朝的艺术和文化水平在东南亚处于领先地位，所以其音乐、舞蹈受到泰国民众的喜爱。阿瑜陀耶王朝吸收吴哥宫廷音乐、舞蹈艺术，直接导致泰国的古典音乐与柬埔寨的古典音乐其实属于同一种音乐、舞蹈体系，这是一种非常注重柔雅、缓慢展现舞姿风格的艺术。在此基础上，16 世纪泰国发展出了最具影响力的表演艺术——舞剧，并逐渐传播到缅甸、老挝等国家。

曼谷王朝时期，泰国的表演艺术在经历各民族艺术的融合发展之后，逐渐形成一整套完整的属于本国的艺术体系。其表演艺术体系，既有中国、印度及周边国家的艺术成分，又区别于其他国家的艺术成分，但主要按照泰族的审美观去创作、继承、发展，成为一种具有独特风格的泰国表演艺术。

今天泰国向人们展示的乐舞，除了古典歌舞、宫廷乐舞、传统音乐舞蹈、民族乐舞，还有现代流行音乐和诸多时髦文化元素。由于泰国一直保持着对本国传统艺术的重视，并且视歌舞艺术的发展为国家繁荣的象征，艺术家在泰国具有较高的社会地位[1]。

二、泰国的建筑与雕刻艺术

泰国古代的建筑与雕刻艺术，以 13 世纪素可泰王朝和兰那王国的建立为界，划分为两个时期。在此之前，泰国的建筑和雕刻艺术主要在南部和中部一些地区获得发展，直接受到印度和高棉艺术的影响。泰国艺术史家一般把它们划分为四个阶段，即印度化阶段（3—5 世纪）、孟人国家阶段（5—8 世纪）、深受室利佛逝影响的印度—爪哇阶段（8—10 世纪）、高棉阶段（10—13 世纪）。但总的来看，现存的 13 世纪之前的建筑和雕刻作品不多，而且落后于这一时期的东南亚其他国家。13 世纪以后，由于素可泰王朝和兰那王国的建立与发展，泰国古代建筑和雕刻在继承 13 世纪以前遗产的基础上持续、稳定地发展，越来越具有本国和泰民族的特色，在东南亚占有重要地位。

素可泰王朝时期的建筑和雕刻艺术，在五世国王立泰时期达到了高峰，立泰国王被誉为"泰国艺术的始祖"。素可泰建筑文化在古都素可泰遗址中得到了最为生动和具体的体现。这一遗址位于曼谷以北 450 千米的素可泰府内，在 25 平方千米的范围内，分布着 193 处佛教古迹，包括一座王宫、35 座寺院以及大量的古塔、佛像、石碑。素可泰王朝时期的雕塑包括佛像，狮子、大象等各种动物的像，以及各种花纹的雕像，承袭了高棉艺术的风格，强调厚重感。立泰国王以后的佛像，日益具有本国和泰民族的特色，逐渐形成泰国雕刻艺术的风格。几乎与素可泰王朝同时期的兰那王国，其佛教建筑和雕刻艺术也得到了发展，主要建筑有素贴山的佛寺。

阿瑜陀耶王朝时期，泰国的建筑和雕刻艺术进入繁荣发展阶段。王权的强大和社会经济的发展，为寺塔建筑的兴建提供了人力和物力基础，而阿瑜陀耶王朝比素可泰王朝有着更为广泛的对外关系，不仅同周边的中国、缅甸、柬埔寨交往频繁，而且同欧洲的葡萄牙、西班牙、荷兰、法国、英国也建立了联系。阿瑜陀耶作为王朝的首都长达 400 多年，成为继河内和吴哥之后古代东南亚各国中历时最为悠长的一个古都，也是当时东南亚最大的城市，人口曾达数十万，商业和对外贸易极为兴盛。这些都为其建筑和雕刻艺术的繁荣创造了良好的条件。

从现有的古建筑遗存看，阿瑜陀耶时期的建筑以王宫和寺院为主，风格较素可泰王朝时期更为多样。著名的挽巴茵宫始建于 1642 年，是泰国宫殿最多的王宫，主要宫殿有 3 座，分别具有中国式、缅甸式和欧洲哥特式三种风格，显示出泰民族善于吸取优秀外来文化和建筑艺术的民族性格。宫中分布着亭台楼阁，而佛像耸立其间。城东南的越帕南佛寺，又称三宝佛寺，始建于 1324 年，后经多次修葺，是现存阿瑜陀耶王

---

[1]　朱海鹰：《东南亚民族音乐》，昆明：云南大学出版社，2012 年，第 184－185 页。

朝时期最壮观的古寺。阿瑜陀耶王朝时期的雕塑，前期以青铜佛像为主，吸取了素可泰王朝的艺术传统。17 世纪以后，青铜佛像艺术衰退，石雕艺术复兴。

曼谷王朝前期的建筑和雕塑艺术，集中体现于曼谷的王宫和佛寺建筑。自 1782 年拉玛一世建都于此，就开始进行大规模的建设。经过拉玛二世、三世的营建，到 19 世纪中叶，已有王宫和佛寺数百座，成为佛塔之都。其中最有代表性的建筑，包括规模宏大、金碧辉煌的大王宫，富丽堂皇、古色古香的玉佛寺，广阔的菩提寺以及中国风浓郁的郑王寺和素塔寺。

曼谷王朝前期的建筑和雕刻艺术，既继承了素可泰王朝和阿瑜陀耶王朝时期的遗产，又吸收了较多中国古代建筑的风格。泰国学者认为素可泰时期的艺术品是泰人的艺术与高棉艺术的混合体。至于曼谷王朝时期的艺术品，却明显地表现为一半为曼谷王朝与阿瑜陀耶王朝艺术的混合体，另一半则是其和中国艺术的混合体。有关研究表明，仅在拉玛三世所建立和维修过的 60 座庙宇中，就有 15 座完全是中国式样的，其他的寺庙也糅合了中国建筑艺术的风格，可见泰国的建筑艺术受高棉建筑艺术（其来源是印度建筑艺术）和中国古代建筑艺术的影响极大。

第五节　周边国家影响下的老挝艺术

由于地理环境和区位条件的制约，老挝的历史发展较为曲折。老挝地处内陆，山地众多，平原稀少，不利于农业发展。14 世纪以前，老挝境内仅产生了几个小王国，分布在琅勃拉邦、万象、占巴塞等地。直到 1371 年，法昂才建立了老挝历史上第一个统一的王国。由于老挝的生产力较为落后，统一的中央集权国家发展较为缓慢，所以在文化艺术上也远远落后于周围的越南、柬埔寨、缅甸、泰国诸国。在周边国家的影响下，老挝的艺术和建筑同样受到宗教文化艺术的影响。在法昂统一老挝之前的 10—13 世纪，老挝因为处于吴哥王朝的统治之下，不可避免地受到在吴哥王朝盛行的印度教艺术的影响。13 世纪初，一方面印度教衰落，另一方面法昂统一老挝之后小乘佛教在老挝得以迅速传播，于是老挝又受到佛教艺术的影响。

一、老挝的音乐与表演艺术

老挝人民大多能歌善舞，大部分地区都传承着具有区域特色的歌舞文化。老挝的传统音乐由竹笙、钹、鼓、木琴以及一些弦乐伴奏，在寺院里有时也能听到传统音乐，而且不少寺院拥有自己的乐队。

老挝音乐包括古典音乐和民间音乐，其中历史上老挝的古典音乐只是在宫廷内表演。民间音乐是老挝音乐的主流，各地广泛流行"咔"和"喃"两种民歌曲调。根据各地区民俗的不同，老挝北方地区大多称"咔"，而南方地区则大多称"喃"。"咔"和"喃"是说、唱、舞交替进行的一种表演形式，歌中有舞、舞中有歌，歌与舞相互映衬、相得益彰。在农闲时，老挝人喜欢用"咔"和"喃"这种载歌载舞的形式抒发内心情感，表达对自由幸福生活的向往。老挝音乐的音阶、音律、调式等，与泰国、柬埔寨和中国云南傣族地区的音乐有着长期的密切联系，它们都受到佛教文化的影响。

老挝的舞蹈分为古典舞蹈和民间舞蹈。古典舞蹈也称为宫廷舞蹈，共有68个基本姿势，以安详、平缓的节奏表达人物的喜、怒、哀、乐等内心活动。古典舞蹈的突出特点是舞姿典雅、动作优美连贯、动静结合，并且有歌伴唱，用歌词来解释舞蹈的含义和讲述剧情的发展。民间舞蹈是老挝人民深爱的大众化舞蹈。民间舞蹈因地区不同而形式多样、风格各异，道具和服装比较简朴，但具有鲜明的民族特色。民间舞蹈多用二胡、芦笙、木琴、鼓等民族乐器伴奏，类型主要有占芭花灯舞、象脚鼓舞、登沙舞、南旺舞、木偶戏等。

二、老挝的建筑与雕刻艺术

老挝是信奉小乘佛教的国家，老挝古代的建筑艺术主要体现在寺院和佛塔建筑上，属于宗教化艺术。老挝古代的建筑和雕刻艺术，总体上属于印度风格，并深受邻近的高棉艺术、泰国艺术和缅甸艺术的影响。尽管在风格上相似，但是由于长期以来老挝经济社会的发展比周边国家落后，所以老挝古代建筑的规模一般不大。14世纪小乘佛教传入老挝之前，老挝寺院建筑物的结构与泰国类似，大厅常常呈十字形，其窗户的结构明显地表现出受到婆罗门教（后期为印度教）影响的特点。以曲线顶部为特征的古代婆罗门教适中重量的建筑传统，在老挝许多非常古老的建筑遗存中都留下了痕迹。在历史上老挝所有的宗教建筑中，最为著名、最有代表性的是万象的塔銮寺。这是一座砖石结构的建筑，共有3层塔基，在第二层塔基上有30座高3.6米的小塔，象征佛祖的30种恩德，每个小塔内置有一座重约60克的小金塔，主塔矗立在半圆形的台座上，塔上部为圆形，塔尖如锥。塔銮寺吸收了古代缅甸佛塔和泰国佛教建筑的风格，展现了古代老挝建筑特有的风采。除了塔銮寺，万象的瓦翁寺、瓦帕娇寺等都是具有老挝风格的著名佛寺。由于国力有限，老挝宗教建筑的规模要比缅甸、泰国、柬埔寨等国小得多。

历史上老挝的雕刻艺术，也反映出宗教化的特点。印度雕刻反映的主题动物和创造物结合在一起的混合物，在很多老挝的雕刻作品中都有显现。老挝的许多石像、浮雕以及祠庙入口处的门神，表现的也是婆罗门教的主题。老挝艺术中佛陀的拟人化表现似乎最接近缅甸的艺术。这些都表明佛教艺术和婆罗门教艺术曾经深刻地影响着老挝的古代艺术。

第六节 多元交融的马来西亚艺术

马来西亚拥有丰富多彩的文化遗产，许多传统艺术都被各族群保存下来。其中，传统的舞蹈、音乐在表演艺术中占有特殊地位。马来西亚最早受印度文化影响，信奉佛教和印度教，大约在 13 世纪，随着伊斯兰教在海岛地区的传播，马来西亚大部分居民又改信伊斯兰教。16 世纪以来，除了西方殖民势力的强势进入，大量的中国人也移居马来西亚，西方文化和中国文化在马来西亚均得到一定的传播。因此，马来西亚的文化艺术无疑是一个多元复合体。而马来西亚的建筑风格，也随着主流文化的改变而改变，传统的建筑以木结构为主，如今马来西亚的建筑基本上是融合了东西方建筑风格的现代化建筑。

一、马来西亚的音乐与表演艺术

马来西亚民族众多，其音乐有着悠久的发展历史。马来西亚各大族群中的马来人、华人、印度人、阿拉伯人、欧亚混血人和土著居民基本上都保留着各自固有的音乐文化。传统音乐是马来西亚音乐文化中最重要的一环。在马来西亚西部，北面的吉兰丹州、吉打州和登嘉楼州山区保留着较多的传统音乐，而南面各州特别是马来半岛的西海岸地区，几乎所有的表演艺术都受到西方文化的影响。鼓是马来民族主要的传统乐器，其中热巴那大鼓是马来民族音乐中重要的打击乐器，此外，还有竹笛、木笛等管状乐器，三弦琴等弦状乐器以及铜锣等打击乐器。马来西亚西部的北面各州流行皮影戏，有旁白和歌唱，以编锣、大锣、列巴布、管子等马来乐器伴奏。马来西亚西部的主要乐器是鼓和锣，其中以双面桶形鼓"甘丹"最为流行，马来西亚西部的传统音乐常在伊斯兰教、印度教和其他各种宗教典礼和仪式上演奏。马来西亚东部的沙巴地区居住着信奉原始宗教的各部族，他们的音乐文化受到伊斯兰教音乐影响较深，歌唱的音调和风格与《古兰经》的吟诵密切相关，所使用的音阶与印度尼西亚的"斯连德罗"音阶和"佩洛格"音阶相似。沙捞越地区的音乐与印度尼西亚巴厘岛和爪哇的音乐关系密切，各个民族都使用竹鼻笛和竹口簧，声乐多属于马来歌曲风格，滑音多，没有严格节拍，常常以"快速"结束。西方音乐在沿海城市的影响较大，特别是年轻一代，他们接受西方的音乐教育，学习西方乐器和创作技法，并运用西方音乐创作了一批具有马来音调的作品，而且热衷于演奏钢琴、小提琴、萨克斯管等。马来西亚的华人仍然保持着祖籍地的音乐文化，他们组织各种文艺团体，演出广东和闽南的音乐、戏曲，创作和演唱华语歌曲，成为马来西亚音乐文化的一个组成部分。

马来西亚的歌舞分为宫廷歌舞和传统民间歌舞。流传至今的宫廷舞蹈主要以马来西亚西部玻璃州宫廷的"金燕舞"为代表。世界上许多国家的宫廷艺术，一般来说是最容易接触和汲取外来文化的，"金燕舞"也一样，其舞蹈动作及乐器的吹奏旋律有着浓郁的阿拉伯音乐歌舞的特点，是马来西亚本土文化和阿拉伯音乐艺术相融合的产物。此外，玛雍是从泰国传至马来西亚的宫廷舞蹈剧，富有优美的音乐旋律和浪漫的爱情故事。玛雍也是歌唱与戏剧相结合的表演形式，流行于吉兰丹和东海岸地区，多在庆典仪式、民间祭祀中演出。20 世纪初，由于苏丹宫廷的赞助，这种舞蹈曾十分流行[①]。

马来西亚的民间舞蹈丰富多彩，"久贾"是马来人最喜爱的传统舞蹈，这种舞蹈生气勃勃，节拍快速。跳舞的人成双成对，以快速愉快的舞步行进。"久贾"原本是印度风格的舞蹈，16 世纪到马六甲通商的葡萄牙人，又将欧洲风格的舞蹈融入"久贾"舞蹈。在马来西亚西部有一种叫"来利舞"的古典舞蹈，舞剧题材多为表现古代马来英雄赤手空拳、合作抗敌的故事。在农耕收割时，当地马来人会跳一种名叫"马因·巴拉伊"的带有祭祀性质的舞蹈，以感谢神灵带给他们的好收成。信仰伊斯兰教的马来人会跳一种名叫"哈特拉"的歌舞，是赞美全能之神的歌唱形式。在森美兰州，有一种叫"霹灵"的米南加保土风舞，全部由少女表演，表演者手持蜡烛、碟子跳舞，全身随着加美兰的乐音、节奏做优雅摆动，它是马来西亚独特的奇幻表演艺术。在玻璃州，有一种叫"昌公"的民间舞蹈。在登嘉楼州，有一种由 3 ~ 6 人表演的战争舞。在马来西亚大多数地区，还有一种叫作"浪迎"的土风舞，舞蹈者模仿风、浪的动作，惟妙惟肖。在马来西亚东部的沙巴，还有"苏玛曹""羽毛舞"等民族舞蹈。总之，马来西亚的民间舞蹈艺术非常丰富，各民族都有自己的传统舞蹈，并且极具民族特色。

马来西亚最流行的戏剧是一种叫作"瓦扬"的皮影戏，当地人称作"哇扬古力"，是吉兰丹州一种传统的戏剧表演形式，演出方式与中国民间的皮影戏相同。"瓦扬"起源于印度尼西亚的爪哇，中世纪时传入马来西亚。皮影戏剧目的内容一般为《罗摩衍那》《摩诃婆罗多》和《潘吉》中的故事。在马来西亚北部与泰国相邻的一些地方，还流行一种名叫"文多拉"的歌剧，是从泰国传入的。在华人聚居区则流行京剧，以及福建、广东、海南等省的地方戏剧[②]。

二、马来西亚的建筑与雕刻艺术

受地理环境和历史传统的影响，马来西亚的建筑极富民族特色。古代马来西亚的建筑极少用砖石，现存的古建筑大多是一些面积不大的木结构建筑。建筑年代距今也仅有一二百年。马来西亚现存的古建筑，多是一些 4—15 世纪的石寺、石墓，这类古

---

① 马燕冰等：《列国志·马来西亚》，北京：社会科学文献出版社，2011 年，第 265 页。
② 马燕冰等：《列国志·马来西亚》，北京：社会科学文献出版社，2011 年，第 265 页。

建筑带有印度教的风格。随着伊斯兰教传入马来西亚，古代印度风格的建筑迅速消失。15世纪以来，马来西亚的民族建筑发展迅猛，王公贵族建造了大量木结构的宫殿、宅第。15世纪中叶，马六甲王朝建造了富丽堂皇的木结构宫殿，综合了泰国及其他一些国家的建筑风格。传统建筑艺术主宰马来西亚建筑取向400多年，由于木结构建筑容易被蛀蚀或遭受火灾等破坏，保存至今的古建筑寥寥无几。马来西亚现存最古老的木结构建筑是森美兰首府芙蓉的宫殿，这些多层的木结构房屋修建在低平的平地上，房顶有飞檐，宫殿建筑用的木板上雕刻着各种花纹。近代以来，随着外国移民迁居马来西亚，带来各种各具特色的建筑风格和艺术。目前，马来西亚城市的建筑趋于多元化，综合风格的建筑越来越多。一大批现代化高楼大厦拔地而起，最著名的当属马来西亚石油公司的"国油双峰塔"。

马来西亚的雕刻艺术源远流长，在马来西亚出土的东山文化铜鼓上，就雕刻着头戴羽毛和鹿角的人头像。有的铜鼓上还雕有日月星辰、帆船、树木、动物等。一些生产、生活用具上也雕刻着人物、动物、植物。古代马来西亚的雕塑深受印度文化的影响，在马来西亚出土的7世纪的"鱼肠剑"，剑身呈波浪形，剑柄雕刻有印度神话中的神雕、神猴、恶鬼等。在吉打州发现的一座建于4—10世纪的小乘佛教与印度教的庙宇中，也有佛像、莲花等雕塑作品。马来西亚现代雕塑艺术融合了西方的雕塑艺术风格，形式更加多样，较有名的有木刻艺术、金属雕刻艺术等。其中，用锡和合金锡制造的雪兰莪锡雕制品闻名于世，富有现代特色和国际流行风格。铜雕工艺有匕首、刀剑、香炉、盘碟等[①]。

第七节　传承与吸收并重的印度尼西亚艺术

印度尼西亚人民能歌善舞，多才多艺，他们在音乐、舞蹈、戏剧、美术、建筑等领域都有着丰富的想象力和创造力，创造出了丰富多彩而独具特色的文化艺术。印度尼西亚的主体民族也是马来族，所以与马来西亚在文化艺术上有许多相似之处。马来民族有着自己独特的艺术传统，哪怕在不同时期受到不同宗教文化的影响，特别是在17世纪上半叶印度尼西亚群岛完全"伊斯兰化"后，马来族仍然大量保留着"伊斯兰化"之前的各种民族传统文化因子。在遭受西方300年的殖民统治后，在文化上也只是汲取西方文化艺术的一些特点而已。总之印度尼西亚人顽强地传承着自己的民族传统艺术，并在一定程度上加以改进。

---

① 马燕冰等：《列国志·马来西亚》，北京：社会科学文献出版社，2011年，第272页。

一、印度尼西亚的音乐与表演艺术

印度尼西亚民族众多，各民族的音乐各具特色。爪哇族音乐的旋律悠扬、柔和，音调低沉；西爪哇巽达族音乐的曲调与爪哇族的相似，但更缠绵、伤感；巴厘族的音乐气势雄浑；马鲁古和巴达克族的曲调热情奔放；马来族的曲调则活泼明朗，节奏欢快。在印度尼西亚丰富多彩的民间音乐中，加美兰、昂格隆、格朗章和当都特是流传最广、最具代表性的民间音乐。

加美兰是亚洲最著名的音乐之一，加美兰是爪哇语，既指以金属敲击乐器为主体的合奏音乐，也指演奏这种音乐的乐队。加美兰具有悠久的历史，在建成于9世纪的大型庙宇婆罗浮屠的浮雕上，已经可以看到现代加美兰乐队中一些乐器的图形。在13世纪末至16世纪初的满者伯夷王朝时期，大型加美兰乐队的乐器已基本齐备，16世纪以后已经形成规模相当大的乐队。此后加美兰乐队被普遍用作皮影戏、戏剧和舞蹈的音乐伴奏，同时也被用到宗教仪式上[1]。据专家们推测，加美兰音乐大约在15世纪形成，至今已有500多年的历史，它深深植根于印度尼西亚的土壤中，在民间有着深厚的基础。加美兰后来出现了四种具有宗教风格的音乐分支：西爪哇加美兰、中爪哇加美兰、东爪哇加美兰和巴厘岛加美兰。加美兰是印度尼西亚音乐艺术的瑰宝，在历史上深受各阶层人士的喜爱，今天加美兰已经成为世界民族音乐中的一朵奇葩。

昂格隆是印度尼西亚特有的一种民间乐器——竹管琴，昂格隆为象声词，特指这种乐器演奏时发出的声响，它利用竹筒和竹棍的相互碰撞而发声。昂格隆源于西爪哇和北苏拉威西岛，昂格隆乐队既能突出主要旋律，又能奏出丰满的和声，能够演奏各种大型的、现代的乐曲，现流行于西爪哇。

格朗章本是一种类似吉他的四弦琴乐器，格朗章音乐是用这种四弦琴，加上小提琴、大提琴和吉他等乐器演奏的，最初由葡萄牙人在16世纪带入印度尼西亚，特点是悠扬婉转，适于抒情，它在印度尼西亚传播的过程中吸收了印度尼西亚各地本土的音乐元素，形成了不同的风格。

当都特是一种用鼓伴奏的音乐，最早流行于马来族，是在伊斯兰乐曲基础上吸收印度歌曲的曲调，后来又加入中东、拉美的音乐元素演变而成的，特点是激越流畅、热情奔放。班顿诗，又名马来民歌，是一种四行体的诗歌，广泛流行于印度尼西亚和马来西亚。班顿诗历史悠久，是马来民族固有的诗歌形式，常被用于即兴的说唱和多方连唱。

根据舞蹈的内容和表演手法，印度尼西亚舞蹈可以分为古典舞和现代舞蹈。古典

---

① 唐慧等：《印度尼西亚概论》，广州：世界图书出版广东有限公司，2012年，第138页。

舞大多取材于印度两大史诗《罗摩衍那》《摩诃婆罗多》中的传奇故事和印度尼西亚各地的历史故事。现代舞多是在印度尼西亚民间舞蹈的基础上吸收其他国家尤其是西方国家的舞蹈艺术而创编的新型舞蹈，其典型代表是根据《罗摩衍那》史诗及印度尼西亚民间故事改编的芭蕾舞。按舞蹈的功能来分，印度尼西亚舞蹈可分为礼仪性舞蹈和娱乐性舞蹈。礼仪性舞蹈是在举行各种礼仪活动时跳的舞蹈，包括宗教舞、宫廷舞、迎宾舞、婚礼舞、丧礼舞等。娱乐性舞蹈则是人们在喜庆和休闲娱乐时跳的舞蹈。这类舞蹈多为民间舞，有不少是表达庆贺丰收等欢乐心情的，有的则是模拟自然风物或表现男女爱情的，例如伞舞、扇舞、孔雀舞、盘烛舞等①。按地域划分，印度尼西亚舞蹈又可分为爪哇舞、巴厘舞、苏门答腊舞、加里曼丹舞。其中，爪哇的舞蹈比较悠慢、细腻；巴厘的舞蹈基础是爪哇舞，因此在风格上有许多相似之处，但巴厘的舞蹈形式更为丰富多样；苏门答腊马来族的舞蹈以热情、欢快著称；加里曼丹和东部偏远地区的舞蹈相对比较粗犷、简单，带有原始宗教色彩，尤其是西伊里安各土著民族的舞蹈，节奏感十分强烈，极富感染力。

印度尼西亚的戏剧形式多样，最著名的是皮影戏、格莱克木偶戏。皮影戏是印度尼西亚历史最悠久、影响最深远的民间戏剧形式。有人认为印度尼西亚的皮影戏源自中国，也有人认为印度尼西亚的皮影戏产自本土，8 世纪已有雏形，11 世纪开始流行。印度尼西亚皮影戏的内容大多取材于印度两大史诗《罗摩衍那》《摩诃婆罗多》中的神话故事，有的也取材于印度尼西亚的历史故事。按照剧目的内容和表演方式的不同，印度尼西亚皮影戏又可分为许多种，包括古代皮影戏、中期皮影戏和格都皮影戏等。现代印度尼西亚皮影戏的内容与时俱进，增加了潘查希拉（建国五项原则）、苏鲁火炬、瓦赫由（天启）、甘奇儿等皮影戏种类②。

格莱克木偶戏流行于西爪哇地区，主要在丧葬仪式中表演。一般来说，格莱克木偶戏分为"布尔哇"和"迈纳克"两类。"布尔哇"意为"古代的""古老的"，这类剧目大都是表演两大印度史诗《罗摩衍那》《摩诃婆罗多》中的神话故事；而"迈纳克"意为"贵族""官绅"，这类剧目主要取材于具有伊斯兰文化色彩的波斯和阿拉伯故事，其中最为常见的是先知穆罕默德的叔父阿米尔·哈姆扎的故事。

二、印度尼西亚的建筑与雕刻艺术

印度尼西亚的建筑和雕刻艺术非常发达，古代印度尼西亚群岛艺术发展水平最高的几个岛屿是爪哇岛、苏门答腊岛、巴厘岛。11 世纪以前的印度尼西亚雕刻和建筑完

---

① 唐慧等：《印度尼西亚概论》，广州：世界图书出版广东有限公司，2012 年，第 140 页。
② 王俊：《世界我知道·印度尼西亚》，长春：东北师范大学出版社，2012 年，第 140 页。

整保存下来的相对较少，它们主要带有印度艺术的风格。建于 8—9 世纪夏连特拉王朝时期的婆罗浮屠是印度尼西亚现存最重要的佛教建筑，同时也是世界上最大的佛塔群。它工程浩大、气势宏伟，上面布满了佛龛和佛塔，并有上百座佛像和上千幅佛经雕刻，是佛教艺术的代表之作。巴厘岛上也到处林立着石雕神像和印度教庙宇，有器宇轩昂、正气凛然的善神，也有锯齿獠牙、面目狰狞的恶神。巴厘岛的庙宇众多，有"千寺之岛"的美称。在众多的印度教神庙中，最为著名的当数拥有千年历史的百沙基神庙。百沙基神庙建于 8 世纪，为层级石雕建筑，与吴哥窟相似，而且作为历代王族的家庙，受王室人员的祭拜，所以在当地有着极高的威信，被称为巴厘岛的"中央寺庙"[1]。

　　11 世纪以后，印度尼西亚建筑和雕塑艺术的发展逐步摆脱印度艺术的影响。到 14—15 世纪，不仅与印度艺术分手，而且与印度的美学思想分离，呈现出完全由马来人自己创造的特征。另外，印度尼西亚古代建筑高度发达的极盛时期，也随着佛教和印度教王国的衰落而逝去，建筑艺术在技法上的衰退是显而易见的。在 13 世纪以后的新柯沙里王朝和满者伯夷王朝时期，印度教的湿婆信仰与佛教进一步融合。苏门答腊的建筑和雕塑与爪哇岛的有密切关系，但从宗教上看，其佛教色彩更浓厚一些，主要遗存有 14 世纪的佛寺和观音像，而满者伯夷的都城如今只遗留地基。

　　13 世纪末，伊斯兰教传入爪哇、苏门答腊和马六甲后，清真寺建筑随之兴起，现存最早的清真寺是 15 世纪的建筑，在爪哇，典型的清真寺都为二层屋顶的建筑，上层呈金字塔形，主体建筑一般有 4 根柱子，当时清真寺规模都不大，最著名的是建于 1481 年的淡目王室清真寺。在爪哇和马六甲也有多层方形宝塔式清真寺，其建筑风格是从中国传入的，因为在当时的西亚并没有此类建筑。在爪哇岛东邻的巴厘岛，印度风格的建筑和雕刻艺术在这一时期仍有发展。14 世纪以后巴厘岛并没有伊斯兰化，而是发展出了一种将巴厘岛上的多神崇拜与印度教结合起来的巴厘印度教。巴厘岛人虽然也崇拜印度教的三大神，但更多地供奉与日常生活相关的神。反映在宗教建筑上，除了供奉梵天、湿婆、毗湿奴的印度教神庙和佛教石窟，还出现了为数极多的祭拜太阳神、水神、火神、风神等自然神的庙宇。这些庙宇的墙壁、石基、横梁、神龛上雕有各种神像、飞禽走兽、奇花异草的浮雕。许多寺庙保存至今，其中最为著名的是位于阿贡山的百沙基神庙，庙内有许多巴厘印度教的神龛石像。巴厘印度教的全民性以及巴厘岛艺术与宗教极为密切的联系，使得巴厘岛的建筑和雕刻艺术成为一种具有全民性的艺术，这大约是巴厘岛艺术与爪哇艺术的不同之处。正因为如此，巴厘岛雕塑艺术的传统特别深厚，直到今天，巴厘岛的雕刻艺术仍然闻名于世[2]。

---

① 唐慧等：《印度尼西亚概论》，广州：世界图书出版广东有限公司，2012 年，第 162 页。
② 贺圣达：《东南亚文化发展史》，昆明：云南人民出版社，2011 年，第 263 页。

第八节　打上鲜明西方文化烙印的菲律宾艺术

菲律宾是一个多语言、多文化的海岛型国家，民族的多样性和菲律宾诸岛的离散性，导致历史上菲律宾一直未能形成统一的艺术与文化。菲律宾位于东南亚相对偏僻的东部，长期处在太平洋与印度洋主航线的外围，古代文化发展也较为滞后。即使如此，菲律宾仍然不可避免地受到外来文化的影响，印度文化、中国文化、阿拉伯文化、天主教文化对菲律宾的艺术与建筑都产生了深远的影响。相对而言，菲律宾的本土原生文化特征在古代表现得更加显著，在公元前后，外来文明尚未进入东南亚岛国时，菲律宾民族与印度尼西亚、马来西亚民族有许多共同的物质文化、精神文化和宗教信仰。虽然今天人们只能在这些国家的山区及居住于封闭环境的民族中才能找到一些彼此之间相似的文化，但也足以说明东南亚各岛国的民族之间有着悠久的文化联系。到了近现代，由于菲律宾受到西班牙四个半世纪的统治，随后又遭受美国的殖民统治，所以在文化上更接近于西方。

一、菲律宾的音乐与表演艺术

菲律宾的音乐文化是从最早属于马来人文化范畴的许多群体之中发展起来的。18世纪以来，菲律宾的音乐经历了巨大的变迁。首先是与欧洲特别是与西班牙人的广泛混杂，不仅使生活方式发生改变，而且语言和音乐也彻底西方化。近年来，又受到美国文化的强烈影响，大多数人喜爱的音乐主要是通俗歌曲以及曼陀林、吉他、键盘乐器等一些极为流行的器乐曲类型。天主教礼拜音乐和西方古典音乐也是菲律宾音乐的主要内容。尽管菲律宾人的种族和文化比较混杂，然而其中的亚洲成分还是占有相当的比重，当传统器乐和舞蹈与西方风格并呈时，这一点就体现得非常明显。菲律宾人不固守纯亚洲风格，而是在其音乐中公开展示西方的成分，与亚洲其他国家接纳西方音乐文化的情况相比，这一点应当被看作有其独特的意味①。

菲律宾的音乐跟宗教有着密切的联系，菲律宾北部和中部的民族主要信奉天主教，南部地区部分民族信奉伊斯兰教，山区的少数民族主要信奉原始宗教。在菲律宾的平原地带，由于宗教信仰的关系，歌曲、舞曲和器乐曲都深受西班牙音乐的影响，从而让人感觉到明显的南欧风味。西方的古典音乐、宗教圣歌、音乐理论、音阶、和声、发声法等无不渗入菲律宾的音乐文化之中，西方的乐器与菲律宾的传统乐器交相使用，西班牙的吉他早已是菲律宾人不可或缺的乐器，菲律宾人的乐天知命、西班牙人的热

---

① 韩燕平：《菲律宾的音乐和舞蹈》，《中国音乐》，1994年第1期。

情充分反映在菲律宾的音乐文化中，形成一种东方式拉丁的魅力。本土民族文化与西方文化融合形成的抒情歌曲、三拍子节奏、小调歌曲、西方的管弦乐器、钢琴等，在平原地区非常受欢迎。

在北部山区，高山峻岭的天然屏障使得传统音乐得以保存，伊戈罗、卡林加、伊富高等民族音乐保持了传统风格，有集体劳动、宗教祭祀、喜庆节日等礼仪，歌唱形式多为领唱与合唱，音乐为五声音阶，重要乐器有锣、鼓和各种竹乐器，如鼻笛、竹弦琴和竹口琴等，还有著名的竹乐团。最能代表菲律宾传统音乐特点的就是这种"竹音乐文化"，而"竹音乐文化"主要表现在用竹子制作的各种乐器、竹乐团及各种"竹竿舞"。菲律宾是世界上竹制乐器最丰富的国家之一，有竹口簧、竹蜂音器、竹笛、竹箫、竹提琴等。菲律宾的"竹竿舞"历史悠久，可以用各种方式去表演，既有民间文体式的竹竿舞，又有以优雅舞蹈表演为主的竹竿舞。今天菲律宾的竹竿舞，既继承了传统的民族文化，又与现代的舞蹈文化相结合，使整个舞蹈充满激情，富有菲律宾现代民间生活的气息。

在南部地区，棉兰老岛和苏禄群岛穆斯林音乐文化属于阿拉伯风格的马来音乐，如《古兰经》的吟唱、史诗或赞美诗的吟唱等。演唱中普遍使用"库林堂"的排锣，这种乐器主要演奏传统乐曲，也为舞蹈伴奏。

在舞蹈表演上，菲律宾的舞蹈类型丰富多彩。除了上述的"竹竿舞"，菲律宾最原始的舞蹈是苏禄岛渔民为打鱼而进行祈祷所跳的舞，称为"祈祷舞"，舞蹈表现了渔民的热情，动作优美，是有代表性的传统风格舞蹈。此外，还有"闪光舞"，跳舞时举在每只手上的烛光旋转着；"凉鞋舞"，木制的凉鞋被脱下来敲击节奏；"椰子舞"，表演者身上带的椰子和手中拿的椰子互相撞击；"鸭舞"是模仿鸭子在池塘中戏耍。舞蹈的艺术风格与杂技技艺结合在一起，非常引人入胜。

二、菲律宾的建筑与雕塑艺术

菲律宾的建筑风格丰富多样，东西方结合、现代与传统并存是其主要特征。菲律宾地处热带，周围皆是海洋，属于群岛国家，因为气候酷热、潮湿，雨季受台风影响，所以这里的建筑风格与气候特征密切相关。

菲律宾的土著居民多为新马来人，他们的传统住房是建在陆地、水旁或水上的高脚屋，属于干栏式建筑。这种建筑的下部架空，便于防水、防潮、防虫。上部居住，四面开连续的窗户，便于通风。陡峭的屋顶以树叶覆盖，既便于排泄雨水，又便于隔热。这种房屋适合热带多雨、多日晒、多地震的环境，但显得极为简陋。目前，菲律宾农村地区大都保留着这种传统住房。此外，吕宋岛北部的巴格波人、巴拉望南部的科诺伊人还住在搭建于树上的树屋中。萨马尔人居住的木屋搭建在海上，木桩插入水中作为支撑，当地人称它们为"渔村"，或"水上部落"。较大的渔村用木板搭建长桥作为道路，离海面二三米。苏禄海上的巴焦人和他们的祖先一样，居住在船屋中。

16世纪中期，西班牙人占领菲律宾中北部，随后300多年的殖民统治，使菲律宾成为亚洲地区唯一以天主教为国教的国家，欧洲文化深刻地影响着菲律宾。19世纪末，美国取代西班牙统治菲律宾，使菲律宾又转而受到美国文化的影响。该时期菲律宾的建筑在西方建筑艺术的影响下，具有十分明显的古典欧洲哥特式建筑色彩，许多近代历史建筑在首都马尼拉得到完好保留。建于1599年的圣奥古斯丁教堂，是菲律宾最古老的西班牙式天主教堂，同时也是菲律宾境内最古老的石造建筑之一。菲律宾最重要的罗马式天主教堂是马尼拉大教堂，既有古建筑的厚重，又与现代建筑交相辉映，古老与现代共存相融。此外，自明朝起中国移民的广泛商业活动，伊斯兰教在菲律宾南部岛屿的传播，"二战"期间日本人的侵占，对菲律宾的经济和文化都有很深的影响。因此可以说菲律宾建筑艺术是当地文化、西班牙文化、中国文化、美国文化和日本文化的综合体。如今，菲律宾高耸的城市教堂与现代化大厦、西班牙殖民地风味的住宅与红墙绿瓦的佛家寺庙、古典复兴式样的政府机构与日本式的街坊住宅相辉映，再配以热带椰林、明媚阳光、四季的鲜花绿地，构成了菲律宾独特的城市景观[①]。菲律宾其他地区的建筑也各具特色、花样繁多。红砖、红瓦加上深棕色的木结构建筑物多为北部省份的建筑，既小巧又简约；草木结构的建筑多为南部群岛居民居住的建筑，对气候的适应性强。

历史上菲律宾的雕刻艺术已达到很高水平，包括竹雕、木雕、石雕、象牙雕等，技艺精湛，具有民族色彩。16世纪西班牙殖民统治菲律宾后，菲律宾的雕刻艺术主要集中在天主教大教堂中，如圣奥古斯丁大教堂里面就收藏了大量的菲律宾精美雕刻。在菲律宾众多民族中，以伊富高人的雕刻最为有名，有专门从事雕刻的伊富高人制作反映伊富高人生活题材的工艺品。

---

① 汤羽扬：《本土建筑与外来文化的相融——菲律宾建筑给我们的启示》，《华中建筑》，1990年第2期。

第七章　东南亚文化发展概观

第一节　东南亚文化发展的阶段

东南亚文化发展的历程较为复杂，但大致上可分为四个阶段，四个阶段既前后相继，又有自己的特点，相较于前一个阶段有着明显的变化。

原始文化的形成演变是东南亚文化发展的第一个阶段，它始于旧石器时代，结束于公元前后早期国家的出现。东南亚最早的原始文化是旧石器文化，早中期以砍砸器和刮削器为主，而且这些石器在风格和类型上大多属于"中国型"，可见东南亚旧石器文化与中国有着密切的联系。东南亚旧石器文化经过数十万年的发展，到距今 1 万年左右的中石器时代，形成了和平文化，这种文化一直延续到距今 6 000—5 000 年的新石器时代早期。这一时期东南亚原始文化得到较大的发展，石器种类更加丰富，做工更加精细，陶器开始产生，史前岩画出现，人们的艺术观和审美观开始萌生。同时，二次葬、屈肢葬等丧葬方式开始出现，陪葬品日渐丰富，可见原始的宗教信仰和神灵崇拜开始萌芽。随着生产工具的进步，东南亚的稻作文化也开始形成，稻作农业的产生大大加快了东南亚文化发展的速度，并对此后东南亚人民的信仰、性格、饮食等方面产生了深远影响。

距今 5 000 年左右，东南亚开始进入新石器时代，以北山文化的出现作为标志。北山文化以石器局部（刃部）磨光为特征，"北山型"石器在东南亚的半岛和海岛国家都有发现。东南亚地区在北山文化之后，进入了新石器文化的中晚期，也是东南亚原始文化的发达时期。该时期东南亚石器文化大放异彩，出现了有肩石斧文化、长方石斧文化、圆筒石斧文化三种石斧文化，还有一种有段石锛文化，石斧和有段石锛的广泛制作与使用，是新石器发展的一个重要特点，说明东南亚石器文化已经发展到一个高级阶段。除了石器的进步，该时期东南亚陶器也大量制作并广泛使用，其主要特色是以"几何印纹陶"为主，这些陶器的纹饰丰富多彩，反映了某些图腾崇拜，也充分体现了当地原始居民的审美情趣和艺术创造力。在新石器时代后期和金石并用时期，东南亚又出现了独具特色的巨石文化，它是一种用巨石来表现某种宗教信仰的文化，属于史前人类用巨大的石块制作的遗物，主要以石瓮、石棚、石棺、石板墓为主，作为葬具和祭祀的一种形式。在东南亚大陆地区主要分布在越南、老挝和泰国东北部，在海岛地区广泛分布于印度尼西亚群岛、菲律宾群岛。巨石文化的出现，说明此时东南亚地区原始公社不断发展，特权阶级已经出现，它是东南亚原始宗教观念和阶级意识萌芽的重要表现。

东南亚的青铜时代与金石并用时代是同时存在的，一些地方在金属工具出现后仍然大范围地使用石器。东南亚大陆地区约在 4 000 年前已经普遍出现青铜器，约 2 500 年前已经大量使用铁器。海岛地区金属工具的出现较晚，青铜器和铁器的使用约在 2 000 年前。大陆地区的青铜文化以东山文化、班清文化等为代表，在海岛地区以菲律宾巴拉望岛的"他奔洞穴遗址"为代表。这一时期是东南亚原始文化发展的高级阶段，青铜器和铁器出现，陶器制作技术进步，出现了大量的彩陶；铜鼓文化发达，被认为是东南亚原始文化的集大成者；稻作种植进步，农业社会形成。这些都对后一阶段的文化发展产生了深远的影响。

东南亚古代文化的孕育期是东南亚文化发展的第二个阶段，开始于公元前后早期国家形成时，大致结束于 11 世纪。该时期的东南亚文化在当地原始文化长期发展的基础上接受和吸纳印度文化和中国文化，形成新的文化，虽然保留了原始文化的一些特点，但本质上已经属于印度文化或中国文化的范畴，外来文化成为当地古代文化的核心内容，并通过宗教、文字、建筑、文学、艺术等诸多方面表现出来。外来文化和宗教的传入，并与当地社会原有的文化融合，加上统治阶级有选择性地接纳与改造，塑造了该时期当地古代文化的发展方向。虽然该阶段外来文化在东南亚得到广泛传播，但接受群体的分层化非常明显。该时期不管是印度文化还是中国文化，往往都是在官方或社会上层中得到传播，对东南亚基层社会的影响极为有限，多数普通民众仍然信奉传统的原始宗教或祖先崇拜。作为外来文化的重要载体，宗教的传播起到了极为重要的作用，婆罗门教—印度教、佛教、儒学、道教等得到上层社会的接纳，尤其是婆罗门教—印度教、佛教对这一时期东南亚文化的发展产生了极为深远的影响，影响到早期东南亚大部分国家的政治制度、文字、文学、艺术、建筑等诸多方面。但是早期东南亚大部分国家都没有确立某一宗教的独尊地位，往往呈现出婆罗门教、佛教、原始宗教并存的状态。今越南北部在 10 世纪中期以前隶属中国封建王朝统治，自汉武帝时期确立儒学的独尊地位后，儒学的传播仍然局限于当地官僚阶层和知识分子之中，而道教、北传佛教、原始宗教依旧十分盛行。总之，该时期除了今越南北部接受中国文化的濡染，东南亚其他地方普遍接受了印度文化。但是，这一时期东南亚的民族国家还没有形成，外来文化与本地文化的结合也还没有产生稳定的形式，因此这只是东南亚古代文化的孕育期。

东南亚古代文化的成型期是东南亚文化发展的第三个阶段，大致始于 11 世纪，终于 19 世纪中叶。东南亚古代文化的基本面貌和大多数东南亚国家的民族文化在这一时期基本成型。这一时期，中国文化、小乘佛教、伊斯兰教、天主教在东南亚不同国家分别确立了其主流文化的地位。13—16 世纪，东南亚大陆地区的柬埔寨、泰国、缅甸、老挝诸国和海岛地区诸国分别选择了由印度和斯里兰卡传入的小乘佛教文化和由阿拉伯传入的伊斯兰文化，实现了宗教的局部统一。在今越南北部，儒学、佛教、道教并存，中国文化在今越南北部独立后的各封建王朝仍然长期占据主流地位。在菲律宾，16—17 世纪受到西班牙的侵略并沦为其殖民地，西班牙在其直接控制的菲律宾中部和北部地区大力推广天主教文化，使天主教在菲律宾得到迅速传播，到 18 世纪，菲律宾中部和北部地区的多数居民已皈依天主教，而南部地区的居民仍然信奉伊斯兰教，菲律宾的宗教和文化在这一时期已大致成型。19 世纪中叶，东南亚各个国家或地区的主流文化已经成型。

东南亚文化的转型期和近现代化是东南亚文化发展的第四个阶段，大致始于 19 世纪中叶，并延续至今。该时期东南亚文化变迁和转型的主要原因是西方文化的冲击和影响，从 19 世纪中叶到"二战"结束后的一段时间，除了泰国保持着名义上的独立，东南亚各国相继沦为西方的殖民地或保护国，为此西方的民主自由思想和基督教文化得到广泛传播，东南亚各民族传统文化受到巨大挑战，东南亚文化转型和发展的主要方向趋向于近现代化和民主自由化，传统文化与西方文化进一步融合。此外，该时期大量的中国移民进入东南亚，中国传统文化和近代中国文化扩大了在东南亚的影响，特别是孙中山的革命思想对东南亚的民族独立运动产生了巨大的影响。正是西方文化的进入和中国文化的进一步传播，使得东南亚文化的多元性和多样化进一步发展。随着现代化的推进，各种文化的交汇并存也越来越明显，而且在政治上逐渐表现为西方化。但在多元宗教的背景下，传统宗教的影响力也在不断复苏，而且影响着各国政治文化的发展，使得东南亚各地文化上的差异性也迅速扩大。今天东南亚文化的发展明显呈现出多样性和多元化，难以形成一个统一的文化圈。

第二节　东南亚文化发展的特征

东南亚是一个较为完整的地理单元，绝大部分处于巽他地块的范围之内，但是其文化却仅仅具有相对的统一性。与东南亚文化的多样性和多元性相比，东南亚文化的"统一性"是非常有限的，至今也没有一种在整个东南亚范围内占主导地位的文化体系。而且东南亚文化的统一性或整体性在不同阶段的表现程度也不同，随着历史的发展，东南亚文化的整体性呈现出不断减弱的趋势。东南亚在文化上的"整体性"，更多地表现在其早期历史发展阶段，特别是在11世纪之前。虽然今天东南亚许多民族在风俗习惯和原始宗教信仰上也有很多相似性，如祖先崇拜、万物有灵的观念等，但都不足以支撑东南亚是一个文化整体这一论断。大量的考古发现证明，东南亚各地的新石器文化具有较高的一致性，在公元初至13世纪又普遍受到印度文化的影响，乃至被法国学者赛代斯称为东南亚的"印度化"时期，在这一时期东南亚文化的相对统一性较为明显。造成这种文化相对统一性的主要原因，与东南亚地理环境、民族迁徙、早期历史阶段社会生产力的落后以及印度文化的广泛传播等诸多因素有关。东南亚文化上的一致性形成于新石器时代，当时亚洲大陆有多批移民南下，进入东南亚的大陆地区和海岛地区，并且很快在这些地方占据主导地位；另外，东南亚各地的早期移民又长期生活在大致相同的地理环境内，没有衍生出新的原始文化，因此东南亚新石器文化的统一性非常明显。此后，由于较为容易取得生存资料的地理环境和落后的社会生产力的影响，东南亚村社长期存在，又使得新石器时代形成的文化与村社制度浑然一体，大量表现为具有广泛性和保守性的村社文化。早期东南亚社会和文化的这些特点，又使它更容易受到宗教气息极为浓厚的印度文化的影响，所以公元元年前后至11世纪，除了越南北部，印度文化在东南亚占据主导地位。此外，由于气候和农业种植习惯方面的原因，整个东南亚的稻作文化影响深远，成为东南亚文明发展的物质基础，这在东南亚各国都是相似的。当然，即使在早期历史阶段，由于社会生产力发展的不平衡、各地在地理环境上的相对差异，比如沿海和内地、山地和平原、半岛地区和海岛地区，以及外来文化影响的不同，东南亚内部已经呈现出多样化和差异化发展的趋势。例如，当时越南北方属于中华文化圈的一部分，明显不同于受印度文化影响的东南亚其他地区；由于菲律宾所处的地理位置较为偏远，受到外来文化的影响较为有限，所以早期菲律宾文化长期停留在原始阶段。但是总体来看，11世纪之前的东南亚文化具有较高的整体性。

11世纪以后，东南亚文化发展的多样性和多变性是显而易见的。东南亚地处亚洲与大洋洲、太平洋与印度洋的"十字路口"，又处在中国、印度两大文明古国之间，受到中华文明和印度文明的辐射，加上其自生的原始文化无法满足社会发展的需求，接纳和吸收外来文化成为东南亚文化发展的重要方式。但是东南亚各地区由于地缘位置的不同和地理环境的相对分散性、封闭性，各地区对外来文明的选择和受外来文明影响的程度存在较大的差异；影响到东南亚各地吸收的外来文化也不是单一的，印度文化、中国文化、阿拉伯文化、西方文化在不同时期对东南亚不同地区产生过不同的影响，外来文化的多元性是导致东南亚文化多样性的重要原因。除了外来文化的影响，社会经济、政治发展以及民族迁移等因素，也对东南亚文化发展的多样性产生着影响。11 世纪以后，东南亚发展进程加快，随着社会生产力的发展、对外交往的扩大与多样化，越族、泰族、缅族等民族逐步建立以本民族为主体民族和统治民族的早期国家，东南亚文化的发展越来越明显地呈现出多样性和复杂性的特点。今越南北部在 10 世纪中期建立独立国家，并长期受中国文化的影响，确立了儒家文化的统治地位。缅甸在 11 世纪出现了由缅族人建立的蒲甘王朝，此后小乘佛教成为占统治地位的宗教，影响遍及社会生活和文化发展的各个方面。接着泰国、老挝、柬埔寨也在 13—15 世纪基本上完成了小乘佛教化的过程。在海岛东南亚地区，13 世纪以后伊斯兰教的影响迅速扩大，15 世纪出现了强大的伊斯兰教王国马六甲，至 16 世纪，伊斯兰教已成为印度尼西亚群岛和菲律宾南部各王国占统治地位的宗教。

16 世纪以后，由于西班牙的入侵，天主教逐渐成为菲律宾占统治地位的宗教。到了近现代，除了泰国，东南亚各国纷纷沦为西方国家的殖民地，使得西方文化作为一种强势文化得以迅速传播，近现代东南亚文化就是在不同传统文化与西方近现代文化相互融合的基础上形成的，它们构成了东南亚文化的多样性。这种状况，既与东南亚各国近代分别沦为不同西方列强的殖民地有关，也与东南亚各国属于不同的文化圈有关，它们既保留了不同文化圈的传统宗教思想，又接受了 19 世纪西方民主自由等思想，西方的殖民统治和政治、文化移植是近现代东南亚文化形成的重要原因。

在东南亚文化的长期发展过程中，总体上已经形成了佛教文化、伊斯兰文化、中国文化、西方文化四种主要文化类型。这些文化具体到某个国家、某个区域或某个民族上，又有不同的表现形式，这样便构成了东南亚文化的多样性和多元性。除了多样性，多变性也是东南亚文化发展的一个重要特征，东南亚各地区在不同历史时期进行着不同的文化选择，而且占主导地位的文化往往具有阶段性。东南亚的原始文化阶段维持了很长时间，但在公元初年迅速过渡到印度化文化阶段，且印度化文化在东南亚大部分地区维持了十多个世纪的主导地位。到了 13 世纪，东南亚各地又进行了一次新的文化选择，中南半岛地区最终实现了小乘佛教化，而海岛地区则广泛接受了伊斯兰文化。16 世纪以来，西方基督教文化又在东南亚得以广泛传播，一些国家或地区又选择了西方基督教文化。总体来说，历史上东南亚没有一种自始至终都占主导地位的文化体系，更多的是不断进行文化融合，或者选择新的文化。

第三节　外来文化对东南亚文化发展的影响

最先对东南亚文化产生影响的外来文化是印度文化和中国文化，尔后是阿拉伯—伊斯兰文化在海岛地区产生重要影响，近现代则是西方文化对东南亚文化的发展方向起着主要作用。这些不同文化在不同时期传入，并不是简单的文化移植，而是不断渗透到原有的文化当中，与原有的文化相结合，形成了独具特色的新的民族文化。

一、印度文化的影响

印度文化对东南亚的影响体现在宗教、语言、文学、习俗和艺术等诸多方面，印度文化对东南亚的影响首先表现在宗教上。在印度文化传入东南亚各国以前，东南亚国家信奉的主要是以自然崇拜和万物有灵为特征的原始宗教，公元前3世纪以后，随着东南亚社会的发展和对外交往活动的增多，印度文化开始向东南亚地区传播，佛教、婆罗门教—印度教相继传入东南亚，并与东南亚本地的原始宗教逐渐结合。11世纪以前东南亚的婆罗门教—印度教盛行，大陆地区的骠国、扶南、真腊、占婆等和海岛地区的室利佛逝王国、满者伯夷王国有着高度发达的佛教和印度教文化。11—15世纪小乘佛教在中南半岛诸国流行，并成为这些国家的国教。印度宗教对东南亚政治、文化等的影响十分深刻，在政治上，形成了王权神授、王权与神权相结合的普遍特征；在文化上，由于印度宗教的传入，东南亚各国的语言、文字、文学、建筑、习俗等转向印度化。

伴随着印度文化的传入，东南亚国家也出现了印度的梵文和古典文学作品，印度史诗《罗摩衍那》《摩诃婆罗多》成为东南亚民族文化的重要组成部分。在绘画、雕刻、建筑艺术等方面，印度文化也给东南亚国家带来了深刻的影响，最具有代表性的是印度尼西亚的婆罗浮屠和柬埔寨的吴哥窟，突出体现了印度文化中的宗教思想和建筑风格。佛教及婆罗门教的宗教理念，构建了东南亚早期国家君权神授的统治观念和等级秩序，是印度文化对东南亚古代文化影响的重点，而梵文、巴利文、音乐、建筑、舞蹈、雕刻等对东南亚的影响，更像是印度文化与当地文化的结合。法国学者赛代斯将东南亚早期文化的发展称为"印度化"时期，可见印度文化对东南亚早期文化的影响之大。如今，东南亚的印度文化遗存，主要体现为缅甸、柬埔寨、泰国、老挝四国广泛信仰的小乘佛教，而越南、马来西亚、新加坡及散布各地的华人信奉的汉传佛教，则可视为印度文化与中国文化的混合体。

二、中国文化的影响

东南亚与中国有着深厚的文化渊源。由于历史和地理的原因，中国与东南亚各国在文化上有诸多的亲缘关系。

第一，在地理上中国与东南亚山水相连，长期发展起来的水陆交通，把中国西南部和南部沿海与东南亚各国紧密地联结在一起。

第二，今越南北部长期处于中国封建王朝的统治之下，即使在 10 世纪中期独立之后，仍然长期作为中国的藩属国，因此古代越南受到中国文化的影响是全方位的，包括儒学、道教、汉传佛教、文字、文学、艺术、科技乃至生活习俗等方面。以汉传佛教为例，汉魏以后，由于大量印度等地佛教高僧途经今越南来中国传法，许多中国僧人也取道今越南前往印度求法，古代越南因此成为中印之间佛教交流传播的通道，特别是中国与今越南北部之间存在的紧密政治关系，使得越南佛教深受中原汉传佛教的影响[1]。

第三，华人是中国与东南亚各国进行文化交流的重要桥梁。从唐朝开始，就有大量中国人移居东南亚，元明两代随着海上贸易的发展，到东南亚经商的中国人更多，从清后期到民国，大量农民和手工业者"下南洋"，东南亚侨民剧增，这些中国移民是中华文化在东南亚的主要传播者。

第四，众多的跨境民族，如苗族、傣族、瑶族、壮族等，使中国与东南亚存在着天然的联系。

由于以上的各种关系，中国文化对东南亚文化产生着巨大影响。

东南亚的语言中有大量的汉语借词，汉语词汇为东南亚各国语言所吸收，特别是在马六甲、槟榔屿和新加坡等地，汉语与当地语言结合形成了"巴巴马来语"。在文学上，中国古典文学作品在东南亚广为流传，明清四大名著、众多古代神话故事（比如"灰姑娘"的故事）、民间故事、诗歌曲目等被翻译成东南亚的民族语言，为东南亚文学所吸纳。在戏曲舞蹈上，中国南方各地的戏曲，如粤剧、闽剧等，对东南亚戏曲的表演方式和戏剧内容产生了重要影响。中国文化对东南亚国家最重要的影响体现为儒学的传播，儒学中的核心价值是围绕仁义来展开的，强调仁爱、精诚、忠恕、孝悌、信义等基本观念，这些观念主要体现在越南和新加坡两国的文化和道德理念上。

---

[1]　何劲松：《汉魏两晋南北朝时期的交州佛教及其同中原佛教的关系》，《世界宗教研究》，1989 年第 2 期。

三、伊斯兰文化的影响

在东南亚，伊斯兰教是本地区多元文化的重要组成部分。10世纪左右，就有穆斯林在海岛东南亚地区居住。从13世纪开始，伊斯兰教在海岛东南亚地区得到广泛传播，马来半岛、印度尼西亚群岛、菲律宾群岛南部相继伊斯兰化。经过几百年的发展，今天印度尼西亚、马来西亚、文莱三国的大部分居民都信奉伊斯兰教，伊斯兰文化深刻地影响着这些国家的政治、经济、生活习俗。

受伊斯兰文化的影响，这些国家的元首称为"苏丹"，除了世俗的法律，还有伊斯兰教法，穆斯林除了要遵守世俗法律，还要遵守伊斯兰教法，而且这些国家的大部分国民都拥有自己的伊斯兰教教名。在文字上，伊斯兰文化传入后，这些国家纷纷采用阿拉伯字母，并创立了一种"爪威文"，至今在一些地方仍在使用。在文学上，受阿拉伯文学的影响，在马来地区出现了传奇小说，很多文学作品、绘画、史书都涉及伊斯兰教的人物和经典故事。在建筑上，13世纪以后大量清真寺建筑随之兴起，大大小小的清真寺成为海岛东南亚国家最常见的宗教建筑。总体来说，到15世纪末，伊斯兰文化在海岛东南亚地区已经占据主导地位。由于伊斯兰教在东南亚主要依靠和平的方式传播，使得东南亚的伊斯兰教具有较为广泛的兼容性，所以这里原有的印度文化遗产也得以长期保存，原始宗教和印度宗教的残余同新传入的伊斯兰文化相融合，使得东南亚的伊斯兰文化独具特色。在西方殖民者入侵海岛东南亚地区以后，由于穆斯林在团结当地人民反抗殖民侵略中发挥了重要的作用，使得伊斯兰教得到尊崇。伊斯兰教在马来西亚被奉为国教，而印度尼西亚虽然没有宗教信仰的限制，却是世界上穆斯林最多的国家，可见伊斯兰文化在东南亚文化中具有重要的地位和作用。在这些国家，民族文化体现为对宗教教义的尊崇和保护，伊斯兰文化甚至被视为马来文化的象征。

四、西方文化的影响

西方文化在16世纪伴随着西方殖民者的殖民扩张传到东南亚，西方文化最早在菲律宾传播，而传教则是当时西方文化传播的主要方式。早期的西方文化以天主教文化为代表，只是此时天主教文化还带有强烈的封建色彩。与菲律宾较为落后的文化相比，天主教作为一种"先进"文化在菲律宾迅速传播开来，并深刻影响到菲律宾的语言、文字、文学、艺术。西班牙殖民者在菲律宾发展学校教育，通过学校传播天主教教义，推广西班牙语，并用拉丁文改造他加禄语，创制他加禄文，为他加禄语后来成为菲律宾的国语奠定了基础。在文学上，菲律宾产生了一大批中世纪性质的基督教文学和骑士文学。西班牙殖民者还将欧洲艺术形式和乐器引入菲律宾，将欧洲建筑艺术如哥特式建筑、巴洛克式建筑等带到菲律宾，营建了许多风格各异的天主教堂。

18世纪末以后，西方的近代文化开始在东南亚传播开来。此时西方殖民者加快了对东南亚的侵略，到19世纪末，几乎把整个东南亚变成了他们的殖民地。西方文化在东南亚的传播得到了强大的政治支持，对东南亚文化的影响越来越大。近代西方的民主与科学思想，自文艺复兴以来的各方面成果，开始在东南亚得到广泛传播和接受，特别是受到东南亚各国先进知识分子和新兴资产阶级的欢迎。在西方文化的影响下，一些国家开始了近代化改革，比如泰国拉玛四世和拉玛五世的改革；越南废除了汉字和喃字，改用拉丁拼音字母；其他沦为殖民地的国家在宗主国的带领下开始了近代政治、教育、习俗等多方面的改革。与此同时，东南亚各国在音乐、文学、艺术、建筑等方面也不断吸收西方文化的成果，对本国传统的艺术形式进行升级革新。西方文化对近现代东南亚文化的影响十分巨大，除了基督教文化得到传播，更重要的是近代西方政治思想和先进的科学文化大大地促进了近现代东南亚历史的发展。

纵观东南亚的文化发展，多样性、多变性和相对统一性是其突出特点，外来文明的进入和传播是促进东南亚文化发展的主要动力。东南亚文化的多元性是一个长期的过程，其本身的族群类别和来源就特别复杂，民族文化从形成之初便开始受到外来文化的影响，经过长期的发展，又与来自世界不同地方的文化进行融合，并结合自身传统文化的特点或政治上的需要，在不同历史时期对外来文化进行主动或被动的选择，实现外来文化的本土化，继而发展出自身的文化。所以历史上东南亚各国在语言、风俗习惯和宗教等方面都有各自的特点，并构成了东南亚复杂的文化体系。与此同时，东南亚文化也具有相对的统一性或局部的统一性，比如在公元初的早期国家阶段，东南亚各地几乎都受到了印度文化的影响；在13—16世纪东南亚的大陆地区和海岛地区，又分别选择了小乘佛教文化和伊斯兰文化，大陆地区和海岛地区实现了宗教的局部统一。此外，稻作文化在东南亚影响深远，成为东南亚文明发展的物质基础，这在东南亚各国都是相似的。

在东南亚文化的发展过程中，总体上形成了佛教文化、伊斯兰文化、中国文化、西方文化四种主要文化类型。随着现代化的推进，各种文化的交融互鉴也越来越明显，而且在政治上逐渐表现为西方化。现代东南亚文化是其本土传统文化与各种外来文化相互融合而形成的，它们构成了东南亚文化的多样性。这种状况既与近代东南亚各国分别沦为不同西方国家的殖民地有关，也与东南亚各国属于世界上不同的文化圈有关，它既接受了不同文化圈的宗教思想，又接受了19世纪西方自由民主的思想，西方的殖民统治和政治、文化移植是近现代东南亚文化形成的重要原因。总之，东南亚文明是世界文明的重要组成部分，是各民族文化、宗教文化、政治文化的集合体。世界各主要文化的交汇融合，形成了极具民族特色的东南亚文化，它是世界文化史上的宝贵财富。

复习思考题

一、名词解释

1．喃字　2．小乘佛教　3．加美兰　4．嗺剧　5．仰光大金塔　6．爪威文
7．格莱克木偶戏　8．金燕舞

二、简答与论述题

1．简述东南亚各地区不同时期的宗教信仰状况。

2．简述中国文化对越南文化的影响。

3．论述印度文化对东南亚文化发展的影响。

第三编　东南亚与周边地区交流史

第八章　越南与周边地区交流史

第一节　古代中越之间的交往

一、今越南北部北属时期中原地区与交趾（安南）的密切交往

中国和越南山水相连，民族相亲，自古以来就有着密切的交往。在先秦时期，中国南部百越的一支——雒越在红河中下游一带创造了自己的文化。公元前214年，秦始皇统一岭南，将今越南北部纳入中国版图，中原地区与今越南北部的交流从此拉开序幕。任嚣、赵佗征服岭南时所率军队人数众多，赵佗上书秦始皇，"求女无夫家者三万人，以为士卒衣补"，"秦皇帝可其万五千人"。① 秦经略岭南，迁徙内地平民开发其地，发配罪人到岭南戍边。这样，大量官吏、军队、平民、犯人进入岭南，带来了中原先进的政治制度、生产工具和科学技术。

据越南史书记载，秦代有交趾人李翁仲在秦军中任职，"时我交趾慈廉人李翁仲，身长二丈三尺，少时往乡邑供力役，为长官所笞，遂入仕秦，至司隶校尉。始皇得天下，使将兵守临洮，声振匈奴，及老归田里卒"。可见秦朝在交趾地区设置象郡时，已有当地人北上在朝做官了。秦末，赵佗利用中原动乱之机建立南越国，采取一系列措施开发岭南。他重视传播中原汉文化，推广使用汉字；和辑百越，鼓励汉越通婚，增进民族和睦；推广中原农耕技术，发展生产。赵佗为岭南经济社会的发展做出了突出贡献。

公元前111年，汉武帝派遣路博德率军平定南越国，在今越南中、北部设置交趾、九真、日南三郡，直接派遣官吏管理其地。汉代治理今越南中、北部的著名官吏有交趾太守锡光和九真太守任延，二人积极传播汉文化，向越人传授先进的铁犁、牛耕和

---

① （汉）司马迁：《史记》卷118《淮南衡山王列传》。

种植技术。在他们的治理下，今越南中、北部的社会生产力有了较大发展，对此明人罗曰褧评价道："光武中兴，锡光任交趾，任延守九真。教民耕种嫁娶，制为冠履，建立学校，于是岭南有华风焉。"[1] 汉末三国时期的交趾太守士燮治理交趾40年，颇有建树。他治民有方，礼贤下士，爱民教民，大力发展文化教育事业，传播儒学，深受越人爱戴，被尊称为"士王"和"南交学祖"。东汉末中原大乱，中原士人前往交趾避难者上百人，其中包括著名学者刘熙、程东、薛综、许靖、刘慈、刘巴、牟博等，他们和士燮一道大开文教，传播汉字和汉文化，诗书教化交趾子弟，以儒家思想淳化当地风俗，促进了汉文化的传播和交趾地区的发展。

679年，唐朝在交趾设立安南都护府，对该地进行有效管理，中原与安南的交往进入一个新的阶段。唐朝派往安南的官吏文化素质较高，热心倡导文教，如安南都护高骈喜欢与儒士交游，任内写下不少诗文；另一位都护马总"用儒术教其俗，政事嘉美"。王勃的父亲王福畤被贬为交趾令，在任内"大开文教，士民德之"，为儒学的广泛传播作出了贡献。王福畤去世后，当地人民特立"王夫子祠"，以表怀念。在官吏们大兴文教的同时，唐朝许多文人墨客也来到安南，对汉语、汉字、文学作品在当地的传播做出了贡献。著名诗人杜审言、沈佺期、刘禹锡等曾寓居安南，留下不少吟诵安南的诗篇，如杜审言的《旅寓安南》、沈佺期的《初达驩州》等。中原文人墨客南下的同时，安南不少文人如无碍上人、奉定法师、惟鉴法师等也北上中原，与中原文人切磋诗艺，《全唐诗》中收录有中原诗人与安南诗人相互唱和的诗篇，如张籍的《山中赠日南僧》、杨巨源的《供奉定法师归安南》、贾岛的《送安南惟鉴法师》等。

唐代安南的一些优秀人才经遴选进入中央政府任职，如姜公辅、姜公复兄弟和廖有方等。姜公辅为爱州（今越南清化省）日南县人，但祖籍为甘肃天水，其祖父移居钦州遵化县，其父亲又迁徙至爱州日南县。姜公辅中进士后，于唐德宗时在朝为官，他不但精通儒家经典，有经纶之才，而且睿智有谋，忠贞鲠直，曾官至谏议大臣、同中书门下平章事。《全唐文》收录了他的《白云照春海赋》《对直言极谏策》[2]，这两篇文章在越南文学史上都占有重要地位，前者被称为"安南千古文宗"，后者是迄今所见越南人撰写的最早的政论文。越南史书《安南志原》为此称赞道："开元大兴文教，而九真姜公辅遂经学起家，入翰林，为名宰相，交人于是益向于学矣。"[3]

整个北属时期，随着中原与交趾（安南）交流的不断深入，交趾（安南）各个方面都得到了长足发展。农业方面，铁农具和耕牛得到广泛应用，改变了以前"刀耕火

---

① （明）罗曰褧：《咸宾录》卷6《南夷志上·安南》。
② （清）董诰等编：《全唐文》卷446，北京：中华书局，1983年，第4555-4558页。
③ 《安南志原》卷1《总要》，河内：法国远东学院，1931年，第6页。

种""火耕水耨"的耕作方法，农作物产量大幅提高。畜牧业、渔业、制陶业、纺织业、造船业等取得长足进步，史书记载"扬州租调以钱，岭南以米，安南以丝"，可见当时安南丝的质量已经非常好，成为唐朝重要的税收来源之一。安南织工用芭蕉的丝织成葛，称蕉葛；九真织工用细嫩的箪竹浸泡后织成布，称竹疏布，都很有名。中原与今越南北部之间的交通运输条件得到改善，交趾（安南）作为中国与东南亚、南亚、欧洲诸国海上贸易的交通枢纽，商人云集，海外贸易繁荣，促进了生产发展和社会进步，人民生活日益改善。明代著名理学家丘濬对今越南北部北属时期受到的中国封建王朝影响进行了深刻总结，他说：

> 自秦并百粤，交趾之地已与南海、桂林同入中国。汉武立岭南九郡，而九真、日南、交趾与焉。在唐中叶，江南之人仕中国，显者犹少，而爱州人姜公辅已仕中朝，为学士、宰相，与中州之士相颉颃矣。奈何世历五代，为土豪所据。宋兴，不能讨之，遂使兹地沦于蛮夷之域，而为侏离蓝缕之俗三百余年，而不得与南海、桂林等六郡班班然衣冠礼乐以为声名文物之乡，一何不幸哉！[①]

二、今越南北部自主时期与中国的政治、文化交流

唐朝灭亡后，中国进入混乱的五代十国时期，安南的封建主趁机纷起割据。经过一段时间的争夺，968年丁部领建立大瞿越国，开启了安南自主的新时期。973年，丁部领主动派遣儿子丁琏出使宋朝请封，宋太祖接受了丁氏的朝贡，封丁琏为检校太师，充静海军节度使、安南都护。975年，丁氏再次入贡，宋朝承认丁氏政权是自己的"列藩"，封丁部领为"交趾郡王"。这样，宋太祖时中国与交趾之间确立了宗藩关系，并逐渐形成了"其王初立，即封交趾郡王，久之进南平王。死者，赠侍中南越王"的制度。今越南北部自主时期，宗藩关系成为中国与交趾（安南）关系的主要方面。首先，交趾（安南）国王向中国封建朝廷朝贡，表示臣服，朝贡内容包括岁贡、谢恩、请封、告哀、进贺、祝寿、奏事等。交趾（安南）统治者只有受到中国的册封，才算具有合法的"正统"身份，才能巩固其在国内的统治地位。其次，中国封建朝廷对交趾（安南）国王进行册封，承认其藩属的地位，从而显示自己"天朝大国"的宗主地位。中国历代王朝对于藩属国的朝贡，一贯采取有利于对方的"薄来厚往"政策，不计经济利益，唯"嘉其诚"，还"优诏答之"，给予丰厚的赏赐。

当然，中国与交趾（安南）之间的宗藩关系并非一帆风顺，随着双方国力的消长，

---

① （明）丘濬：《大学衍义补》卷153，文渊阁四库全书本。

也曾出现过边境冲突和战争。特别是交趾（安南）政权不断更迭，必然使其与中国的宗藩关系发生变化。被篡位的旧王朝向中国求告、寻求保护，因而引发中国与交趾（安南）之间的战争。对中国而言，这类战争的性质大都是为了维护宗主权，讨伐叛逆，保护藩臣。唯有元朝对安南的三次战争带有侵略性质。需要指出的是，中国与交趾（安南）之间的战争并非都是中国主动出兵，有的是交趾（安南）入侵中国，比如1075 年底至 1076 年初，李朝辅国太尉李常杰等领兵攻陷广西的钦州、廉州、邕州等地，宋朝予以反击，迫使交趾李朝政权求和。总体上看，交趾（安南）政权即使在与中国的边境冲突中暂时获得了一些利益，但自知无法与中国长期为敌，往往遣使谢罪，恳请册封，继续保持与中国的宗藩关系。因此，中国与交趾（安南）之间的冲突和战争是短暂的，稳定和友好的交往是主流。

今越南北部自主建国后，不仅与中国封建王朝建立了特殊的宗藩关系，而且延续北属时期深受中国文化熏染的传统，其统治者主动学习并接受中国文化，模仿借鉴中国的各种制度，维护其封建统治。朝贡和册封虽然是中国与交趾（安南）两国之间的政治互访行为，却包含了经济、文化交往的重要内容。出访的使臣多为政府要员和国内博学之士，交趾（安南）使臣通过所见所闻和交流学习，将中国先进的文化和技术带回国内，促进本国文化的发展。此外，朝贡还是一条重要的贸易渠道，交趾（安南）使臣除了从中国中央官府直接获得赏赐，还通过合法的商品交易活动，从中获取丰厚的经济利益。宋人周去非记载了安南朝贡团队携带大量商品的情况："一路州县应副夫脚八百人，擎负贡物者固无几，而皆为使者负贩至都。"① 外交使团俨然就是一个贸易商队。

今越南北部自主建国后，最初的丁朝和前黎朝利用佛教加强统治，当时佛教盛行，禅师在朝中拥有重要的政治地位。至李朝时期，交趾统治者逐渐认识到儒家思想对于维护封建统治要比佛道学说更为有效，于是兴办学校，推行科举制，逐步提高儒学的地位。李朝初年，官员中虽然多数还是武将和僧官，但儒家思想已经在国家政治生活中产生了一定的影响：李太祖发布的《迁都诏》用汉文写成，效法中国古代盘庚迁殷、周王朝三迁其都的故事，说明此次迁都是上应天命、下顺民意之举，整篇诏书贯穿着儒家思想。李圣宗时期（1054—1072），儒学的地位进一步提高。1070 年，交趾在升龙修建文庙祭祀孔子，塑周公、孔子及四配像，画七十二贤像，这是交趾文化儒教化、孔子被偶像化的开始。1076 年，李仁宗在京师设立国子监，聘请文学之士任教，作为皇太子和文职官员学习儒学知识的场所。1086 年 8 月，交趾成立翰林院，通过考试从全国士子中选拔优秀者，充任翰林院官员。李英宗大定十七年（1156），交趾建孔子

---

① （宋）周去非：《岭外代答》卷 2《外国门上·安南国》。

庙。国子监、翰林院、孔子庙等传授、宣扬儒家思想机构的建立，说明儒家思想在李朝的地位进一步提高。

李朝崇尚中国文化，多次派遣使臣请求宋朝赐给佛经和其他书籍，获赐《大藏经》《三藏经》等佛教经典，促进了汉传佛教在交趾的传播和发展。此外，李朝还经常派人到中国购买书籍。宋大观元年（1107），李仁宗曾遣使向宋朝"乞市书籍"，宋徽宗"嘉其慕义，除禁书、卜筮、阴阳、历算、术数、兵书、敕令、时务、边机、地理外，余书许买"①。中国历代封建统治者都希望将中国文明尤其是儒家思想远播域外，宋朝虽禁止书籍出境，但儒家经典不在禁止之列。中国的儒家经典连同宋代的理学著作，不断输往交趾。

陈朝是交趾（安南）佛教、儒家势力盛衰交替的时代。陈朝初期，继承李朝儒、佛、道三教并行的政策，佛教势力仍较强大。到陈朝中后期，安南统治者逐步认识到只有儒学的中央集权和等级尊卑观念才是封建统治长治久安的思想基础。因此，陈朝统治者一方面不断削弱佛教势力，排斥佛僧道士；另一方面进一步提高儒学的地位，使儒学在安南发展到一个新的高度，在意识形态上逐渐取得主导地位。陈朝设国学院，专门讲习儒学；修建国子监，以儒学大师主持管理，皇太子也专习儒学；经常开设以儒家经典为考试内容的太学生和进士科考试，选拔儒学人士，充任相关职务，统治集团进一步儒家化。此外，陈朝还修建文庙，祭祀孔子和儒学先圣，将朱文安、张汉超、杜子平等安南的儒学大师从祀文庙。这些措施使儒学在安南得到迅速发展。

在儒学发展的背景下，安南汉字文学逐渐兴盛起来，中国与安南使节相互酬和的诗歌体现出两国之间的友好交流。陈太宗《送北使张显卿》写道："幕空难驻燕归北，地暖愁闻燕别南。"曾经参加过陈朝与元朝战争的将领也与中国使臣相互赠诗，如陈光启在《送北使柴庄卿》中写道："一谈笑顷嗟分袂，共唱酬间惜对床。未审何时重睹面，殷勤握手叙暄凉。"他们的诗歌中多次提到中国皇帝向安南下诏册封之事，如陈光启的《赠北使柴庄卿、李振文等》写道："一封凤诏天下庭，咫尺皇华万里行。"范师孟的《和大明使余贵》写道："大明受命兴江左，天使赍诏颁安南。"陈艺宗为明朝使者送行的诗《送北使牛亮》写道："安南老臣不能诗，空对金樽送客归。园伞山青泸水碧，随风直入无云山。"陈艺宗作为安南的国王，自称"安南老臣"，体现了两国的宗藩关系。

13世纪末，安南出现了一个"碧洞诗社"，因为诗人们常在碧洞庵作诗唱和而得名。该诗社由陈光朝组织发起，参加者有阮昌、阮忆、阮忠彦等，提倡闲雅自在的生活，歌颂天然景物，抨击世俗陋习。这可能是越南历史上最早的诗社，反映出当时汉

---

① （元）脱脱：《宋史》卷488《交趾传》。

字文学的繁荣程度。

陈朝时期，安南出现了用喃字创作的文学作品。据越人吴士连所著《大越史记全书》记载，陈仁宗四年（1282），"有鳄鱼至泸江，帝命刑部尚书阮诠为文投之江中，鳄鱼自去。帝以其事类韩愈，赐姓韩"。阮诠作《祭鳄鱼赋》一事被传为佳话，该赋是越南历史上最早的喃字作品之一。

安南出使中国的使节多饱读诗书，聪敏善辩，办事精练，熟悉中国的语言文化和地理风俗，各方面素质较高，在中国有着很好的表现，得到中国文人的赞赏，莫挺之即其中一例。莫挺之于 1304 年中安南陈朝状元，1308 年出使元朝。由于莫挺之矮小丑陋，元朝人看不起他。一天元朝的宰相召他入府，莫挺之见蚊帐上绣着黄雀在竹枝上的图案，上前将蚊帐撕裂。众人感到奇怪，皆问其故，莫挺之说："我闻古人有梅雀书，未闻有竹雀书者。今宰相帐里绣竹雀，竹，君子也；雀，小人也。宰相以此绣诸帐，是以小人加君子，恐小人道长君子道消，我为圣朝除之。"众人都敬佩他的才能。莫挺之觐见元武宗时，恰好有外国进贡扇子，元武宗命莫挺之题词。莫挺之提笔写道："流金烁石，天地为炉。而于斯时兮，伊、周钜儒。北风其凉，雨雪载途。而于斯时兮，夷、齐饿夫。噫，用之则行，舍之则藏。惟我与尔，有如是夫。"这就是著名的《扇子铭》。

明朝初期，安南权臣胡季犛篡位建立胡朝后，实行尊儒抑佛的政策。他扩大儒学教育，把一些儒家经典翻译成喃字文本，对儒家有些信条进行修改，有选择地吸收儒家思想。胡季犛崇尚汉文化，在《答北人问安南风俗》中写道："欲问安南事，安南风俗淳。衣冠唐制度，礼乐汉君臣。玉瓮开新酒，金刀斫细鳞。年年二三月，桃李一般春。"这首诗描绘了当时安南礼乐制度、文化道德以中国汉唐为榜样，风俗淳朴，百姓安居乐业，反映出安南深受中国文化的影响。

明永乐五年（1407），明成祖朱棣下令搜罗安南各方面的人才护送到京师听用，其诏令曰："交趾应有怀才抱德、山林隐逸、明经能文、博学有才、贤良方正、孝悌力田、聪明正直、廉能干济、练达吏事、精通书算、明习兵法、武艺智谋、容貌魁伟、语言便利、膂力勇敢、阴阳术数、医药方脉之人，悉心访求，以礼送赴京擢用。"在这道命令下，明朝将领先后三次搜罗安南人才共 16 000 余人，送到南京或北京听用，他们为明朝的建设事业贡献了力量，促进了中国与安南的文化交流。这些优秀的人才，有的走上仕途，官至布政使、巡抚、侍郎、尚书，如邓明、阮勤、陈儒、黎澄等；有的成为某方面的专家，为中国与安南科技交流做出了卓越的贡献，如阮安、黎澄等。

阮安是建筑史上不可多得的奇才，史书记载他"手自指画，形见势立""目量意营，悉中规制"，其巧思神算令人叹服。明永乐四年（1406），明成祖开始营建北京城，阮安提出了节俭可行的方案，被任命为总设计。在阮安的统一调度下，北京城九门依次营建。阮安征用一万多名在京师训练的军士用于施工，增加其月粮，安排好班次；不再另外准备建筑材料，只使用官府的积存，之前营建北京剩余的大量建筑材料，此次均派上了用场。仅用短短四年时间，便初步完成了这项繁重的工程。明正统五年（1440），明英宗下令重建北京的奉天、华盖、谨身三殿，也是由阮安设计，重建后的三大殿比原来的建筑更加壮观。

黎澄（1373—1446），原名胡元澄，是胡季犛长子，永乐五年（1407）被明军俘获，送入南京。他谙悉火器制造技术，被委任负责督造火器，历任明朝工部郎中、右侍郎、左侍郎、工部尚书，其子黎叔琳继承乃父之职，官至工部右侍郎。黎澄所造火器包括用于防守的大炮和用于进攻的轻便"神枪"，经大量装备部队后，对提高明军战斗力、抗击侵略发挥了较大作用。明代军中凡祭兵器，必定要祭拜黎澄，奉其为"火药之神"。同时，中国军队的编制也受其影响，当时京军三大营中的"神机营"即专门操演火器。安南的火药制造技术最初是从中国学得，却能够在原有基础上予以创新，反过来推动了中国火药技术的发展，可谓中国与安南文化相互学习、交流互动的典范。

1428 年，黎利建立黎朝，史称后黎朝。后黎朝是越南历史上一个重要时期，是今越南北部封建王朝由繁荣走向衰落的转折点。在后黎朝 300 多年的统治中，前期国家统一，社会稳定，经济发展，文化教育繁荣，尤其是黎圣宗时期（1460—1497），是今越南北部立国以来的鼎盛时期。但后黎朝中兴以后，长期的内战造成社会动荡，经济萧条，文化衰落。后黎朝的各项制度模仿中国，并逐渐完善，封建中央集权进一步巩固。在文化教育方面，后黎朝建立了一套相当完备的学校教育体系，居民的识字率大为提高，京师设有国子监、崇文馆、秀林局、昭林馆，各府、州、县设有地方官学以及村学、社学和私塾等。儒学、文学、史学、艺术、地理学、医学、药学、数学等学科进一步发展，文人学士辈出，文史、儒学著作大量涌现，达到了越南历史上的繁荣时期。后黎朝统治者推崇儒学和汉文化，尤以黎圣宗为最。黎圣宗好学不倦，对经史、文学莫不精通，是一位造诣颇深的诗人，其诗"英气雄遂，词意职溉"。黎圣宗组织了越南文学史上最大规模的文学组织"骚坛会"，自称"骚坛元帅"，与 28 位诗人酬唱，又称"骚坛二十八宿"，今越南北部名山大川无处不有黎圣宗和"骚坛二十八宿"的作品。词臣将这些酬唱之作编辑成册，得诗数百篇，取名《琼苑九歌》，黎圣宗亲自作序。由此可见安南文人在汉文学方面的深厚造诣，反映出安南汉文学的繁荣。后黎朝时期产生了一批造诣颇深的儒学名士，如阮廌、李子晋、阮梦荀、阮直、阮秉谦、冯克宽、黎贵惇等，他们在后黎朝的内政外交方面表现突出，不少人曾出使中国，对两国的政治、经济、文化交往做出了贡献。

后黎朝后期，正值中国明清交替之际，有些明朝旧臣不愿意归顺清朝，便投奔安南，在今越南南部生活下来。这些人以明朝后裔自居，自称"明香人"，意指明朝香火，后来改称"明乡人"。明乡人为今越南南部的开发做出了巨大贡献，在越南历史上占有独特的地位。

18 世纪下半叶，安南国内矛盾激化，农民起义军在阮惠（又名阮光平）的率领下，经过一二十年的混战，建立西山朝。阮惠击退清朝军队后，主动请和。1789 年，阮惠派其侄子阮光显出使清朝。同年，清朝册封阮惠为安南国王，颁赐驼纽镀金银印，标志着西山朝与清朝的宗藩关系正式确立。1790 年，阮惠亲率安南使团出使清朝，庆贺乾隆八十大寿。这是安南独立建国以来首次以国王的名义前来觐见，乾隆帝极其重视，以高规格接待阮惠一行，令沿途各省与各督抚接见应以宾主之礼相待，同时令大学士同礼部一起详细酌议具体接待细节。阮惠一行在中国期间，乾隆帝多次接见并赏赐阮惠及其随从人员，允许其行抱见请安礼，赐阮惠佩黄金腰带，以示尊贵荣耀。阮惠亲自来朝，可谓中国与安南交流史上的一件大事。

1802 年，阮福映推翻西山朝，建立阮朝。阮朝建立不久，阮福映即遣使赴清朝请封，并请求改国号为南越，意即安南之南、越裳之越。因为秦末汉初赵佗所建南越国包括两广地区，清朝以为不妥，嘉庆帝决定赐其国号为"越南"，"以越字冠于上，仍其先世疆域，以南字列于下，表其新锡藩封"①。阮福映接受此国名，并一直沿用至今。1803 年，清朝遣使册封阮福映为越南国王，清朝与阮朝正式建立宗藩关系。

阮朝时期，中越使节继续来往于两国之间。有些越南使节出使中国，对所到地区的政治、经济、山川地理、风土人情等进行详细考察，用文字记下出使过程及其见闻，或将中国的科学技术、文学作品介绍到越南，推动了两国的文化交流。1809 年，阮朝派遣阮有慎等入清朝贡，归来后向嘉隆帝（阮福映）汇报，越南使用明朝历法，300 余年没有改正，越来越不准确，清朝在康熙年间参考西洋历法进行革新，比之前的精确很多，建议效仿学习。嘉隆帝十分赞赏，批准执行，于是越南在 1812 年改《万全历》为《协经历》，越南历法得到长足进步。阮攸是越南 19 世纪的大文豪，他于 1813—1814 年出使清朝，并将出使期间创作的汉文诗歌编成《北行杂录》，该书成为域外汉文学的重要文献。此外，阮攸还将清初青心才人的章回体小说《金云翘传》用越南喃字改成六八体长诗，被推崇为越南诗歌艺术的顶峰，至今仍深受越南人民喜爱。1810 年，武桢出使清朝，庆贺嘉庆帝五十大寿，其间注意学习清朝的律书。1812 年，阮福映命阮文诚、武桢等编制越南律法。阮文诚、武桢等稽考历朝令典，参照后黎朝的《洪德律例》和中国的《大清律》，于 1815 年编成，由阮福映亲自裁定颁行，这就

---

① 《清仁宗实录》卷 111，清嘉庆八年四月，第 10－12 页。

是《嘉隆法典》。1810年，越南国王专门从广东聘请了三位瓦匠，"令于库上锻铸琉璃瓦青、黄、绿各色，使工匠学"①。足见清朝的手工业技术对越南产生了重要影响。可以说，两国使节的往来推动了中国的文化和科学技术向越南的传播。

第二节　近代中越关系的演变

19世纪中叶以来，随着西方殖民者的入侵，中国和越南都逐步沦为半殖民地半封建社会。近代中越两国有着相似的遭遇、相同的命运，并抵抗着共同的敌人。在长期反抗外来侵略、进行民族民主革命的过程中，两国人民互相支持、互相帮助，结下了极其深厚的革命友谊，为中越友好谱写了新的篇章。以潘佩珠为首的越南资产阶级革命者领导人民掀起反抗法国殖民统治的斗争，其革命活动得到了梁启超、孙中山等人的大力支持；同时，越南人民也为中国革命做出了贡献，为中越传统友谊增添了新的内容。

一、法国入侵与中越联合抗法

19世纪下半叶，中越两国都面临内忧外患，同时遭到法国殖民者的入侵。当时法国一方面策划占领越南，另一方面又以越南为跳板，进而入侵中国西南。1858年，法国和西班牙联军进攻岘港，进攻受挫后转而进攻富庶且防守松弛的嘉定地区。正当法国、西班牙联军在越南激战时，英法联军在中国发起第二次鸦片战争，急需法军前往增援。于是法国只留少量军队驻守嘉定，其余部队前去支援侵华法军。嘉定战场陷入僵局，谁也无法取胜。1860年9月，中国和英法缔结《天津条约》，战事结束后，法军重回嘉定，向越军发起进攻，越军大败，边和、嘉定、定祥、永隆等地相继沦陷，越南被迫于1862年签署《西贡条约》。由此可见，在面对法军入侵时，中越两国战场息息相关。

适逢中国爆发太平天国运动，南方各省道路被阻，越南接连三次岁贡都无法成行，直到1868年，越南贡使才终于来华。而此次岁贡的背景已大不一样，法国已于1862年强迫越南签署第一次《西贡条约》，越南被迫割让嘉定、定祥、边和三省以及昆仑岛，同时开埠通商，支付巨额赔款。法国又于1867年侵占了永隆、朱笃、河仙三省，使南圻全部沦为法国的殖民地。有鉴于此，清廷与越南都十分重视此次入贡。从清朝的角度来看，越南为中国藩属，也是中国南面的屏障，保护越南免受入侵，对中国的安全

① ［越］张登桂等：《大南实录》正编第一纪《世祖高皇帝实录》卷41。

十分重要。而越南也迫切希望借岁贡之机与清廷加强联系，在抗击法国入侵时得到清廷的支持。清朝同治帝三次宴请越南贡使，以示重视。此次岁贡重申了中越宗藩关系，打破了法国破坏中越关系的企图，两国在巩固双方关系、共同应对法国入侵方面达成共识。

随着事态的发展，中越关系呈现出新的变化。1882 年初，清廷招商局职员唐廷庚等奉两广总督张树声之命抵达越南都城顺化，借口商量办理招商局运粮事宜，寻找机会参见越南国王及大臣，探询联合抗法等事。但越南国王阮福时忌惮法国殖民者，没有亲自召见中方来使，委派户部侍郎阮文祥等与之密商。越方提出三点请求：第一，准许越方派遣使节驻京，若有事便于与总理衙门协商；第二，在广州设领事馆，便于商业往来，通报信息；第三，派人搭乘中国轮船赴欧、美、日诸国"探学"，以了解海外事务。越方所提请求与曾纪泽所提建议不谋而合，李鸿章经反复思考，除原则上同意越南使节驻京外，协助越南出洋访学也纳入清廷的考虑，拟由两广当局代为择船搭乘，并给予凭照。至于越方请求派遣领事驻扎广东一事，则没有明确答复。可见迫于时势，中越双方皆有改变两国传统关系模式的愿望，并着手实施。只是随着越南局势的进一步恶化，这一推动两国关系向近代新型外交关系转型的尝试没有取得什么实际效果。

随着法国不断入侵北圻，越南形势更加紧张。清廷派李鸿章与法国公使宝海进行谈判，李鸿章主张"（中国、法国）两国派定大员后，并应有越南国王遣派大员三面会商"。这实际上是把中法交涉改为中越联合对法交涉，形成联合对抗法国的局面。经反复谈判争取，法国最终允许越南派员参加。1883 年，越南派遣刑部尚书范慎遹充当钦差大臣，率领侍郎阮述等抵达天津参加中国、法国、越南三方会谈。但就在此时，宝海被召回国，三方会谈被迫中止，中越联合对法交涉的打算落空。

中越除了在外交上相互配合，在军事上也密切合作。此时越南境内各地农民起义不断，尤其是中国反清组织和散兵游勇涌入中越边境地区，使越南疲于应付。据估计，中法战争前，仅在越北各地活动的中国天地会武装就有 153 股，他们设立关卡，收税征粮，划分管理区域，俨然一个个独立王国。1869—1885 年，越南多次向清廷请求援助其剿匪，清廷也派军进驻越南北部，助越剿匪。

二、中法战争与中越宗藩关系解体

随着法军不断进攻北圻，威胁中越边境，法军成了中越两国的共同敌人。1873 年，法国侵略军进攻越南河内等地，应越方要求，刘永福率黑旗军（原系反清武装）与越军联合作战，在河内西郊大败法军，斩杀法军指挥官安邺等数百人。1882 年，法军再次入侵越南北部，刘永福率黑旗军在河内城西纸桥一带再次大败法军，击毙法军司令李维利在内的数百人。1883 年，法军卷土重来，大举进攻红河三角洲地区，黑旗军与清军、越军联合作战，在越北屡创法军。法军进攻北圻的同时，还派海军入侵中国台湾、福建等地，把战火从中越陆地边境燃烧到中国东南沿海，中法战争爆发。海战中，法军歼灭福建水师，但在进攻台湾时受挫。陆战中，清军老将冯子材在镇南关大胜法军，从根本上扭转了战争局势，迫使挑起战争的法国茹费理内阁倒台。此时清廷下令停战，于 1885 年同法国签订条约，承认越南为法国的保护国。

1883 年，阮朝嗣德帝去世，其弟上表告哀、请封，清廷决定派遣使臣到越南册封。法国看到了中越两国想以此为契机联合抗法的设想，极力阻挠。趁越南政权不稳之际，法军发动进攻，于 1884 年 6 月 6 日强迫越南签订《顺化条约》，明确规定越南承认并接受法国的保护，法国代表越南处理一切对外关系，并将清廷册封越南国王所授镀金驼纽银印当场销熔，铸为银块，以示中越宗藩关系永世断绝，自此越南沦为法国的殖民地。

第三节　古代中国与越南的贸易联系

由于历史、地缘和政治等方面的原因，早在公元前 2 世纪，中国内地与交趾之间就产生了密切的经贸往来，但此时还属于中国封建王朝内部的经济联系。10 世纪中叶交趾（安南）独立建国后，中国与交趾（安南）的贸易以朝贡贸易为主，边境地区则开展互市贸易，也有一些商人在中国与交趾（安南）之间进行商贸活动。19 世纪末越南沦为法国的殖民地后，法国介入中国与越南之间的贸易，此时的贸易活动以市场贸易为主，又烙上了殖民主义贸易的印记。20 世纪中叶越南独立以来，中国与越南的贸易形式早期表现为中国对越南单方面的经济援助，如今已经转变为合作共赢的经贸关系。

公元前 214 年，秦军击败岭南地区的西瓯、骆越等族，统一岭南，设置南海、桂林、象三郡，整个岭南地区（包括今越南北部）从此纳入了秦朝的版图。今越南北部隶属象郡管辖，从此开启了在统一王朝内部中国内地与边疆地区的象郡之间的经贸往来。据《交州外域记》记载："交趾昔未有郡县之时，土地有雒田。其田仰潮水上下，民垦食其田，因名为雒民。设雒王、雒侯，主诸郡县；县多为雒将，雒将铜印青绶。"[①]此时交趾社会还处于十分落后的状态。秦汉时期对岭南地区的开发，为中原与交趾的贸易准备了物质与交通条件。据史籍记载，秦始皇统一岭南以后，将中原地区的"遄

---

① （北魏）郦道元：《水经注》卷 37《叶榆水》。

亡人、赘婿、贾人"谪徙岭南。这批移民对开发岭南和沟通中原与岭南的贸易发挥了重要作用。

西汉时期，中国的造船技术和航海水平都比较先进。公元前112年，汉武帝派路博德平定南越国，在今越南北部和中部设置了交趾、九真、日南三郡，今中国南部沿海地区与今越南中北部的交趾、九真、日南三郡海路畅通，贸易关系密切。据《汉书》卷28《地理志下·粤地》记载，汉武帝派遣直属于宫廷的"译长"，率领应募者带着大量的黄金和丝织品，从合浦郡的合浦、徐闻和日南郡的障塞起航，沿着海岸航行，经今越南、柬埔寨、印度尼西亚苏门答腊、马来半岛，进入暹罗湾，到达泰国、缅甸、印度南部、斯里兰卡等地，换回明珠、璧琉璃和奇石、异物，开辟了海上丝绸之路，开启了中国与东南亚、南亚各地的贸易交往，今越南的会安成为东南亚地区的一个重要港口和贸易中心。考古学家在柔佛河流域发掘出许多秦汉时期的陶器残片，也是很好的佐证。当时从南海到印度南部沿海地区的部落与王国，均以当地的土产方物前来贸易。40年，东汉光武帝派马援率军平定交趾征侧、征贰的叛乱，从合浦港出发，"随山刊道千余里"，经海、陆两路向交趾进发，直抵位于今越南中部的九真郡，维护了国家的统一，巩固了中国内地与交趾之间的联系，延续了中国与今越南境内的贸易往来。总体上看，秦汉时期今越南中北部隶属中国封建王朝管辖，中国中原地区先进的生产工具（铁器等）、生产技术、政治制度、科学文化不断传入交趾，促进了当地的经济发展和社会进步。

三国两晋南北朝时期，今越南中北部继续隶属中国直接管辖。而位于今越南南部的林邑国，原属秦代林邑县和汉代日南郡象林县地，汉末独立建国。林邑与中国陆、海相连，商人和使臣往来不绝。三国时，林邑王遣使至吴国，进献金刚指环给孙权[1]。西晋太康四年（283），林邑王范熊先后进献紫、青、白水晶唾壶，缥绀水晶盘，银钵，水晶钵等[2]。南朝刘宋初年，林邑王范阳迈曾遣使入贡。但随后林邑一方面与南朝宋开展朝贡贸易，另一方面又"寇盗不已"，出兵侵掠日南、九德、交趾等郡。为此，宋文帝于元嘉二十三年（446）派兵攻打林邑，林邑战败，臣服于宋，刘宋随即恢复了与林邑的通商贸易关系。此后林邑数度遣使入贡。到南齐时，林邑人在与中国频繁交往中将中国建筑文化引入其国。永泰元年（498），林邑王范诸农亲自前往中国，不幸"海中遇风溺死"。到萧梁时，中国与林邑关系发展到顶峰。南朝梁天监、大同年间，林邑连年遣使入贡。林邑向中国输出的商品除了各种香药、珠宝、犀角、象牙，还有棉花和棉布。

① （明）陶宗仪等编：《说郛三种》卷61引《林邑记》，上海：上海古籍出版社，1988年。
② （宋）李昉：《太平御览》卷703《服用部五》、758《器物部三》、759《器物部四》。

唐代，在今越南中北部设置安南都护府。从秦代至唐代，中原地区先进的生产工具、丝织工艺、瓷器及其制造术、造纸术、印刷术等生产技术，以及政治制度、科学文化等不断传入今越南中北部，促进了当地的经济发展和社会进步。

10 世纪中叶，中国北宋王朝建立后，原唐朝安南地区脱离中国管辖自立，在今越南中北部建立国家，南部则由唐代的环王国演变为占城国。从此时起，真正意义上的两国贸易开始产生。两宋时期，中国与交趾之间的贸易大致可分为两种：一种是官方贸易，一种是民间贸易。官方贸易主要指朝贡贸易。中国与交趾之间的朝贡贸易在整个宋代都非常频繁，交趾从 973 年开始向宋廷朝贡，除去两国关系交恶的时间，一直都在延续。交趾使团一般每次都在 100 人以上，最高时竟达 180 多人，规模十分庞大。中国赏赐物的价值一般都大于交趾进贡物的价值。交趾进贡给中国王朝的一般是象牙、犀角、沉香、珍珠等土特产，而宋王朝回赐的一般是钱币、器具、金带、袍带、丝织品等。宋朝对交趾的朝贡赏赐无度，加重了国家的财政负担，于是北宋后期对交趾的进贡人数和物品数量等方面开始加以限制。南宋偏安江南后，国力衰微，进一步压缩朝贡贸易的物品数量，导致交趾虽时有入贡，所获却大不如前。宋朝与交趾的朝贡贸易持续了二三百年。

据《宋史·交趾国传》和《宋会要辑稿》所载，宋代交趾先后遣使来中国通好达 46 次。交趾使节携带犀角、象牙、各色香料、金银、金珠、金银七宝装交椅、七宝装金瓶、银盆、绢纳布、驯犀、驯象、良马、翠羽等而来，而载钱币、丝绢、袭衣、金带、鞍马等而去。据《宋史·占城国传》等记载，961—1167 年，占城先后遣使携方物来中国通好达 43 次，所携方物包括象牙、犀角、玳瑁、各色香料、纺织品、象、狮子、角犀、孔雀、山得鸡、孔雀伞、西天烽铁、槟榔、琉璃、珊瑚、酒器、紫矿、大食瓶等。贡品种类繁多、数量可观，至道元年（995），占城进贡犀角 10 株、象牙 30 株、玳瑁 10 斤、龙脑 1 斤、沉香 100 斤、夹笺黄熟香 90 斤、檀香 60 斤、山得鸡 14 300 只、胡椒 200 斤、簟席 5 张。大中祥符四年（1011），占城进贡象牙 62 株、螺犀 11 株、药犀 29 株、玳瑁 300 片、沉香 50 斤、煎香 350 斤、黄熟香 210 斤、带枝丁香 30 斤、豆蔻 260 斤、熟龙脑 30 两、没药 110 斤、紫矿 570 斤、胡椒 200 斤。天禧二年（1018），占城进贡象牙 72 株、犀角 86 株、玳瑁千片、乳香 50 斤、丁香花 80 斤、豆蔻 65 斤、沉香 100 斤、笺香 200 斤、别笺 68 斤、茴香 100 斤、槟榔 1 500 斤，而宋廷赏赐的白银也达到 4 700 两，还有器仗、鞍马等。天圣七年、八年（1029—1030），占城国进贡生凤 1 只、犀角 70 株、象牙 150 株、玳瑁 245 片、乳香 4 000 斤、木香 1 480 斤。绍兴二十五年（1155），占城国进贡附子沉香 150 斤、沉香 390 斤、沉香头 12 斤、上笺香 3 690 斤、中笺香 120 斤、笺香头块 480 斤、笺香头 239 斤、澳香 300 斤、上速香3 450斤、中速香1 440斤、象牙168株、犀角20株、玳瑁60斤、暂香120斤、细割香180斤、翠毛360只、蕃油10灯、乌里香55 020斤。① 使节归国所带之物，有白银、白马、御马、鞍辔、器币、戎器、冠带等。

宋代中国与交趾之间不仅官方贸易非常频繁，民间经济交往也十分兴盛。在两国长达1 000多千米的边境线地区，存在着很多民间贸易通道。968年"大瞿越"政权建立时，中国北宋王朝的社会生产力比前代又有了较大提高，商业发达、城市繁荣、圩镇兴起，对外贸易更加活跃。交趾从自身的经济利益出发，希望与中国发展商贸关系。真宗大中祥符二年（1009），交趾前黎朝国王遣使来到中国，请求在邕州互市，但是宋朝出于边防安全的考虑，只允许在边境地区的廉州、钦州两个博易场互市②，后来又增加了邕州永平寨。双方贸易的商品种类繁多，既有适合上层社会使用的奢侈品，又有满足平民百姓所需的日常生活用品，既有价值不菲的金银、宝器、犀角、香药，又有价廉实用的鱼、米、食盐、布帛。由于官府对这类交易的支持，促进了两国民间交易的发展。宋代中国与交趾民间交易的方式主要有货币贸易、易货贸易两种。交趾边民以名香、犀角、金银、盐、钱与中国商人交易绫、锦、罗布而去。在永平寨用25斤盐可换广西武缘县出产的罗布一幅。在钦州，交趾边民"以鱼、蚌来易斗米、尺布"，这应是易货贸易。一些中国富商从四川贩锦到钦州出售给交趾商人，"每博易动数千缗"③，而交趾"度量权衡与中国同。……交易用唐宋时钱，七十文为一钱，七百文为一贯"。据清人屈大均记载："交趾亦用宋钱，以六十钱为一勺。"④ 这是货币贸易。

宋朝的丝绸、绫罗、铁器等产品不断传入交趾和占城，而交趾和占城的水稻、香料、药材以及热带动植物也不断进入中国，其中占城稻最为有名。占城稻是中南半岛上高产、早熟和耐旱的水稻品种，北宋初年传入中国福建地区。1011年，宋真宗因为江淮、两浙地区遇旱少雨，派人到福建取占城稻种一万斛，在长江、淮河流域以及两浙地区推广种植，并将种植方法贴榜告知民众。占城稻对长江流域稻作农业的发展产生了重大影响。

元代，除了传统的以贡品和赏赐品互易的官方贸易以及民间贸易，还出现了官商贸易。元朝统治者为了获得更多海外奇珍，已不满足于官方层面的朝贡贸易和民间商业贸易，而是直接介入大规模的航海贸易活动，使官商贸易得到了空前的发展，其形式也颇为多样化。今越南北部的安南地近中国，除了元初忽必烈时期短暂的战争交恶，

---

① （清）徐松：《宋会要辑稿》之蕃夷四。
② （清）徐松：《宋会要辑稿》之蕃夷四。
③ （宋）周去非：《岭外代答》卷5《财计门》。
④ （清）屈大均：《广东新语》卷15《货语·古钱》。

大多数时间安南与元朝保持着较为密切的宗藩关系，使节往来频繁。尽管安南陈氏政权限制元朝商人至安南贸易，然而民间不顾禁令，依然贸易不绝，"偷贩之舟"不时往来，安南的云屯港（今越南广宁省锦普）成为元代商人前往贸易的主要港口。今越南中南部的占城国，也与元朝建立了宗藩关系，双方友好交往，彼此贸易互通。占城地处元朝通过海路前往南亚、西亚的海道要冲，在海路交通上占有重要的地位，"中国商舶泛海往来外藩者，皆聚于此，以积薪水，为南方第一码头"①。元代商人常到占城进行贸易活动，并与当地妇女通婚。

明朝建立后，统治者采取了一系列怀柔远人的措施，遣使四出，招徕安南诸国入明朝进贡。1368年十二月即遣使前往安南。1369年正月又遣使以明朝新君即位诏谕安南等国，并邀请这些国家遣使入明朝进贡；二月再次遣使到这些国家，以玺书、织金绮缎、纱罗赏赐诸国王，敦促其尽快入明朝进贡。为示友好，又把安南等15国列为"不征之国"。随后占城、安南等国纷纷遣使进贡，并开展朝贡贸易。

明朝与周边国家的朝贡贸易进入鼎盛阶段，为此出台了一系列规定。据嘉靖《广东通志初稿》记载："本朝除元乱大一统，诸番例当三年一贡，世见来王，许以互市，立市舶提举司以主诸番入贡。旧制……若国王、王妃、陪臣等附至货物，抽其十分之五，其余官给之直，暹罗、爪哇二国免抽。其番商私赍货物，入为易市者，舟至水次，悉封籍之，抽其十二，乃听贸易。"② 可见洪武年间明朝即制定了与安南等藩属国开展朝贡贸易的规则。中国对东南亚各国贡使的贸易政策较为宽松，甚至对暹罗、爪哇两国使臣附带的货物免征交易税，对贡使私带物品出境不加禁止，并设立专门驿馆接待贡使等。随着明代中国与安南朝贡贸易日益繁荣，中国与安南贸易的商品，无论种类还是数量都有明显的增长。中国的商品源源不断地输往安南，包括各种丝绸、棉布、瓷器、铁器、铜钱等，其中以丝绸、瓷器数量最多。而安南朝贡的物品主要有金银器皿、熏衣香、降真香、沉香、速香、木香、黑线香、白绢、犀角、象牙、纸扇，占城朝贡的物品主要为大象、犀牛、象牙、犀角、孔雀、孔雀尾、龙脑、橘皮、抹身香、熏衣香、金银香、奇楠香、土降香、檀香、柏香、烧碎香、花藤香、乌木、苏木、花梨木、芜蔓、番纱、红印花布、油红绵布、白绵布、乌绵布、圆璧花布、花红边缦、杂色缦、番花手巾帕、兜罗绵被、洗白布泥③。

元、明、清时期，中国封建王朝规定中国与安南（越南）的贸易一律经由今广东、广西地区进行，一方面对外贸进行严格管控，另一方面又保留一定的通商渠道。正如

---

① （元）黎崱：《安南志略》卷1《边境服役》。
② 嘉靖《广东通志初稿》卷30《番舶》。
③ （清）屈大均：《广东新语》卷15《货语·诸番贡物》。

明人唐枢所言："念华夷同体，有无相通，实理势之所必然。中国与夷各擅土产，故贸易难绝，利之所在，人必趋之。"[1] 陆路贸易是指广西和安南（越南）之间的贸易，经陆地边境出口到安南（越南）的货物有烟茶、纸扎、瓦器、铁锅、布匹、鞋帽、绸缎、药材等生活用品，进口的主要是食盐、砂仁、大茴、交绢、竹木、薯莨之类。海路贸易是指走海路的大宗货物贸易。钦州、廉州地区人多地少，粮食不足，历来依靠安南大米充饥，官府积极鼓励商人前往贩米，另外还实行低税率以及减免优惠政策等，使得安南大米源源而至，而输入的货物则有槟榔、胡椒、冰糖、砂仁、牛皮、海参、鱼翅等。粤、桂、滇等地商人也纷纷贩运各自土特产而来，将海味和舶来品运回内地销售，使得钦廉一带对安南（越南）的贸易十分兴盛。

据越南史料记载，明清时期中国有商船专门到今越南南部的嘉定进行贸易，所需货品往往根据相互市场的需要采购，"从古商艚到来，下椗既定，借铺居停，必向行家地主计开通船货财，役递交关。其行主定价包买，粗好相配，无有留滞。于返帆之日，谓之回唐。要用某货，亦须先期开明，照合约单代为收买，主客两便，账目清楚。客人止弦歌游戏，既得甘水洁静，又无虫虾侵蚀船板之患。待至程期，满载荣归而已。"[2] 中国商人与东南亚商人相互合作，甚至需要承担官府委派的采购任务。明朝官员颜俊彦在《盟水斋存牍》中写道："审看得铺行答应原有成规，物之产于外夷者，夷商供之；物之出于内地者，内商供之。以犀角、玳瑁、龟铜、雀顶、奇楠、冰片、丁香、豆蔻、木香、乳香、没药、苏合油责之夷舶纲纪（指经纪人），以沉、檀、速、降等香责之四季香户与漳行，牛黄、人参、麝香、琥珀责之药材铺户。"

第四节　外来宗教影响下越南文化的发展

一、越南佛教的发展演变

佛教在越南历史上扮演过重要角色，曾被尊为国教；在越南现代宗教体系中，佛教也占有重要地位，它对越南的文化和社会产生了深刻的影响。

（一）北属时期佛教的传入和发展

越南学界认为佛教于公元初年通过海路从印度传入越地，而中国学界一般认为佛教传入今越南境内的可信时间为 2 世纪。东汉末年，中国内地战乱频繁，"独交州差

---

① （明）陈子龙：《明经世文编》卷 270《御倭杂著一》。
② 《嘉定城通志》卷 2《山川志·边和镇》，载于《岭南摭怪等史料三种》，郑州：中州古籍出版社，1991年，第 65 页。

安，北方异人咸来在焉"。正是在避居交趾的过程中，大批中原士民和僧侣给交趾地区带来了北传佛教，牟子就是其中的杰出代表。牟子奉母流寓交趾，潜心佛学，力图融儒、释、道三家观点于一炉，并于交趾撰成《牟子理惑论》，这在当时产生了极大影响。3世纪，西亚僧人康僧会、支疆梁，印度僧人摩罗耆域、丘陀罗等先后从海路经扶南或从陆路经今缅甸、云南到达交趾，翻译佛经，弘扬佛法，并在交趾建有法云、法雨、法雷、法电四座寺院。中国高僧西行取经或返程，也多取道交趾，包括东晋时的法显和唐代的义净等。

如果说早期越南佛教曾受到南传佛教影响的话，那么6世纪之后今越南境内就主要是北传佛教占据主导地位。由于今越南中北部长期隶属中国封建王朝管辖，其佛教也受到中国的影响。因此，隋唐时期中国佛教的兴盛，也推动了交趾（安南）佛教的发展。此时中国的禅宗、净土宗和密宗传入今越南中北部，其影响力远远超过了南传佛教。580年，在中国承袭了禅宗衣钵的印度僧人毗尼多流支从广州到达交趾，在法云寺（位于今北宁顺城）创立了"灭喜禅宗派"，是为越南禅宗之始。820年，广州籍僧人无言通到达安南北宁扶董村建初寺，在那里传授禅学，并创立了越南历史上第二支禅宗派"无言通禅派"。无言通禅派是越南佛教的主要宗派。除了来自中国以及南亚、西亚的僧侣，唐代安南本地也涌现出不少名僧，如运期、解脱天、慧琰、智行等，一些安南僧人还应邀到长安讲经。

总之，早在今越南北部独立自主之前，北传佛教就已经在今越南北部广泛传播。968年，丁部领建立"大瞿越"国，今越南北部从此脱离中国封建王朝的统治。在此后4个世纪的时间里，交趾（安南）统治者笃信佛教，优容僧侣，越南佛教迎来了创新、发展和鼎盛时期。

（二）自主中前期越南佛教的兴盛

今越南北部独立建国之初，因缺乏治理国家的人才，丁朝、前黎朝各代帝王均重用佛教僧侣。971年，丁部领制定文武品秩时，对僧道品阶也做了规定，定"僧统"为佛教官职之首，下设"僧录"管理僧侣事务。当时被丁部领封为僧统、僧录的分别是匡越大师和张麻尼。匡越大师（933—1011）是无言通禅派的第四代，"匡越"二字即丁部领所赐，意即"辅助越国"。前黎朝黎桓夺得王位后，对匡越大师"尤加礼敬"，"凡朝廷军国之事，师皆与焉"。除了匡越大师，前黎朝辅佐朝政的僧侣还有杜法顺（915—990）和万行。杜法顺为毗尼多流支禅派第十代，博学多才。万行为毗尼多流支禅派第十二代传人，精于禅法，曾为黎桓的顾问，"黎大行皇帝军国之事必依万行言"。李朝初年，万行因以符谶之言支持李公蕴夺得政权，而被李公蕴尊为国师。

11—14世纪初李朝和陈朝时期，是越南佛教发展的鼎盛期，佛教被尊为国教，以佛教为代表的神权与封建王朝所代表的政权更加紧密地结合起来。僧侣集团形成了强大的社会势力：经济上，寺院拥有大量寺田、食邑和田奴，僧侣持度牒享有免除赋税、徭役的特权；组织上，形成了上有国师、僧统、僧录，各府有教门公事的严密的僧团制度；政治上，僧侣可以参与朝政，具有左右政局及改朝换代的能量。当时辅佐朝政的高级僧侣除了万行和尚，还有满觉禅师、圆通国师、明空法师、玄光禅师等。李朝各代国王大力推崇佛教，亲身传播禅宗佛学。《大越史记全书》记载，李朝开国皇帝李公蕴在宗庙未建、社稷未立之时，便"创立八寺，又重修诸路寺观，而度京师千余人为僧"。李太宗（1028—1054 年在位）在位时，大力修建寺院，1049 年因梦见观音佛坐莲花台而下令建造延佑寺，也就是如今著名的独柱寺。李圣宗（1054—1072 年在位）在攻取占城时，发现了客居占城的中国禅师草堂，倍加赏识，赐其居于升龙开国寺，封其为国师。草堂禅师创立了越南禅宗第三派系"草堂禅派"，主张"禅净一致"，把禅宗与净土宗结合起来。草堂禅派传了五代十八祖，李圣宗、李英宗（1138—1175 年在位）、李高宗（1175—1210 年在位）分别是草堂禅派首传、第三代和第五代弟子。随着李朝的衰亡，草堂禅派也走向衰落。

陈朝建立后，各代帝王继续推崇佛教。陈太宗（1225—1258 年在位）下诏"国中凡有驿亭，皆塑佛像事之"，他还著有《课虚录》和《禅宗指南歌》，前者是越南竹林禅派的基本著作之一。第三代国王陈仁宗（1278—1293 年在位）更是笃志禅学，以致弃位出家，在海阳东潮县安子山花烟寺出家修行，并正式创立了竹林禅派，是为越南竹林禅派的始祖。竹林禅派是由越族人创立的第一支禅宗，被认为是真正越南化的佛教宗派，受到陈朝皇室的大力提倡，并成为之后若干世纪越南佛教的主要流派。它继承无言通禅派，将儒、释、道学说综合到禅宗完整的经验中，借鉴了中国禅宗"见自性""无杂""无念"的思想，不尚礼仪，宣扬"佛在心，心即涅槃，即佛"，这实际上是中国禅宗的翻版。

在民间，佛教的影响也很深入。陈朝儒臣黎括欲明儒道而排佛，但是最终未能成功，他不能理解"佛氏之福祸动人，何其得人之深且固矣"，并对当时的崇佛景象描述道："上自王公，以至庶人，凡施于佛事，虽竭所有，顾无靳啬。苟今日托付于寺塔，则欣欣然如持左券，以取明日之报。故自内京城，及外州府，穷村僻巷，不令而从，不盟而信。有人家处，必有佛寺，废而复兴，坏而复修。钟鼓楼台，与民居殆半。其兴甚易，而尊崇甚大也。"[①] 越南很多著名佛寺，如佛迹寺（北宁）、普宁寺（南定）、广严寺（原河西，今河内）、安子寺（广宁），以及上文提到的延佑寺等，均始建于这一时期。

---

① ［越］吴士连：《大越史记全书》本纪卷 7《陈纪三》，第 441 页。

（三）15 世纪以后宫廷佛教的式微与民间佛教的发展

佛教信徒数量的激增和佛教势力的恶性膨胀，引起了安南统治者的忧虑和惶恐。一方面，一些寺庙成了藏污纳垢之所、淫荡奸邪之地；另一方面，一些高级僧侣甚至干涉朝政，决定皇帝的废立。统治者不得不采取一系列压制措施，通过勒令还俗、服兵役、没收土地、降低僧侣身份等方法打击佛教。事实上，到陈朝中后期，随着儒士阶层的日渐崛起，僧侣便逐渐失去了其在国家政治生活中的重要地位，僧侣人数锐减。15 世纪后黎朝建立后，安南的政治体制从之前的贵族君主制转向官僚君主制，封建专制制度高度发展；与之相应，儒家思想取代了李朝、陈朝时期儒释并尊的思想，在安南社会占据了正统性和支配性地位，安南封建社会从此进入崇儒重道、独尊儒学的时期，宫廷佛教逐渐走向衰落。1500 年以后，朝廷下令只许庶民信佛。佛教虽然告别了宫廷，但在乡村仍保持着其原有地位。佛教的因果报应论越来越深入人心，吃斋、受戒、诵经、放生、赈济、建庙、修塔、塑像、印经等仍是大众信徒必行之事，以为自身及家庭积存功德。这一阶段，氏敬观音和南海观音作为佛祖在安南的本土化形象，开始在大众信徒的精神生活中占据重要位置。

16 世纪时，今越南境内的禅宗与净土宗逐渐融合。17 世纪，以拙公和尚和元韶禅师为代表的中国禅师到今越南北方和南方弘扬佛法。拙公和尚以河内、北宁为中心，广泛传播中国临济禅宗的思想，并创立了竹林新派——拙公派。在中国侨寓高僧的影响下，17—18 世纪的今越南南方佛教带有浓厚的广东特色，今越南中部寺院建筑则深受中国寺院建筑的影响，屋顶普遍以筒瓦覆盖。南北纷争时期，郑氏、阮氏两大封建主为了笼络人民，开始扶持佛教，传教活动逐步恢复，禅宗和净土宗进一步融合，并从 17 世纪起陆续形成拙公派、水月派、莲宗派、元韶禅派、了观禅派、宝山奇香派六个新教派。18 世纪，安南国内矛盾日益尖锐，政治腐败，灾荒连年，农民起义不断，国家危机重重。儒家思想已不足以成为百姓安身立命的思想基础，儒学虽然仍为官学，但其实际地位已经下降，民间和上层社会又刮起了崇佛、崇道之风。

（四）20 世纪初佛教的振兴与当代越南佛教的发展

在各位禅师的努力下，1928—1935 年，越南各佛教协会如南圻佛学研究会、安南佛学会、北圻佛教总会等先后在西贡、顺化和河内成立，佛教徒和知识分子共同致力于收集经书、讲经说法、修复寺院、出版各种越文译本的佛教经典和杂志等活动，拉开了越南佛教振兴运动的序幕。1935 年，北圻佛教总会的僧尼数量达到 2 000 人，有 1 万多名佛教徒会员；1937 年，中圻佛教协会会员也达 3 000 人之多。1948 年，统一越南佛教徒协会成立。

二、天主教、福音教的传入

（一）天主教

天主教是基督教三大主要派别之一。16 世纪安南后黎朝时期，随着欧洲殖民势力向海外扩张，天主教开始在今越南境内传播，由此开启了今越南境内政权与西方的文化交流。在天主教传播的初期阶段（16—17 世纪），传教和贸易是其主要目的。此时安南正处于北莫、南黎的南北对峙以及"郑阮纷争"的割据时期，为了争取国外势力的支持，发展本区域经济，增强各自的军事实力，今越南境内各封建集团十分欢迎西方传教士的活动。1615 年，法国在今越南境内成立"法国耶稣会"；1624 年，在今越南境内传教多年的法国传教士亚历山大·德·罗德返回欧洲，向罗马教皇争取法国在远东地区传教的权利。1658 年，教皇任命帕吕和朗贝尔·德·拉莫特两位法国传教士为今越南南、北方的主教。1664 年，法国国外传教会成立。法国逐渐垄断了天主教在今越南境内的传教权。传教士活动从宗教、贸易领域逐渐转向政治领域，传教士以扩大传教区域为名，进行文化侵略。

18 世纪末，广南阮主与西山朝之间的内战给国外传教会的扩张以及法国的殖民入侵创造了机会。罗马天主教廷在今越南南部的代表、法国传教士百多禄积极为阮福映集结武装力量，助其扑灭西山农民起义，进一步扩大了法国在今越南境内的宗教和政治影响：宗教方面，1802 年今越南北方教民人数已达 30 万，南方有教民 6 万，共由 6 个主教统管；政治方面，在法国传教士支持下而称帝建元的阮福映，即位后即起用一些法国人作为朝廷顾问，帮助法国殖民势力迈出了其侵占越南的第一步。

尽管受恩于法国传教士，但是在封建制度危机下依靠外国势力起家的阮朝，也十分担心基督教的发展将会给民族的传统道德习俗以及国内的政治稳定带来负面影响。加上巴黎传教会中一些传教士的活动不够光明磊落，而且天主教的教义与越南传统的风俗习惯相冲突，导致阮朝实行闭关锁国和维持现状的外交与宗教政策，规定修缮教堂须经呈批，并禁止修建新教堂。1847 年，阮朝绍治帝在一份治罪谕旨中称天主教为邪教，嗣德年间实施了更加严格的禁教政策，如在教民脸上刺字等。

上述举措不仅未能阻止法国殖民者的步伐，还为其进一步武装侵略提供了借口。在传教士的积极运作下，1858 年，法国殖民者炮轰岘港，侵占嘉定。迫于压力，1862 年阮朝与法国签订了《西贡条约》。条约规定越南割让东南部三省，并取消禁教政策。这起事件引发了中部的"平西杀邪"（平西敌，杀邪教）运动。获得传教权的法国传教士与法国殖民者步步进逼，利用传教来实现政治企图，巩固法国的殖民统治。天主教势力进一步扩大，在越南建立了广泛的社会基础。但直至 1933 年，梵蒂冈天主教廷才赋予越南教会以自管权，并第一次任命越南人阮伯从为主教。20世纪50年代初期，越南抗法战争接连取得胜利后，一大批越南籍主教才开始代替法国人主持宗教活动。

（二）福音教

福音教即基督新教，是从天主教（罗马公教）中分离出来的教派。福音教深受资产阶级民主思想和个人自由主义倾向的影响，不接受教皇的领导权，没有自己的权力中心，废除了天主教的教阶制。福音教视耶稣为救世主，信奉上帝，崇拜《圣经》，福音教的节日如圣诞节、复活节等都与天主教相似，但在观念和组织方法上两者有一些差异。福音教的教职人员有主教、牧师、长老、传道员，可以是男性，也可以是女性。

福音教于19世纪末由美国联合福音教传教会传入越南。1911年，第一个福音教圣会分会在岘港成立，开启了越南福音教的历史。1916年，联合福音教传教会在越南设立了16个分会，其中北圻5个、中圻6个、南圻5个，皆隶属东法福音圣会。1920年，河内建成了第一个福音教印刷厂，越语版的圣经、圣歌以及传教印刷品得以大量印制。1921年，岘港成立了第一所圣经学校。1928年，牧师大会决定在越南成立北中教区和南部教区；1931年又拆分为北、中、南三个教区。1940年，越南福音教已成立189家分会，拥有信徒1.5万人。日本入侵越南期间，大部分福音教传教士被美国召回，许多圣会停止了宗教活动。1945年日本法西斯投降后，圣会更名为越南福音圣会，直到1948年北、中、南三区的宗教活动才恢复。

三、道教的影响

道教产生于中国东汉时期，是中国的传统宗教，其对中国文化的影响不在儒学、佛教之下。道教创立后很快就传入了当时隶属中国管辖的交趾地区，时间与佛教传入交趾的时间大致相同。《牟子理惑论》序云："是时灵帝崩后，天下扰乱，独交州差安。北方异人咸来在焉，多为神仙辟谷长生之术。时人多有学者，牟子常以五经难之，道家术士莫敢对焉。"这说明东汉末年避难交趾的道家术士将道教带入了交趾地区。

道教传入今越南北部后，得到迅速传播和发展，尤其是符箓派道教，其起源于民间巫术的祈禳、禁咒等信仰仪式，与越族人的原始巫术有诸多契合之处，因此很容易被越族人接受。除了得益于当地的原始宗教，这一时期道教在交趾的传播和发展主要依赖到交趾避难的道士和官吏。《大越史记全书》记载了仙人董奉以药丸医治士燮的故事，由此可以管窥三国时期道士在交趾的活动。隋唐时期，道教受到中国统治者的推崇，越来越多的道士来到安南（今越南北部）传播教义和法术。此时在安南都护府任职、深受当地百姓爱戴的官员高骈也信奉道教，《旧唐书·高骈传》记载其开凿安南至广州的海道时，遇巨石则"作法去之"。地方官对道教的推崇，极大地刺激了道教在今越南境内的发展，信奉道教的人逐渐增多。据《交州八县记》载，当时安南有名的道观就有 21 座。

今越南北部自主建国以后，道教仍然盛行。李朝、陈朝时期实行佛道并举的政策，道教教义被作为选拔人才的考试内容之一。朝廷专门设立管理道教事务的道官，如"道录""威仪""都官"等。统治者大都信奉道教，优礼道士，修建道观。史书对李太祖、李圣宗、李仁宗、李神宗、陈太宗、陈仁宗、陈英宗、陈裕宗等君主虔信道教之事皆有所记载。民间对道教醮仪方术亦十分崇信。后黎朝初期，由于统治者独尊儒学，佛、道受到排挤和压制，道士地位下降。但统治者如黎太宗、黎圣宗等遇到灾年，仍借助道教醮仪禳之。16—18 世纪安南处于剧烈动荡的时期，上层社会又刮起了崇道之风。如 1514 年黎襄翼统治期间，曾在河内西湖兴建真武庙，供奉真武神铜像；1567 年，莫氏谦太王等亲王、公侯在海阳省修建道观；1680 年，郑柞重修河内真武观等。17 世纪黎神宗时，安南出现了一个规模较大的道教支派——内道，创立者为清化人陈全。他原是后黎朝官吏，因不愿追随莫朝，遂辞官回乡修行，自称得药师佛传道，领命在骧州、爱州地区驱魔除鬼，有信徒十万，被尊为"上师"。相传他曾医治好黎神宗及公主之子的病，为答谢他，黎神宗在其家乡修建道观，并亲笔题写"内道场"三字。他的三个儿子都精通道法，被尊为"三圣"。

随着安南版图向南扩展，道教也逐渐向南传播。阮朝太祖阮潢对道教非常重视，每有醮禳、忏谢、请福之事，常爱用道士。正是得到精于术数的阮秉谦的暗示，阮潢才移军顺化，开辟了阮氏王朝的基业。此外，阮朝还专门设有"道士道录司""道士良医司"等机构，管理有关道教事务。

道教在越南民间也有广泛影响。据史料记载，广义、广治、平顺等地"尚巫觋"，"春首延符水，以祀土神"，"以术咒人或致病死者"。反抗法国殖民统治时期，起义者以道教的斋醮、科仪作为战胜敌人的精神武器。"一战"后，在河内的讲武乡，每年都有三五万信徒前来祭拜内道法师或治病。但是道教作为一种独立的宗教，其在近代已逐渐走向衰落。

第九章　柬埔寨与周边地区交流史

柬埔寨，隋代之前称为"扶南"，隋朝称为"真腊"①，唐朝称为"真腊"或"吉蔑"②，宋朝称为"真腊"或"占腊"③，元朝称为"真腊"或"甘字智""澉浦只"④，明朝万历年间以后称为"柬埔寨"。柬埔寨的发展史，就是一部其与周边地区密切交往的历史。

第一节　古代中国与柬埔寨的交往

一、扶南与中国的早期交往

扶南国大约建立于 1 世纪，一直延续到 6 世纪，是柬埔寨历史上的强盛王国。发达的海上贸易、不断的对外扩张，使扶南成为东南亚历史上的第一个大国。扶南经历了混氏王朝、范氏王朝和跋摩王朝三个时期。《后汉书》是最早记述中国与扶南国关系的文献，此后《三国志》《晋书》《宋书》《南齐书》《梁书》《陈书》《南史》《新唐书》都立有"扶南传"，其他野史中也有零星的有关扶南的条目，可见扶南与中国的密切关系。

据《后汉书》载："章帝元和元年（84），日南徼外蛮夷究不事人邑豪献生犀、白雉。"此处的"究"在古代读"甘"，"究不事人"即古代柬埔寨人。这是中国史书对柬埔寨的最早记载，证实在 1 世纪后半期，扶南人就揭开了中柬关系史的第一页。扶南国正式遣使来中国进贡是在 225 年。中国第一次派遣官员出使扶南是在三国吴吕岱

---

① 冯承钧指出，真腊国名始见《隋书》，先为扶南属国，后并扶南东部而有之，即后之柬埔寨也。

② 据（宋）欧阳修等《新唐书》卷 222 下《真腊传》记载："真腊一曰吉蔑，本扶南属国。"

③ 据（清）张廷玉等《明史》卷 324《真腊传》记载："宋庆元中，（真腊）灭占城而并其地，因改国名曰占腊。"

④ 据（元）周达观《真腊风土记》记载："真腊国或称占腊，其国自称曰甘字智。今圣朝按西番经，名其国曰澉浦只，盖亦甘字智之近音也。"

任交州刺史时（226—231），这次前往扶南等国的中国使者属于地方政府派遣的性质，主要目的是同扶南等国建立经贸联系。孙吴赤乌六年（243），扶南国王范旃遣使入贡中国孙吴政权，东吴大帝孙权于赤乌六年至十四年（243—251）派遣朱应、康泰回访扶南，受到扶南国王范寻的亲自接见。这是中国出访扶南的第一个中央政府代表团，也是两国关系日益发展的结果，对于增进两国人民的相互了解和友谊做出了重大贡献。朱应、康泰在出使期间，广泛了解扶南的地理物产、生活习俗、耕种技术和文化艺术等方面的情况。康泰回国后，写成了《吴时外国传》（又称《扶南传》），这是目前所知的世界上最早的一部记载扶南国的著作，对于研究古代柬埔寨乃至东南亚、南亚、西亚各国的历史，以及古代南海的交通和贸易，都具有极为珍贵的文献价值。

两晋时期，有关扶南遣使访问中国的记述史不绝书。据《晋书》记载，268 年、285—287 年和 357 年，扶南多次遣使到中国访问[1]。

南北朝时期，两国在政治、经济、文化等方面的关系甚为密切。扶南王恃梨陁跋摩在 434 年、435 年和 438 年三次遣使进贡扶南特产。430 年，扶南的邻国林邑（宋以后称占城）向扶南借兵，准备进攻当时中国的辖地交州，遭到扶南王的拒绝，中扶两国友好关系的发展势头良好。484 年，扶南王憍陈如·阇耶跋摩委派曾到过中国的印度僧人释那伽仙带着表文和礼品拜见齐武帝，表文中表示扶南希望能同中国永远和睦交往[2]。憍陈如·阇耶跋摩在位期间，积极发展扶南与中国的关系，屡次遣使进献扶南的珍贵物产。据《梁书·扶南传》记载，503 年，憍陈如·阇耶跋摩复遣使送珊瑚像和方物，梁武帝下诏说："扶南王憍陈如·阇耶跋摩，介居海表，世纂南服，厥诚远著，重译献琛，宜蒙酬纳，班以荣号，可安南将军、扶南王。"阇耶跋摩去世后，继位的留陁跋摩继续与中国友好往来，多次遣使来中国进献火齐珠、郁金香、苏合香、生犀等方物[3]。据不完全统计，扶南国遣使访问中国在 23 次以上。这一时期的中扶关系可称作中柬友好关系史上的第一次高潮。

两国的宗教文化交流也相当突出，扶南是中国和印度佛教传播的中转站，许多印度僧人和扶南僧人经海路来到中国弘扬佛法，翻译佛经。在南朝首都建康（今江苏南京），专门设有扶南馆，作为从事佛经翻译的场所。据有关史料记载，至少有 4 名扶南高僧来过中国传教和翻译佛经，他们是僧伽婆罗、曼陀罗、真谛和须菩提。僧伽婆罗生于 460 年，为天竺沙门求那跋陀之弟子，通晓几国文字，他乘商船来到萧齐都城建康，曾在扶南馆、占云馆、正观寺、华林园和寿光殿五处译经，共译 11 部，524 年卒

---

① （唐）房玄龄等：《晋书》卷 97《扶南传》。
② （梁）萧子显：《南齐书》卷 58《扶南传》。
③ （唐）姚思廉：《梁书》卷 54《扶南传》。

于中国，时年 65 岁。曼陀罗于 503 年来到萧梁都城，与僧伽婆罗共同翻译佛教经典。真谛曾与鸠摩罗什、玄奘、不空并称中国古代的四大佛经翻译家。最后一位扶南僧人须菩提曾为陈朝皇帝翻译大乘《宝云经》。与此同时，中国萧梁政权也派遣多位文化使者访问扶南，延聘名僧来中国传播佛法和翻译经书。特别值得一提的是，在大同五年（539），扶南来使言其国有佛发，长一丈二尺，梁武帝派遣沙门释云宝前往扶南迎接①。这时正值中国南北朝佛教流行和佛教在扶南兴起的时期。

扶南与中国的文化交流不仅在宗教方面，扶南音乐对中国也有一定的影响。扶南音乐最早传到中国是在 243 年。《三国志·吴书》记载："吴主赤乌六年，扶南王范旃遣使献乐人及方物。"孙吴时还特建"扶南乐署"，教宫人演习。据《隋书》记载："开皇初定令，置七部乐：一曰国伎，二曰清商伎，三曰高丽伎，四曰天竺伎，五曰安国伎，六曰龟兹伎，七曰文康伎。又杂有疏勒、扶南、康国、百济、突厥、新罗、倭国等伎。"②《唐会要》卷十二"宴乐"条也有关于扶南乐的记载："武德（618—626）初，未暇改作，每宴享，因隋旧制，奏九部乐：一宴乐，二清商，三西凉，四扶南，五高丽……"扶南音乐作为中国的宫廷音乐之一，说明它极具艺术价值和民族特色。

扶南从立国到衰亡的 500 多年里，与古代中国在政治、经济、宗教、文化等方面的交往是极为密切的。这一纽带的建立，为日后中柬友好关系的建立打下了坚实的基础。

二、真腊与中国友好关系的发展

6 世纪末期，由于南海交通重心的转移，扶南王国的经济优势丧失，政治地位下降，致使本国内乱，属国纷纷独立。扶南的北方属国真腊就在此时崛起，并逐渐兼并扶南本土，占领了首都特牧城，迫使扶南把都城南迁到了那弗那城（今柬埔寨茶胶省吴哥巴雷）。7 世纪中叶，扶南王国被真腊完全征服，柬埔寨历史进入真腊时代。

真腊存在的 600 多年（9—15 世纪前期）里，中国则经历了唐代、五代十国、宋、元，直到明前期。其中唐前、中期和明代，两国之间的交往非常密切，其他时间虽然不够频繁，但是两国关系没有大的起伏，保持了长时间友好平稳的发展。

（一）早期真腊与中国的关系

7—8 世纪为早期真腊王国阶段，先统一，后分裂，政局变化大。真腊统一期间，共有五位国王：拔婆跋摩、摩诃因陀罗跋摩、伊奢那跋摩、拔婆跋摩二世、阇耶跋摩

---

① （唐）姚思廉：《梁书》卷 54《扶南传》。
② （唐）魏徵：《隋书》卷 15《音乐下》。

一世。其中第三位国王伊奢那跋摩最终征服扶南，完成了真腊的统一事业，将首都迁到磅同附近的三波，将柬埔寨历史推向了一个新的发展阶段。据《隋书》卷82《真腊传》记载："真腊国在林邑西南，本扶南之属国也，去日南郡舟行六十日，而南接车渠国，西有朱江国……自其祖渐已强盛，至质多斯那遂兼扶南而有之。"这里的"质多斯那"，就是伊奢那跋摩。"伊奢那"或许与真腊的首都位于伊奢那城有关。616年，伊奢那跋摩遣使来中国访问，这是真腊王国第一次遣使来华[①]。

早期真腊的最后一位国王阇耶跋摩一世在位时，继承了其祖辈扩张领土的传统，征服了今老挝中部和北部，把国家北界延伸至与中国云南的南诏国接壤，南至暹罗湾。在阇耶跋摩一世在位的25年间，相当于中国唐高宗、武则天执政时期，多次遣使来中国，一直与中国保持着良好的关系。阇耶跋摩一世死后，国家陷入了混乱，结果分裂为南、北两部分，北部因多山而被称为陆真腊，南部因近海而被称为水真腊。据《旧唐书》记载："自神龙（705—706）以后，真腊分为二半，以南近海，多陂泽处，谓之水真腊；半以北多山阜，谓之陆真腊，亦谓之文单国。"[②]《新唐书》补充记载陆真腊又称"婆镂"。陆真腊的疆界大致相当于现在的老挝，而水真腊的版图则大体相当于现在的柬埔寨。水、陆真腊均与中国保持着良好的关系。

陆真腊地处内陆，从陆路到中国访问和进行贸易十分艰难，需长途跋涉，至少要步行或乘大象15日到达驩州，然后才可以转海道，但必须寄搭商船。据不完全统计，陆真腊在近百年中至少有5次访问中国，即709年、717年、753年、771年和799年。753年，文单国王子率其属26人访问中国。时值唐朝派兵征讨南诏政权，文单王子为感恩，自告奋勇，愿随唐朝大将到云南征战，唐玄宗授其"果毅都尉，赐紫金鱼袋"。战事结束后，文单王子才回国。771年，文单国副王婆弥亲自率侍臣、嫔御25人的庞大代表团访问中国，并带来珍贵宝物及11头大象进献，使唐朝皇帝感慨不已。唐代宗诏曰："文单国副王婆弥，慕我朝中之化，方通南极之风。义在抚柔，礼当加等，可开府仪同三司，试殿中监。"官衔之高，仅次于三公。还赐副王婆弥名为"宾汉"，这是尊贵的荣誉称号[③]。799年，文单国贡使李头机率团来华访问，唐德宗授其为"中郎将"。由此可见陆真腊文单国与中国唐王朝的亲密关系。而文单国在国家分裂时期，能获得东方大国中国的政治承认和贸易往来，对其也大为有利。

水真腊有近海的便利，由于国内纷争和外族的侵扰，访问中国的次数虽然不多，但在不到50年的时间里也有五次，即706年1次、709年2次、717年1次、750年1

---

① （唐）魏徵：《隋书》卷82《真腊传》。
② （后晋）刘昫：《旧唐书》卷197《真腊传》。
③ （宋）欧阳修等：《新唐书》卷222下《真腊传》。

— 187 —

次。到了8世纪下半叶，水真腊为爪哇的夏连特拉王朝所征服，还被掳去了一位王子作为人质。大约在9世纪初期，这位王子才回到柬埔寨。从柬埔寨发现的一块碑铭得知，这位王子就是后来恢复柬埔寨独立并且统一全国，开创了辉煌的吴哥王朝的君主阇耶跋摩二世。

（二）吴哥王朝与中国的往来

849年，水真腊阇耶跋摩二世完成了真腊的统一。由于新建的几个都城都在吴哥附近，因此重新统一后的真腊又被称为吴哥王朝。吴哥王朝是真腊历史上也是整个柬埔寨历史上的极盛时期。

吴哥王朝从9世纪开国，到15世纪走向没落，大约经历了6个世纪，相当于中国唐朝后期至明朝前期。这一时期的中柬关系继续发展，两国的官方往来由过去只重视政治交往发展为政治、经济并重，两国的民间往来也更加频繁。在这一时期，两国交往最频繁的阶段是唐朝和明朝。唐代吴哥王朝遣使来华18次，而且使团地位高、规模大。从1368年至1457年约90年间，明朝和真腊（万历后改称柬埔寨）频繁派出使节互访，其次数之多、密度之大，在两国关系史上是空前的。1373年、1375年、1379年、1382年、1389—1392年、1404年、1406年、1414年、1417年、1419年，真腊共13次入贡中国①，中国也于1389年"赐其王镀金银印"加以册封②。即使明王朝出于减轻柬埔寨负担的考虑，公布了"真腊诸国入贡既频，劳费太甚，今不必复尔"的命令，真腊仍然"来者不止"③。

除了遣使互访，这一时期的中柬关系还发生了一件意义深远的大事。1296年，浙江温州人周达观随元朝使团出访真腊，在该国居住了一年多。回国后，他根据亲身见闻撰成《真腊风土记》，全书共8500字，分为41节，详细介绍了吴哥王朝的政治、经济、民生、文化各个方面的情况，成为世界上现存的全面反映吴哥王朝昌盛时代的唯一记载，是研究柬埔寨中古历史不可或缺的一部名著。该时期中柬民间商贸交往有了进一步发展，时值中国的经济重心逐渐南移，中国的海上交通快速发展，海外贸易随之兴盛起来。始创于唐代，继承并扩展于宋代的市舶制，就是顺应历史发展潮流的产物。市舶制的建立，大大推动了中国海外贸易的发展。到了元代，陆路交通基本突破两宋时北方少数民族政权的障碍，而在海路方面，元朝完全控制了南海与印度洋之间的交通。中国与柬埔寨商贸交往的大发展，就是在这样的背景下进行的。

---

① （清）张廷玉等：《明史·太祖本纪》，《明史·成祖本纪》。
② （清）张廷玉等：《明史》卷324《真腊传》。
③ （清）张廷玉等：《明史》卷324《暹罗传》。

据周达观记载："小交关则用米谷及唐货，次则用布；若乃大交关，则用金银矣。"① 可见柬埔寨市场上中国商品与本地商品的交易情况。中国的金、银、漆器、锡、蜡、瓷器、水银、麻布、雨伞等20多种商品输往柬埔寨。据《真腊风土记》之"欲得唐货"条记载："其地向不出金银，以唐人金银为第一，五色轻缣帛次之；其次如真州之锡蜡、温州之漆盘、泉处之青瓷器，及水银、银砾、纸札、硫黄、焰硝、檀香、草芎、白芷、麝香、麻布、黄草布、雨伞、铁锅、铜盘、水珠、桐油、蓖箕、木梳、针。其粗重则如明州之席。甚欲得者则菽麦也，然不可将去耳。"在"器用"条中说："又以一锡器或瓦器盛水于旁，用以蘸手。"真州之锡蜡、温州之漆器、泉州和处州之瓷器、明州之草席，在柬埔寨都负有盛名。在柬埔寨的各生活领域，无论是上层官僚还是下层民众，都有使用中国物品的情况。在"器用"条中又载："国主内中，以销金、缣帛为之，皆舶商所馈也。"中国与柬埔寨民间商贸往来的频繁可以想见。

到了明代，中国封建经济高度发达，海外贸易空前活跃，贸易范围大为拓展。虽然一度受到明政府实施海禁政策的影响，但柬埔寨与中国之间的民间商贸交往从总体上看从未中断。即使是在明政府"以海外诸夷多诈，绝其往来"的情况下，仍然保持"唯琉球、真腊、暹罗许入贡"。后来郑和经历洪武、建文、永乐三朝，并在永乐朝先后七次奉命出使西洋，"所历占城、爪哇、真腊……凡三十余国"，对于推动中国与柬埔寨民间商贸交往具有积极作用。不论是中国的商船到柬埔寨，还是柬埔寨的商船到广州，互相都以礼相待。中国商船主要到今柬埔寨南部，据明人张燮《东西洋考》记载："今贾舶至者，大都水真腊地也。"又在"贸易"条中说道："船至篱木，以柴为城。酋长掌其疆政，果币将之，遂成贾而征偿。夷性颇直，以所铸官钱售我，我受其钱，他日转售其方物以归。"交往的盛况可见一斑。当时到柬埔寨的商人中，很多是福建人。清人查继佐《罪惟录》记载："闽人贾其国，则方言曰柬埔寨也。"② 贸易的商品种类也多于元代，从《东西洋考》和李时珍所撰《本草纲目》可以看出，中国销往柬埔寨的商品超过30种，远胜元代史料的记载。

13世纪末期，吴哥王朝民族危机加深。西北部地区的泰族人摆脱吴哥王朝的统治，建立了独立的暹罗国家，并不断扩张势力，在1296年、1351年、1393年、1431年四次攻陷吴哥，王城遭严重损坏。1432年，真腊国王蓬黑阿·亚特将都城迁至斯雷山托，后又迁至金边。至此，长达6世纪之久的吴哥王朝结束了。

（三）晚期真腊与中国的关系

吴哥王朝灭亡后，真腊逐渐走向衰落，进入晚期真腊阶段。16世纪末叶，改国号

---

① （元）周达观：《真腊风土记》卷上"贸易"条。
② （清）查继佐：《罪惟录》卷36"真腊国条"。

为"柬埔寨"。这一时期,由于柬埔寨内乱不断,招致外敌入侵,先后沦为暹罗、安南的属国,中柬两国政府之间的联系中断,但两国的民间商贸交往仍然延续,并成为两国之间的主要交往形式。每年冬春季节,中国商船利用东北季风,从广东、福建、浙江前往柬埔寨进行贸易活动;夏秋季节,则利用西南季风回航。运往柬埔寨的货物有金银、烧珠、绫罗、杂缯、江西瓷器、福建糖品、果品、土特产等。直到清初,中国沿海地区仍然是"浙粤闽商人往彼互市,近则兼市丝巾"。雍正七年(1729),清政府大开洋禁,"凡南洋之广南、港口、柬埔寨,及西南之埭仔、六坤、大呢、吉兰丹、丁葛奴、单咀、彭亨诸国咸来通市"①。乾隆二十二年(1757)以后,广州不仅是中国与西方国家贸易的口岸,而且也是中国与东南亚各国进行商业贸易的重要据点,"东京、交趾支那、柬埔寨、缅甸、麻六甲或马来半岛、东印度群岛、印度各口岸、欧洲各国、南北美各国和太平洋诸岛的商货也都聚居到此城"②。

总之,晚期真腊阶段,柬埔寨与中国之间的民间商贸交往持续发展,贸易的区域、物品、规模和频率甚至超过以往。随着两国政府之间邦交关系的中断,这种民间商贸交往成为连接两国人民友谊的桥梁。在古代中柬关系史上,两国政府和民间在政治、经济、文化和科技等方面长期保持着友好而密切的交往,柬中两国始终和睦相处,没有发生过任何战争,书写了一部和平与友好的历史篇章,值得两国人民讴歌和传承。

1863年8月1日,法国驻交趾支那总督格朗迪耶以炮舰为后盾,强迫诺罗敦国王在事先拟好的《法柬条约》上签字。从此,柬埔寨沦为法国的保护国。从1863年至1953年的90年间,是柬埔寨历史上的法属时期。其间日本曾于1940—1945年对柬埔寨实行短期占领。日本投降后,法国卷土重来,重新对柬埔寨实施"保护"。

在法国殖民统治的90年间,由于柬埔寨丧失了国家的独立,导致中柬两国的官方关系长期中断,史书中不见有使节往来的记载,两国以商业贸易为主的民间往来成为近代中柬关系的主要内容。每年冬春期间,中国浙江、福建、广东的商人到柬埔寨贸易,夏秋期间返国。柬埔寨人对中国的丝绸、瓷器、糖果等商品都很喜爱。柬埔寨的商船也到中国贸易,运来该国的特产(比如广东人爱吃的咸鱼),又购买中国商品运回。在近代,柬埔寨的华侨激增,他们与当地人民和睦相处,为发展该国经济文化、促进两国友好关系做出了重大贡献,这是近代中柬关系的重要组成部分。

---

① (清)王之春:《国朝柔远记》卷4,第331页。
② 姚贤镐:《中国近代对外贸易史资料(1840—1895)》第一册,北京:中华书局,1962年,第305页。

第二节　安南（越南）与暹罗控制下的柬埔寨

一、安南（越南）对柬埔寨的蚕食及与暹罗的争夺

1594 年，暹罗攻陷洛韦后，真腊国王索塔之弟索里约波被俘。暹罗于 1600 年将索里约波护送回国，扶植其为柬埔寨国王，并正式宣布柬埔寨为暹罗的附属国。继索里约波之后为王的吉·哲塔二世，执行与其父王相反的政策，希望摆脱暹罗的控制，使国家获得独立与复兴。为此，他采取了一系列措施，包括迁都乌龙，并求助于安南的阮氏政权，希望借助安南人去对付暹罗人。这实际上是前门拒狼，后门迎虎。自此，安南人开始参与对柬埔寨控制权的争夺。安南先以"亲善"的面孔上场，将一位安南公主嫁给吉·哲塔二世，并先后两次帮助柬埔寨挫败了暹罗人的入侵。作为回报，安南人取得了向下柬埔寨的佩戈（即今越南胡志明市）移民的合法权利，并在此设立税收机关。之后，又逐步占领了柬埔寨的佩戈和每吹地区。到 18 世纪下半叶，安南完成了对整个下柬埔寨的吞并。由于当时的安南正处于北郑、南阮的割据局面，因此暹罗在这场争夺中占据优势，柬埔寨大部分处于暹罗的控制之下。阮朝在 1802 年实现全国统一后，开始了与暹罗对柬埔寨的新一轮争夺战。在 1811 年和 1833 年争夺柬埔寨的暹越之战中，暹罗均以失败告终。越南两次武装护送柬埔寨国王安赞回国执政，柬埔寨成为越南军队保护下的属国，暹罗逐渐丧失了对柬埔寨的控制权。1835 年，安赞病逝，越南立其次女安眉为高棉郡主，并派"保护真腊官"张明讲、黎大纲"权监国事"，这表明柬埔寨实际上已归于越南的直接管控之下。

二、越南对柬埔寨的控制及柬埔寨人民的反越起义

越南在柬埔寨推行了一系列有利于维护并巩固其对柬埔寨控制的政策。按照越南的军政制度改组柬埔寨的行政区划和军队；为了满足军事和经济上的需要，强迫柬埔寨人民修驿路、挖运河、筑城堡，并大量设置关卡，使柬埔寨人民痛苦不堪；强制推行"越南化"的政策，用越南的文化和风俗习惯取代柬埔寨人民的传统文化和生活方式，试图消除柬埔寨人民的民族意识，这一做法严重伤害了柬埔寨人民的民族感情。

对于越南的野蛮侵略和残酷统治，柬埔寨人民曾多次发动起义进行反抗，其中规模最大、影响最深的是 1820 年的僧计起义和 1840 年的反越大起义。僧计起义是由一个名叫计的爱国僧侣在巴普农领导发动的，起义军俘获了巴普农的地方官，进而向傀儡国王安赞的统治中心南荣进军，终因寡不敌众而被镇压。1840 年爆发的反越大起义发

展迅猛，在一个月内就占领了海东、海西、山静以及金边周围的广大农村地区，年底甚至扩展到已被越南侵占的湄公河三角洲以南地区，使越军节节败退。在武装镇压难以使起义军屈服的情况下，越南又玩弄招抚的伎俩，但仍以失败告终。最后，在越军的疯狂反扑下，起义被残酷镇压。

三、柬埔寨沦为暹罗和越南共同的附属国

自越南完全控制整个柬埔寨之后，暹罗在柬埔寨的权益彻底丧失。对此，暹罗当然不会善罢甘休，它一直在等待有利时机，试图东山再起。1840年的反越大起义提供了这一良机。暹罗利用柬埔寨人民反抗越南统治者的心理，打着支持柬埔寨合法王位继承人继位的旗号，派兵护送安东（安赞之弟）回国，从而引发了一场暹罗与越南之间的战争。双方在这场延续七年之久的战争中相持不下，严重消耗了两国的国力。而且越南此时正面临着西班牙和法国的威胁，亟须从这场战争中脱身。因此，双方最后达成妥协，签订了和约，使柬埔寨由越南单独统治变成由暹罗和越南共同控制，沦为两国共同的附属国。由于安东一直是由暹罗人扶植，在感情上更倾向于暹罗，所以，此时暹罗对柬埔寨的控制略占上风。此后不久，越南、暹罗和柬埔寨相继沦为西方列强的殖民地或半殖民地，柬埔寨从而结束了被越南和暹罗共同奴役的历史。

第三节　柬埔寨的对外经济联系

一、扶南国的海外贸易

5—6世纪时扶南的造船业就已经很发达。从中国史书的记载可知，扶南船只的头、尾部分都用铁镊装钉，使船身非常坚固。其船形是长而窄的流线型船体，有利于减小阻力，加快航行速度。并且对船帆进行巧妙设计，集中利用各个方向的风力，加快了船的航行速度。另外，还对大、小桨各施其用。这些都说明扶南人的造船技术和航海技术已达到相当高的水平。据《南齐书》记载，扶南人"为船八九丈，广裁六七尺，头尾似鱼"[1]。宋《太平御览》亦载："扶南国伐木为船，长者十三寻，广肘六尺，头尾似鱼，皆以铁镊露装，大者载百人，人有长短桡及篙各一，从头至尾有五十人作，或四十二人，随船大小，立则用长桡，坐则用短桡，浅水乃用篙，皆当上应声如一。"[2]

---

[1]　（梁）萧子显：《南齐书》卷58《扶南传》。
[2]　（宋）李昉等：《太平御览》卷769《舟部二·叙舟中》引《吴时外国传》。

这样的海船航行时所受阻力小、速度快。而且扶南人能够制造远涉重洋的大战船，《梁书》记载扶南大王范蔓率海军征服了周边的十余国，"乃治作大船，穷涨海，攻屈都昆、九稚、典孙等十余国，开地五六千里"①。此外，宋代的《太平御览》记载："扶南大舶从西天竺国来，卖碧颇黎，面广一尺五寸，重四十斤，内外皎洁。"② 既然称为"大船"，可见在当时处于比较先进的水平。造船是一种综合性技术，需要多种手工业的合作，能够集中反映出一个国家在一个时期所达到的手工业技术水平。正是先进的造船技术和发达的航海业，使扶南的商船能够在印度和中国之间进行贸易。

扶南国的商业贸易特别是海外贸易在其经济中占有重要地位，它是维持当时扶南国在东南亚地区大国地位的物质基础。扶南海上贸易的繁荣和兴旺，与其所处的地理位置密不可分。当时东西方贸易的两条航线都必须通过扶南及其属地，扶南因此成为东西方海上贸易必经的中转站，成为联系东西方的海上桥梁。扶南及其属国有许多优良的国际港口，比如俄厄、顿逊、盘盘、狼牙修、拘利和丹丹等，其中最有名的当属俄厄和顿逊两大港口。俄厄港是扶南本土最优良的港口，两条航线都必须经过该地，因此这里曾经商贾云集，是扶南最繁华的地方。考古学家在俄厄港发掘出来的文物，向我们展示了扶南海上贸易的真实情况：与扶南进行海上贸易的国家中，最远的是欧洲的罗马和西亚的波斯；历史最悠久并且贸易关系最为密切的是印度；而与中国的贸易则处于不断发展的过程中，并且是以官方贸易为主。顿逊是扶南属国内另一个著名的国际港口，它是在扶南国王范蔓等在位时征服了马来半岛及其周边地区后，而被纳入扶南的势力范围之内的。据《梁书》记载："顿逊之东界通交州，其西界接天竺、安息徼外诸国，往还交市。……其市东西交会，日有万余人，珍物宝货，无所不有。"③ 这表明顿逊具有优越的地理条件，在东西方贸易中占有极其重要的地位。

二、中国与扶南、真腊的古代贸易往来

中国与柬埔寨之间的贸易交往始于汉代，据《汉书·地理志下》记载，汉朝开辟了一条对外航路，始发港有日南障塞、徐闻、合浦三处，沿海岸而行，绕过中南半岛，第一个国家是苏门答腊北部的都元国，而后经缅甸沿岸的邑卢没、谌离、夫甘都卢等国，最后到达印度东海岸的黄支国及其南面的已程不国，回程到日南郡象林界而止。通过这条航线，中国与扶南以及东南亚其他地方进行着较为频繁的贸易交往。

---

① （唐）姚思廉：《梁书》卷54《扶南传》。
② （宋）李昉等：《太平广记》卷81《梁四公》；（宋）李昉等：《太平御览》卷808《珍宝部七·颇黎》引《梁四公子记》。
③ （唐）姚思廉：《梁书》卷54《扶南传》。另，顿逊又作"典孙"。

据中国史籍记载，"汉元鼎中，遣伏波将军路博德开百越，置日南郡。其徼外诸国，自武帝以来皆朝贡"①。这里的"徼外诸国"就包括扶南。汉武帝时东南亚及印度洋沿岸各国运至中国的物品中，有明珠、璧流离、奇石、异物，而中国运往扶南、东南亚其他地方以及印度洋各处的物品则有黄金、杂缯等。三国时期，中国与扶南的官方交流增多，民间交往亦日渐频繁。扶南与中国之间的民间香药贸易十分兴盛。扶南出产的沉木香、象牙、苏枋木、紫枬木、槟榔等特产，在中国市场很畅销。西晋时，扶南国王于晋武帝泰始初年遣使进贡，后又于晋武帝太康年间遣使贡献。东晋时，扶南国王竺旃檀于穆帝升平初年，遣使奉表进贡驯象，晋穆帝考虑到"殊方异兽，恐为人患""此物劳费不少"，下诏让扶南使臣携带驯象返回扶南，此后也不用再献驯象。除了驯象，当时扶南进贡的物品还有金银、珠宝、香料等②。

南朝时期，扶南憍陈如王朝的各位国王一方面与中国开展经贸往来，另一方面与中国建立官方联系。刘宋时，扶南王阇耶跋摩派遣商人运载货物到广州，以交易中国的物品，而且扶南国王恃梨陁跋摩遣使奉表进献方物。南朝萧齐时，扶南国王阇耶跋摩于永明年间遣使进贡。南朝萧梁时，扶南国王阇耶跋摩于503年遣使进献珊瑚、佛像及其他方物。511年、514年，阇耶跋摩多次遣使到中国进贡。517年，扶南国王留陁跋摩遣使竺当抱老奉表贡献；519年，留陁跋摩复遣使进献天竺旃檀瑞像、娑罗树叶，并献火齐珠、郁金、苏合等香。520年、530年、535年，留陁跋摩又遣使进献方物。539年，他又遣使进献活犀牛。可见扶南与萧梁政权的交流十分频繁、兴盛，当时扶南的大船可以直接从西天竺开到建业（今南京）城下停泊，把货物搬运入宫，让梁武帝亲自过目。扶南南界三千余里的属国顿逊，是扶南的又一个国际贸易中心，来自印度、安息以及中国的商人在这里交换奇香、异宝。

从中国的隋唐开始，柬埔寨被称作真腊国，与中国的朝贡贸易频繁。8世纪初，真腊分裂为陆、水真腊两部，两部真腊与中国的关系均较为密切。753年，陆真腊王子率王族26人到访唐朝，可称为中国与柬埔寨首次高层访问，唐玄宗授予其"果毅都尉"的官衔。766—779年，真腊副王婆弥又率团访问中国，进献11只驯象③。

中国宋元时期，是中国中医药学承前启后、全面发展的时期，药物学理论与临床医学都取得了较大的发展。柬埔寨则处于吴哥王朝统治时期，国力强盛，物产丰富，医疗卫生事业也进步显著。宋元时代中国对外贸易非常发达，与周边国家的交往非常频繁，其中医药交流也十分活跃。与汉唐时期相比，宋元时期中国与真腊的中医药交

① （唐）姚思廉：《梁书》卷54《诸夷传》、《南史》卷78《夷貊上》。
② （唐）房玄龄等：《晋书》卷97《扶南传》。
③ （宋）欧阳修等：《新唐书》卷222下《真腊传》。

流有了较大的发展。

真腊素有"富贵真腊"①之称，盛产名香，其他东南亚国家的香料都逊于真腊香。中国中原地区的人士多喜欢使用来自东南亚占城、真腊等国的香料，故真腊进献宋朝的贡品也以名香为主。据《宋史》记载，1116年，真腊国遣鸠摩僧哥等14人前来进贡香料等方物。1120年和1155年，真腊亦分别遣使进贡方物。宋王朝回赐时，亦间有药物，如1076年，在占城、真腊与交趾交战后，宋廷派遣容州节度推官李勃、三班奉职罗昌皓赍敕书，赐占城和真腊两国药物、器币，以示恩抚。除了官方往来，真腊与宋朝民间的交流也较多，双方有着密切的通商关系，真腊商船常到中国港口进行贸易。北宋政和年间，就有来自真腊的南蕃舶抵达泉州港进行贸易。南宋时期，来自真腊的商船更多，有时结队而来的真腊商船多达4艘。中国商人也常至其地进行贸易，据《诸蕃志》所载，宋代中国商人常用金银、瓷器、假锦、凉伞、皮鼓、酒、糖、醯醢之属交换当地的象牙、暂速细香、粗熟香、黄蜡、翠毛、笃耨脑、笃耨瓢、番油、姜皮、金颜香、苏木、生丝、绵布等物②，其中来自泉州和广州的客商，一般是到真腊去贩买笃耨香。

据《元史》记载，元朝建立后，元世祖忽必烈于1281年诏谕干不惜国（即真腊）来附。1285年，真腊、占城遣使进贡乐工十人及药材、鳄鱼皮诸物。1329年，真腊国前来进贡罗香木、象、豹、白猿等方物。1295年，元朝遣使诏谕真腊，周达观奉命随从出使，归国后，根据亲身见闻，写成《真腊风土记》一书，书中除了描写真腊国都建筑的宏伟和雕刻的精致，还广泛地叙述当地人民的经济活动和日常生活，其中就包括当地人的医药卫生习俗、香药生产以及对外香药贸易等内容。

明朝实施海禁政策，民间船只不许出海，只允许官方朝贡贸易的存在，在一定程度上限制了中国与真腊等东南亚国家的贸易与交流。1370年，明政府派遣使臣郭征等赍诏抚谕真腊，次年，其国巴山王忽尔那遣使进表，贡献方物。1372年，明朝赐予真腊国《大统历》，标志着双方正式建立朝贡关系，伴随朝贡而兴的经贸往来也得以开展。之后，双方往来频繁，真腊分别于1373年、1377年、1379年、1380年、1388—1390年进贡7次，1404—1406年、1408年、1414年、1417年、1419年进贡7次，宣德年间（1426—1435）1次，1452年1次。据统计，从东汉末年至明朝中叶，扶南、真腊向中国朝贡80次，不但次数多，而且在某个特定时期还很频繁。例如南朝时的梁

---

① （清）张廷玉等撰《明史》卷324《真腊传》中有"富贵真腊"之说，但其表现则是"国中有金塔、金桥、殿宇三十余所，王岁时一会，罗列玉猿、孔雀、白象、犀牛于前，名曰百塔洲，盛食以金盘、金碗，故有富贵真腊之谚"。可见其物质财富之盛况。

② （宋）赵汝适：《诸蕃志》卷上"真腊国"条。

朝，503—543 年的 40 年间，进贡达 12 次，平均 3 年多就有 1 次；明朝时，1371—1452 年的 81 年间，共 22 次，平均不到 4 年就有 1 次。

真腊进贡的物品以大象、象牙、犀角、孔雀翎、宝石及各色香料为主，中国明朝的回赠品主要是金银、钱币、丝织品和瓷器。双方朝贡贸易的规模也相当可观，比如 1387 年真腊进贡的物品有大象 59 头、香料 30 000 千克，次年又进贡大象 28 头、象奴 34 人、番奴 45 人。明朝回赠的礼品更加丰厚，1383 年，诏令赐予真腊织金文绮 32 匹、瓷器 19 000 件。中国商品在真腊极受欢迎，被称为"唐货"。在真腊，大额交易用金银，小额买卖则以"唐货"为中介物。中国人在真腊被称为"唐人"，享有较高的法律地位，表现在"番人杀唐人，罪死；唐人杀番人，则罚金，无金则鬻身赎罪。唐人者，诸番呼华人之称也，凡海外诸国尽然"[1]。

1567 年，明政府开放漳州月港，允许民间商船出海贸易。明人张燮记载了中国商船到达柬埔寨后受到的盛情招待，两国商人互相信任，买卖公平合理，"船至篱木，以柴为城，酋长掌其疆政，果币将之，遂成贾而征偿。夷性颇直，以所铸官钱售我，我受其钱，他日转售方物以归"[2]。明朝中叶以后，真腊逐渐变成暹罗的属国，以后又受到越南的控制，中国与柬埔寨两国的官方关系中断，特别是在柬埔寨成为法国的保护国之后，两国的邦交关系长期断绝，两国的贸易关系也逐渐从以官方贸易为主演变为以民间贸易为主。

清初对民间贸易限制甚严，比如严禁茶叶、铁器出口，但政府仍准许与柬埔寨进行贸易往来。每年冬春间，浙江、福建、广东的商人前往柬埔寨进行贸易，到夏秋才归国，说明两国之间的贸易往来仍然继续。此后由于西方殖民势力的入侵，中国与柬埔寨两国都遭受西方列强的凌辱，传统的友好通商关系，随着国家主权的削弱和丧失而受到摧残。

第四节　外来文化影响下柬埔寨文化的发展

一、印度文化对柬埔寨的影响

柬埔寨早期文化的发展从 1 世纪开始到 8 世纪结束，这个时间段对应扶南时期和真腊前期，也有学者将其统称为前吴哥时期。这段时间外来文化特别是印度文化给柬埔寨文化带来了深刻的影响。

---

① （清）张廷玉等：《明史》卷 324《真腊传》。
② （明）张燮：《东西洋考》卷 3。

印度文化何时通过何种方式传入柬埔寨，至今难以考证。有人说在女王柳叶之前，印度文化已经同佛教一起传入柬埔寨达300多年；有人说是通过国际贸易传入的；有人说是通过武力兼并导致的。众说纷纭，莫衷一是。比较一致的看法是，扶南国的建立者混填，对于推动印度文化在柬埔寨的传播发挥了重要作用。混填取代扶南当时的女王柳叶，与其结为夫妻，成为扶南国的国王。混填与柳叶的结合，不仅是两个民族的结合，也是两种文化的融合。混填代表的是外来文化，柳叶所体现的是土著文化。两者结合，带来了扶南时期柬埔寨国家的发展与社会进步。混填在扶南推行印度式的教化，自上而下进行全面改革，特别是建立世袭君主制，教人们制作衣裳等①。印度文化的全面传入，给扶南的文化发展带来了积极的影响，并使其在1世纪初期成为有文字记载的文明国家，继而成为东南亚地区最早的强盛国家。在印度文化的影响下，婆罗门教和佛教在扶南逐步传播，早期柬埔寨艺术相应产生。以梵语、巴利语为工具，支撑宗教传播的文字、文学也发展起来。

随着贸易方面的进步和印度文化的持久影响，柬埔寨全面吸收印度文化。扶南时期的柬埔寨人吸收并融合印度文化的精髓，逐步建立起自身辉煌灿烂的文化体系。其中，代表印度文化的婆罗门教和佛教逐渐成为柬埔寨的宗教。柬埔寨艺术家创造了许多婆罗门教和佛教风格的艺术品，代表着新的神仙形象，并作为史前时期形成的原始文化中抽象灵物或祖先雕刻的替代。柬埔寨人的信仰逐渐由万物有灵的自然崇拜、祖先崇拜发展为宗教崇拜。此外，印度的君主制度在柬埔寨得到了推行，柬埔寨发展成为封建国家，并且有了自己的文字和历史。柬埔寨国家和民族的辉煌历史，即开始于这次以君主制为重要基础的"印度化"进程。

（一）佛教在柬埔寨的传播和发展

印度佛教在亚洲各地的传播大致可分为三条路线，其中南传一路，最先传入斯里兰卡，然后由斯里兰卡传入缅甸、泰国、柬埔寨、老挝等国；北传一路，经中亚翻越帕米尔高原，传入中国新疆和内地，再由中国传入朝鲜、日本、越南等国；还有藏传一路，即从印度北部经尼泊尔传入西藏，后来再传入青海和蒙古草原。南传路线以小乘佛教为主，北传路线以大乘佛教为主，藏传佛教则以黄教为主。从柬埔寨宗教发展史看，大乘佛教和小乘佛教在柬埔寨都有传播和发展，大乘佛教在柬埔寨兴起的时间还要早于小乘佛教。

柬埔寨佛教的源头最早可追溯到公元前3世纪印度孔雀王朝阿育王派高僧到金地

---

① （唐）姚思廉《梁书》卷54《扶南传》记载："扶南国俗本裸体，身被发，不制衣裳。以女人为王，号曰柳叶。……柳叶大惧，举众降混填。混填乃教柳叶穿布贯头，形不复露。遂治其国，纳柳叶为妻，生子分王七邑。"

弘法。至于金地的确切位置，泰国、缅甸、柬埔寨等国的历史学家和考古学者存在争论。一般认为，金地的范围包括今缅甸、泰国、柬埔寨和老挝在内的中南半岛各国。因此，推想佛教在这时传入柬埔寨并不为过。而从中国史籍和柬埔寨出土碑铭的记载可以确定，最迟在5—6世纪，佛教在柬埔寨已有所发展。当时柬埔寨的扶南王国盛行婆罗门教，但是佛教却没有被排斥，甚至成为历代君王与中国、印度、斯里兰卡等国沟通交往的重要桥梁。据中国史料记载，6世纪初，扶南国王憍陈如·阇耶跋摩和留陁跋摩曾连续遣使向中国进献珊瑚佛像、天竺旃檀瑞像及婆罗树叶等佛教圣物。546年，受萧梁政权的邀请，扶南王派遣当时在扶南弘法的优禅尼国（印度乌贾音）真谛三藏前往萧梁都城建业（今江苏南京）传法。由此可以推断，当时的扶南存有较多来自印度的梵文佛典，是当时东南亚佛教传播的中心之一。真腊早期的柬埔寨仍以婆罗门教为国教，佛教只是在民间传播，偶尔会被统治阶层所重视和加以利用。因受婆罗门教对湿婆、毗湿奴和梵天三位大神信仰的影响，真腊佛教中也出现了佛陀、莲花目和莲花生三位一体的教义。此外，还崇拜观音菩萨、佛母般若波罗密多女神等。所以，这一时期柬埔寨的佛教是佛教与婆罗门教相融合的特殊形态。

9—12世纪吴哥王朝时期，佛教地位逐步提高。耶苏跋摩（889—900年在位）时，奉行宗教折中主义，在王宫东池的南岸，分别建造婆罗门教派、毗湿奴教派和佛教的僧院。全国建有婆罗门教及佛教寺院达100所。国王苏利耶跋摩一世（1002—1050年在位）大力倡导佛教，设立宗教团体，建造僧院，并有意排斥其他宗教。王室的信仰转向佛教之后，民间本已流行的佛教更加兴盛。阇耶跋摩七世（1181—1215年在位）时，大乘佛教进入全盛时期，国王和他的两位妻子都是虔诚的佛教徒，他们大力推崇大乘佛教，并一心要把自己和家人抬高到佛的地位，不惜耗费大量财力、物力，大建佛寺，寺中供奉自己或父母的雕像。著名的普拉沙·普兰·克迪寺、塔荣寺、巴戎寺、帕甘寺、吴哥通王城就是在此时建成的。

吴哥时期的佛教主要呈现两大特点：一是佛教与婆罗门教两教并行。佛教虽占尽优势，但婆罗门教并未受到歧视，当时婆罗门教僧侣依然在宫廷任职。有碑文记载阇耶跋摩七世从缅甸召来一个婆罗门担任王室外祭司，其在随后继位的两位国王统治时期担任同样的职务。1225年，宋人赵汝适记载："（真腊国）奉佛谨严，日用番女三百余人舞献佛饭……有神曰婆多利，祠祭甚严。"[①] 充分证明了佛教与婆罗门教并行的特点。二是体现"神我一体"的"佛王"崇拜开始盛行。在之前，国王为巩固统治而宣扬的"神我一体"，大多以印度教中的神灵如湿婆等的面目出现，又被称为"天王"崇拜。而"佛王"崇拜则是以佛教的佛或菩萨的面貌君临子民。其实这二者的性质是

---

① （宋）赵汝适：《诸蕃志》卷上《真腊国》。

类似的，都是为国王的统治服务，只是在表现方式上有所侧重。体现"佛王"崇拜的最好例子，是在阇耶跋摩七世时建造的吴哥通王城的"佛王"造像：在吴哥通王城最中央的巴戎寺，有54座大小宝塔，每座宝塔都是由巨石堆砌而成的中空建筑，宝塔上雕刻有四面微笑的佛陀脸孔，被认为是面向四方的"普门世间主菩萨"造像。用"佛王"造像代替过去常见立于建筑物中央的"林伽"，证明了佛教地位在这一时期的显著提高。

小乘佛教的传入和发展，从根本上改变了佛教在柬埔寨宗教史上的地位。关于小乘佛教传入柬埔寨的史料，最早见诸斯里兰卡的史书记载，阇耶跋摩七世的儿子多摩陵陀于1190年被送到斯里兰卡修习小乘佛教，之后回到真腊传播斯里兰卡的小乘佛教。柬埔寨学者也认同这一说法，并肯定柬埔寨的小乘佛教就是由多摩陵陀传入的。而稍有分歧的是缅甸史籍的记载，认为1190年多摩陵陀与其他斯里兰卡高僧到缅甸共同创立了"兰卡派"僧团，并形容他注重研习教理，鼓励弟子学习经、律、论三藏，在缅甸传教弘法40余年，于1233年在缅甸圆寂。据宋人周去非的记载，12世纪真腊国呈现出大乘佛教与小乘佛教并存的格局，"僧之黄衣者有室家，红衣者寺居，戒律精严"①。这里的黄衣者是指小乘佛教之长老，红衣者为大乘佛教之比丘。

在中国元朝使节周达观撰写的《真腊风土记》中，对1296年柬埔寨的宗教信仰情况做了详细描述，能够找到小乘佛教已经流行的证明："寺亦许用瓦盖，中止有一像，正如释迦佛之状，呼为孛赖②，穿红，塑以泥，饰以丹青，外此别无像也。""……国王有大政亦咨访之。却无尼姑……而道教者亦不如僧教之盛耳。所供无别像，但止一块石。……俗之小儿入学者，皆先就僧家教习，既长而还俗。"值得注意的是，周达观所记僧人的生活，只供释迦佛像，不供其他诸佛菩萨像，可见此时柬埔寨民间的佛教信仰，很可能已经从大乘佛教信仰转变为小乘佛教信仰。

1295年，阇耶跋摩八世让位于女婿室利因陀罗跋摩（1295—1307年在位）。新国王改变了阇耶跋摩八世的宗教政策，开始信奉传入不久却得到广泛传播的小乘佛教，并加以鼓励和提倡。他做出用锡兰（即今斯里兰卡）小乘佛教经典所使用的巴利文取代梵文作为官方文字的决定。为扶持小乘佛教，在对小乘佛教的布施上，室利因陀罗跋摩显得极为慷慨，甚至把国家收入的一部分捐赠给寺院。这样做的结果，就是小乘佛教成为在广大民间占据优势的宗教。1307年，室利因陀罗跋摩放弃王位，进入佛教寺庙出家，出家后，他更加致力于提倡小乘佛教。柬埔寨最早的巴利语碑文作于1309年，作者就是室利因陀罗跋摩。这时小乘佛教已在吴哥王朝的柬埔寨全国传播开来，

---

① （宋）周去非：《岭外代答》卷2《外国门上·真腊国》。

② "孛赖"为柬埔寨语 Preah，意为"神""佛"。

婆罗门教只是在宫廷中保持象征性存在而已。

吴哥王朝时期，柬埔寨成为小乘佛教在东南亚的一个传播中心。1340—1350 年，老挝国王法昂从真腊引入小乘佛教，礼请真腊高僧摩诃波沙曼多等 22 位比丘和三藏圣典、金佛像等至老挝，自此改变了老挝人民和官员崇拜鬼神、精灵，屠杀牛、象等动物进行祭祀的原始崇拜。

总体上看，13—14 世纪是柬埔寨佛教传播史上的重要时期，小乘佛教传入并得到了统治阶层的高度重视，地位一再提升，并最终被确立为国教，柬埔寨也成为中南半岛上向外传播小乘佛教的一个中心。到了 19 世纪后期，柬埔寨的佛教僧团被分为摩柯尼迦派和达摩育特派。摩柯尼迦派相对更为传统，僧侣多来自平民，因此信徒和寺庙很多。达摩育特派源自泰国的法宗派，于 1864 年传入柬埔寨，原是泰国曼谷王朝拉玛四世蒙固王（1851—1868 年在位）所创立，提倡严持戒律，坚持锡兰小乘佛教的传统，企图摒弃柬埔寨小乘佛教中一直掺杂的大乘佛教、婆罗门教、印度教和万物有灵等成分。此派僧人和寺院虽属少数，但多为贵族出家，并获得王室的支持，影响也很大。总的来说，柬埔寨以巴利文三藏为传统，寺庙中一般只供奉一尊释迦牟尼佛像。

（二）婆罗门教在柬埔寨的传播和影响

大约在公元前 2 世纪，婆罗门教就传入扶南，这是柬埔寨历史上最早出现的宗教。中国诸多史籍对扶南女王柳叶和混填传说的记载为婆罗门教最早传入东南亚提供了证据。据《晋书》记载："其王本是女子，字叶柳。时有外国人混溃者，先事神，梦神赐之弓，又教载舶入海。混溃且诣神祠，得弓，遂随贾人泛海至扶南外邑。叶柳率众御之，混溃举弓，叶柳惧，遂降之。于是混溃纳以为妻，而据其国。"[1]《南齐书》也记载道："扶南国在日南之南，大海西蛮中，广袤三千余里，有大江水西流入海。其先有女人为王，名柳叶。又有激国（应为徼国）人混填，梦神赐弓二张，教乘舶入海。混填晨起，于神庙树下得弓，即乘舶向扶南。柳叶见舶，率众欲御之。混填举弓遥射，贯船一面，通中人。柳叶怖，遂降。混填娶以为妻。恶其裸露形体，乃叠布贯其首。遂治其国，子孙相传。"[2]

叶柳与柳叶是指同一个人，普遍使用"柳叶"。柳叶是扶南女王，可见扶南国当时处于母系氏族公社阶段。混填与混溃也是同一人名的不同音译，普遍使用"混填"。根据史书记载推断，混填来自古印度，或者是印度化的国家，混填不仅以武力征服了柳叶，还将印度的文化输入扶南，包括政治制度、风俗习惯、语言文字以及宗教信仰，从而开创了混氏王朝。因此混填与柳叶的结合，可以视作印度文化与扶南本土文化的

---

① （唐）房玄龄等：《晋书》卷 97《扶南传》。
② （梁）萧子显：《南齐书》卷 58《扶南传》。

融合。到了跋摩王朝期间，扶南又经历了第二次印度化的过程。跋摩王朝的开国君主竺旃檀是印度贵族，而竺旃檀的继任者憍陈如是一位来自印度的婆罗门，并在其统治时期将婆罗门教立为国教。

真腊时期的国王基本承袭了扶南时期的宗教政策，大都允许多种宗教并存。在王室和贵族当中流行婆罗门教，而在百姓当中则流行佛教和原始信仰。婆罗门教虽然是官方宗教，但是每一位国王所信仰的教派却各不相同。真腊开国之君拔婆跋摩一世（约540—600年在位）和他的继位者摩诃因陀罗跋摩（约600—615年在位）都信仰婆罗门的息瓦教派，崇拜"林伽"，当时的碑铭多次记载他们在山上修建和供奉息瓦教"林伽"的经历。摩诃因陀罗跋摩国王一生中大部分时光都在征战中度过，每当战争胜利、占领了一个新的地区，国王都要刻石记功，这些石碑上也记录下了国王在扩张过程中修建"林伽"神庙的情况。他建立"林伽"神庙，并把它献给"山君"。摩诃因陀罗跋摩之子伊奢那跋摩一世（约615—635年在位）即位后，最终征服了扶南，建立起统一的真腊帝国[①]。在其统治期间，婆罗门的诃里诃罗教派逐渐占据主导地位，许多碑铭与这种宗教的活动和传播有关。伊奢那跋摩一世的继任者拔婆跋摩二世（约639—655年在位）是湿婆教派的忠实信徒。而之后的阇耶跋摩一世则对诃里诃罗教派更加虔诚，并对佛教加以排斥，他的大力倡导，使得诃里诃罗教派在柬埔寨更加盛行。

阇耶跋摩二世（约802—834年在位）是吴哥王朝的第一位国王。7世纪末爪哇夏连特拉王朝征服真腊后，阇耶跋摩作为王子被俘虏到爪哇，后作为夏连特拉王朝的封臣回柬埔寨即位。约801—802年，阇耶跋摩二世宣布真腊独立，摆脱了爪哇的统治，统一了水真腊和陆真腊，并自封为转轮圣王。阇耶跋摩二世信奉湿婆，将婆罗门的湿婆教派尊为国教。他起用婆罗门教僧侣，并让他们按照婆罗门教的法则制定出一套宫廷仪式，在王宫供奉湿婆的象征"林伽"，并大力推崇"神王合一"的信仰，宣传自己是湿婆的化身，将对婆罗门教主神的信仰与帝王崇拜紧密结合，以巩固自身的统治。阇耶跋摩二世还任用婆罗门祭司，在都城荔枝山上修建神庙，举行仪式供奉"林伽"，而崇拜"林伽"就是崇拜国王。此时婆罗门教获得了进一步发展。

吴哥王朝鼎盛时期，苏利耶跋摩二世南征北战，占领了广阔的疆域。这位国王信奉毗湿奴，并用毗湿奴雕像取代了庙宇中原有的湿婆雕像。吴哥古迹所有大型建筑物中最著名的吴哥窟即由他建造，用作他个人的殡葬庙堂。婆罗门教此时进入全盛时期。苏利耶跋摩二世逝世后，吴哥王朝曾一度衰落，直到阇耶跋摩七世（1181—1215年在位）领导人民成功抵御外族的入侵，实现了王朝的复兴，并将吴哥王朝推向新的高度。

---

① （唐）魏徵撰《隋书》卷82《真腊传》中的"质多斯那"，即此处的"摩诃因陀罗跋摩"；"质多斯那"之子"伊奢那先"，即此处的"伊奢那跋摩一世"。

他在位期间，大力倡导大乘佛教，使用菩萨雕像替代了"林伽"和湿婆雕像，这是对婆罗门教的沉重打击。虽然此后的阇耶跋摩八世再次恢复了湿婆教派的国教地位，但仅仅只是短暂的恢复。由于婆罗门教的各个教派都是由国王提倡和宣扬，并强迫百姓接受，而且信奉婆罗门教的国王、婆罗门祭司和贵族高高在上，穷奢极欲，喜好修建庞大的庙宇，举行烦琐的祭祀仪式，脱离了下层人民，因此婆罗门教毫无群众基础。1594 年，吴哥王朝的首都洛韦被暹罗人攻破，随着信奉婆罗门教的王室和贵族集团的逐渐衰落，湿婆神像被改造成佛陀，巴利文手稿代替了梵文碑刻，婆罗门祭司被佛教僧侣取而代之，小乘佛教开始在柬埔寨大规模传播，婆罗门教日益式微。

综观之，1 世纪印度文化对柬埔寨的影响，主要包括以君主制为核心的国家组织与管理机制、以婆罗门教和佛教为主的宗教信仰与风俗习惯、以梵语和巴利语为主的语言文字、以造渠灌溉与雕刻绘画为代表的技术工艺，以及由此产生的文学、艺术、法律等。但是因为进入柬埔寨的佛教和婆罗门教并没有被强制推行，信仰哪一种宗教完全由柬埔寨人的自主意识来决定，如果觉得哪个方面比较好，符合自身的想法和需要，就拿过来信奉。正是由于宗教上实行这种"民主主义"，才使得柬埔寨至今不曾真正扬弃某种宗教。比如国王不信奉佛教的时候，还有官员和人民信奉并维持。混填在位时，信奉的是婆罗门教，并且以国王的名义大力推广，但是他并没有排斥柬埔寨自古即有的信仰自主权以及已经存在的佛教信仰。1—8 世纪，尽管柬埔寨的朝代几经更迭，每个国王自身所信奉的宗教派别和神祇各有差别，但国王都没有强行干预柬埔寨宗教的发展。正是这种开放的文化环境，使得婆罗门教和佛教都能自由发展，只是呈现出不同的兴盛状态，这使得柬埔寨民族能够从婆罗门教和佛教的教义中吸取丰富的营养来发展自身，从而使柬埔寨文化逐渐发展壮大。

9—13 世纪是柬埔寨古代文化的繁盛和成型期，该时期从 802 年阇耶跋摩二世定都荔枝山开始，直至整个跋摩时代结束。此时柬埔寨处于历史上著名的吴哥王朝统治之下，这是真腊也是柬埔寨历史上最为辉煌灿烂的时代。经过数个世纪的发展，柬埔寨早期文化的基础得到巩固和提高，并一路高歌猛进，发展至鼎盛时期。柬埔寨也因此成为该时期中南半岛上的一个强盛国家。

二、伊斯兰文化的传播与影响

伊斯兰教是柬埔寨国内的第二大宗教。信仰伊斯兰教的绝大多数是占族人，其余为马来裔、印度尼西亚爪哇裔穆斯林，主要聚居在柬埔寨磅湛地区和沿海一带，其余散居全国各地。印度尼西亚爪哇裔穆斯林与马来裔穆斯林共同被称为马来族穆斯林，他们大多讲高棉语。马来裔穆斯林是 15 世纪随着马来帝国的强盛和马六甲商人活动范围的扩大而迁入柬埔寨的，而印度尼西亚爪哇裔穆斯林大约在 17 世纪才移居柬埔寨沿海地区。占族人主要从与柬埔寨接壤的占婆王国迁徙而来。2 世纪占婆王国从建国开始，就受到印度文明的影响，早期占族人信仰婆罗门教，并一度奉婆罗门教为国教。11 世纪末，印度德里成为东方伊斯兰教的传播中心。随着商业经济的发展，阿拉伯和印度的穆斯林商人把伊斯兰教传播到了马来人和爪哇人中，随后又传播到东南亚其他地区，其中就包括占婆王国。在越南中部广南沿海出土的一些陶片，被认为是属于 10 世纪以前制作于伊朗和西亚地区的陶器，这反映出占婆与阿拉伯穆斯林商人存在着较为密切的贸易往来关系。据 14 世纪摩洛哥旅行家伊本·白图泰的笔记，他在从印度前往中国的途中，曾在占婆南部靠岸停留，并拜见了占婆王国的公主。占婆公主可以与他用土耳其语交谈，熟练地书写阿拉伯文。一些研究者据此认为，在 13—14 世纪，伊斯兰教在占婆已经有了较大的影响。到了 17 世纪中叶，由于占婆王国逐渐衰落、瓦解，占族的正统宗教婆罗门教逐渐式微，大部分占族人皈依了伊斯兰教。因此可以推测，在占婆王国消亡的过程中，迁入柬埔寨的占族群体大多已经是穆斯林。

占族穆斯林分为传统和正统两个分支。传统穆斯林保留着很多古代穆斯林的传统习俗，他们普遍信奉"老教"，行为比较保守，穿着纯白色的衣服，不留头发和胡须。清真寺每星期举行礼拜一次，礼拜之后模仿动物跳舞唱歌，《古兰经》没有本族文字的翻译本，只有少数会诵经的伊玛目享有宗教话语特权，负责对经文进行解释。在占族人的伊斯兰信仰中，除了将"安拉"视为全能的神，他们还吸取了许多佛教的修道礼仪，崇拜已故家族先辈的神灵，相信巫术和超自然的力量，并讲究练习吐纳功夫，与天地通气。传统穆斯林每天祈祷五次，也会去麦加朝觐，但并不热衷于此。正统穆斯林与马来人较为接近，采用马来人的习俗和家庭组织方式，很多人还会说马来语。因此，正统穆斯林采用更为严格的教规，信仰笃诚，视前往麦加朝觐为一生的追求。1954—1975 年，传统穆斯林与正统穆斯林的矛盾激化，以至于一些村庄被分裂为两个派别，每个派别都修建有自己独立的清真寺和宗教组织。现在柬埔寨的正统穆斯林受到伊斯兰世界越来越多的援助，发展速度在加快。相对而言，传统穆斯林的势力逐渐退缩，如今只在少数封闭的山林村寨才有老教阿訇主持传统仪式。

柬埔寨的伊斯兰教在 19 世纪末实现了统一，由穆缇、督克·卡里郝、那加·卡里克和特万·佩克四位宗教领袖领导。四位领袖与负责管理社团和清真寺的哈基姆享受国家免征个人所得税的待遇，还被邀请参加王室举办的国家重要仪式。20 世纪 50 年代柬埔寨独立后，柬埔寨伊斯兰教由一个五人委员会管理，代表柬埔寨伊斯兰教信众进行对外交流。

三、天主教和基督新教的传入

已知第一个来柬埔寨传播天主教的是来自葡萄牙的罗马天主教传教使团的传教士斯帕达·克鲁兹。但是据这位传教士的说法，"没有人敢不经过国王的允许改变宗教信仰"，因此他最初在柬埔寨的传教行动以失败告终。天主教真正传入柬埔寨是在1660年，由于柬埔寨人受佛教的影响很大，在风俗和生活习惯上都与西方人差异甚大，因此柬埔寨的天主教在很长一段时间内发展都十分缓慢。法国殖民统治期间，对天主教采取保护政策，天主教因之获得较快发展。其间，从事天主教传教活动的主要是法国的"外方传教会"和"法国耶稣会"，它们成立了以米塞神父为首的教友会。20世纪50年代初，教徒发展到12万人，一度超过伊斯兰教而成为柬埔寨第二大宗教。

基督新教在1923年由美国人传入柬埔寨。新教最初传至柬埔寨时，也很难在信仰佛教的高棉人聚居区打开局面，只好在柬埔寨北部和东北部的一些少数民族地区另辟蹊径，主要通过接济生活物资、建学校、建医院、免费提供社会服务等树立基督教的仁爱形象。1962年，柬埔寨的新教徒人数达到2 000余人。1976年民主柬埔寨政府执政期间，外国传教士全部被驱逐出境，教会学校、修道院、慈善机构则一律被取消。这一时期柬埔寨曾有的一些教堂也悉数被毁，其中包括金边的圣母玛利亚大教堂。

四、多元文化冲击与变革

13世纪，泰族人摆脱吴哥王朝的统治，建立了素可泰王朝，军事实力逐渐强盛，此后不断向外扩张，侵扰柬埔寨。泰族人多次攻入吴哥，并大肆劫掠。吴哥王朝时期创造的灿烂文明成果遭到破坏，柬埔寨文化进入多元文化冲击与变革期。所谓"冲击"，即不是高棉人主动接受的文化行为，而是通过外力威胁强制输出外来文化的行为，这与古代高棉人主动接受与吸收外来文化的行为完全不同。从吴哥王朝后期开始，柬埔寨一蹶不振，虽然偶有反弹，但是柬埔寨文化总体上处于被压制的状态，丧失了以往文化发展的有利土壤。14—20世纪，柬埔寨文化都处于发展不力、被动甚至停滞的局面。这段时间历时较长，而且具有较强的阶段性特点，我们可以将其分为四个时期，即暹罗和越南控制时期、法国殖民统治时期、短暂恢复时期、持续动乱时期。

暹罗和越南控制时期，主要是14世纪至19世纪中叶。这段时间暹罗和越南相继对真腊进行瓜分和掠夺，并最终导致吴哥王朝的终结。首先是暹罗与柬埔寨多次交战，暹罗曾攻入吴哥，大肆进行抢掠和破坏，掳走了大批的工匠、艺术家，这一举动也使得此后的暹罗文化深受吴哥文化的影响。随后安南与暹罗展开对真腊的拉锯式争夺，最终暹罗军队攻克洛韦，并将该城洗劫一空，标志着吴哥王朝的最终灭亡。战争使吴哥王朝以来的柬埔寨文化风雨飘摇，尤其是暹罗的几次破坏，使真腊丧失了大量珍贵文献与文物。在暹罗和越南对真腊的控制期间，两国分别施行了"暹罗化"和"越南化"政策，用本国的文化和风俗习惯取代真腊的传统文化和生活方式，妄图消除高棉人民的民族文化意识。同时大肆掠夺柬埔寨的资源，并有意打压柬埔寨的传统文化。这些行为都对吴哥王朝以后柬埔寨文化的发展产生了巨大的影响。越南和暹罗控制时期，不仅柬埔寨的社会生活遭到破坏，而且暹罗、越南文化的强制推广，使柬埔寨文化的发展难以为继。这段时间，柬埔寨人使用混合语言，但更喜欢使用巴利语而非梵语，即使国王也是如此。这个时期的柬埔寨文化一方面遭到严重破坏，另一方面又没有产生新的有价值的文化予以补充，导致整个柬埔寨文化陷入低迷。尽管如此，仍然有一些有识之士和热爱民族文学的人编撰了一些典籍资料，并且部分留存至今，其中包括一些石碑、帖、贝叶经等。这些作品基本上都是诗歌，主要写给战士、父老乡亲们阅读，让人们了解那时作者对战争的担忧，在一定程度上起到了减轻人们心理创伤的效果。

越南和暹罗控制期间，因为经常性的战争，也引发了柬埔寨国家深层的政治危机。这些战争既包括柬埔寨内部争夺王位的战争，也包括与周边邻国的战争，还包括与西方殖民者的战争。这些政治危机，使柬埔寨逐渐失去大量的土地、财富以至人民，导致国力日益衰弱。

法国殖民统治时期，即19世纪中叶至20世纪中叶。在这段时间，法国取代暹罗和越南对柬埔寨实行了长达90年的统治。法国控制时期，柬埔寨人民经历了法国殖民统治者残酷的政治压迫、经济掠夺和文化渗透。在政治上，法国人是实际的统治者，柬埔寨的一切重大决议都要经过法国驻柬埔寨留守使的批准，军队也完全由法国人控制。法国殖民者还完全剥夺了柬埔寨人民的各项政治权利，如言论权、出版权、集会权、结社权等。在经济上，法国对柬埔寨进行了疯狂的掠夺，控制了橡胶园、金融、林业、渔业、航空及进出口贸易等核心领域和重要行业；法国殖民者允许外国人在柬埔寨自由开办商铺，只需要向法国人缴税即可。因此柬埔寨城市中出现了许多出售中国和越南货物的商铺，柬埔寨本地人则成为买东西的顾客，这对柬埔寨原有的经济冲击很大。在文化上，法国殖民者打压柬埔寨文化事业的发展，注重对柬埔寨人民实施愚民政策，推行奴化教育。在柬埔寨全国推行法语教育，并大力传播天主教，妄图以法国文化介入并阻断柬埔寨文化的发展脉络，从精神层面控制柬埔寨。在90年的殖民统治中，法国在柬埔寨强行推行西方文明，毫不顾及原有的高棉文明。在语言、文字、教育方面，法国人用法语、法文训练当时的高棉子弟，以致有一些高棉人不会认、不会写高棉文字，只熟悉法国的语言、文字，逐渐产生与高棉社会相疏离的想法，甚至厌恶和轻视高棉语言和文字。这种观念一直持续到西哈努克建立的君主制时期。

　　法国人长达90年的殖民控制，造成了十分恶劣的后果，严重阻碍了柬埔寨文化事业的发展，直接导致柬埔寨教育事业的"西化"。在这个时期出生的柬埔寨儿童，接受的几乎都是西化教育，柬埔寨传统文化再次受到重创。法国殖民时期是暹罗和越南文化冲击之后柬埔寨遭受的又一次剧烈文化冲击。暹罗和越南侵占时期被破坏的柬埔寨文化，又遭到法国文化的打压，可谓雪上加霜。此外，在"二战"期间日本曾短暂取代法国对柬埔寨实行了一段时期的控制，但是这段时间日本对柬埔寨主要是进行经济掠夺，在文化方面的影响因为时间较短，尚不明显。

　　综上所述，自吴哥王朝后期以来，不论是暹罗、越南拉锯式的侵略，还是法国的殖民统治，都使在吴哥王朝时期达到顶峰的柬埔寨文化，不断地受到破坏和压制。即使是短暂的独立时期，也未能改变整个文化的颓势。总之，14—20世纪柬埔寨文化失去了古代文化发展黄金时期的辉煌。这个时期柬埔寨文化的发展，始终处于外力干涉和压迫的被动局面之下。传统文化的基础被严重破坏，外来文化又强行输入，形成"内伤不断，破坏连连"的局面，对柬埔寨文化产生了巨大的冲击，柬埔寨文化进入了一个复杂变革期。进入20世纪70年代以后，柬埔寨陷入20多年的持续动乱，文化发展几乎停滞甚至倒退，20世纪90年代以来才逐渐得以恢复。

第十章 老挝与周边地区交流史

在老挝与周边地区的交流史上，中国与老挝的友好交往源远流长，政治互信不断加强，经济、文化交往日益密切。相对而言，老挝在国家发展的道路上，深刻受到真腊、缅甸、暹罗和安南等国政局的影响，它们或单独控制老挝地区，或交相入侵，使得老挝在历史上难以建立一个统一的政权，这是老挝历史发展的一个显著特点。

第一节 古代中国与老挝之间的政治交往

中国与老挝的历史交往源远流长，官方记载的友好往来始于3世纪。古代中南半岛最早出现的大国是扶南，早在3世纪初年，孙吴的使者朱应、康泰出使扶南，在东南亚地区产生了良好的政治影响。据《三国志·吴书》记载："（吕）岱既定交州，复进讨九真，斩获以万数。又遣从事南宣国化，暨徼外扶南、林邑、堂明诸王各遣使奉贡。"① 此处吕岱派遣出使扶南等国的"从事"即朱应、康泰，而奉贡的"堂明"为扶南属国，唐代称为"道明"②，位于今老挝境内。227年，扶南属国堂明派遣使臣访问中国。堂明国的统治中心位于老挝川圹一带，是文献记载中老挝最早出现的国家，所以堂明派遣使臣访问中国，标志着中老两国正式交往的开始。

根据现有史籍的记载，古代中国与老挝国家层次的交往主要集中在三个时期：8世纪、15—17世纪、18世纪初叶至19世纪中叶，在老挝为文单国、澜沧王国、琅勃拉邦王国时期，对应中国则为唐朝、明朝、清朝，双方官方交往频繁。

6世纪中叶，扶南属国真腊推翻了扶南王国的统治，建立了吉蔑族领导的真腊王国。据《新唐书·真腊传》记载，真腊已经与唐朝政府建立了官方联系："自武德至圣历，凡四来朝。"8世纪初年，真腊分为南、北两部分，南半部分毗邻大海，称为"水

---

① （晋）陈寿：《三国志》卷60《吴书十五·吕岱传》。
② 据（宋）欧阳修等《新唐书》卷222下《真腊传》记载："道明者亦（真腊）属国，无衣服，见衣服者共笑之。无盐铁，以竹弩射鸟兽自给。"

真腊";北半部分多山,称为"陆真腊"。陆真腊建都于文单城,因此又称文单国,而文单国的管辖范围包括今老挝。文单国与唐朝安南都护府的骠州以及位于今云南省境内的南诏国接界。文单国与唐朝政府政治联系密切,使节往来频繁,是中国的一个友好邻邦。717—798年,文单国先后四次遣使到中国进贡,使团级别高、规模大,唐朝政府给予了隆重的接待,不但回赠礼物众多,而且授予各种封号,反映了两国对发展友好关系的重视。据《册府元龟》记载:"景龙五年六月丙子,文单国、真腊国朝贡使还蕃,并降玺书……赐国王。"[1] "天宝十二载九月辛亥,文单国王子率其属二十六人来朝,并授其属果毅都尉,赐紫金鱼袋,随何履光于云南征讨,事讫听还蕃。"[2] "大历六年十一月,诏曰:文单国副王婆弥慕我中朝之化,方通南极之风,义在抚柔,礼当加等,可开府仪同三司,试殿中监。"[3] "德宗以大历十四年五月即位,以文单国累献驯象,凡四十有二,皆豢于禁中,有善舞者,以备元会廷实。至是,悉令放于荆山之阳。"[4] 表明两国十分重视彼此之间的政治交往。

澜沧王国时期,老挝实现了全国的统一,对外联系得到加强,与中国明朝政府一直保持着密切友好的交往。1403—1424年,老挝与安南、占城、暹罗诸国一样,不断派遣使臣至中国明朝进献方物。据《明史·云南土司列传三》记载:"成祖即位,老挝土官刀线歹贡方物,始置老挝军民宣慰使司。永乐二年,以刀线歹为宣慰使,给之印。五年遣人来贡。"从此开始了澜沧王国与明朝政府之间的正式交往。1404年八月,老挝军民宣慰使刀线歹遣使护送前安南王孙陈天平到南京,明廷表示支持安南陈氏王朝。此后老挝多次遣使进献大象、马匹、金银器、象牙、犀角等贡品,明朝对老挝赏赐颇丰,赐文绮、锦币、冠带,颁金牌、信符,并铸给老挝军民宣慰使司印信。老挝贡使回国时,明朝政府还派遣官员、军民护送。

1481年,安南黎灏"亲率夷兵九万,开山为三道进兵,破哀牢,继进老挝地方,杀宣慰刀板雅兰掌父子三人。其季子怕雅赛归依八百,宣慰刀揽那遣兵送往景坎地方"。黔国公沐琮听闻此消息后,下令怕雅赛继承父职,免其贡物一年,并赐冠带、彩币,以示优恤。怕雅赛欲报安南之仇,希望明朝政府发兵协助。明宪宗认为老挝、安南皆为明朝属国,应该化解战事,以免祸及百姓,命令沐琮派人前去安抚怕雅赛,不要发动战事。[5] 1545年,云南巡抚汪文盛向朝廷进言:"老挝土舍伯雅闻征讨安南,首先思奋,且地广兵多,可独当一面。"万历年间,"三宣六慰"曾一度全部落入缅甸手

---

① (宋)王钦若:《册府元龟》卷974《外臣部》。
② (宋)王钦若:《册府元龟》卷975《外臣部》。
③ (宋)王钦若:《册府元龟》卷965《外臣部》。
④ (宋)王钦若:《册府元龟》卷42《帝王部》。
⑤ 《明宪宗实录》卷216,成化十七年六月壬子。

中。1598 年，缅甸战败，老挝恢复向明朝进贡。明朝政府重铸老挝军民宣慰使司印信颁给老挝。1612 年，老挝进贡时声称宣慰司印、信符都被大火烧毁，于是第二年明朝政府再次颁给老挝宣慰使司印。据统计，1403—1613 年，老挝共向明朝遣使 34 次，明朝向老挝遣使 9 次，两国使节往来共 43 次，平均 5 年一次，其密度是前所未有的。

18 世纪初，澜沧王国分裂为万象、琅勃拉邦、占巴塞三个小王国。其中位于北部的是琅勃拉邦王国，清朝称之为"南掌"。1729 年，琅勃拉邦王国开始向清廷朝贡。据《清史稿·属国列传三》记载，1729 年，云贵总督鄂尔泰上疏说："南掌国王岛孙遣使赍销金缅文蒲编表文一道、驯象二只，求入贡。"雍正帝接到奏疏后非常高兴，他说："南掌国远在西南徼外，从来未通职贡。今输诚向化，甚属可嘉。滇省起送来京之时，著沿途地方官护送照看。应用夫马食物，著从厚支给，以示朕嘉惠远人之至意。"①1730 年，琅勃拉邦王国进贡的使者到达北京，并与清朝言定每五年进贡一次，进贡员役不得超过 100 人，而赴京的员役只许 20 名②。至 1743 年，清朝考虑到南掌国进贡路途遥远，将每五年进贡一次改为十年一次③。1761 年，琅勃拉邦国王准第驾公满向清朝上书："臣母喃玛喇提拉同臣遣使奉表，进驯象二只，庆贺皇上五旬万寿，皇太后七旬万寿。"④

1791 年，琅勃拉邦王国遭到万象国王昭南的干预，琅勃拉邦国王阿努吐拉被迫逃往曼谷。不久，在清朝的帮助下，阿努吐拉重新回到琅勃拉邦进行统治，直到其子曼塔都腊统治时，仍与清朝往来密切，清廷还对其颁发了敕印和诰命。1793 年，安南、缅甸、南掌等陪臣祝厘进献《长生经》一卷、象牙四十、夷锦四十、阿魏四十斤，乾隆帝回赠骆驼、马、羸各二。先是 1794 年清廷曾颁给南掌国王印信，复于 1819 年再颁印信。1842 年南掌国王承袭王爵，依照 1819 年成案，于敕书外颁给诰命；次年清廷遣使携带敕书，封召喇嘛呢呀宫满为南掌国王。1853 年例届贡期，南掌国王召整塔提腊宫满派遣使臣进贡。据统计，1729—1893 年，琅勃拉邦王国向清朝遣使 20 次，清朝政府向老挝遣使 1 次，往来较为频繁。

《清朝续文献通考》总结了清朝与南掌的关系，说道："南掌国，雍正九年（1731）内属，乾隆以后国土分裂，西服于缅甸，其大半后为土司专辖。南方则光绪十一年（1885）中、英滇缅（条）约时，英外部晤我驻（英）使曾纪泽称：英廷愿将潞

---

①　《清世宗实录》卷 86，雍正七年九月，第 25 – 26 页。"岛孙"全名为"苏吗喇萨提拉岛孙"，又名"英塔松"。

②　台湾"中央研究院"历史语言研究所编：《明清史料》庚编，北京：中华书局，1987 年，第 703 页。

③　《清高宗实录》卷 194，乾隆八年六月，第 9 页。

④　台湾"中央研究院"历史语言研究所编：《明清史料》庚编，北京：中华书局，1987 年，第 730 – 731 页。"准第驾公满"全名为"苏吗喇萨提拉准第驾公满"。

江以东之地让还中国，其中北有南掌。政府不受。迨暹罗独立，南掌遂归附之。"

由上观之，15—19 世纪，老挝（南掌）与中国明清王朝的政治关系密切，两国人民的友好往来、文化交流和经济联系从未中断，直至新兴的暹罗王国吞并南掌。南掌于 1893 年沦为法国的保护国，清朝与南掌的宗藩关系也告终结。纵观中国和老挝两国的历史渊源，两国一直和睦相处，在政治、经济等方面都保持着平等互利的关系，两国边境地区人民之间的交往更是密切而友好。

第二节　古代中国与老挝的经济文化交流

老挝与中国疆域毗邻，古代中国经济文化都比较发达，这为发展与老挝的贸易往来准备了前提条件。早在中国周代，包括今老挝在内的越裳国就曾向周成王进献白雉（即白鹇）。中国秦汉时期，老挝境内的一些古国与中国云南地方就有了民间贸易往来。227 年，堂明（位于今老挝境内）王曾遣使到中国东吴访问。6 世纪真腊兴起，南并扶南，北兼道明（即堂明）、僧高诸国，现今万象以南一带全归真腊所有。8 世纪初，真腊国一分为二，南部为水真腊，北部以今老挝地区为中心形成了陆真腊，陆真腊又名文单国。文单国的疆域北界南诏，南邻水真腊，东接环王国（即汉晋时期的林邑）和安南，西与骠国和堕罗钵底国为邻。文单国的南部大致为今老挝的领土范围，西部及西北部包括今泰国和缅甸的部分领土，今老挝北部当时处于南诏的控制之下。

文单国与中国不仅在政治上联系密切，而且经济和文化交流频繁。唐代老挝地区的文单国和今云南境内的南诏政权在贸易方面往来相当频繁，双方各以自己的土特产品互换。文单国和西双版纳地区的茫乃地方政府也有来往。宋代中国高度重视海外贸易，中国的海外贸易进入黄金发展期，海外贸易管理制度也得到进一步发展。据《宋史》记载，陆真腊（文单国）先后于 1116 年、1120 年派遣使臣到北宋朝贡，宋朝皇帝赐予朝服[①]。在政治友好的背景下，两国商人往来不断，真腊国曾一次发出四艘货船前来与宋朝交易。

元明时期，老挝的法昂于 1353 年在琅勃拉邦登基为王，建立澜沧王国。到 1698 年澜沧王国开始分裂，并最终走向衰亡。1296 年，元成宗铁穆耳派遣使臣出访澜沧王国，周达观随行，元朝使团驻扎吴哥一年，回国后周达观写了关于澜沧王国风土民情的报告《真腊风土记》。1374 年，澜沧王国国王忽儿那派遣使臣奈亦吉郎到中国明朝进贡，建立两国的邦交关系。

明代以后，中国人在老挝定居的人数逐渐增多，华侨在老挝大多经商，他们往来

---

① （元）脱脱：《宋史》卷 489《真腊传》。

于云南和老挝之间，或者充当双方贸易的中间商，或者直接从事经营，在老挝北部地区与云南的贸易中起着重要作用。此外，华侨还在老挝开办采矿业、制茶业、纺织业等。如果没有这些华侨在老挝北部进行的商业、开矿、手工业等活动，那里几乎与外界隔绝不通。随着清朝加强对边境地区的管控，对于没有获得官方许可、私自出入国境的行为，往往予以严厉处罚。1771 年，南掌国王将私自潜往老挝经商的邹纪敏、邹子光等送回云南，乾隆帝下令严惩，他说："该犯等以内地民人，敢于潜出外境，贸易觅利，有应得之罪……著传谕李侍尧，俟滇省将二犯解到，即行详悉审明究拟具奏。"①1779 年，陈文清等五人从南掌国（老挝）携带象牙、犀角、鹿茸、孔雀尾等货物返回云南，被车里（今西双版纳）土司查获，乾隆帝下令将陈文清等人发配边远地方充军，他说："此等奸徒，胆敢私越边境，逗留贸易，殊属不法，竟应解交刑部，酌其情节，改发乌喇及新疆等处，以昭炯戒。"② 可见乾隆帝不能容忍中国民众私越国境到外国进行贸易的行为。但从清朝官府屡禁不止的情况看，清代中国商人到老挝境内进行贸易的情形比较普遍。

中国与老挝边民互市的历史很悠久。在古代没有严格国界概念的情况下，边民之间的往来一般是不受限制的。由于古代中国经济文化比较发达，老挝靠近云南地区的人民需要的很多物品都是从云南输入或边民前往互市获得。中国商人经常组建马帮商队，定期到老挝经商。他们运去中国的陶瓷器、铜锡器、丝绸、烟叶等，换回老挝的象牙、犀角、豆蔻、兽皮等土特产品。通过商队的贸易活动，沟通了两国边境地区人民之间的联系，丰富了他们的生活，中国的许多日用品如丝绸、陶瓷器深受老挝人民的喜爱，而老挝的土特产品如红木、竹烟筒、乳香等也受到云南人民的欢迎。据《皇清职贡图》卷一记载："老挝人知耕种，勤纺织，其近在普洱府东界外者，常入内地贸易。"清代老挝人"性驯，布衣漆笠，善治生，时入城市懋迁有无，普洱府边界有之"③。除了日用品，中国的生产技术和生产工具也传入老挝，老挝人用来耕田、驮运的驴、骡皆来自中国，农耕插秧的方法也是从云南人那里学来的。同样，云南地区所使用的一些物品也通过边民互市获得。

从古代中国与老挝的贸易情况来看，由于老挝没有出海口、老挝与中国云南拥有陆地边界、中国的经济文化水平较高、中国对老挝历来采取和睦相处的友好态度等，两国的贸易交往一直较为顺利，从来没有间断。从双方贸易的货物种类看，中国输出的多为各种日常生活用品，进口的多为土特产品，虽然种类不同，但都是各自所需的

---

① 《清高宗实录》卷 883，乾隆三十六年四月，第 3 页。
② 《清高宗实录》卷 1080，乾隆四十四年四月，第 5 页。
③ 光绪《云南通志》卷 204 "老挝"条。

产品。从古至今，边民互市早已成为一种悠久的历史传统。

第三节　老挝与东南亚诸国的历史关系

13 世纪以来，中南半岛上各国的政治形势和各民族的社会经济发生了重大变化。原来伊洛瓦底江流域骠族建立的蒲甘王国（1044—1287）结束，代之而起的是掸族的统治。原来湄公河流域的高棉族（又称"吉蔑"族）建立的真腊国（7—13 世纪）已经衰微①，代之而起的新兴国家是在湄南河流域建立的速古台暹族王朝——暹罗国和老挝族建立的南掌国（即"万象之邦"）。这时掸族、暹族（泰族）和老挝族，在今缅甸、泰国、老挝境内分别开始登上政治舞台。新兴的缅甸掸族、暹罗泰族和南掌老挝族之间，既有着密切的接触，又不断相互征伐。

一、老挝与安南之间的战争

越南史学家明峥在其所著《越南史略》中说，根据越南旧史的记载，在 1296 年、1298 年、1301 年中，老挝的军队不断骚扰安南，但每次都被范五老所指挥的安南军队击退。从 1334 年起，老挝军队经常骚扰与他们交界的安南清化和乂安一带的边境。安南陈明宗曾亲自带兵去攻打。可是当陈明宗的军队刚到岑州（属乂安）时，老挝军队就逃跑了。1335 年，陈明宗再度带兵进入老挝，但遭受败绩，重臣段汝谐也被淹死。后黎朝的黎圣宗曾派遣五路军队，经过乂安、清化和兴化进攻老挝，直抵与缅甸交界的金沙江。老挝被击败，需要每年向安南缴纳贡赋。

二、老挝与暹罗的关系

13 世纪以来，老挝境内崛起了琅勃拉邦、万象和占巴塞三个小王国。1448 年，暹罗波隆摩·载莱洛迦纳皇即位。1451 年，暹罗北部的景迈（今清迈）王国进攻暹罗，但是由于当时琅勃拉邦与景迈交恶，使景迈北部受到威胁，因而延缓了景迈与暹罗的战争。景迈在中国元代被称为八百等处宣慰使司，明洪武二十四年（1391），改八百等处宣慰使司为八百大甸军民宣慰使司，与中国王朝建立了臣属关系。有关明代景迈与老挝琅勃拉邦王国的交恶，是老挝与今泰国境内王国关系的较早记载。

---

①　据（后晋）刘昫《旧唐书》卷 197《真腊传》记载："南方人谓真腊国为吉蔑国。"吉蔑国意为吉蔑人的国家，吉蔑人即高棉人。

三、老挝与缅甸的关系

1555 年，缅甸国王莽应龙统一了东吁、白古、阿瓦诸地，琅勃拉邦王猜策陀皇建都于万象，向暹罗公主求亲，此事被暹罗彭世洛太守秘密告诉了缅王，因而公主被缅军劫持，万象统治者遂与彭世洛太守交恶。缅王侵入暹罗，又东侵南掌。18 世纪，缅甸、暹罗之间仍有战争，当时老挝与柬埔寨两国成为被侵略的对象，交替进行侵略的是缅甸和暹罗。

1771 年，缅甸派军队进攻万象与銮佛邦，并乘机入侵暹罗。次年再侵犯老挝，1773 年复扰暹罗北部，均被击退。1777 年，暹罗征伐占巴塞，进而征服老挝境内另外两个王国——万象和琅勃拉邦。1785 年，老挝军队和暹罗援军大败缅甸侵略军于喃邦、巴讪。暹罗国王拉玛一世（1782—1809 年在位）即位时，暹罗已经统治了琅勃拉邦和柬埔寨。直至 1893 年，老挝为法国吞并，沦为法国的保护国。

第十一章 缅甸与周边地区交流史

第一节 古代中国与缅甸的邦交关系

早在公元前 4 世纪，中国与缅甸就已开始了经济和文化上的往来。随后逐步发展，建立了官方友好关系。在中国各朝史书中，均有关于缅甸的记载，汉代史书称缅甸为掸国，唐代称骠国，宋代称蒲甘，元代称缅国，明代始称缅甸，一直沿用至今。

一、唐以前中缅两国友好关系的建立与发展

69 年，汉朝在今云南保山设立永昌郡，在盈江设哀牢县，加强了与西南地区各部落和部族政权之间的联系，而且与当时缅甸境内的国家开始了早期官方往来。据《后汉书》记载，东汉时期，缅甸境内各部族国家曾先后五次遣使中国，进献珍宝。94 年，"（永昌）郡徼外敦忍乙王莫延慕义，遣使译献犀牛、大象"，敦忍乙为缅甸一早期部落。97 年，"掸国王雍由调，遣重译奉国珍宝，和帝赐金印紫绶，小君长皆加印绶、钱帛"，掸国是今缅甸掸族最早建立的小王国。107 年，"徼外僬侥种夷陆类等三千余口举种内附，献象牙、水牛、封牛"，僬侥部族被认为是尼格利陀人。120 年，"掸国王雍由调复遣使者诣阙朝贺，献乐及幻人（即杂技演员），能变化吐火，自支解，易牛马头。又善跳丸，数乃至千。自言我海西人。海西即大秦也，掸国西南通大秦。明年元会，安帝作乐于庭，封雍由调为汉大都尉，赐印绶、金银、彩缯各有差也"。[①] 131 年，缅甸第五次遣使带珍宝到中国进贡，汉和帝赐其君王金印紫绶。可见东汉时中国和缅甸已经开始了官方往来，缅甸境内的敦忍乙、掸国和僬侥等部落数次到中国进贡，掸国王雍由调还被封为"汉大都尉"，并被赐予金印紫绶，双方已经建立起友好关系。

3 世纪时，对中缅关系具有深远影响的事件是蜀汉政权诸葛亮的南征。225 年，诸

---

① （南朝宋）范晔：《后汉书》卷 86《西南夷传》。

葛亮亲自率军南征，平定南中，削平地方豪强大姓势力，而南中地区的西南部分，正是东汉时期的永昌郡。诸葛亮采取措施，调整郡县设置，加强蜀国对永昌地区的统治。永昌郡原领八县，划出北部的叶榆、邪龙、云南三县归属新设置的云南郡，新增雍乡（今云南镇康）、永寿（今云南耿马）及南涪（今云南景洪）三县。为了改变该地区贫穷落后的面貌，诸葛亮"劝诸夷筑城堡、务农桑，诸夷皆自山林徙平原"①，并在该地区推广使用汉族先进的农耕技术和工具，推动了当地农业生产的发展。如今缅甸北部和中国西南地区少数民族仍然沿用当年诸葛亮引进的农耕方式。在政治方面，"分兵以配大姓""配大姓为部曲"，创立了世袭的土官制度。缅甸的掸邦和克钦邦一直沿袭土官制度至今。在信仰方面，诸葛亮南征在一定程度上改变了南中地区以及缅甸境内各少数民族原有的宗教信仰。至今中缅边境上的许多少数民族仍对诸葛亮虔诚信奉，视之为神明，佤族称之为"阿公阿祖"，家家供奉"武侯神龛"；在中缅边境一带的少数民族聚居区，还可见到为纪念诸葛亮而修建的诸葛祠、武侯庙、孔明城等。诸葛亮南征对缅甸境内各民族的文化发展同样产生了很大影响，这在中国史书中有着清楚的记载。如宋人赵汝适《诸蕃志》卷上记载蒲甘国"有诸葛武侯庙"；明人朱孟震在《西南夷风土记》中指出，"普坎（今缅甸蒲甘）城中有武侯南征碑"；清人谢清高也在《海录》中说，"俻姑（今缅甸勃固）有孔明城"。

1世纪左右，缅甸境内的骠族力量日益强大，建立了当时缅甸最为强盛的国家——骠国。骠国建立后，积极与中国发展友好关系，尤其是与中国西南各少数民族来往密切。3世纪开始，通过永昌郡（今保山）的骠人，骠国的木棉和香药就已传入中国。中国史书对骠国的地理方位、风土人情、宗教信仰及物产等都有比较翔实的记载。比如《唐会要·骠国传》记载："魏晋间有著《西南异方志》及《南中八郡志》者云：'永昌，古哀牢国也，传闻永昌西南三千里有骠国，君臣、父子、长幼有序。'"又据《蛮书·骠国》和《太平御览》记载，骠国居民"多推步天文""以金为戟"。

4—6世纪，时值中国魏晋南北朝从统一到分裂的时期，王朝更迭频繁，战乱频仍。缅甸诸小国或部落与当时中国封建王朝是否有直接的政治交往，不见于中国史籍记载。但这一时期中缅文化之交往仍然较为频繁。4—6世纪正是佛教在中国广泛传播的时期。印度和锡兰的一些高僧经缅甸到中国传播佛教，而中国僧侣经由四川、云南到印度取经的更多。据唐代高僧义净记载，在印度笈多王朝时，曾有中国僧侣二十多人，取道蜀川牂牁道到印度取经②。

中国的大乘佛教最早于汉代由印度传入中国。4世纪，中国大乘佛教开始沿着取道

---

① （晋）陈寿：《三国志》卷35《蜀书五·诸葛亮传》。
② （唐）义净：《大唐西域求法高僧传》卷上《慧轮传》。

四川、云南、缅甸的南方丝绸之路传入缅甸。缅甸已故著名考古专家杜生诰对此专门作了考证，他认为：我们不能否认，在 4 世纪时，佛教已由中国传入缅甸。……在最早数世纪中，中国僧侣曾在太公（今缅甸德贡）、卑谬和蒲甘等地讲经布道。[①] 中国的史书对此也有记载。高僧义净在《大唐西域求法高僧传》卷上记载南北朝时期先后有两位僧人到达诃利鸡罗国（今缅甸西南部阿拉干一带）进行传教弘法。大乘佛教在缅甸的传播，对缅甸文化产生了较大影响。今天，缅语中的不少佛教词汇来源于汉语佛经译本，而非直接来自巴利文或梵文，如"南无""罗汉""喇嘛""佛爷""涅槃"等。

二、唐朝中央政府和骠国与南诏的交往

（一）唐朝中央政府与骠国的亲善关系

唐代南诏与骠国间的友好关系为唐朝中央政府与骠国的交好创造了有利条件，唐朝与骠国的亲善关系相较以往朝代有了进一步发展。随着滇缅交通的日益发达，唐朝在缅甸开始设移信使，朝贡时随带商人入境贸易。在外交上，通过南诏—骠国这一友谊桥梁，唐朝与骠国境内的其他小国、部落以及印度等国相继往来通好。

唐代骠国献乐，使两国间的邦交关系和文化交流都达到了一个高峰。802 年，继东汉掸国献乐之后，骠国国王雍羌派遣王子舒难陀率领含乐工 35 人在内的友好使团，前往唐都长安访问演出，受到唐德宗的热烈欢迎和高度评价。骠国乐团的精彩演出轰动京城，名噪一时。骠国献乐之后，唐德宗与骠国国王通信言好，并封雍羌为检校太常卿，封舒难陀为太仆卿，推动了两国友好邦交关系的进一步发展。骠国献乐称得上是一次以文化交流形式进行的成功外交活动。

（二）南诏国的建立及其与骠国的关系

唐玄宗开元二十六年（738），南诏王皮罗阁以太和城为首都，建立南诏政权。南诏与当时缅甸境内的骠国壤地相接，在大部分时间里与骠国保持了友好的邦交关系，双方在政治、经济和文化等方面都有着密切往来。

此时南诏同样也受到缅甸佛教文化的浸润，主要表现在缅甸小乘佛教在云南傣族地区的传播。中国学者邓殿臣指出："经多次转抄而流传至今的一些傣文资料中，都有关于傣族地区佛教自缅甸传入的记载。"[②] 至于云南傣族地区盛行的小乘佛教于何时自缅甸传入，至今尚无定论。有文献记载，公元前 3 世纪，佛教初传傣族地区。西双版

---

① Taw Sein Ko：*Chinese Words in the Burmese Langage*，The Indion Antiquary，XXXV July 1906，pp. 211 – 212.
② 邓殿臣：《南传佛教史简编》，北京：中国佛教协会，1991 年，第 184 页。

纳发掘出的考古资料证明，小乘佛教最迟于7世纪之前已由缅甸传入傣族地区。7世纪以后，具有缅甸寺庙风格的佛寺开始出现于傣族各个村落。此后，缅甸的小乘佛教文化对该地区的影响一直没有间断过。到1569年，小乘佛教已经盛行于该地区。当时西双版纳最高封建主召片领娶缅甸东吁王朝的公主为妻，随同公主前来的一批缅甸高僧到达西双版纳，随后这批高僧致力于小乘佛教的传经布道，并在景洪修建了第一座缅甸式寺院。

在军事上，据《南诏通记》和《南诏野史》记载，858年，骠国遭受师子国的入侵，向南诏求救。南诏顾及两国间的友好关系，慷慨出兵相助，派大将段宗牓"入缅，得胜，获师子国旗帜、金鼓、兵杖而还。缅王酬以金宝，不取，取佛舍利"。可见南诏帮助骠国成功抵御了师子国的入侵，促进了两国友好关系的发展。段宗牓带回佛舍利，又促进了两国间的佛教文化交流。

三、宋朝中央政府和大理与缅甸蒲甘王朝的交往

（一）宋朝中央政府与缅甸蒲甘王朝官方往来不断

宋代正值缅甸蒲甘王朝兴起，宋朝史书称缅甸为蒲甘。这一时期两国继续保持着长期以来的友好关系，蒲甘王朝先后两次遣使入宋。宋真宗景德元年（1004），蒲甘遣使同三佛齐、大食国前来进贡，获得参加上元节观灯的礼遇。宋徽宗崇宁五年（1106），蒲甘王朝第三代国王江喜陀为了交好宋朝，遣使入宋进贡。宋廷在讨论应该采取何种接待规格时，"尚书省言：'蒲甘乃大国，蕃王不可下视附庸小国，欲如大食（今阿拉伯）、交阯（今越南）诸国礼。'从之"。于是以大国礼节接待了蒲甘使者[①]。可见当时宋王朝对发展与国力强盛的蒲甘国的友好关系极为重视。

宋高宗绍兴六年（1136），蒲甘王朝第四代国王阿隆悉都再次遣使入宋，经过大理，与大理国使者一同前往临安（今杭州）纳贡。据《宋会要·蕃夷》记载："绍兴六年七月二十七日，大理、蒲甘国表贡物。"对蒲甘国的朝贡，宋高宗诏令广西经略司"依自来体例计价，优与回赐"，以绣衣、金剑等贵重礼品回赠了蒲甘使者。此后，12世纪末至13世纪初，蒲甘王朝又数次遣使入宋朝进贡，送来宝石、白象等珍品。

（二）蒲甘与大理国的交往

据缅甸《琉璃宫史》记载，缅王阿奴律陀统一全缅，建立蒲甘王朝不久，闻知大理国崇信佛教，且珍藏一枚佛牙，便亲率江喜陀以及另外四员大将前往大理求取佛牙，受到大理国王隆重接待。虽然阿奴律陀最后未能如愿带回佛牙，却获赠碧玉佛像一尊，

---

① （元）脱脱：《宋史》卷489《外国五·蒲甘》；（元）马端临：《文献通考》卷332《四裔考九》。

带回蒲甘后，成为历代国王顶礼膜拜的佛教圣物①。这是两国交往史上缅甸国王唯一的一次亲自出访中国。继阿奴律陀之后，蒲甘国王江喜陀和阿隆悉都继续保持了与大理国的政治往来。

据《南诏野史》记载："宋徽宗崇宁二年（1103），使高泰运奉表入宋，求经籍，得六十九家，药书六十二部。缅人（即蒲甘）、波斯（今缅甸勃生）、昆仑国（今缅甸莫塔马）进白象及香物至大理"②。又"政和五年（1115），缅人进金花、犀、象于大理"。由此可见，蒲甘王朝时期，不仅缅甸与宋朝交往密切，而且缅甸与大理之间也存在紧密的政治联系，以及宗教、医药等方面的经济文化交流。

四、元代中国与缅甸关系的曲折发展

13世纪下半叶，中国元朝兴起，而缅甸蒲甘王朝却走向衰亡。两国关系因三次战争受到较大影响，但两国之间在政治、经济、文化等方面的往来并未断绝。在相当长的一段时间，元朝与缅甸仍保持着较为密切的关系。

（一）元缅战争与两国宗藩关系的建立

1253年，忽必烈率领蒙古大军征伐大理国，于1254年1月灭掉大理。后来元朝与缅甸发生了三次战争。1277年，因缅王派兵进犯中国边境干崖一带，驻南甸的元军在太平江一带与缅军展开了牙嵩羌之战。元军大败缅军后追至缅甸江头城，因不适应缅甸炎热气候撤兵回国。1283年，元朝与缅甸发生第二次战争。元朝为使缅甸臣服，派兵进攻缅甸，并于1287年攻占蒲甘。在此之前，缅王那罗梯诃波帝见势不妙，于1286年3月逃到下缅甸卑谬附近。缅甸人因此称之为"德由披敏"，意即害怕中国人而逃的国王。1286年7月，缅王派高僧信第达巴茂克率团出使元都议和。信第达巴茂克身为德高望重的佛教领袖，以其杰出的外交才能和感人的佛教教义，说服了信奉佛教的元世祖忽必烈从蒲甘退兵，使两国关系重归于好。元缅第三次战争发生于1300年。"掸族三兄弟"将蒲甘末代国王侨苴软禁后，试图篡夺王位，侨苴之子古马剌加失八逃往云南，向元朝求援。元朝派兵包围掸族占领的木连城，久攻不下，因天气炎热，加之"掸族三兄弟"重金贿赂，元军撤回国内。三次元缅战争之后，由于缅甸对元朝的臣服，双方的官方联系得到了加强。据初步统计，当时元朝派使节到缅甸约6次，缅甸也至少遣使访问中国13次。

（二）元朝与缅甸之间的文化交流

元朝与缅甸的战争也在一定程度上加强了中缅两国之间的文化技术交流。第二次

---

① 李谋、姚秉彦等译注：《琉璃宫史》，北京：商务印书馆，2007年，第208－210页。

② 胡蔚：《南诏野史》，丛书集成续编本。

元缅战争时，两国通过佛教文化交流，达到了军事手段难以实现的目的，获得了外交上的成功。据《信第达巴茂克碑》记载，1286 年元军入缅时，有一庞大僧侣使团随同前往，并入驻太公城。显然，忽必烈的用意不仅是要以军事力量征服缅甸，还试图以宗教力量征服缅甸众多的佛教信徒。同样，元军进占蒲甘后，缅王派遣高僧信第达巴茂克出使中国，其用意也在于通过高僧用佛教教义说服信奉佛教的忽必烈退兵。据缅甸学者考证，缅甸人将中国人称为"德卢"或"德由"，是在第二次元缅战争时产生的。这次战争和解之后，信第达巴茂克在其所刻的碑铭中叙述他此次中国之行时，根据蒙古语"达噜噶"的译音首次称中国人为"德卢"，之后演变为"德由"。元朝与缅甸统治阶级之间的战争，并没有完全破坏两国人民之间的传统友谊。在第三次元缅战争期间，统率元军的云南参知政事高庆等人曾率军协助当地人民抢修中部叫栖一带的水利灌溉工程，挖掘顶兑运河，以解除当地旱情。此外，战争期间从云南进入缅甸的中国军民大量增加，元朝戍军长期驻防缅甸，与缅甸人民共同生活，促进了中国文化在缅甸的传播。缅甸开始借鉴中国的军事、行政、职官制度。中国的历法、天文曾一度流行于缅甸，对缅甸农业生产的发展产生了重要影响。

五、明代中国与缅甸之间的邦交关系

14 世纪下半叶，明朝取代了元朝。掸族在上缅甸建立了阿瓦王朝，孟族在下缅甸建立了白古王朝。阿瓦王朝和白古王朝长期不和，发生战争长达 40 年之久。在 16 世纪中叶之前的近 200 年间，明朝与阿瓦王朝及缅甸北部土司之间保持着密切的友好关系。明初，在明太祖朱元璋的积极努力下，1382 年，明朝与阿瓦王朝建立了政治联系，开始了友好往来。1393 年，阿瓦王朝派使臣板南速剌到应天府（今江苏南京）朝贡。1394 年，阿瓦王朝再次遣使到明朝进行友好访问。同年，明朝在阿瓦设置缅中宣慰使司，任命阿瓦国王明吉斯伐修寄（即卜剌浪）为宣慰使。此后，双方使臣往来不断。1403 年，明朝在缅甸再设缅甸宣慰使司，任命卜剌浪长子那罗塔为宣慰使。在与阿瓦王朝建立友好关系的同时，明朝还积极谋求与缅甸南部的白古王朝发展关系。1405 年，明朝派孟景贤、周让出使古剌（即白古）后，双方开始了使节往来。1406 年，古剌国王泼的那郎派遣官员出使明朝。同年，明朝在缅甸南部设立大古剌、底马撒两个宣慰使司及小古剌等五个长官司。

此外，缅甸北部及中缅边境地区的各大土司为了生存，积极争取明朝的支持，纷纷向明朝纳贡称臣，请求明朝颁赐封号。明朝将他们视为藩属，册封其为宣慰司、安抚司、长官司。1382 年后，明朝先后设立了麓川平缅军民宣慰使司、孟养军民宣慰使司、木邦军民宣慰使司、里麻长官司、孟密安抚司、孟艮府等地方土司政权。由于各土司与阿瓦王朝不和，不时发生战争，明王朝曾多次出面化解矛盾，避免了很多战乱的发生，维护了该地区的和平稳定。

为了更好地发展与缅甸的友好关系，明朝首次在京师设立专门接待缅甸使臣的外交机构——缅甸邸，并于1407年开办了最早的官方外语学校——四夷馆。馆内专设缅甸馆，培养从事缅汉互译的"通事"。大批缅汉翻译人才的培养，对两国友好关系的发展起到了极大的促进作用。

16世纪中叶以后，明朝与缅甸的关系由于缅甸东吁王朝的兴起而受到较大影响。1531年，缅王莽瑞体建立东吁王朝。1551年莽应龙继位后，缅甸全境第二次获得统一，东吁王朝凭借其强盛的国力向四周扩张，造成中缅边境局势趋于紧张。16世纪60年代至17世纪初，明朝和东吁王朝因疆域纷争多次发生战争。1573年，东吁王朝出兵20万侵扰中国边境干崖地区。1581年，缅王莽应里继位后，又大举入侵中国云南边境地区，遭到明朝军队的反击。1593年，东吁王朝又入侵今云南德宏地区，被云南巡抚陈用宾率军击退。在这段时间，虽然中国与缅甸之间的征战多于使节往来，但是两国关系并没有完全断绝。尤为值得一提的是，1569年，缅王莽应龙入侵西双版纳的第二年，决定将金莲公主许配给车里宣慰使刀应猛，以联姻方式发展与傣族及中国的友好关系。据邓殿臣《南传佛教史简编》记载，陪同金莲公主前往西双版纳的还有一个缅甸佛教使团，该使团将大量佛经、佛像带到西双版纳，促进了缅甸小乘佛教文化在当地的传播。

六、清代中国与缅甸之间的邦交关系

1644年，中国最后一个封建王朝清朝取代明朝的统治，当时正值缅甸东吁王朝与贡榜王朝的交替时期。在贡榜王朝建立之前，中缅之间没有发生大的冲突。南明永历帝朱由榔于1659年率领随从逃往缅甸避难，一度影响到清朝与缅甸的关系。永历帝率残部进入缅甸境内后，通过巴莫土司上奏缅王，请求容留避难。缅王命令巴莫土司将永历帝带到阿瓦，当时永历有随从700余人，马600余匹。缅王下令分散其人马，并令其等交出武器[①]。两年之后的1661年，吴三桂率军1.8万人[②]兵临阿瓦城下，胁迫缅王莽白交出永历帝。据《华人莅缅各地记》记载："缅历1023年（即1662年），德叶（指清朝皇帝）派四员大将率大军二十余万前来。当地粮食匮乏，只得食用带来的粮草。说明此来并非想打仗，只为永历而来。只要交出永历，华军将一人不剩全部召回。又因国内正值饥馑，遂依照祖辈惯例，将永历找来交予德叶将军。德叶将军得到永历

---

①　张旭东：《东南亚的中国形象》，北京：人民出版社，2010年，第92页。
②　按，《华人莅缅各地记》称有20余万。

后，收兵返回。永历手下大将不随之返回自刎身亡者沿途皆是。"① 虽然缅甸被迫交出了永历帝，却避免了中国与缅甸之间的一场兵戈之灾。

缅王雍籍牙第三次统一全缅、建立贡榜王朝之后，与中国发生了长达 4 年的战争。1763 年刚继位的贡榜王朝国王孟驳自恃国力强盛，进犯中国云南边境孟连、耿马等地。1765 年又侵入西双版纳橄榄坝、大孟仑等地，并索取贡品，激怒了清廷。1766 年 2 月，乾隆帝下令对缅作战。经过 4 年的军事对峙，双方于 1769 年 11 月休战，在老官屯东南签订《中缅和约》，内容包括：一是缅甸送回所有留在缅甸的中国官兵，而中国也将木邦、蛮暮、猛拱三位土司送回缅甸故地；二是两国互不侵犯，恢复邦交关系，每十年互派使团。但是由于双方对协议主要内容的理解不同，比如清朝关心缅甸进表纳贡的问题，而缅甸则关注清朝送回木邦、蛮暮、猛拱三位土司，并重开滇缅边境贸易的问题，导致两国关系在将近十年的时间里进展不大。1776 年缅王孟驳的儿子赘角牙继位后，主动采取措施，希望改善与中国的关系，中缅交涉开始出现转机。但是直到 1782 年缅王孟云继位后，缅甸与中国的友好关系才真正得以建立。1787 年，缅王孟云派遣一百余人的庞大使团带着大量珍贵贡品出使中国，受到乾隆皇帝的隆重接待，这是清朝与缅甸战争后两国构建友好关系的标志性事件②。1790 年，孟云又遣使赴清朝祝贺乾隆帝八十大寿。在此次访问中，乾隆帝答应了缅王孟云提出的"求开腾越关禁，俾通市交易"和"恳请敕赏封号"的请求，并敕封孟云为"阿瓦缅甸国王"，颁给敕书印信等③。1790 年，清朝派遣云南粮储道永慧、广南营参将百福、腾越州知州屠述濂赴缅甸宣封，受到缅王孟云的隆重接待，这是中缅关系史上的一件大事。但是缅甸方面关于中国使臣回访的记载却有出入，说清朝派出千余人的庞大使团，携带册封缅甸国王的三缅斤重纯金大印，同时赏赐给缅王三位中国公主，与缅甸联姻。余定邦等人认为这种说法不可靠，因为按照当时清廷遵循的天朝大国的观念，乾隆帝绝不会把三位公主送到缅甸去④。不管怎样，中缅两国已完全恢复了友好邦交关系。

此后，缅甸国王数次遣使到中国朝贡，中国也于 1833 年和 1842 年遣使到缅甸进行了友好访问。1855 年以后，由于云南的回民起义，使清朝与缅甸之间的官方往来一度中断。1872 年，清政府平定云南回民起义之后，清朝与缅甸之间的官方往来重新恢复。1885 年，缅甸沦为英国殖民地，两国之间的官方往来暂告一段落。

清朝与缅甸之间的官方往来，不仅密切了双边关系，也促进了两国之间的文化交

---

① 转引自张旭东：《东南亚的中国形象》，北京：人民出版社，2010 年，第 92 - 93 页。
② 《明清史料》庚编，北京：中华书局，1987 年，第 694 页。
③ 《清高宗实录》卷 1356，乾隆五十五年六月，第 31 - 32 页。
④ 余定邦、喻常森等著：《近代中国与东南亚关系史》，广州：世界图书出版广东有限公司，2015 年，第 109 - 110 页。

流。1788 年，缅王孟云遣使到中国献其国乐，使缅甸的乐器、乐律、乐曲和舞蹈再次传入中国，对中国音乐和舞蹈的发展产生了一定影响。

第二节　近现代中国与缅甸的友好交往

一、"二战"以前的友好关系

1824—1885 年，经过三次英缅战争，缅甸彻底沦为英国的殖民地。英国殖民者的入侵，对中缅两国人民的传统友谊造成了严重破坏。两国之间互通有无的传统贸易为殖民地经济所取代。英国殖民者无端挑拨两国人民的关系，制造了近百年的中缅边界纠纷。然而，两国人民之间长期以来的"胞波"情谊并未因此而断绝，相反，缅甸人民在长期的斗争中得到了中国人民及旅缅华侨的同情和支持。

1885 年，英国占领上缅甸之后，缅甸人民开始了长期的抗英游击战争。1891 年，缅北温佐土司吴昂妙率众起义，后因不敌英军，撤至中国云南境内，受到当地人民的热情相助，与当地人民结下了深厚情谊。不久，吴昂妙率部重返克钦山区，继续坚持抗英斗争。在抗英斗争中，中缅两国人民曾经并肩作战。在孟拱保卫战中，云南腾越都司李文秀率领所部 500 多人入缅支援缅甸人民的抗英斗争，最后英勇牺牲在缅甸国土上。

1885 年 11 月，英军攻陷缅甸都城曼德勒，曼同王之长孙疆括脱下袈裟，起兵抗英。经过 4 年抗英斗争，在失败后疆括于 1890 年率残部撤到中国云南境内，继续坚持抗英斗争。此后，因势单力孤，一直未能重返缅甸。疆括及其眷属滞留云南期间，一直受到中国政府和当地人民的保护。滇西一带土司还向疆括提供了大量经济资助。

二、"二战"期间的中缅友好关系

1937 年 7 月 7 日，日本军国主义者发动全面侵华战争。1941 年 12 月 7 日日军偷袭珍珠港之后，在东南亚战场上与英美正式交战，使缅甸成为东南亚主战场之一。在"二战"期间，中缅两国人民并肩作战，患难与共，最终取得了反法西斯战争的胜利，进一步巩固了两国人民之间传统的"胞波"情谊。

"二战"期间，为了协调抗日的步调，两国人民进行了频繁的接触。1939 年 12 月 28 日，以太虚法师为团长的中国佛教代表团沿滇缅公路到缅甸进行友好访问，受到缅甸僧侣和"我缅人协会"数万人的热烈欢迎。访问期间，中国佛教代表团向仰光大金塔捐赠了舍利宝塔和银鼎各一座。1940 年，中缅两国为了促进两国间的文化交流，分别在缅甸仰光和中国重庆成立了缅中文化协会和中缅文化协会。1940 年 12 月 24 日，以缅甸《太阳报》社长吴巴格礼为团长的缅甸记者代表团一行 8 人前往中国重庆、昆明、成都等地进行了为期一个月的友好访问，访问期间采访了中国人民受日军侵略的现状，并对中国人民深表同情和支持。

战争期间，两国之间的交通、通信状况也发生了较大的改观。1937 年 7 月日本发动全面侵华战争后，利用其海空军优势封锁了中国沿海各口岸，隔断了中国与外界的海上通道。此时，在抗日战场大后方开辟滇缅陆上通道已是形势所迫。1938 年 1 月，中国交通部派代表到仰光访问，开始商谈修筑滇缅公路，以开通国际社会对中国战场的支援通道。滇缅公路北起云南昆明，南抵缅甸腊戍，全长 1 146 千米。1938 年 8 月，在双方共同努力下，滇缅公路正式竣工通车。盟国的大批援助物资从仰光港经铁路运往腊戍，再由汽车沿滇缅公路运往昆明、重庆等地，有力支持了中国的抗日战争，成为抗战时期中国唯一的陆上国际交通线。仅 1941 年通过滇缅公路运入中国的军用物资及其他物资就达 13. 219 3 万吨。滇缅公路的成功修筑，是"二战"初期中缅两国友好合作的见证。这条公路不仅为中国抗战提供了支援和保障，而且对后来中国远征军赴缅作战和缅甸战场的抗日大反攻都至关重要。"二战"结束后，滇缅公路在中缅友好交往中仍然发挥着十分重要的作用。1939 年 4 月，中缅两国之间试航成功，开辟了仰光—腊戍—昆明—重庆的国际航线。1939 年 7 月，昆明—仰光的国际长途电话开通。随后，中缅两国之间于 1941 年 1 月开始通邮。

1941 年 12 月 7 日"珍珠港"事件之后，日本军国主义者为实现其"大东亚共荣圈"的妄想，采取了南进扩张政策，开始疯狂进攻东南亚。1941 年 12 月 27 日，日军占领泰缅边境的高东角，以 5 个师团 10 余万兵力直捣缅甸，很快占领了仰光，缅甸形势岌岌可危。12 月 23 日，中、美、英三国军事将领在重庆召开军事会议，决定派中国远征军赴缅甸协助盟军对日作战。中国援缅远征军由国民党第 5 军、第 6 军和第 66 军组成，共计 11 万人。中国远征军自 1942 年 1 月初陆续进入缅甸，协助盟军与日军展开了激烈战斗。中国远征军在缅甸战场作战之初，部队要求对缅甸人民做好入缅作战宣传工作，同时要求官兵尊重缅甸民族习俗，爱护缅甸人民财物，维护两国人民之间的传统友谊。中国远征军受到了缅甸人民的欢迎和支持。

1942 年 3 月，入缅不久的中国远征军即与日军展开了"东吁战役"。远征军第 5 军第 200 师师长戴安澜将军率领部队在 12 天内毙敌逾万，俘敌四百余，取得首战大捷。同年 4 月，远征军又在锡唐河西岸与日军展开战斗，掩护英军撤退。4 月 15 日，日军占领缅甸中部城市仁安羌。为救援被日军围困的英国和缅甸军队，远征军向日军发起猛烈攻击，经过 3 天苦战，击溃日军主力，营救出英缅军队 7 000 余人，取得入缅作战的第二次大捷。1942 年 5 月以后，缅甸战局急转直下。日军于 5 月 1 日占领缅北重镇腊戍，并沿滇缅公路攻入中国境内，直抵怒江西岸。中国远征军暂时撤回国内。1943 年 10 月以后，缅甸战场进入战略反攻阶段，中国军队再次入缅作战。10 月 20 日，中国驻印度新编两个师从印度阿萨姆邦出发，对驻缅日军发起猛烈攻击。1944 年 5 月，中国滇西驻军强渡怒江，展开反攻。1945 年 1 月，从两路进攻的中国军队在缅北芒友地区会师，重新控制了滇缅公路和中印公路沿线城镇，并于 3 月 7 日收复腊戍。从 1943 年 11 月至 1945 年 1 月一年多的赴缅作战中，中国军队浴血奋战，以重大伤亡为代价取得了战争的最终胜利，消灭了日军的有生力量，为盟军和缅甸人民将日军驱逐出缅创造了重要条件，用鲜血和生命写下了中缅关系史上共同抗击侵略者的光辉一页。

三、近代两国外交关系的建立与发展

中缅两国友好交往的历史虽然悠久，但在 19 世纪末以前的封建时期，两国都没有互设常驻外交代表机构。直到近代缅甸沦为英国殖民地之后，随着两国经贸关系的不断发展及相互间事务的增多，中英双方围绕滇缅商务问题于 1894 年签订了《续议滇缅界商务条款》，拟在两国互派领事。此后，英国于 1898 年、1901 年和 1902 年分别在云南思茅、腾越和昆明建立了领事馆，其中昆明为总领事馆。但是直到 1909 年，清政府驻仰光的领事馆才正式开馆，派驻领事一名。辛亥革命后的历届国民政府一直有在仰光派驻领事。1938 年 8 月，中国驻仰光领事馆升格为总领事馆。"二战"结束后，1947 年 7 月缅甸成立临时政府。同年 9 月，中缅双方商定互派大使级外交官。1947 年 10 月 27 日，双方互派大使，正式建交。1948 年 1 月 4 日，缅甸独立后，国民政府与缅甸新政府正式建立外交关系。中华人民共和国成立后，缅甸政府果断采取了支持和承认中国新政府的原则和立场，于 1949 年 12 月 18 日宣布正式承认中华人民共和国。

第三节　古代缅甸与中国的经济联系

一、秦汉时期的经贸往来

中缅两国的最早交往始于两国间的经贸往来，而两国经贸关系的发展又得益于两国之间陆上和海上交通的开辟。早在公元前四五世纪，被称为"蜀身毒道"的南方陆上丝绸之路的成功开辟，标志着中缅两国间经贸、文化交流的开始。"蜀身毒道"实际上是连接四川、云南、缅甸和印度之间的国际通道。该通道在中国境内包括灵关道、五尺道和永昌道三部分。

据哈威《缅甸史》记载，公元前 2 世纪以来，中国商人沿川滇缅古道，循伊洛瓦底江为一道，循萨尔温江为一道，以中国的丝绸、黄金等换取缅甸的宝石、翡翠、木棉等物品。到秦末汉初，中国航海事业蓬勃发展，西汉远洋船队经东南亚沿海抵达印度半岛南端，成功开辟了南方海上丝绸之路。据《汉书·地理志》记载："自日南障塞、徐闻、合浦船行可五月，有都元国；又船行可四月，有邑卢没国；又船行可二十余日，有谌离国；步行可十余日，有夫甘都卢国。自夫甘都卢国船行可二月余，有黄支国。"这里所提到的邑卢没国、谌离国和夫甘都卢国，分别是指今缅甸萨尔温江口毛淡棉附近、伊洛瓦底江入海口和卑谬。自东西海上航线开通之后，中缅两国之间开始了频繁的海上贸易往来。中国海船带去大量黄金和丝绸，换回缅甸的明珠、琉璃以及其他奇石、异物。由此可见，中国汉代便与缅甸开通了水陆两条商道，陆路即出云南的古老商道，此道在中国境内直通四川，经缅甸境内可西去印度。海路就是《汉书·地理志》所载的北部湾沿岸港口—马来半岛沿岸—印度洋航道。从今广东徐闻、广西合浦、越南会安出海，途经都元国、邑卢没国、谌离国、夫甘都卢国，最后可达印度、斯里兰卡。

二、魏晋南北朝和南诏时期的经贸往来

魏晋南北朝时期，中国内部分裂纷争，总体上与外国的交往相对减少，但是并没有断绝。而在南部和西南部疆域毗邻的边疆地区，中国与邻国的经济交往所受影响更小。此时永昌郡（今云南保山）已成为中国与缅甸经济贸易的中心和中转站，那里买卖的货物不仅有黄金、光珠、琥珀、翡翠、孔雀、犀牛、大象、蚕桑、彩帛、绵绢、文绣等，还有桐华布、水晶、琉璃、海贝等。其中有许多来自缅甸的通过边境贸易进入中国的珍奇物品，被云南长期用作货币的海贝即是一例，而且永昌郡城中已有一些缅甸商人前来经商和居住。

后来随着唐代南诏政权的建立以及扩张，缅甸与南诏陆上贸易的中心发生了一定变化。南诏建立后，不仅将永昌纳入版图，还将势力范围扩大到缅甸北部。至此，西南陆上丝绸之路的转输中心不再是永昌，而是转移到太和城、大厘城和羊苴咩城。南诏通过滇缅古道与缅甸开展频繁的贸易活动。南诏商人以丝绸等名产换回骠国（即缅甸）的宝石、翡翠、木棉等物产，骠国商人则到太和城、大厘城和羊苴咩城销售宝石、木棉、陶器、江猪等物。在南诏与骠国边境地区，不仅有专门的互市场所，而且形成了一些商业城镇。悉利移城便是著名的边贸重镇，南诏用于交换的货物有丝绸、金银、刀剑以及当地出产的食盐、雄黄、栋香、青木香等，骠国主要用于交易的物品则是毛毡、琥珀、玉石、翡翠、江猪、海贝等。其中以南诏丝绸换取骠国珠玉尤为盛行，以

致史书有"骠国妇女披罗缎""大理妇女缀瑟瑟"的描述。骠国商人到南诏经商时以本国的海贝作为货币进行交易。海贝作为南诏与骠国间的商贸货币这一传统，一直延续到明末清初。南诏建立后，形成了吐蕃、南诏与唐朝三足鼎立的态势，战争时有发生，这在一定程度上影响到唐朝西南地区经由南诏、骠国与印度的贸易往来。

三、唐朝与骠国的经贸往来

7世纪初唐朝统一中国之后，缅甸境内骠国兴起，骠国不仅继续保持与中国中央政府的友好关系，而且与同时期云南地区的南诏地方政权有着密切的经济交往，双边贸易相当繁荣。中国与缅甸之间的经贸往来，历来有陆海两道，但唐代以陆路为主，骠国王子舒难陀来长安就是由缅甸进入云南走陆上驿道。唐代骠国已有3 000多人定居在南诏的拓东城（今昆明）。唐朝与缅甸的贸易往来，除了官方使团的易货贸易，民间的贸易也十分活跃。骠国盛产吉贝，有多种木棉树（又称攀枝花），木棉花可用来织布纺絮，当作棉花用，是魏晋以来中国重要的进口物品。

唐太宗贞观年间（627—649），锡州（今四川西昌）都督刘伯英向唐廷提出打开通往天竺（今印度）的交通道路、开展经贸往来的建议。而通天竺必经骠国，骠国即汉晋时期永昌郡徼外的掸国。7—9世纪，骠国同中国唐王朝以及南诏政权建立了联系，乃"西开寻传（今云南德宏州），南通骠国"。唐德宗贞元年间（785—805），骠国国王雍羌知道南诏与唐朝恢复了友好关系，便请求与唐朝往来，开展朝贡贸易。801—802年，骠国使团不远万里，到达唐朝首都长安，并献骠国乐。9世纪以后，南诏地方势力扩张，于832年派军队入侵骠国。9世纪中后期，骠国瓦解，但骠人在缅甸一直活动到13—14世纪。

四、宋元时期的经贸往来

1044年，阿奴律陀成为蒲甘国王，骠国为蒲甘王朝所取代，并于1057年统一了缅甸。中国宋朝非常重视与蒲甘的关系，以大国之礼相待，"凡制诏并书以白背金花绫纸，贮以闲金镀匣银管钥，用锦绢夹幞缄封以往"[①]。蒲甘王朝也十分注重与中国的往来，曾于1106年、1115年、1136年单独或偕同大理一起入贡宋廷。宋人对蒲甘的了解也较为全面深入，出现了一些涉及蒲甘的私人著述。如周去非的《岭外代答》、赵汝适的《诸蕃志》等。中国与蒲甘之间的边境贸易也获得了较大发展。1136年，宋朝派遣使臣谭晶出使大理，归国时从大理带回蒲甘国要求与宋朝通商的使臣摩诃菩、俄托桑

---

① （元）马端临：《文献通考》卷332《四裔考九》。

等一行人。另据《玉海》记载，1136 年，蒲甘国派遣使臣随同大理国使臣向宋朝"入贡"，进行官方的商品交易。

元代中国与缅甸之间虽然发生过三次战争，但双方的经贸关系一直未断。1254 年元朝灭掉大理国后，开始在云南各地设置大量交通驿站，并延伸到缅甸北部。截至元末，元廷一共在云南设置驿站 78 处。云南至缅甸的驿路起自大理，经永昌、龙陵、茫施、勐卯至缅甸，或经永昌、龙陵、腾冲至缅甸，为中缅之间的陆路贸易提供了便利的交通。与此同时，元朝与缅甸之间的海上航道也较为畅通。在《大德南海志》卷七所载海外贸易国家中，就有蒲甘国。据元代航海家汪大渊的《岛夷志略》记载，元代商船已能从海上到达丹老、土瓦、莫塔马和勃固等许多缅甸南部沿海港口城市，中国海商以丝绸（五色缎、白丝）、瓷器（青白花瓷）、乐器、金银、铜铁等换取缅甸的象牙、胡椒、稻米等物品。在交易过程中，缅甸南部沿海一带通用的银钱和贝币可与元代货币中统钞折算兑换，元人汪大渊记载道："每个银钱重二钱八分，准中统钞一十两。"[1] 中缅两国通过商贸活动互通有无，丰富了双方人民的物质生活。

另外，中缅之间的商贸活动也促进了两国的文化技术交流。随着商贸发展的需要，中国的矿石开采技术传到缅甸。自 13 世纪开始，缅王聘请大量熟悉冶炼的中国技术人员帮助缅甸开采和熔炼北部的银矿。据英国人史谷特爵士的《缅甸玉石开采》记载，缅甸北部的玉石最初于 13 世纪初由云南一个小贩发现，后来越来越多云南人前往缅甸开采玉石，并将玉石开采技术带到缅甸。此外，在长期与缅甸进行贸易的过程中，大量华侨移居缅甸，成为中缅文化交流的使者。至今缅语中仍存留许多由福建华侨传入的汉语借词，如筷子、豆腐、油炸桧、荔枝等。

五、明清时期的经贸往来

中国明代的经济发展达到较高水平，手工业工场的出现促进了商品生产力的大大提高，促使该时期对外贸易加速发展，贸易范围和规模不断扩大。同时，缅甸东吁王朝兴起，经济水平也得以提高，为两国之间经贸的发展创造了条件。明朝政府在缅甸境内设立缅甸宣慰使司，不仅密切了两国间的外交关系，也加强了两国间的经贸联系。明代中缅两国的贸易通道仍然为两路：一是陆上的南方丝绸之路，即由云南大理沿太平江至缅甸八莫，或由云南腾冲经陇川至八莫，再经伊洛瓦底江至蒲甘、勃固等地；二是海上贸易之路，当时中缅两国的海上贸易异常活跃，中国向缅甸输出的主要商品为瓷器和丝绸，兼带少量茶叶、香料等商品。在陆上贸易方面，中国向缅甸输出的主

---

[1]　（元）汪大渊：《岛夷志略》，第 376 页。

要商品仍然是丝绸。缅甸作家貌皎温指出："自 15 世纪始，中国商人就循着从永昌至勃固的商道，把中国的丝绸和其他货物源源运抵勃固。"[1] 珠宝、玉石则是缅甸向中国出口的主要商品。明朝向云南派驻太监，专事采办缅甸的珠宝、玉石。自明代商人发现缅甸的棉花为中国所需、云南的食盐为缅甸北部所缺之后，中缅之间的盐棉贸易也日趋繁荣。明代到缅甸经商人数之多、中缅贸易规模之大都是空前的。为了方便缅甸商人到中国经商，明朝在昆明专门设立"缅字馆"，为中缅贸易培养翻译人才，并为缅甸商人提供住处[2]。缅字馆的设立，满足了中国西南地区经济发展的需要，有利于促进中缅经贸关系的进一步发展。两国之间经贸的发展反过来又促进了两国文化的交流。中国商人大量入缅，必然将中国的先进技术带到缅甸，如制瓷技术、制陶技术、玉矿开采技术、银矿熔炼技术以及铜铁器打制等方面的手工艺生产技术等。双边商品的交换丰富了双方的物质文化，促进了两国间的文化交流。

清代，随着中缅两国间陆路、海路交通的日益发达，两国间的经贸关系发展到一个新的历史阶段。1770 年前后，中国商队以大量的牛、马和骡作为运输工具在中国与八莫之间驮运货物。一部分云南商人沿太平江及伊洛瓦底江水路用平底大木船运载货物直抵缅甸阿瓦、曼德勒及实皆等沿江城镇。同时，中缅之间的海上贸易也有了较大发展。直到 19 世纪末欧洲蒸汽轮船兴起之前，中缅之间的海上贸易主要以帆船为运输工具。中国的丝绸、绸布、瓷器、茶叶等被大量从中国东南沿海运往缅甸南部各沿海城市；中国帆船从缅甸运回橡胶、儿茶、鱼胶、燕窝等物产。明清时期，中缅之间贸易商品的种类和规模都较以前有大幅增加。除了"清缅战争"和滇西回民起义使两国间陆路贸易受到较大影响，大部分时间两国之间的商贸较为繁荣。这一时期中国输往缅甸的货物主要有丝绸、布匹、瓷器、铜、铜器、铁锅、剪刀、针线、雄黄、水银、朱砂、烟、茶、纸、伞等，缅甸运往中国的主要有棉花、海盐、干鱼、燕窝、鹿茸、宝石、象牙和羽毛等。乾隆年间傅恒在奏折中描述了滇缅边境地区贸易的繁盛情况："每年秋冬瘴消，缅夷以其所产之海盐、咸鱼、棉花、象牙等项，用船载至老官屯、新街江岸，而内地附近民人以内地所产之铁针、棉线、布鞋、绸缎、红绿黄丝、布匹、核桃、栗子等物，用牛马驮至新街、老官屯，与之交易。"[3]

两国的贸易往来促进了经济的发展，其中中国的铜器、铁器传入缅甸，对缅甸农业、手工业的发展起到了很大推动作用；中国丝绸大量销往缅甸，对缅甸丝织业的发

---

① 转引自陈炎：《海上丝绸之路与中外文化交流》，北京：北京大学出版社，1996 年，第 292 页。

② （清）屠述濂：《腾越州志》卷 11，光绪二十三年刻本；（清）师范：《滇系》十二之一，嘉庆十三年刻本。

③ 《硃批奏折》外交类，第 142－1 号，乾隆三十五年一月十九日傅恒奏折。

展以及缅甸丝织城市的兴起都起到了积极的促进作用。而缅甸棉花运往中国，成为滇西一带手工纺织业原料的主要来源，有力促进了滇西一带纺织业的发展。

从 19 世纪起，中缅陆路的贸易量有了比较具体的数字记载。据英国人克劳福德的估计，1872 年缅甸从中国进口丝绸价值为 81 000 英镑，中国从缅甸进口棉花价值约 222 000 英镑；19 世纪 30 年代，由缅甸输入云南的棉花在 300 万磅到 400 万磅之间。费却估计，1854 年中缅陆路贸易额为 50 万英镑，其中包括由缅甸出口到中国的棉花、盐、红宝石以及由中国出口到缅甸的丝绸、茶叶、金叶等。英国学者玉尔估计，1855 年缅甸向中国出口货物价值为 235 000 英镑（其中棉花为 225 000 英镑，其他杂项为 10 000 英镑）；缅甸从中国进口货物价值为 187 500 英镑（其中丝绸为 120 000 英镑，其他杂项为 67 500 英镑）。以重量计，缅甸出口棉花约 400 万维司，中国出口丝绸 4 万包，平均每包重约 10.66 铢。这样，在中缅贸易中，缅方顺差为 47 500 英镑，这种差额由从中国输入的金、银、铜、铁填补。玉尔还引用英国学者斯皮尔斯的估计，缅甸每年从中国进口黄金为 300~500 维司。缅甸的锡有 1/3 从中国进口，1855—1856 年经仰光向外国出口锡 437 维司。上缅甸每年向下缅甸出口铜 35 000 维司，这些铜都是通过各种途径从中国进口的。对此中国史料也有记载，马复初 1842 年取道缅甸赴麦加朝圣，在伊洛瓦底江上看到有运铜大船，并指出这些铜都是购自中国。①

第四节　缅甸与周边国家的政治文化交往

一、古代缅甸与泰国的复杂关系

正当 13 世纪末蒲甘王朝瓦解之时，在今泰国北部清迈地区出现了泰人建立的兰那王国，中部则有以素可泰为中心的素可泰王朝。到 14 世纪中叶，又有阿瑜陀耶王朝兴起。当时的缅甸和这些泰人国家也有着较为密切的关系。

按照泰国和缅甸的传说，蒲甘王朝末期，直通地区的孟人伐丽流进入素可泰，当了素可泰国王兰甘亨的卫队长，后来他与兰甘亨的一个女儿私奔，回到下缅甸，夺取马都八港，建立了孟人王国。1350 年阿瑜陀耶建国后，宣称对马都八以南的地区拥有主权，并派兵夺取了大部分地区。频耶宇（1353—1385 年在位）统治孟人王国时期，曾遭到兰那王国和阿瑜陀耶的入侵。兰那军队曾攻入直通地区，1356 年被赶走。1363 年，阿瑜陀耶军队迫使频耶宇放弃马都八，迁都洞温，并继续西撤，于 1369 年最后定

---

① 孙来臣：《明清时期中缅贸易关系及其特点》，《东南亚研究》，1989 年第 4 期。

都勃固,这是有史记载的较早的泰缅战争。后来两国之间为争夺这一地区,又进行了长期的战争。这一时期缅甸和泰国在宗教上也有交往,主要是泰国受到缅甸的影响。1393年,兰那国王的师傅访问蒲甘,他的两名弟子也曾到蒲甘学习佛教经典。素可泰王朝的一位高僧须摩那长老曾到下缅甸孟人王国研习佛经,他后来也曾去兰那王国弘扬佛法。

1531年,缅甸东吁首领明吉逾逝世,其子莽瑞体(1531—1551年在位)即位,建立东吁王朝。莽瑞体与其手下大将、后成为他妹夫的莽应龙(1551—1581年在位)一起发动了统一缅甸的战争。1541年,他们征服了下缅甸勃固王国,先后占领了汉礁瓦底(勃固)、马都八、卑谬等地区,并在1544年将其势力范围延伸至上缅甸的敏巫、敏建一带。1545年,莽瑞体进军若开地区。1548年,又率兵远征暹罗,取得了一系列成功,几乎统一了半个缅甸。但是从1549年起,莽瑞体开始放松朝政,沙廉、大光的一些孟族王室成员趁机反叛。当莽应龙前往平定反叛时,莽瑞体于1551年遭孟人暗害。莽应龙继承莽瑞体统一缅甸的大业,于当年收复了被孟族占领的汉礁瓦底,并登基为王。统一了下缅甸后,莽应龙于1554年率军北伐,攻克阿瓦,将北起瑞帽、南至毛淡棉的伊洛瓦底江流域、锡唐河流域以及萨尔温江出海口等地区置于东吁王朝的控制之下。此后几年中,莽应龙的军队又攻占了缅甸北部、掸邦北部和南部,以及暹罗北部,最终于1562年实现了除若开以外的缅甸第二次统一。统一后的缅甸未能得到长久的稳定,缅甸与暹罗两国经常发生战争。连年征战,军费开支浩大,劳役和兵役负担严重影响了劳动人民的生产和生活,农民暴动不时发生。莽应龙逝世后,其子莽应里(1581—1599年在位)继位,但他过分好战,不重视国内经济的恢复,各地连续发生饥荒,卑谬、阿瓦、良渊等地相继发生暴动。

二、印度、斯里兰卡佛教的传入与发展[①]

缅甸早期国家和部落与印度有着密切关系,特别是印度的宗教文化,对缅甸文化面貌的形成产生了重要影响。据缅甸《孟族编年史》记载,早在印度孔雀王朝时期,阿育王(公元前272年—公元前232年在位)就派僧侣苏摩和郁多罗到苏瓦纳布米传播佛教。苏瓦纳布米意为"黄金地",据考证即现在的下缅甸。尽管尚无考古资料可以证实苏摩和郁多罗到过下缅甸,但是早在公元前几个世纪,印度文化已经开始影响缅甸却是可信的。早在阿育王时代,印度佛教僧侣已到印度周边地区弘扬佛法。缅甸是东南亚最靠近印度的地区,印度僧侣到达这一地区是完全可能的。由于佛教是阶级社

---

① 本部分内容主要参考钟智翔、尹湘玲著:《缅甸文化概论》,广州:世界图书出版广东有限公司,2014年。

会的宗教，只有在阶级社会中才可能得到广泛的传播，而公元前3世纪缅甸尚未进入阶级社会，占统治地位的信仰还是原始宗教，即使有僧侣传播佛教，其影响也较为有限。1世纪后，印度对缅甸的影响显著增强，原因在于：一方面，印度移民和商人大量到达缅甸；另一方面，缅甸已出现早期国家。来自印度的宗教——印度教（特别是湿婆崇拜）、大乘佛教和小乘佛教，适应了缅甸早期统治阶级的需要，而在孟人、骠人和若开人国家中得到传播。缅甸最早的文字——骠文，也是根据南印度的文字创制的。

从11世纪中叶到13世纪末，正是佛教在印度逐渐衰落的阶段，而蒲甘王朝则处于小乘佛教的勃兴时期。因此，在这一时期，印度文化对缅甸的影响大大减弱了，远远不如骠人时期。但是两国在宗教上仍有较多的联系，一方面，江喜陀国王曾派出使团，携带重金，前去印度修复佛陀迦耶的寺庙；另一方面，婆罗门教在蒲甘仍有一定影响，特别是在蒲甘宫廷中。

（一）佛教的传入和缅甸早期佛教

缅甸是一个传统的佛教国家，其佛教体系属于南传巴利语系佛教。从现有材料来看，佛教最先传入下缅甸孟族地区，传入的时间最早可以追溯至佛祖在世时。据仰光大金塔一块刻于15世纪的碑铭记载，大约在公元前6世纪，杜温那崩米地区（直通）的孟族商人答波陀、婆利迦兄弟赶着500辆牛车去印度卖粮，路遇佛祖乔达摩在菩提树下坐禅。兄弟俩拜见佛祖，布施听道，后佛祖赐其8根头发。回到缅甸后，他们在丁固达拉岗上建起一座佛塔，将佛发珍藏于塔中，这塔便是仰光大金塔。又据锡兰《大史》《岛史》记载，公元前242年，阿育王时期，佛教僧侣在华氏城举行佛教徒第三次大结集，随后阿育王向9个地区派遣法师弘扬佛法。其中须那法师和郁多罗法师来到杜温那崩米地区弘法，这个地区就是以今直通为中心的下缅甸孟族地区。据说两位法师弘法的当年，便有6万众生获得真法，3 500名男子、1 500名女子剃度为僧尼。

5世纪时，孟族高僧佛鸣长老将其在锡兰大寺中整理的巴利文三藏经典及其注释带回直通，为孟人引进了纯正的小乘佛教。后来小乘佛教又流传到室利差咀罗、掸邦、若开等地。1906年，考古学家曾对骠国故城室利差咀罗一带进行考古发掘，发现了大量的佛像和巴利文经典残片，证实了5—9世纪缅甸中部曾十分盛行小乘佛教。佛教在骠国盛行的情况也见诸中国史籍。《新唐书·骠国传》中就有骠人"喜佛法""民七岁祝发止寺，至二十，有不达其法，变为民"的记载。在小乘佛教盛行于骠国的同时，上缅甸地区也有大乘佛教传播的迹象，这一地区出土了青铜观音菩萨立像。7世纪起，印度的密宗也开始传入缅甸。在卑谬的骠国故城，发现了梵文书写的"诸法从缘起"的密宗偈语碑文。11世纪以前，蒲甘一带还盛行一种属于佛教系统的宗教阿利教。阿利教的僧侣穿着蓝色僧服，留寸发，生活放荡。教士人数逾万，弟子6万以上。阿利教有森林派、聚落派两个派别，它的产生和发展可能与印度教的性力派有关[1]。1044年阿奴律陀创立蒲甘王朝后，取缔了该教。

缅甸早期佛教传播呈现出如下线索：小乘佛教于公元前3世纪由水路传入缅甸南部孟族地区，尔后虽有衰落，但未曾灭绝。3—4世纪，小乘佛教沿伊洛瓦底江北上，传入骠国。之后，大乘佛教和密宗也相继由水陆两路从印度传入中部地区。11世纪中期以前，阿利教曾在蒲甘流行一段时间。

（二）佛教国教地位的确立与缅甸佛教的兴盛

1044年以前，缅甸境内存在着许多独立小国。阿奴律陀登上王位后，征服各地诸侯，统一了缅甸。他整饬教派，发展农业，为蒲甘王朝的发展奠定了基础，也为佛教的兴盛创造了条件。由于在佛寺隐居多年，阿奴律陀深受佛教文化的熏陶，继位后又受到来自直通的孟族高僧阿罗汉的影响，于是立下了改革教派、弘扬佛教的志向。阿罗汉精通三藏经典，为了弘法来到上缅甸地区，经人引荐，他见到了阿奴律陀国王。阿罗汉的学识及对佛理的领悟深得国王的敬重。1056年，阿奴律陀国王采纳阿罗汉的建议，扫荡了阿利教的势力，废除大乘、密宗、婆罗门等教派，定小乘佛教为国教，尊阿罗汉为国师。由于阿罗汉初至蒲甘时未携带完备的三藏经典，便建议国王派遣使者到直通地区，向孟王摩奴诃请赐三藏经典和佛祖舍利，但遭到孟王的拒绝，引起了阿奴律陀的不快。于是阿奴律陀派兵进攻直通，围城3个月后攻陷直通城。击败孟王摩奴诃后，阿奴律陀令人将直通的三藏经典及注释用32头大象运回蒲甘，同时将500名高僧及3万名能工巧匠带到了蒲甘。征服直通是缅甸文化史上的重大事件，它使蒲甘的佛教、文化艺术和手工业都得到了前所未有的发展。

蒲甘王朝时期，锡兰是与缅甸关系最为密切的国家。在蒲甘王朝建立前，尽管缅甸与锡兰之间已有交往，但史籍无明确记载。阿奴律陀为蒲甘国王时，锡兰国王维阇耶巴胡一世派遣使者带着珍贵的礼物去见阿奴律陀，要求蒲甘王朝帮助锡兰反对注辇入侵者。据说阿奴律陀派出船队，送回许多礼品，但没有派军队去援助。此后，阿奴律陀又派僧侣去锡兰，迎请完备的三藏经典。他还广建佛塔寺院，塑造佛像，改革佛教，使其盛行全国。蒲甘国王阿隆悉都在位时，缅甸、锡兰两国交恶，其主要原因是锡兰在帕拉卡马巴胡一世统治时积极发展对外关系，同信奉大乘佛教的柬埔寨建立了较为密切的关系，阿隆悉都对此大为不满，下令由王室直接控制大象的出口，逮捕了在蒲甘的僧伽罗学者和僧侣。但阿隆悉都一如其先辈，在各地广建寺塔，保持了佛教繁荣的局面。这时的蒲甘实际上已成为继锡兰、直通之后的又一佛教中心。从宋人周

---

[1] 邓殿臣：《南传佛教史简编》，北京：中国佛教协会，1991年，第84页。

去非的记载可知，12 世纪小乘佛教确实已经在蒲甘国占据主导地位，"有寺数十所，僧皆黄衣"①。这里的黄衣僧人是指小乘佛教之长老。

12 世纪中叶以后，缅甸僧侣去锡兰求法，大寺派僧伽罗僧侣对缅甸的影响越来越大，最后孟族僧侣在缅甸建立大寺派。缅甸、锡兰两国的僧侣来往频繁，有着密切的关系。据《琉璃宫史》记载，勃固国王频耶宇（1353—1385 年在位）曾去锡兰学习小乘佛教经典。锡兰国王波罗迦摩巴胡六世（1412—1468 年在位）统治时，国内佛教兴盛，缅甸与锡兰两国之间宗教交往颇多。1423 年，下缅甸的六个孟人僧侣到锡兰，1424 年在迦耶尼接受宗教教育。锡兰两位僧侣也在 1429 年到达阿瓦。马都八的孟人僧侣西瓦苏波纳在 15 世纪 50 年代去锡兰，回到缅甸后担任勃固国王达摩悉提的国师。《琉璃宫史》曾五次提到他把锡兰的佛学介绍到下缅甸。1476 年，达摩悉提又派出 44 名僧侣去锡兰学法，后来依靠这些从锡兰回国的僧侣在勃固进行了宗教改革。

1173 年，蒲甘王朝的那罗波帝悉都即位。缅甸与锡兰之间的宗教往来仍然十分频繁，国师般他求西渡锡兰，在锡兰求法 6 年。此后，缅甸佛教开始较多地受到锡兰大寺派的影响。般他求的弟子、后来的国师乌多罗耆婆长老于 1180 年率领众僧赴锡兰求法，受到大寺派接待，长老本人也被誉为"遍历锡兰第一法师"。乌多罗耆婆长老回国时，留下了孟族沙弥车波多。车波多在锡兰大寺受比丘戒，留学 10 年，于 1190 年返回缅甸。与他一同返缅的还有 4 位外国比丘：尸婆利、多摩陵陀、阿难陀、罗睺罗，他们在蒲甘创立了缅甸的大寺派。由于大寺派戒律严格，因而受到国王的青睐。在那罗波帝悉都国王的支持下，大寺派在缅甸获得了较快的发展。缅甸的佛教从此分成两派：车波多的锡兰派（又称为后宗）、前国师阿罗汉所传的缅甸派（又称作前宗）。

乌多罗耆婆和车波多两位长老赴锡兰求法归来后，大大地促进了缅甸佛教的发展和佛经的研究。车波多长老学识渊博，论著丰富，深受那罗波帝悉都国王的赏识，被封为国师。车波多的重要著作有《经义释》《阿毗达摩简释》《行者明灯》《律兴起解释》《戒本明解》《戒坛庄严》《发趣论注》《法集论研究》等。其中以《阿毗达摩简释》和《行者明灯》最为著名，是研究小乘佛教论藏的重要参考经论。

11—13 世纪的蒲甘王朝是缅甸佛教发展的黄金时期。经过几代国王的热心护法，传教长老的竭力弘法，直通孟族地区的小乘佛教传统在全缅甸发扬光大。从锡兰引进的上座部大寺派传统也从一个侧面促进了蒲甘佛教的纯洁。蒲甘威名远扬四方，更使得佛教精要汇集蒲甘。蒲甘的壁画、雕刻、建筑艺术在佛教的推动下有了长足进步，蒲甘成为当时东南亚名副其实的佛教艺术中心。

---

① （宋）周去非：《岭外代答》卷 2《外国门上·蒲甘国》。

（三）缅甸佛教的发展与整合

小乘佛教经过蒲甘王朝的辉煌后继续蓬勃发展。佛教从缅甸孟族地区向境内其他少数民族地区传播，取得了很好的成效。1287年，元朝军队南下，推翻了蒲甘王朝，缅北的掸族乘机南下，把势力扩展到中部和南部地区，缅甸出现了群雄割据、互相征战的混乱局面。北方掸族王国邦牙聚集了许多阿奴律陀时代被驱逐的阿利教僧侣，小乘佛教遭到削弱。后来比丘小阿罗汉和天眼赴邦牙弘法，得到国王的崇敬和扶植，小乘佛教才又发展起来。1324年乌阇那继位后，建立77座佛寺，供养来自蒲甘的阿罗汉派和阿难陀派僧侣，两派僧侣人数增至数千人。1364年，实皆国王他拖弥婆耶战胜邦牙，并迁都阿瓦。由于国王信奉阿利教，小乘佛教又受到暂时的压制。1368年，明吉斯伐修寄登基，礼请大寺派高僧差摩遮罗长老担任国师，小乘佛教又得以快速发展。1429年，锡兰高僧室利萨达磨楞伽罗和信哈罗摩诃萨弥带着5颗佛祖舍利来到缅甸弘法，受到南方勃固国王的冷遇，阿瓦国王闻讯后，派遣40艘船只亲迎其来阿瓦弘法。锡兰僧人与原有三派僧侣和平共处，探讨佛法，阿瓦佛教逐渐兴旺起来。1540年，阿瓦国王思洪发感到佛教太盛可能危及其统治，加上他认为各地佛塔与佛法无关，只是帝王藏宝之处，于是下令各地拆毁佛塔，遭到各方强烈反对。这更使思洪发感到了佛教的威胁，决定剪除佛教。他设计在阿瓦附近的刀巴奴举行斋僧大会，邀请阿瓦、实皆、邦牙等地的3 000名比丘赴会。正当僧侣们用斋之际，埋伏在四周的军队一齐出击，杀死了360名比丘，其余比丘则侥幸逃脱。随后思洪发下令毁佛塔、烧经书，致使阿瓦佛教遭到重创，史称"思洪发灭佛运动"。

在南方的勃固，1453年，女王信修浮继位。由于女王贤明，国泰民安，勃固佛教蒸蒸日上。信修浮女王在位8年后，让贤给夫君达磨悉提。达磨悉提是一位还俗和尚，在位20年。在位期间，他统一了当时勃固的6个佛教派别，改革了勃固王朝的佛教。1475年，他派僧团赴锡兰受戒。僧团归国后，他择地创设"结界"之地，下令各派比丘重新依照锡兰大寺派传统受戒。经过3年的整饬，有800位高僧、14 265位青年比丘、601位沙弥受戒。在他的推动与参与下，以往300年来的派别对抗自此统一于大寺派的传统之下。

16世纪以后，缅甸历代君王都热心护法，佛教一直繁荣兴盛，特别是东吁王朝的莽应龙国王笃信佛教，护持佛法。莽应龙在位30年，广建寺塔，供养各方僧众。他自毁王冠，装饰佛塔，大量印发经书，鼓励研习；他严禁杀生，要求境内的掸族和穆斯林全部皈依佛教；他把小乘佛教推广到缅北边境地区，使佛教盛极一时。

贡榜王朝时期，国王孟云兼并若开，将若开的佛像、法宝运回缅甸本部。1802年，他派遣5位比丘赴锡兰传法，建立阿摩罗补罗教派，成为锡兰佛教三大派别之一，为缅甸与锡兰的佛教交流作出了重大贡献。1856 年，曼同国王继位后的第三年，为了弘扬佛法，决定兴建新都曼德勒城。在兴建新都的同时，大批佛教寺塔、经楼、戒堂也拔地而起。由于无法实现其政治理想，曼同国王转而全身心地弘扬佛法。1871 年，他召集 2 400 名僧侣在曼德勒结集，对巴利文三藏经典加以校订。这次结集以律藏为重点，史称"第五次结集"。僧侣们用 5 个月时间齐诵一遍三藏，又花 5 年时间将其刻于729 块大理石上，以使经文长存，佛法永驻。

在部派争论方面，15 世纪后期根据勃固国王达磨悉提的旨意而统一起来的僧团，由于对戒律理解的不同而孕育着分裂的迹象。僧团间的争论在 18 世纪达到高潮。1700年东吁王朝娑尼国王统治时期，求那比兰伽罗长老认为披袈裟袒右肩和用棕榈叶扇遮阳不违反戒律，因而受到排斥。僧团由此分裂成两派：偏袒派和被覆派。东吁王朝时，被覆派势力较大，而到贡榜王朝时，主张偏袒右肩的阿杜罗长老出任雍籍牙国王的国师，偏袒派占了上风。到孟云统治时期，由于国王认为偏袒派论据不足，命令其与被覆派统一。1784 年，两派结束部派之争，重归统一。

总之，13 世纪后期至 19 世纪中叶是缅甸佛教的大发展时期，具体表现为佛教向边缘少数民族地区传播、佛教教义深入人心、僧侣学者对佛经的研究风气日盛、缅甸佛教在锡兰民众中的威望不断提升等。部派纷争的平息和教派的多次统一，也展现了缅甸佛教包容性的一面。

（四）缅甸佛教的暂时衰落

1885 年，英国通过三次英缅战争吞并了整个缅甸，缅甸从此沦为英属印度的一个省。在英国的殖民统治下，缅甸社会中的许多制度遭到破坏。天主教、基督新教大行其道，西方文化借助国家机器一时成为主导文化。佛教遭受越来越多的压制和排挤，佛教的地位大为降低。

英国殖民当局表面上保持宗教中立，不干涉佛教事务，但由于失去政府的支持，缅甸佛教僧侣没有了统一的中央组织，各寺院自成一体，佛教的影响和作用大为减弱。僧侣们丧失了过去受国王和官员尊崇的地位，僧侣界也被剥夺僧侣犯小罪由僧侣内部惩罚的传统权利。随着注册寺庙学校的大幅度减少，僧侣快速地丧失了传统文化教育传播者的地位，传统寺庙教育在西式教育的冲击下奄奄一息。巴利语失去了传统的价值，佛寺作为佛教传承研习中心的功能大大削弱。贡榜王朝时期"一村一寺"的景象不再，三四个村子共用一座寺庙的现象多了起来。佛教在殖民时代开始全面衰退。

1887 年，英国首席专员查理斯·克鲁思威特拒绝了国师般若萨弥提出的承认僧侣享有传统特权的要求。1895 年，国师般若萨弥圆寂，殖民当局不肯任命新的国师，企图使影响缅甸国民思想最深的佛教群龙无首，激发了缅甸人民与殖民者之间的矛盾。

为了缓和矛盾，1901年，英国首相库松访问缅甸时，委托缅甸僧伽团体自选僧王，由英国政府加封。1903年，当温法师继任僧王，被英政府封为"教统"。教统的职责和地位与国师相当。1922年，英国殖民当局被迫同意将教统的宗教司法权扩大至下缅甸地区。殖民者还设立巴利文考试奖，以笼络僧侣学者。1938年，当温法师圆寂，教统一职又空缺。殖民当局对佛教的麻木态度引起了全民信佛的缅甸人民的强烈不满。为了振兴佛教，维护自身权益，僧侣们纷纷组织起来参与政治斗争。1891年的缅甸佛教协会，1898年的护法会，1904年的仰光佛教学会，1906年的佛教青年会，1918年的仰光僧伽团和1920年的曼德勒僧伽团等组织的相继成立，成为佛教与政治相结合的先声。1920年，缅甸佛教团体总会的成立，标志着以佛教为旗帜的各种进步思想汇集成为一股抗英反帝的政治力量。

由于英国殖民者对缅甸佛教文化的排挤和打压政策始终没有改变，失去了政府扶持的缅甸佛教，在西方宗教、西方文化和殖民政治的多重冲击下无可奈何地衰落下去。

三、婆罗门教（印度教）的传入与发展

印度教是4世纪前后由婆罗门教吸收佛教、耆那教等宗教教义和民间信仰演化而成，11世纪以前在缅甸已有了比较大的影响。印度教的历史可追溯到公元前2000年印度原始公社瓦解时期的吠陀宗教。公元前1000年左右，在印度奴隶制国家逐渐形成的过程中，吠陀宗教被注入新的内容而成为婆罗门教。印度教是经过改革的婆罗门教，所以也被称为"新婆罗门教"。经过8—9世纪商羯罗的宗教改革，印度教逐渐形成现在的雏形。印度教的主要经典有《吠陀》《奥义书》《往世书》《摩诃婆罗多》《罗摩衍那》等，其基本教义与婆罗门教大体相同。印度教在发展过程中逐渐形成毗湿奴派、湿婆派和性力派三大派别。

（一）掸国、骠国时期婆罗门教（印度教）的传播

缅甸深受印度文化的影响，据说缅甸有史可考的第一个骠人国家的首都毗湿奴城就是婆罗门教神灵毗湿奴变幻出来的。考古工作者在对毗湿奴城遗址进行挖掘的过程中，发现了大量的古钱币，钱币上印有海螺、水波纹等图案。缅甸学者认为海螺是毗湿奴的手持物，水波纹是毗湿奴休息时龙王戏水的标志，所以毗湿奴时期的骠族人是缅甸最早崇拜婆罗门教的民族。而毗湿奴城存在的年代据测定为1—5世纪，所以一般认为婆罗门教大约在公元前后由印度阿萨姆地区传入上缅甸。

骠国后期（6—9世纪）定都于室利差呾罗城。1972年和1980年缅甸先后在敏巫、密沙出土了6世纪时骠国的金手镯，手镯上铸有那牙神像和咖咙神鸟像，这些都是印度教神话中的怪兽，表明印度教已传入缅甸。当时骠族人和印度教徒一样实行火葬，

不同的是骠族人把死者的骨灰保存在瓮罐里。考古学家还在室利差咀罗发现了多尊毗湿奴石像及其妻子的塑像。虽然考古发掘出来的该时期文物多属于印度教而不是佛教，但是有时佛陀像也很像毗湿奴，骠国国王竺多般也有崇拜湿婆的迹象，不能否认骠国宗教是印度教毗湿奴派和大乘佛教、小乘佛教的混合物，其中小乘佛教占了上风①。

　　公元前后，在骠族人开始信奉婆罗门教的同时，南印度商人来到杜温那崩米（今直通）进行贸易，商人们带来了佛教和婆罗门教。婆罗门教比佛教更加盛行，人们主要信奉毗湿奴神。缅甸历史学家貌丁昂认为，下缅甸的居民特别是孟人接受了毗湿奴崇拜。孟人也接受了印度教的王权神授思想和印度教法律《摩奴法典》，孟人宫廷里的婆罗门占星家比骠国宫廷里的还要多，但是湿婆崇拜在孟人中不流行②。在直通、勃生一带出土的 5 世纪的陶片上，有罗摩故事中哈奴曼神猴与十首魔王鏖战的图形，可见印度教史诗早已传入下缅甸。在勃固也曾发现象征阳物的偶像。在直通还有两幅孟人遗留下来的属于印度教的浮雕，其中一幅展现拥有四臂的毗湿奴神安详地睡在阿难陀的那伽神龙上，而印度教三位一体的神祇即梵天、湿婆和毗湿奴，正在从毗湿奴的肚脐上升入天空；另一幅则表现四臂毁灭之神湿婆和女神婆婆帝骑在公牛南迪身上，南迪则踩着外形是水牛的魔鬼③。孟族地区发现的早期文物表明佛教和婆罗门教传入时是有过一番较量的，婆罗门教和佛教相争的传说也见诸史籍。据说 1043—1057 年在位的勃固国王帝沙因信奉婆罗门教，将佛像毁弃于沟中。一位名叫贤善女的孟族商人之女笃信佛教，持佛像至王宫劝说国王。国王试图用各种方法处死该女，却未成功。最后国王终于改扶佛教，并立该女为后④。若开地区 370—600 年间在位的历代国王都用游陀罗⑤置于其名字之后。国王所颁发的奖章都刻有湿婆神的三叉形状和天城体文字。此外，11 世纪中叶以前，蒲甘王朝所盛行的阿利教似乎与印度教性力派有关。

　　（二）蒲甘时期的印度教及其对缅甸文化的影响

　　蒲甘王朝时期，印度教在蒲甘社会中的作用主要是维护王权。蒲甘王朝第三代国王江喜陀曾多次说他是毗湿奴神的化身，蒲甘、室利差咀罗和直通附近都发现有记载这种情况的孟文碑铭。蒲甘王朝第一任国师阿罗汉是直通婆罗门之子，但他也崇拜佛教。同时他通过辅佐江喜陀国王，使得毗湿奴神与缅甸佛教之间的联系得以加强。宫廷中，国王的加冕典礼和季节性洗净（斋戒）仪式、王室成员的结发髻礼和婚礼都由

　　① 贺圣达：《缅甸史》，北京：人民出版社，1992 年，第 25 页。
　　② ［缅］貌丁昂著，贺圣达译：《缅甸史》，云南省东南亚研究所，1984 年，第 21 页。
　　③ ［缅］貌丁昂著，贺圣达译：《缅甸史》，云南省东南亚研究所，1984 年，第 25 页。
　　④ ［英］哈威著，姚柟译注：《缅甸史》，北京：商务印书馆，1957 年，第 181 页。
　　⑤ "游陀罗"来源于印度，意为"月亮"。

婆罗门主持。蒲甘碑铭记载的当时宫廷中所采用的婆罗门教仪式，具体反映了印度教与神灵崇拜、佛教信仰的结合，以及其对巩固王权的作用。缅甸这种以婆罗门教仪式举行的国家大典一直持续到19世纪。

来自印度的婆罗门僧侣不仅传教，而且修建婆罗门寺庙。蒲甘城南有泰米尔商人建造的毗湿奴神庙，城内也有毗湿奴神庙。20世纪初，缅甸考古工作者认定蒲甘他冰瑜寺附近的卧神庙是印度教的庙宇，其建筑明显受到印度教的影响，同时卧神庙中还塑有不少印度教的神像。据一块在蒲甘地区发现的用泰米尔文刻写的13世纪的碑铭记载，该神庙是来自各国的人们共同信奉的毗湿奴神庙。此外，在蒲甘的一些佛窟、佛塔里也发现有婆罗门教的痕迹：阿卑亚德那佛窟里就有毗湿奴、梵天等神像；瑞桑道佛塔西南的"劳格乌襄"佛窟内均为毗湿奴神壁画；阿难陀寺内也发现刻有蛇、骆驼、狮子、摩伽罗画像的琉璃砖。众所周知，缅族的宗教建筑几乎不用蛇作装饰物，而毗湿奴神身边常伴有蛇；摩伽罗是印度教绘画中被画成象鼻、牛蹄、蛇尾、尾梢成叉状的动物；缅甸不产骆驼，只有印度才大量使用，因此可以肯定这些琉璃画砖的制作者很可能是印度教徒。另外，缅甸佛教建筑上到处可见的称为"比鲁班猜"的浮雕花纹也来自印度，是婆罗门教的传统饰物。由此可见，婆罗门教（印度教）对缅甸建筑艺术也有影响。

缅甸人对毗湿奴之外的婆罗门教大神的崇拜也经久不衰。相对而言，婆罗门教诸神在缅甸人中的影响要远比佛教诸神大得多，甚至威胁到佛教的发展。历史上包括一些国王在内的缅族人都曾崇拜印度教三大神。为了限制神祇崇拜的发展，蒲甘王朝的创建者阿奴律陀曾经下令在蒲甘地区修建一座大型神庙，将所有神像集中在庙内。同时他令人把神像挂在瑞喜宫佛塔围墙内外，让神明来保佑佛祖，以提高佛教的威望。

印度教传入以后，《摩奴法典》和印度的典章制度、药典、星相占卜、炼丹术等也相继传入缅甸，对缅甸文化产生了巨大的影响。《摩奴法典》在缅甸曾被推崇为最高法治条款。印度教的占星术在一般民众中非常流行。自骠国时期起，历代王朝都任命从印度来的婆罗门担任王室占星家和祭师，以提高国王的威严。缅甸历法也源于印度，每周各天的名称用的都是印度教的行星名称，调节太阳年和月亮年的工作也是由印度教占星家完成的。

（三）近现代的印度教移民及其影响

进入近现代以后，印度与缅甸的关系更加密切。这一时期印度教对缅甸的影响除了文化方面，更突出地体现在印度教移民对缅甸政治、经济的影响上。经过1852年的第二次英缅战争，英国占领了整个下缅甸。为了开发下缅甸，英国大量从印度移民。1885年，英国吞并整个缅甸以后，宣布缅甸为英属印度的一个省，消除了从印度移民的法律障碍。当时下缅甸地广人稀，而印度的劳动力过剩，印度与缅甸的海上交通比较便利，加上缅甸没有种姓制度，因此大批印度教徒来到缅甸寻找就业机会。截至1931年，在缅甸的印度教徒已达570 953人。

来到缅甸的印度教徒中影响最大的是齐智人。信仰印度教的齐智人在第一次英缅战争之后就来到丹那沙林，开始从事小规模的金融和商业活动。1885年以后，齐智人深入缅甸农村发放高利贷，在一定程度上控制了缅甸的农业生产，充当起英国殖民者在缅甸农村的统治工具[①]。1941年，《印度移民协定》签订后，移居缅甸的印度人数目有所减少。日本入侵缅甸时，又有大约40万印度人返回印度，其中印度教徒占一半。1948年缅甸独立时，在缅甸的印度教徒有20多万。"二战"后缅甸政府采取了限制印度人返回的政策。

四、伊斯兰教的传入

（一）伊斯兰教的传入与若开王国的伊斯兰化

据传，缅甸的伊斯兰教最早是由阿拉伯穆斯林巴维、巴达兄弟传入毛淡棉等港口地区的。由于没有更多的证据，所以伊斯兰教于15世纪初由孟加拉地区传入若开的观点更切合实际。若开地区位于濒临孟加拉湾的缅甸西海岸，是东南亚最靠近印度的地区，因此该地区受印度文化的影响早于东南亚其他地区。若开与缅甸本部之间隔着若开山脉，交通不便，直到18世纪末，若开还基本处于独立状态。蒲甘王朝强盛时，若开曾一度成为蒲甘的藩属。1287年以后，若开再次独立，与阿瓦、勃固形成三足鼎立之势。1404年，若开国王那罗弥伽罗在阿瓦的进攻下被迫逃往孟加拉，其子逃奔勃固，依附勃固的孟人国王亚扎底律。1430年，若开国王那罗弥伽罗在勃固国王亚扎底律和孟加拉国王高尔的支持下复国，从孟加拉回到若开，建立了末罗汉王朝。那罗弥伽罗带来了穆斯林军队，使伊斯兰教从此开始大规模传入若开，并向缅甸其他地区扩散。

缅甸早期的穆斯林主要是外国来缅人员和少数若开族人。历代若开国王虽然大多数是佛教徒，但也常把穆斯林称号置于其姓名之前。若开国王所颁发的徽章，都刻有波斯文"卡利玛"（穆斯林的一种神誓）字样。有些若开钱币上刻有若开国王的名号，并称国王为苏丹。随着伊斯兰教在若开地区的传播，若开王国的版图也进一步扩大。17世纪后期，得到来自印度的穆斯林商人的支持，若开宫廷的穆斯林卫队几乎操纵了若开国王的废立。1784年，贡榜王朝的国王孟云以恢复佛教为借口征服了若开，伊斯兰教的发展暂时受到抑制。

---

① 贺圣达：《缅甸史》，北京：人民出版社，1992年，第465页。

（二）外来穆斯林商人与缅甸封建王朝

在缅甸的"战国"时期，沿海商业中起主导作用的是穆斯林商人。东吁王朝时期，除了若开的穆斯林，在下缅甸地区也有不少来自西亚和印度的穆斯林商人，他们主要居住在沿海城市，当时缅甸南部与爪哇、马来半岛和印度等地的贸易往来十分频繁。据1569年到达缅甸的意大利商人弗里德希·凯撒的记载，下缅甸的勃固、勃生、莫塔马、丁茵等城市对外贸易比较发达，出口金、银、宝石、钻石、糖、大米等商品，进口中国瓷器、孟加拉布等。16世纪末，在东吁王朝军队中充任雇佣军的葡萄牙人杜德·波巴萨称，勃固的大米输出到马六甲和苏门答腊等地，他认为缅甸南部的商业活动控制在穆斯林商人手中。莽应龙在位时，来自印度的穆斯林被禁止宰牛。若开的穆斯林商人则与孟加拉湾沿岸的荷兰东印度公司有着密切的贸易关系。

贡榜王朝时期，来到缅甸的穆斯林不少都从事商业活动，包括印度和波斯穆斯林在内的移民掌握了仰光的大部分贸易。一些穆斯林商人还在宫中颇具影响，他们阻止缅甸国王与印度总督打交道，要求排挤英国人。

（三）缅甸穆斯林数量的增长及其影响

15世纪上半叶，伊斯兰教大规模传入缅甸时，小乘佛教在缅甸已深入人心，成为全民性的宗教，加之得到东吁王朝的保护和支持，使得伊斯兰教传入缅甸后没有一个牢固的立足点。即使在若开地区，伊斯兰教也不占统治地位。

缅甸最早的清真寺是若开国王那罗弥伽罗在位时建立的萨迪卡清真寺，位于末罗汉。随着伊斯兰教在若开和缅甸南部城镇中的继续传播，1756年前后，属于逊尼派的若开穆斯林在实兑和丹兑建立了清真寺。当时在阿瓦和仰光等地穆斯林人数较多，修建有自己的清真寺。在勃固、丁茵等地的穆斯林聚居区，还有穆斯林的圣墓。东吁王朝还把历次对外战争中俘虏的穆斯林强行迁到上缅甸美德、叫栖等地的村寨里居住。来到缅甸的穆斯林逐渐适应了缅甸的社会环境，有的放弃原来的语言、服饰，只保留宗教信仰。阿拉伯、波斯和印度穆斯林的后裔被称为"班德""格拉"或"勃底"，当地人称他们聚居的村庄为"格拉贡"或"格拉洼"。贡榜王朝时期，地方官员不反对在缅甸定居的穆斯林商人和本地妇女通婚，但规定穆斯林商人不得携带缅籍妻子和儿女离开缅甸。不过若能交付重税，也可以携带儿子回祖国。

1824年以前，在缅甸的穆斯林主要聚居在若开和缅甸南部沿海城镇，阿瓦和曼德勒等地也有一些穆斯林居住。由于缅族人对异教十分宽容，穆斯林和佛教徒基本上能和睦相处。第一次英缅战争之后，英国占领了若开和丹那沙林，大批孟加拉穆斯林开始涌入若开。据卡迪的《现代缅甸史》记载，1836年到过实兑的一个美国人称，当时实兑约8 000居民中，有许多孟加拉穆斯林，佛教僧侣仅有20～30人。第二次英缅战争之后，情况发生了巨大变化。由于开发下缅甸的需要，大批印度移民来到缅甸，其中一半为穆斯林。部分印度移民在缅甸定居下来，引起了缅甸国内民族成分的变化，仅仰光的穆斯林就从 1869 年的 4 425 人增加到 1874 年的 11 671 人，5 年间增加了约 1.6 倍。第一次世界大战前，在缅甸的印度移民超过了 80 万，其中穆斯林就达 40 万。到 1931 年，全缅甸的穆斯林达到 584 839 人，80% 来自印度，他们大多在伊洛瓦底江地区居住。另有 10 多万穆斯林聚居在若开北部地区，大多数为孟加拉移民。19 世纪中叶，中国云南回民起义期间，回民领袖杜文秀不仅派人入缅经商以增加财政收入，而且还派一位马姓都督于 1868 年到曼德勒建立了一座清真寺。杜文秀起义失败以后，有数千名来自云南的穆斯林进入缅甸掸邦，主要从事商业活动。

1941 年，在缅甸的印度移民达到了最高峰，约占全缅甸人口的 6%，占仰光市人口的 45%。随着进入缅甸的穆斯林人数的增加，阿拉伯组织也出现了。其中最早的是 1908 年成立的"穆罕默德协会"，由来自孟加拉的穆斯林建立。1909 年缅甸本国的穆斯林成立了"缅甸穆斯林协会"。同年，来自伊朗的什叶派穆斯林建立了"青年波斯协会"（1935 年改名为"伊朗俱乐部"）。1912 年，来自印度泰米尔地区的穆斯林成立了"全缅泰米尔穆斯林协会"。穆斯林团体的建立，便于穆斯林有组织地开展活动。

大批印度穆斯林和印度教徒移居缅甸，对缅甸社会产生了复杂的影响。随着 20 世纪 20 年代末 30 年代初的世界性经济危机波及缅甸，经济上的差距和民族、宗教矛盾交织在一起，引发了多起印度移民与缅人的流血冲突。1938 年的"神庙事件"就是穆斯林和缅甸佛教徒之间矛盾激化的结果。由于 1938 年的大规模教派冲突，1941 年英国殖民当局颁布了限制印度人移居缅甸的《印度移民协定》，此后移居缅甸的穆斯林有所减少。1941 年底日本入侵缅甸时，约 40 万印度人返回印度，其中约一半为穆斯林。

1948 年缅甸独立以后，缅甸政府不允许"二战"期间离开缅甸的印度穆斯林再返回缅甸，并把许多穆斯林驱逐出境。由于取得缅甸公民地位比较困难，一些印度和巴基斯坦裔的穆斯林又自动离开了缅甸。

第十二章　泰国与周边地区交流史

第一节　泰国与中国交往关系的发展

泰国是中国的近邻，两国之间的友好交往有着悠久的历史。早在中国汉代，泰国与中国就已经开展经济和文化上的往来。至南北朝时期，逐渐开启官方使节往来。虽然在此后的历史发展过程中，泰国与中国的关系由于受到国内与国际因素的影响，时而疏远，时而密切，但总体而言，泰国与中国的友好交往一直是两国关系的主流。

一、古代泰国与中国的政治交往

泰国与中国自古以来就有着政治、经济和文化上的交往，两国并不接壤，而且受到地理环境和交通条件的制约，导致古代泰国与中国通过陆路的往来极为不便，所以两国的往来主要取道海路进行。

据史料记载，泰国与中国的交往最早可以追溯到素可泰王朝建立之前。当时泰国境内的狼牙修国、盘盘国、赤土国、堕罗钵底国、罗斛国、那国等古国均与中国保持着较为友好的关系，至今已经有上千年的历史。据《汉书》记载，西汉平帝元始年间（1—5），中国使臣前往印度时，途经泰国湾并跨越克拉地峡，这是中泰有史料记载的最早接触①。230 年，中国孙吴政权曾派遣朱应、康泰出使东南亚地区的扶南，回国后二人分别撰写了《扶南异物志》和《吴时外国传》，书中提到泰国中部有一个金邻国。

南北朝至隋唐时期，泰国各古国与中国的关系日益密切。今泰国南部的盘盘国曾派使节访问中国南朝的刘宋政权，之后又多次遣使到访梁朝和陈朝。《梁书》卷五十四记载了狼牙修国、盘盘国派遣使节到中国访问的情况。607 年，隋炀帝派遣常骏、王君政出使今泰国南部地区的赤土国，受到赤土国王的隆重接待，"其王遣婆罗门鸠摩罗以

---

① （汉）班固：《汉书》卷 83《薛宣朱博列传》。

舶三十艘来迎，吹蠡击鼓，以乐隋使"，随后"王遣其子那邪迦请与（常）骏等礼见，先遣人送金盘，贮香花并镜镊，金合二枚贮香油，金瓶八枚贮香水，白叠布四条，以拟供使者盥洗。其日未时，那邪迦又将象二头持孔雀盖以迎使人，并致金花金盘以藉诏函，男女百人奏蠡鼓，婆罗门二人导路至王宫"。在停留的日子里，既遣婆罗门到客馆馈送食物，又在王宫设宴招待。这是中国第一次正式派遣使节访问泰国。在常骏等回国时，赤土国王派遣王子那邪迦携带多罗叶文书和金芙蓉冠、龙脑香等贡品随船访问中国，成功实现了两国互访①。此外，今泰国境内的盘盘国也曾遣使访问隋朝。唐朝贞观年间（627—649），今泰国南部的盘盘国和中部的堕罗钵底国先后同唐朝有过交往。盘盘国"与狼牙修国为邻，人皆学婆罗门书，甚敬佛法"，于 635 年遣使访问唐朝。638 年和 649 年，堕罗钵底国使节访问唐朝，向唐太宗敬献象牙、犀角、火珠、白鹦鹉、婆律膏等贡品，唐太宗则回赐马、铜钟等物品②。

宋代，今泰国中部的登流眉、罗斛国、真里富国等都与宋朝保持着官方交往，相互遣使，并建立了朝贡关系。据《宋史》记载，1001 年，丹眉流国王多须机派遣使臣打吉马、打腊、皮泥等九人到宋朝进贡木香 1 000 斤、鍮镴各 100 斤、胡黄连 35 斤、紫草 100 斤、红毡 1 合、花布 4 段、苏木 10 000 斤、象牙 61 株③。真里富国毗邻登流眉，于 1194 年、1201 年、1202 年三次到宋朝进贡，1194 年进献大象一头、象牙二株重 92 斤、犀角十株重 11 斤，而宋朝回赐红绵缬罗 100 匹、红绵缬绢 100 匹、绯缬绢 50 匹。1201 年，真里富国进贡大象二头、象牙 20 株、犀角 50 株、土布 40 条，宋朝回赐红绯罗绢 1 000 匹、绯缬绢 200 匹。1202 年，真里富国又进贡大象二头、兜罗绵 10 段、象衣大布 2 条。④ 随着航海业和对外贸易的发展，宋朝与今泰国境内诸古国之间的贸易关系也更加密切，当时福建市舶司就有登流眉、罗斛国、真里富国等来中国贸易交换货物的船舶的记录。而中国商船也前往真里富国等地交易，"其所用绯红罗绢、瓦器之类，皆本朝商舶赍到彼博易"⑤。

中国的元代正值泰国的素可泰王朝时期。素可泰建立之初，前两代君主忙于处理内忧外患，稳定政权，没有主动与中国元朝建立正式关系。直至兰甘亨国王在位时，素可泰才与中国元朝建立官方联系。据《元史》卷十二记载，1282 年，元世祖忽必烈

---

① （唐）魏徵：《隋书》卷 82《赤土传》。
② （后晋）刘昫：《旧唐书》卷 197《南蛮西南蛮传》、（宋）欧阳修等：《新唐书》卷 222 下《南蛮下》。
③ （元）脱脱：《宋史》卷 489《丹眉流国传》。
④ （清）徐松：《宋会要辑稿》蕃夷四。
⑤ （清）徐松：《宋会要辑稿》蕃夷四。

派遣何子志到位于湄南河流域的暹国①进行友好访问。1292年，素可泰首次派遣使者前往中国，是为了在与吴哥王朝军队的战争中获得元朝的支持。但是这次出使并没有到达元朝的都城大都（今北京），只是通过广东道宣慰司代为呈递金册，完成了与中国元朝建立官方关系的任务②。之后素可泰与元朝保持着较为密切的朝贡关系，据史料记载，1292—1332年，素可泰王朝曾派遣使者向元朝进贡14次，其中元文宗时进贡九尾龟一只、大象二头、孔雀二只、鹦鹉二只，元廷则回赐良马十匹。此外，元朝曾四度遣使去素可泰，其中有3次抵达了素可泰。

素可泰王朝衰落之际，今泰国中部的阿瑜陀耶王朝开始兴起，并继续与中国元朝保持往来。1349年，阿瑜陀耶王朝吞并素可泰王朝，称为"暹罗斛国"。1368年，中国元朝被明朝取代。1370年，明朝派遣吕宗俊为首的使团访问阿瑜陀耶，这也是明朝第一次派遣使节访问阿瑜陀耶。随后阿瑜陀耶王朝乌通王③立即派遣世子和金花大原携带6头大象随吕宗俊等人赴中国进贡。1373年，乌通国王再次遣使入贡，并进献其国地图。1376年，阿瑜陀耶国王派遣王子昭禄群膺率使团到中国进贡，明太祖朱元璋赐予阿瑜陀耶国王"暹罗国王"金印，之后阿瑜陀耶王朝被正式称为"暹罗"。1383年，明朝颁给文册号，分暹与罗为符信，从此世代遵守。④ 有明一代，暹罗与中国的使节往来频繁，交往密切。根据中国史料的记载，明朝先后22次派遣使团访问阿瑜陀耶，仅1403年就先后派使团赴阿瑜陀耶赐印、颁诏、赠送礼品达4次。明朝永乐年间，郑和七次下西洋，其中有三次到访过阿瑜陀耶，分别是1407年第二次下西洋、1409年第三次下西洋和1431年第七次下西洋。阿瑜陀耶使节访问中国的次数则多达114次，特别是在明朝初期，阿瑜陀耶王朝长则三年、短则一年就进贡一次，有时甚至一年两次，从而使得阿瑜陀耶王朝时期成为历史上泰国与中国官方使节交往最频繁的时期。

据万历《广东通志》和清人屈大均《广东新语》的记载，明代暹罗进贡的物品种类繁多，十分丰富，包括大象、象牙、犀角、孔雀尾、翠毛、六足龟、龟筒、宝石、珊瑚、金戒指、铜鼓、片脑、米脑、糠脑、脑油、脑柴、檀香、速香、安息香、黄熟香、降真香、罗斛香、乳香、树香、木香、乌香、丁香、丁皮、阿魏、蔷薇水、碗石、紫梗、藤竭、藤黄、硫黄、没药、乌爹泥、肉豆蔻、胡椒、荜茇、苏木、乌木、大枫子、芯布、油红布、白缠头布、红撒哈剌布、红地纹节智布、红杜花头布、红边白暗

---

① 据（明）罗曰褧《咸宾录》卷6记载："暹罗，本暹与罗斛二国。暹国，汉赤眉之遗种也，土瘠不宜耕种。罗斛土腴衍多获，暹人岁仰给焉。自古不通中国。元至正间，暹人降于罗斛，合为一国，进金字表，欲元遣使至其国。"

② （明）宋濂：《元史》卷17《世祖本纪十四》。

③ 万历《广东通志》卷69《外志四·番夷》将1371年的暹国君主称为"参烈宝昆牙"，即乌通。

④ 万历《广东通志》卷69《外志四·番夷》。

花布、细棋子花布、织人象花纹打布、西洋布、织花红丝打布、剪绒丝杂色红花被面、织杂丝打布、红花丝手巾、织人象杂色红花文丝缎①。

1644 年中国清朝建立，为保持和发展同周边国家的传统友好关系，巩固自身的统治地位，清朝对周边国家实行怀柔政策。1647 年清政府发布文告，表示如果暹罗等国纳款来朝，即与朝鲜等国一体优待②。此时阿瑜陀耶王朝为了从清朝获得经济贸易上的利益，也很希望同中国清朝建立友好关系，所以阿瑜陀耶王朝很快与清朝建立了比较密切的关系。从 1652 年派人到广州"请贡"起，至 1766 年的 114 年间，阿瑜陀耶王朝曾 20 次派遣使者到中国访问。

1767 年，泰国吞武里王朝建立。国王郑信于 1768 年派遣使者到中国，向清政府请求册封，由于清政府认为郑信是篡位者，所以拒绝了郑信的请求③。此后随着时局的发展，以及郑信的外交努力，清政府改变了对郑信的态度，决定调整对吞武里王朝的政策，承认郑信为一国之君。1777 年，郑信派使者到中国，请求与清政府建立正式官方关系，乾隆皇帝表示同意。于是郑信于 1781 年派出一个包括王子在内的庞大的使团，分乘 11 艘大船，满载象牙、犀角、苏木、胡椒、藤黄等贡品来到中国，受到乾隆皇帝的隆重欢迎④。

1782 年曼谷王朝建立后，拉玛一世致信清政府，自称是郑信的儿子郑华，表示要继续发展与中国的友好关系，保持与清朝的朝贡关系。1786 年，拉玛一世遣使来到中国，被清政府封为"暹罗国王"⑤。清朝还调解暹罗与缅甸的紧张关系，以维持周边宗藩体系的稳定。1789 年，乾隆帝致信拉玛一世说："朕复念尔与缅甸境壤毗连，以前懵（孟）驳、赘角牙相继为暴，侵凌尔国，兴师构怨，匪尔之由。今缅甸孟陨（云）新掌国事，悔罪抒诚，吁求内附，已于该使臣回国时，谕令孟陨（云）与尔国睦邻修好，毋寻干戈。尔国亦宜尽释前嫌，永消兵衅，彼此和好，以期息事宁人，同作藩封，共承恩眷。"⑥ 拉玛一世在位期间，共向中国派遣使节朝贡达 15 次。拉玛二世向清政府遣使 9 次，清政府于 1823 年曾赠"永奠海邦"的匾额给暹罗。拉玛三世和拉玛四世分别向中国遣使 9 次和 2 次。

---

① 万历《广东通志》卷 69《外志四·番夷》、（清）屈大均：《广东新语》卷 15《货语·诸番贡物》。
② 《清世祖实录》卷 30，顺治四年正月，第 20 页。
③ 《清高宗实录》卷 817，乾隆三十三年八月，第 6－7 页。
④ 《清高宗实录》卷 1149，乾隆四十七年正月，第 12 页。
⑤ 《清高宗实录》卷 1271，乾隆五十一年十二月，第 4－5 页。
⑥ 《清高宗实录》卷 1321，乾隆五十四年正月，第 5－6 页。

二、近现代泰国与中国关系的曲折

1840 年鸦片战争之后，中国受到西方列强的侵略，逐渐沦为半殖民地半封建国家。与此同时，暹罗在西方列强的威迫之下，也与西方列强签订了一系列不平等条约。中国与东南亚国家的藩属体系开始分崩离析，中国与暹罗关系也随之发生变化。1852 年，曼谷王朝最后一次遣使入贡清朝。当时正值太平天国运动期间，暹罗贡使在返回途中遭劫。有鉴于此，暹罗要求将"贡道"改为走海路，但清政府未同意。暹罗国王于是下令，停止入贡中国，自此两国之间的官方交往稀少，朝贡关系停止[①]。与此同时，中国与暹罗的民间海上贸易，由于受到西方列强的排挤和竞争而急剧衰落，中国不再是暹罗对外贸易的主要对象，中国与暹罗关系进入冷淡时期。余定邦等认为，造成近代中国与暹罗（泰国）关系冷淡的原因主要有两点：一是泰国的国门被英国等西方殖民者打开后，英国在亚洲的殖民地成为泰国进出口贸易的主要对象，而对华贸易再也不是泰国政府财政收入的主要来源；二是泰国国王拉玛五世执政后，学习西方，进行经济、社会等一系列改革，思想观念发生变化，再也不想维持过去的"朝贡"关系了。[②]

辛亥革命之后，中国政府希望与泰国建立正常的外交关系，扩大两国之间的交往。1921—1936 年，中国政府多次派人与泰国商谈建交问题。但泰国政府一直反应冷淡，故未取得实质性进展。1938 年，泰国以銮披汶·颂堪为首的军人政权上台之后，奉行亲日的外交政策，完全倒向了法西斯主义者一边。在泰国国内，銮披汶政府实行反华、排华政策，在政治上歧视、驱赶华侨，对华人资本进行限制和削弱，极力摧残中华文化，并阻挠和破坏华侨支持中国的抗日斗争。1941 年 8 月，銮披汶政府承认日本帝国主义在中国东北建立的伪满洲国傀儡政权。1942 年 7 月，銮披汶政府宣布承认汪伪政权，随后又公然出兵侵犯中国云南省边境地区，泰中关系日益恶化。

但是以"自由泰"运动为首的泰国抗日斗争得到了中国的支持，"自由泰"运动领导人比里·帕依荣曾派人到中国重庆，同国民党政府和英、美等同盟国联系。"自由泰"在美国训练的特工和军事人员也从中国西南进入泰国北部，同泰国境内的抗日力量联系。中国国民政府表示，中国政府把泰国看作被敌人占领的地方而不是敌对的国家。1945 年日本投降之后，銮披汶政府下台，自由泰政府开始执政。1945 年底，中国国民党政府通过美国向泰国政府转告了愿与泰国建立外交关系的意愿。同时自由泰政府为了早日摆脱战败国的地位和加入联合国，也需要作为联合国安理会五个常任理事

---

① 夏东元编：《郑观应集》上册，上海：上海人民出版社，1982 年，第 955 页。

② 余定邦、喻常森等：《近代中国与东南亚关系史》，广州：世界图书出版广东有限公司，2015 年，第 201 – 204 页。

国之一的中国的支持，需要与中国建立正常关系。经过双方的努力，1946 年 1 月 23 日，中泰两国在曼谷签订了《中泰友好条约》；同年 9 月，国民政府任命李铁铮为中国首任驻泰国大使，泰国政府则任命沙愿都拉叻为首任驻华大使。《中泰友好条约》规定两国之间永久和平，世代和睦，互换外交和领事代表，并按照所在国的法律，给予对方以最惠国的待遇等。1948 年 4 月，銮披汶·颂堪重新上台执政，又开始迫害华侨，煽动排华风潮。中泰关系再次进入冰冷时期。1949 年中华人民共和国成立之后，积极发展与亚非民族独立国家的友好关系。但是泰国政府出于战略利益的考虑，奉行与美国结盟的外交政策，并在国内推行反共排华政策，拒绝承认中华人民共和国，导致两国在较长的一段时间里处于敌对状态，妨碍着两国友好关系的建立和发展。

第二节　泰国与周边国家的关系

一、泰国与老挝的关系

泰国与老挝在民族、宗教、语言和文化等方面都非常相近，作为只有一江之隔的邻国，两国在历史上就往来密切。16 世纪泰国阿瑜陀耶王朝时期，暹罗与老挝曾缔结为同盟，共同对付缅甸的侵略。18 世纪，老挝分裂成万象王国和琅勃拉邦，暹罗出兵占领了亲缅抗暹的万象王国，并强迫琅勃拉邦接受其宗主权，同时又攻占了今老挝南部的占巴塞王国。1778—1893 年的 115 年间，暹罗先后把老挝各王国变成了自己的附属国。直到 19 世纪末，法国殖民者从暹罗手中夺去了其占领的老挝全部领土，暹罗对老挝的统治才结束。不过在 1941 年，泰国在日本的支持下，强迫法国维希政府把湄公河两岸土地即现在老挝的沙耶武里省、占巴塞省以及柬埔寨的一些省份又"归还"给泰国。

"二战"之后，老挝重新沦为法国的殖民地，泰国再次把占领的部分老挝和柬埔寨的领土"割让"给法国。1946 年，泰国比里政府上台，对老挝的民族解放斗争表示支持和同情，老挝依沙拉临时政府失败流亡到泰国之后，比里政府给予了极大的支持。1950 年 12 月 19 日，泰国与老挝建交。

二、泰国与柬埔寨的关系

泰国与柬埔寨在历史上就有着密切的联系。素可泰王朝建立之前，泰人曾隶属柬埔寨的扶南王国、真腊王国以及之后的吴哥王朝长达 1 000 年之久。随着素可泰王朝的建立和兴起，以及吴哥王朝的逐渐衰落，古代泰国转而成为柬埔寨的征服者和占领者。

自 1295 年开始，泰国军队曾 4 次攻陷和洗劫柬埔寨都城吴哥，并于 1431 年攻陷吴哥之后，占领柬埔寨长达 100 年之久。16 世纪初至 17 世纪初，暹罗与柬埔寨之间战争不断，互有胜负。1594 年，暹罗攻占了柬埔寨首都洛韦，柬埔寨国王向暹罗俯首称臣，柬埔寨沦为暹罗的附属国。17 世纪中叶，安南势力扩张到柬埔寨。在随后的 200 年里，暹罗和安南（越南）为争夺对柬埔寨的控制权而斗争不断。直到 1863 年柬埔寨沦为法国的殖民地，暹罗和越南才结束了对柬埔寨的控制。"二战"之后，泰国与柬埔寨于 1950 年 12 月 19 日建交。

三、泰国与缅甸的关系

泰国与缅甸的关系源远流长。历史上，泰国的素可泰王朝与缅甸的蒲甘王朝互有交往，并建立起较密切的关系。虽然在素可泰时期也出现过兰那王国的军队攻入缅甸直通地区等战争，但是从总体上看，这一时期泰国与缅甸的关系以和平交往为主流。阿瑜陀耶王朝时期，泰国的疆域不断扩大，实力也更加强大。而缅甸东吁王朝在打败今泰国西南部的孟族人王国之后，逐渐统一了全国，国家实力也大大增强，正寻找目标，准备向外扩张，其矛头首先指向了阿瑜陀耶王朝。于是泰国与缅甸为了争夺对中南半岛的控制权，进行了长达几个世纪的战争。据统计，自 1538 年泰国阿瑜陀耶王朝时期缅甸出兵攻打昌于开始，至 1850 年曼谷王朝拉玛三世之间的 300 多年时间里，泰国与缅甸共发生大规模的战争 44 次，两国因此成为宿敌。

1548 年，暹罗趁缅甸内乱之际，派出 6 万大军攻占缅甸土瓦，两国大规模的战争由此拉开了序幕。1549 年、1553 年和 1563 年，缅甸三次派出大军向阿瑜陀耶王朝发动进攻，战争最终以暹罗战败求和暂时结束。1568 年 11 月，缅甸出兵 90 万人，兵分 7 路再次向暹罗发动进攻。一年之后，缅甸大军攻陷并洗劫了阿瑜陀耶城。在此后 200 年里，暹罗与缅甸之间反控制与控制的战争不断，仅在暹罗纳黎萱国王在位的 15 年间（1590—1605），暹罗与缅甸之间就进行了 7 次大规模的军事较量，双方互有胜负。

18 世纪，缅甸东吁王朝灭亡，新的贡榜王朝崛起，此时泰国的阿瑜陀耶王朝也日渐衰落。1759 年，暹罗与缅甸爆发了贡榜王朝建立后的第一次战争。1765 年，缅甸兵分两路，再次对暹罗发起大规模进攻。1767 年，缅军攻入暹罗都城阿瑜陀耶城，阿瑜陀耶王朝灭亡。随后，华人将军郑信领导暹罗人民进行抗缅复国战争，打败并赶走了缅甸军队，收复吞武里和阿瑜陀耶城。郑信定都吞武里，建立了泰国的吞武里王朝。1782 年，吞武里王朝的将军披耶却克里借阿瑜陀耶城骚乱引起郑信退位之机，处死郑信，自立为王，号称拉玛一世，建立了曼谷王朝。曼谷王朝建立不久，暹罗与缅甸就爆发了两国历史上最著名的"九军之战"。1785 年 1 月，缅甸派出 14 万兵力，分为 9

路，大举向暹罗进攻，但是泰国拉玛一世仅以 7 万人的兵力就打败了缅甸军队，给缅甸军队以沉重打击。暹罗在"九军之战"中的胜利，使缅甸失去了战场上的优势，虽然之后缅甸军队又发动了几次大的进攻，但都以失败告终。1885 年以后，缅甸彻底沦为英国的殖民地，暹罗与缅甸两国关系的发展被西方殖民势力的入侵打断。

1948 年 1 月 4 日，缅甸脱离英联邦宣告独立，实行中立友好的外交政策。同年 8 月 24 日，泰国与缅甸正式建立外交关系。建交之后，两国关系有所发展。

四、泰国与越南的关系

历史上泰国与越南之间时常对抗、冲突不断。自 17 世纪开始，暹罗与安南就曾为争夺对柬埔寨的控制权而长期对立，并且多次发生战争。19 世纪初，暹罗和越南又在老挝问题上展开明争暗斗。直到 19 世纪中叶以后，随着法国殖民者陆续占领越南和老挝，并把柬埔寨纳入自己的保护之下，暹罗与越南之间的对抗才告一段落。

五、泰国与马来西亚的关系

据史料记载，12 世纪末叶，泰国素可泰王朝已经把领土扩展到了马来半岛。到阿瑜陀耶王朝时期，暹罗的势力已经扩大到整个马来半岛，那时暹罗与马来半岛各邦的关系是宗主国与附属国的关系。据清人屈大均《广东新语》记载，大坭作为暹罗的属国，在向明清王朝进贡时，需注明"隶暹罗助贡国"，才能到中国进行朝贡贸易[①]。

20 世纪初，随着马来半岛各邦先后落入西方殖民者之手，暹罗才失去了对马来半岛各邦的宗主权。1957 年 8 月 31 日，泰国与马来西亚建立外交关系。

第三节　近代以来泰国与西方国家的交往

16 世纪以前，泰国的对外活动是地区性的，主要表现为与邻国缅甸、柬埔寨和老挝等为疆土而进行的连续不断的战争。

16 世纪初，当伊比利亚国家（即葡萄牙、西班牙）为争夺香料和胡椒的海上贸易权而来到东南亚时，暹罗才开始了与西方的接触。1511 年，葡萄牙占领了马六甲，并于同年派遣使者杜阿尔特·费尔南德斯出访暹罗，这是欧洲人第一次到达阿瑜陀耶王朝的都城。随后，两国的交往逐渐增多。1516 年，阿瑜陀耶王朝与葡萄牙缔结商业条约，允许葡萄牙商人定居暹罗。1555 年，第一批葡萄牙传教士到达暹罗。当时处于前

---

① （清）屈大均：《广东新语》卷 15《货语·诸番贡物》。

殖民主义时期的葡萄牙的战略重点只是控制运输香料的海上航道和贸易站，对于并不处于交通要冲的暹罗没有领土野心，所感兴趣的只是更多的贸易特权，而当时阿瑜陀耶王朝的军事力量也足以自保。所以，决定是否对外开放的主动权基本上掌握在暹罗统治者的手中。为了从货物贸易和文化交往中获得好处，阿瑜陀耶王朝的统治者明智地选择了对外开放。当然，对于强大的外国势力，阿瑜陀耶王朝仍是充满顾虑。阿瑜陀耶王朝不希望发生正面冲突，因为首先无益于贸易的发展，其次也会给当时既要抵御缅甸又正在征服柬埔寨的暹罗增加不必要的麻烦。于是暹罗巧妙地运用了"以夷制夷"的外交方略。当纳黎萱国王的继任者厄迦陀沙律王（1605—1610 年在位）了解到新崛起的海上强国荷兰与葡萄牙不和时，便开始着力发展与荷兰的友好关系，引导荷兰势力进入暹罗。

1602 年和 1608 年，荷兰分别在北大年和阿瑜陀耶城建立商行，而这两地正是对中国和日本贸易的重要中心。1609 年，荷兰在与西班牙缔结安特卫普停战协定并取得事实上的独立后，厄迦陀沙律王还派出使团出访荷兰，并在海牙受到拿骚的莫里斯亲王的接见，这也是暹罗人对欧洲的第一次有记载的访问。17 世纪中期，荷兰逐渐取得对东南亚的控制权，将葡萄牙逐出马六甲（1641）。于是日益强大的荷兰又成为阿瑜陀耶王朝的新问题，1649 年和 1654 年，荷兰两次试图以武力相威胁，寻求在暹罗获得更多的商贸特权。为了牵制荷兰，阿瑜陀耶王朝的那莱王（1656—1688 年在位）主动与正在逐渐参与海外扩张的法国发展友好关系，允许法国传教会在暹罗除王宫以外的地方自由传教，甚至向法国国王路易十四表示自己可以改信天主教，并在 1680 年、1684 年两次派遣外交使团出访法国。而法国对此也给予了友好的回应，1685 年路易十四派遣谢瓦利埃·德肖蒙为正式大使回访了暹罗。"以夷制夷"外交策略的成功运用，使阿瑜陀耶王朝在有效化解外部势力影响的同时，也在各国的贸易竞争中获得了最大的好处。暹罗一度成为东南亚的贸易中心。而那莱王统治期间则被普遍认为是泰国历史上最开放的时期之一。

那莱王死后，阿瑜陀耶王朝的对外开放进程却突然中止了，原因是多方面的。一方面，1687 年法国派遣军队入驻曼谷，并要求阿瑜陀耶王朝割让墨吉及其附属岛屿，这引起了阿瑜陀耶王朝统治者的警惕，这无疑是导致暹罗闭关自守的原因之一。另一方面，那莱王长期优待天主教传教士，引起暹罗佛教高级僧侣的不满，这是暹罗突然放弃对外开放的重要原因。从 1688 年起，暹罗的国门就一直紧闭，直到 19 世纪中叶才被迫再次打开。

近代的泰国一直在夹缝中求生存，与阿瑜陀耶王朝统治者自主选择"以夷制夷"策略、实行对外开放不同，曼谷王朝再次采取相似举动，完全是迫于无奈。当曼谷王朝拉玛三世（1826—1851年在位）继位时，地区局势已经与半个世纪以前大为不同了。18世纪初，凭借商业资本曾盛极一时的荷兰衰落了，取而代之的是以工业资本为后盾的英、法两国在世界范围内的殖民争霸。随着工业革命的推进，西方列强需要更多的原材料供应地和产品倾销地。

1612年，英国东印度公司曾在阿瑜陀耶城设立商行，但后来被葡萄牙和荷兰的势力排挤出暹罗。1855年，英国代表、香港总督鲍林强迫暹罗签订了第一个不平等条约《英暹通商条约》即《鲍林条约》，导致暹罗丧失了部分主权。为了避免暹罗沦为英国的殖民地，精通英语的拉玛四世蒙固王（1851—1868年在位）被迫再次采用"以夷制夷"策略，希望其他列强能够牵制英国的独占野心。为此，蒙固王很快与法国（1856年）、美国（1856年）、丹麦（1858年）、葡萄牙（1859年）、荷兰（1860年）、普鲁士（1862年）签订了类似条约。1868年，拉玛四世还委托鲍林代为签订了与比利时、意大利、挪威、瑞典等国的条约。

随着法国殖民势力的不断渗入，东南亚的柬埔寨（1863年）、越南（1884年）、老挝（1893年）先后沦为法国的保护国。1893年，法国甚至将军舰开进湄南河，以武力逼迫朱拉隆功国王割让湄公河左岸包括琅勃拉邦在内的所有领土。英、法两国从东西两面形成了对曼谷王朝的夹击之势，都妄图独占暹罗。在此严峻形势下，暹罗维护国家的独立变得十分困难。在朱拉隆功国王的外交努力之下，1896年1月16日，英、法两国签订条约，决定将暹罗作为法属印度支那和英属缅甸的缓冲区，并共同保证暹罗的独立地位。暹罗最终成为东南亚唯一没有沦为殖民地的国家。尽管暹罗在形式上保持了国家的独立，但是在事实上却未能摆脱任人宰割的命运。1904年英、法再次签订条约，划定湄南河以西为英国的势力范围，以东为法国的势力范围，在事实上瓜分了暹罗。1907年，法国迫使曼谷王朝割让马德望、暹粒、诗梳风三地给法属柬埔寨。而英国则在1909年7月15日迫使曼谷王朝将对吉打、吉兰丹、丁加奴、玻璃市四州及附近岛屿的全部权利转让给了英属马来亚。

第四节 泰国与周边地区的经济文化交流

一、泰国与中国的经济文化交流

早在青铜时代，中国的青铜器就已从云南传入今泰国境内。从汉代开始，中国的丝绸和陶瓷开始传入今泰国境内。根据考古发现，在泰国出土的陶瓷主要是中国长沙窑烧制的。泰国素可泰王朝建立后，与元朝之间互派使节，促进了两国间的贸易往来。

同时中国也向素可泰传授了多方面的知识和技艺，例如兰甘亨国王曾邀请400名中国陶瓷工匠到素可泰建窑烧瓷，素可泰工匠在中国工匠的指导下，仿照中国的制瓷技术，烧制出著名的素可泰"宋卡洛"瓷器，该瓷器后来成为暹罗十分重要的出口商品。

阿瑜陀耶王朝与明朝之间频繁的使节往来，不仅加强了两国政治上的友好往来，而且促进了两国贸易的开展和文化的交流。阿瑜陀耶王朝利用"朝贡贸易"的方式，以及明朝政府给予朝贡使节的优待政策，避开了当时明朝所实行的"海禁政策"，从而使暹罗能够从中国获得生丝、丝绸、瓷器等物品；明朝则从"贡品"中获得了沉香、苏木、象牙、犀角、花锡等泰国产品。据《明史·外国传六》所载，明朝政府专门在广州设立市舶司，负责管理暹罗等国的朝贡互市。这种互市实现了中国与暹罗等国的互利互惠，明人俞大猷在《正气堂集》中说道："市舶之开，惟可行于广东。盖广东去西南之安南、占城、暹罗、佛郎机诸番不远，诸番载来乃胡椒、象牙、苏木、香料等货，船至报水，计货抽分，故市舶之利甚广。"① 中国的历书《大统历》和度量衡制度，也是在这一时期传入暹罗的。1404年，明成祖还命礼部赠送给阿瑜陀耶王朝《古今烈女传》百部。郑和的船队到达阿瑜陀耶后，用随船携带的大量金银、丝绸、瓷器等交换当地的香木、水杉等特产，并帮助阿瑜陀耶的百姓掌握明朝先进的建筑技术。至今在泰国还有以郑和名字命名的宝港和一宝庙等古迹。随着两国交往的日益增多，明朝开始在阿瑜陀耶来访的使节中选留人员，教授中国人泰语，待所学之人肄业精熟，才将所留使节照例送回，以满足对泰语翻译人才的需求。② 此外还从广东征召精通暹罗语言、文字的人才，据《粤海关志》记载："弘治十年（1497），暹罗国入贡，时四裔馆无暹罗译字官。阁臣徐溥请移牒广东，访取能通彼国言语文字者，赴京备用。从之。"③ 这些泰语老师在任教期间，与中国学者合作编纂了中国最早的泰汉词典《暹罗译语》。1578年，明廷在当时官办的学习国内少数民族和周边国家语言文字的学校"四夷馆"中增设暹罗馆，招收马应坤等10名学生学习泰文④，培养了不少中国的泰语翻译人才，从而为促进中暹文化交流起到了一定的作用。而暹罗也于14世纪末开始派遣留学生，到明朝的国子监中学习中国的先进文化。

从1652年派人到广州"请贡"起，至1766年的114年间，阿瑜陀耶王朝曾20次派遣使者来中国访问。一方面密切了暹罗与清朝政府的官方关系，另一方面也极大地促进了两国贸易的发展。阿瑜陀耶使者不仅可以用贡品从清朝政府那里换回大量的回

---

① （明）俞大猷：《正气堂集》卷7《呈总督军门在庵杨公揭论海势宜知海防宜密》。
② （清）梁廷枏：《粤海关志》卷21《贡舶一》。
③ （清）梁廷枏：《粤海关志》卷4《前代事实三》。
④ （清）梁廷枏：《粤海关志》卷21《贡舶一》。

赐礼品，而且还可以通过贡船所载的贡品之外的"压仓货物"来交易大量的中国商品。清朝政府对于阿瑜陀耶王朝的这种"朝贡贸易"给予了相当的优惠待遇，例如让"压仓货物"上岸免税销售，允许购买所需货物运回暹罗，甚至允许阿瑜陀耶使者购买一些清朝政府禁止出口的物资。特别是在清朝初期，中暹两国之间有一段非常密切的大米贸易关系。当时清朝政府为了解决国内的粮食紧张问题，鼓励内地商人从暹罗运输粮米回国销售，并免予征税，于是大量的中国商人前往暹罗购米回国，同时也有一些暹罗商人运米来到中国销售。据清朝史料记载："（康熙）六十一年，谕令暹罗国运米三十万石，于福建等处粜卖，免其收税……乾隆八年，谕暹罗商人运米至闽，朕曾降旨免征船货税银，今岁仍复带米来闽贸易。"[①] 伴随大米贸易，商人们还附带有为数不少的苏木、铅、锡等其他商品，极大地活跃了两国的外贸市场，加强了两国之间的经济交流。

阿瑜陀耶王朝时期，暹罗与中国贸易与文化的交流，使得许多华人到暹罗经商和定居，他们与当地人通婚，成为早期在暹罗的华侨。特别是 16 世纪以后，到暹罗的华人数量逐年增多，当时在阿瑜陀耶城及沿海地区的手工艺人和商人几乎都是华人，甚至在暹罗南部港口北大年出现了"华人流寓甚多，趾相踵也"的盛况。这些华人除了从事商贸，还在暹罗从事建筑、造船、做戏剧演员等职业，有些还充当阿瑜陀耶王朝的使节或是使节的通事（即翻译），跟随阿瑜陀耶王朝的使团到中国访问。阿瑜陀耶王朝的商船或商务，也多交由华人负责办理，在中国与暹罗之间开展贸易往来，把中国的铁器、铜器、生丝、丝绸、瓷器等商品运到暹罗[②]。至 19 世纪末，有 100 多万华人定居在暹罗。1884 年，郑观应到暹罗曼谷考察，福建籍华侨郑长盛对郑观应说："华人在暹罗纳身税者约六十万，不纳身税者约百二十万。其本国民亦不过二百万，华民约略与之相等。"[③] 1889 年，到曼谷考察的田嵩岳在《中外述游》中也谈及暹罗华侨的人数及籍贯分布情况："中国人之旅居其地者，计有百万之众，其中潮民最多，不下五十万人；闽省次之；广肇、琼州又次之；嘉应、惠州最少。其一年中往返经商者，又约二十余万人。"[④] 在暹罗首都阿瑜陀耶城还形成了华人聚居区，聚居区内有华人开办的学校，教授中文和中华文化。

曼谷王朝初期，中国与暹罗的经贸往来十分频繁，当时暹罗对外贸易的主要对象

<hr>

① （清）穆彰阿、潘锡恩等：《大清一统志》卷 552《西洋》。

② 澳大利亚学者库什曼在《暹罗的国家贸易与华人揽客（1767—1855）》一文中认为，暹罗到中国的商船虽然由暹罗的权贵阶层出资，但实际运营者则是华侨，他们在进出中国港口、销售和采购货物方面具有一定优势。参见余定邦、喻常森等：《近代中国与东南亚关系史》，广州：世界图书出版广东有限公司，2015 年，第 198 页。

③ 夏东元编：《郑观应集》上册，上海：上海人民出版社，1982 年，第 956 - 957 页。

④ （清）田嵩岳：《中外述游》，载《小方壶斋舆地丛钞》第九帙。

是中国。到拉玛二世时,约有 89% 的暹罗商品运往中国销售,有 61% 的进口货物来自中国①。进入暹罗的中国商船也超过其他所有外国船舶的总和。据英国人克劳福德统计,仅 1821—1822 年,中暹之间的贸易用船就达 144 艘,总吨位为 3.5 万吨,一年的贸易总额为 76 756 英镑。19 世纪 20 年代,暹罗每年向中国出口胡椒 6 万担、糖 3 万担、紫梗 1.6 万担、苏木 3 万担、象牙 1 000 担、豆蔻 500 担。此外,还有大量的毛皮、铁制品、锡、漆、大米、木材等运销中国。中国运销暹罗的货物有生丝、纸张、茶叶、陶瓷器皿等②。

吞武里王朝至曼谷王朝初期,中国潮汕一带的大批华人渡海到泰国,形成了华人移民暹罗的高潮。吞武里王朝的国王郑信,为发展国内经济和对外贸易,鼓励华人尤其是他的同乡潮州人移民到暹罗,并给予移居暹罗的潮州人一些特权,给他们加官晋爵,依靠他们处理商务、政务和军务等。曼谷王朝初期,暹罗政府积极鼓励和帮助中国沿海地区的移民进入暹罗,并给予华人移民一些优待的政策,如不征收人头税、不承担徭役等,导致每年有几千甚至上万华人移居暹罗。至拉玛二世时,移居暹罗的华人已达 44 万人。到拉玛二世末期,中国在暹罗的移民更是突破了 100 万人。他们有的担任暹罗对外贸易的官员、贡使、船上的水手、通事等,有的在暹罗从事种植业、矿业以及手工业、商业等。

华人移居今泰国境内以后,不仅把当时中国先进的农业生产技术、手工技艺、造船航海技术以及建筑技术带到泰国,而且还把华人的传统风俗、生活方式、饮食习惯和道德观念等融入泰国人的文化当中,对泰国经济、文化和社会的发展产生了巨大的影响。

二、外来宗教的传入及影响

(一)印度佛教的传入与发展

泰国素有"佛教王国"之称,因为佛教在泰国信众最多、流传最广、地位最高、影响最深。相较其他宗教,佛教在泰国的社会生活中占有主导性地位,佛教文化也是泰国文化的核心和主要影响因素。2018 年泰国 6 918 多万人口中,有 93.4% 的人信奉佛教,其中僧侣就有 30 多万人,佛教寺庙有 3 万多座。

佛教在泰国的传播有着非常悠久的历史。虽然泰国的信史仅有 700 多年,即从 13

---

① [泰]素威·提沙拉瓦:《在泰国,为什么泰人做生意做不过中国人》,《中国东南亚研究会通讯》,1985 年第 3 期。

② [苏]尼·瓦·烈勃里科娃著,王易今等译:《泰国近代史纲》,北京:商务印书馆,1974 年,第 160 - 161 页。

世纪中叶素可泰王朝建立至今，但是在素可泰王朝建立之前，也就是泰族人立国之前，佛教就已经在今天泰国的这片土地上进行传播。除了小乘佛教，印度的婆罗门教（后来发展成为印度教）、大乘佛教等也在泰国得到过传播与发展。佛教信仰甚至影响着人们的日常生活，据《宋会要辑稿》（蕃夷四）记载，今泰国南部的真里富国"俗好佛法，凡有不平之讼，则往灵验寺对饮佛水，平安者为实，疾病者为虚"。

1. 素可泰王朝建立之前佛教在今泰国境内的多样化传播

对于佛教何时传入今泰国境内，目前并无十分确切的说法。据斯里兰卡《大史》记载，早在公元前3世纪，印度孔雀王朝的阿育王就曾派遣须那与郁多罗二位长老前往金地弘扬佛法。关于金地的确切位置，泰国著名历史学家丹隆亲王经考证后认为，当时金地的疆域包含了今泰国版图的大部分，特别是金地的中心或者都城，实际上就是今天泰国的佛统，而印度两位长老就是经由缅甸沿 今泰国的北碧进入泰国，到达今泰国中部的佛统地区，这也是佛教传入今泰国境内的最早说法。

3世纪以后，扶南国对外扩张至中南半岛中南部，包括今天泰国的中部和南部区域。扶南人信奉婆罗门教，大乘佛教也很盛行，使得婆罗门教、大乘佛教在今泰国境内得以流行。而从泰国东北部呵叻府、西部碧武里府、南部那拉惕瓦府出土的佛像来看，其年代最早可追溯到4—6世纪。可以确定，至迟在4—6世纪，今泰国境内已有佛教传播，即佛教在泰国的传播已经有1 500多年的历史。

6世纪时，湄公河流域孟族人的势力扩张至湄南河流域，并且建立了堕罗钵底国，而其都城就是佛统。从佛统地区出土的佛像、佛塔等文物和历史遗迹可以看出，堕罗钵底国不仅沿袭了金地的小乘佛教信仰，而且还不断接受来自印度的文化和宗教的影响。在堕罗钵底国时期，小乘佛教从今泰国南部地区传到北部地区。7—8世纪，位于今泰国南部沿海地区的盘盘国有婆罗门教、小乘佛教和大乘佛教传播，据唐人杜佑《通典》记载："其国多有婆罗门，自天竺来，就王乞财物，王甚重之。"此外，"有僧尼寺十所，僧尼读佛经，皆肉食而不饮酒。亦有道士寺一所，道士不饮食酒肉，读阿修罗王经，其国不甚重之。俗皆呼僧为比丘，呼道士为贪"。[①] 可见婆罗门教在盘盘国最受重视，其次为小乘佛教，信众较多，大乘佛教的僧人被称为"比丘"，影响较小，不受重视。随着堕罗钵底国的衰亡，柬埔寨吴哥王朝日渐强大，其势力进入今泰国东北部后，婆罗门教和大乘佛教随之也影响到今泰国的北部直至中部。

8世纪时，位于苏门答腊岛上的室利佛逝王朝势力进入今泰国南部的北大年至素叻地区，室利佛逝信奉大乘佛教，并由此影响到今泰国南部。10—13世纪，柬埔寨自苏利耶跋摩一世以后，势力伸入今泰国境内，成立了多个统治中心，其中以罗斛最为重

---

① （唐）杜佑：《通典》卷188《边防四·盘盘国》。

要，在泰国历史上被称为"罗斛王朝"或"柬埔寨统治时期的罗斛国"，罗斛王朝的大乘佛教是从柬埔寨扶南时期传承下来的。11世纪，缅甸建立了强盛的蒲甘王朝，并邀请孟族的高僧至蒲甘推行佛教改革，推崇小乘佛教，从而使缅甸成为弘扬小乘佛教的重地。随着蒲甘王朝的势力扩张，小乘佛教传播到今泰国北部的兰那王国，并逐渐传入孟族人的中心地堕罗钵底，此时泰国的佛教信仰深受蒲甘王朝的影响，而今泰国北部的佛教建筑也富有缅甸佛教建筑的特征，因此泰国历史学家认为此时泰国的佛教是"蒲甘式的佛教"。不过素可泰南部以下的泰人，由于受到吴哥王朝的控制，大多仍然信仰大乘佛教。

总之，素可泰王朝建立之前，佛教在今泰国境内的传播较为多样化，既有小乘佛教，也有大乘佛教，同时还包含婆罗门教。佛教的各个教派在今泰国境内争相传播与发展，主要是由于当时泰族人还没有建立一个属于自己的独立统一的国家，历史上多次受到周边非泰族文明的统治，所受到的佛教的影响也呈现出多样化。而佛教信仰在今泰国境内得到统一，或者说小乘佛教在泰国的地位真正确立下来，出现在素可泰王朝建立之后。

2. 素可泰王朝建立后小乘佛教地位的确立与发展

素可泰王朝初期，虽然国家在形式上实现了统一，但是各地仍然保留着各自的宗教信仰传统。在吉蔑人统治的地区，多数人信仰大乘佛教；在今泰国北部的昌莱、清迈、南邦等地，由于受到蒲甘王朝佛教的影响，因而信仰从蒲甘传入的小乘佛教；而在今泰国南部的六坤，则信仰从斯里兰卡传入的小乘佛教。

斯里兰卡的小乘佛教是对泰国佛教影响最为深远的佛教派别，也是我们所了解的今天泰国佛教的直接来源。据史料记载，在素可泰王朝建立之前的11世纪初期，斯里兰卡小乘佛教就已经传入今泰国境内。12世纪中期，斯里兰卡佛教兴盛，使得缅甸、泰国的僧侣纷纷前往斯里兰卡重新受戒，学法取经。学成之后，他们携带经文戒本，并邀请斯里兰卡高僧一同归国，传授戒律。但是斯里兰卡小乘佛教在今泰国境内真正发扬光大，却是在素可泰王朝建立之后，这要归功于素可泰王朝一位伟大的君主——兰甘亨国王。兰甘亨国王是泰国历史上最为著名的君主之一，作为素可泰王朝的第三位君主，他开疆拓土，维护国家的稳定与统一。他不仅重视政治、军事的发展，而且积极振兴文化教育，大力提倡佛教。特别是他为了摆脱柬埔寨的影响，实现泰民族在文化上的独立，积极扶持和发展小乘佛教。为此，他积极与印度和斯里兰卡通好，输入印度文化和斯里兰卡小乘佛教。他曾专门派人到斯里兰卡请来小乘佛教的高僧和斯里兰卡僧团到素可泰弘扬佛教，并派官员出使斯里兰卡，引进巴利文《三藏经》。他还大兴土木，修建寺院佛塔，供养僧侣。兰甘亨国王在位期间，斯里兰卡小乘佛教在泰国得到了广泛的传播，兰甘亨石碑叙述当时素可泰人民信仰佛教的情形说："素可泰人，常布施，常持戒，常供养；素可泰正坤兰甘亨，及一切大臣、人民，不论男女，都信仰佛教。安居期间每人持戒；出安居后一月中，举行功德衣供养。"

素可泰王朝时期，另一位对斯里兰卡小乘佛教在泰国的传播做出重大贡献的君主是立泰王。立泰王是素可泰王朝第五代君主，也是一位虔诚的佛教徒。他精通巴利文和《三藏经》，热心弘扬佛法，在各地兴建佛寺和佛塔，铸造佛像。立泰王在位期间，曾邀请斯里兰卡高僧至素可泰弘扬佛法，整理并改革佛教。他撰写的泰国第一部佛教文学作品《三界经》，详细阐述了佛教关于世界、天堂、地狱三界的观点。尤为突出的是，立泰王曾受戒出家为僧，这是泰国历史上第一位在位君主出家为僧。此举影响了后来的每代国王和泰国男子，现在他们在一生中至少有一次短期出家，以接受佛教的洗礼。

素可泰时期，由于信仰佛教而出家的人日渐增多，因此第一次建立了僧团管理制度。素可泰王朝对僧团的管理，分为左、右僧团两部分，左僧团是从斯里兰卡传过来的小乘佛教，右僧团是原有的教派。从立泰王开始，又设有"僧爵"来掌管僧团的事务，最高级别的僧爵即僧王，由国王任命。兰甘亨石碑曾有记载，素可泰"有僧王，有僧伽尊长，有大长老及上座"。丹隆亲王认为，其中所提及的僧王可能是最高的僧职，僧伽尊长是低于僧王的职位；至于碑文中的大长老及上座，不是国王加封的僧爵。

随着素可泰王朝的日益强大和疆域的不断扩张，曾经渗入今泰国境内的室利佛逝和吉蔑人的势力不断被削弱，最终从泰国境内退出。于是来自斯里兰卡的小乘佛教在素可泰王朝逐渐确立了国教的地位，而大乘佛教在泰国境内则很快衰落下去。12—13世纪，缅甸、泰国、柬埔寨、孟族、老挝等已完全信仰斯里兰卡系的小乘佛教，而大乘佛教渐趋隐灭。

阿瑜陀耶王朝时期，泰国国家繁荣，小乘佛教兴盛，致使僧伽数量大增。1361年，乌通王进行佛教改革，派遣使节到斯里兰卡迎来高僧，整顿僧伽组织。此后的历任君主都以扶持佛教为己任，大量兴建佛寺，塑造佛像，扩建原有的佛殿与佛塔。戴莱洛迦纳王编写了泰国文学史上第一部《佛本生经》故事，促进了佛教在泰国的发展。但在16世纪之后，由于葡萄牙等西方殖民主义者的入侵，斯里兰卡的小乘佛教衰微，乃至僧团戒法断传。所以1750年斯里兰卡遣使至暹罗阿瑜陀耶城，礼请暹罗僧团前往斯里兰卡传授戒法。暹罗国王派了以著名法师悟巴利为首的24名高僧到斯里兰卡，为斯里兰卡小乘佛教徒传授比丘戒，复兴了斯里兰卡的僧伽系统。此派后来发展迅速，被称为"暹罗宗"，如今已成为斯里兰卡僧人最多的一个宗派。

吞武里王朝是泰国存在时间最短的一个王朝，只有15年的时间，但是佛教的发展却没有停滞。郑信在位时曾大力扶持佛教，他命令修复黎明寺，并加以扩充，作为宫内的皇家佛寺，不住僧众。他下令在阿瑜陀耶城陷落时逃往各地避难的僧人，回到原来的佛寺，并给予各种协助。他聘请有德学的高僧来吞武里王朝的都城安住，册封僧爵及职务，弘扬佛法，淘汰不良的出家僧众，鼓励优秀的僧人。他协助搜集了战争中散失的《三藏经》及各种典籍，如有缺失不全的，就从柬埔寨等国抄写补全。

可见素可泰王朝时期来自斯里兰卡的小乘佛教已在泰国确立了主导地位，并在阿瑜陀耶王朝与吞武里王朝时期不断地得到巩固和发展，成为泰国民众普遍信仰的宗教，并促进了泰国社会文化的统一。

3. 曼谷王朝时期泰国佛教的繁荣

曼谷王朝是小乘佛教在泰国的大发展时期，历代国王都尊崇佛教，使佛教在泰国出现了前所未有的繁荣。拉玛一世继位后，大力发展佛教，利用佛教来维护国家的统治与社会的稳定。一是下令新建和修复佛寺，以及收集古代的佛像并将其放在新建或修复的佛寺里供奉，或赐给一些佛寺供奉。二是邀请并组织长老、比丘和居士整理《三藏经》，编印其他藏经并做注释，分送各地佛寺，供比丘们研读。三是亲自主持修订暹罗的法典，使国家的法典符合三藏精神，将国家的法律与佛教教义、戒律结合成为有机的整体。四是促进保护和改革僧团，设立宗教事务部，把佛教僧团的活动置于中央政权的管辖之下。

拉玛二世在位期间，规定佛教用语为巴利文，制定了巴利文的九级考试制度。拉玛三世下令各地修建多所佛寺和佛塔，搜集丰富的史诗壁画和古代佛教艺术作品，将其重新刻画嵌在佛殿、亭台的廊壁上。下令高僧和学者把《三藏经》及特别论典翻译为泰文，以便弘扬普及佛法。他曾多次派遣僧侣前往斯里兰卡学习，并供养从斯里兰卡来到暹罗的僧侣。拉玛四世为了改革佛教，提倡严格戒律，于1829年创立"法宗派"，并制定多种管理佛教僧团的规约，劝令僧人严格遵守戒律，加强僧伽教育。至此，暹罗的僧团分为大宗派和法宗派两大派别。

大宗派主要流行于广大民间信徒中，源自泰国早期的小乘佛教，为泰国佛教历史上最悠久的宗派。大宗派僧人众多，有深厚的群众基础，目前泰国全国90%的佛寺都属于大宗派，在普通百姓中有十分广泛的影响力，是泰国小乘佛教在民间传播发展的中坚力量。

法宗派提倡严格的戒律，崇奉巴利文《三藏经》，坚持斯里兰卡小乘佛教的传统，在戒律上比大宗派严格，在管理上也比较细，故自称"符合佛法的部派"。主要流行于以王室成员为首的贵族阶层信徒中，僧侣也以王室贵族为主。法宗派的寺院较少，但是多为国寺，而且法宗派掌握了上层僧伽的领导权，其成员又多是王室贵族，因此在国民中享有很高的威望。拉玛五世领导编修《三藏经》，并刊印了 1 000 部赐赠多个国家；他创办大舍利寺学院和玛哈蒙固佛学院，出版《法眼》佛学月刊。1902 年颁布第一部《僧伽法令》，成立了"大僧长会"，将僧伽管理纳入法制的轨道。

拉玛八世时，于1941年颁布新的《僧伽法令》，对原有的《僧伽法令》做了修改和补充，按照管理国家的模式来管理僧人。新的《僧伽法令》规定僧伽组织仿效议会、政府实行三权分立，僧王下设僧伽议会、僧伽内阁、僧伽法庭。僧王由总理提名、国王批准，僧伽组织的其他重要职务要由教育部长批准，并且宗教事务仍在泰国国家教育部宗教局的直接领导下进行。通过僧伽改革，国家控制了僧伽的活动，使之不能摆脱国王和政府的领导与管理。所有这些，为"二战"后泰国佛教的发展奠定了基础。

（二）婆罗门教（印度教）的传入

婆罗门教是世界上最为古老的宗教之一，在泰国有着非常悠久的传播史。虽然其后来发展成为印度教，但是由于泰族人自古就开始接触并熟悉婆罗门教，因此婆罗门教已经深深渗入泰国的文化之中。

婆罗门教是最早传入东南亚的宗教。大约在公元前2世纪，北印度婆罗门将婆罗门教传入扶南。婆罗门教传入今泰国境内大约与佛教属于同一时期，甚至有可能早于佛教。曼谷王朝拉玛四世时期，在修建佛统府的佛塔时，出土了一只青铜浇铸的迦楼罗鸟，系婆罗门教信奉的大自在天王毗湿奴的坐骑，说明至迟在公元前2世纪佛教传入东南亚之时，婆罗门教就已经传入今泰国境内。婆罗门教徒带来了高于泰国本土各古老文明的印度文明，传播了各方面的印度文化知识。

13世纪素可泰王朝建立后，虽然小乘佛教已经在今泰国境内确立了国教的地位，但是仍有一些有名望的重臣和文学家是婆罗门教的信徒，而且素可泰国王把婆罗门教与佛教相结合，融入礼俗、文化之中，以巩固其政治统治。阿瑜陀耶王朝时期，虽然佛教受到国王推崇而十分流行，但是婆罗门教对泰国社会文化的影响很深，比如婆罗门教的宇宙观、万物起源的四大元素（火、土、水、气）说、三大主神、占星术、文学著作《罗摩衍那》等。特别是在宫廷中的一些仪式，直接保留了婆罗门教的仪式，如玉佛更衣仪式、春耕礼、国王登基仪式中的一些程式。在法律制度的建设上，国王也大力吸收婆罗门教文化。民间的一些生活习俗，也保留了婆罗门教的仪式传统，如招魂仪式、剃度礼、成年礼、新居入伙中的一些仪式，总是由婆罗门祭司做主持、和尚念经，体现了浓厚的婆罗门教与佛教文化相结合的氛围。

值得注意的是，泰国的婆罗门教与印度的婆罗门教有很大区别。印度婆罗门教教徒有四行期，即梵行期、家住期、林栖期和遁世期，而泰国婆罗门教教徒只有梵行期和家住期；印度婆罗门教要做祭祀，如家庭祭祀或火祭，而泰国婆罗门教大部分活动是主持宫廷的仪式和充当国王某些事情的顾问；泰国婆罗门教教徒同时信仰佛教，则是其与印度婆罗门教教徒的最大区别。泰国婆罗门教教徒人数非常少，主要分布在泰国南部。泰国婆罗门教的全国领导机构是"泰国婆罗门教会"。

此外，印度宗教传入泰国的还有锡克教。锡克教于 15 世纪在印度产生，只有 500 年的历史。曼谷王朝拉玛五世时期，一些印度锡克教教徒来到暹罗开展商贸活动，并在暹罗定居，锡克教开始在暹罗传播。目前泰国的锡克教教徒大部分仍为来泰国定居的印度锡克教教徒，人数大约 5 000 人，其组织机构为"泰国锡克教协会"。

（三）伊斯兰教的传入

伊斯兰教是泰国的第二大宗教，仅次于佛教，有 340 多万人信奉，占泰国人口总数的 5.2%。从历史上看，在素可泰王朝时期，前来做生意或定居的印度穆斯林就已经与泰族人进行交往。此外，在一些信仰伊斯兰教的国家如印度尼西亚、伊朗等，发掘出了泰国素可泰王朝时期的大量文物，表明素可泰王朝与伊斯兰国家的交往已经较为密切，也表明至少在那时，伊斯兰教已经在今泰国境内或多或少得到传播。

伊斯兰教传入今泰国境内比较确切的时间是阿瑜陀耶王朝时期。特别是在那莱王统治时期（1656—1688），由于与伊斯兰国家的交往日益频繁，而且波斯国王曾派遣大使来到暹罗，劝说那莱王改信伊斯兰教，于是大量的穆斯林于阿瑜陀耶王朝时期开始在暹罗定居，包括在暹罗政府部门任要职。随着这部分穆斯林包括波斯人、马来人等在暹罗落户扎根，他们也逐渐转变成了暹罗人，成为泰国早期穆斯林的主要组成部分。加上暹罗本土民众受其影响信奉伊斯兰教，使得伊斯兰教在暹罗特别是南部地区得以立足，并获得较为稳定的发展。由于泰国历代统治者都以扶持佛教为主，使得佛教的势力过于强大，因此伊斯兰教在泰国的规模并不是很大。19 世纪中叶，曼谷王朝拉玛四世改变了过去排斥异教的做法，提倡宗教自由，允许伊斯兰教在曼谷建立清真寺，泰国的伊斯兰教由此得到政府的保护。

泰国的穆斯林主要是马来人血统的泰人和外国穆斯林后裔，聚居在泰国与马来西亚接壤的南部边境各府中，其中 99% 是逊尼派，什叶派仅占 1%。

（四）基督教的传入

基督教于阿瑜陀耶王朝拉玛提波迪二世时期传入暹罗。据记载，1511 年，葡萄牙派遣大使来到阿瑜陀耶城，目的是建立双边关系和发展贸易，这是暹罗人第一次接触到西方基督徒。有史料记载最早来到暹罗的基督教传教士，是天主教托钵修会之一的多明我会的两名传教士，时间大约是玛哈扎格拉帕国王后期（1548—1568）。此后开始有基督教其他教派的传教士陆续来到暹罗，基督教逐渐在暹罗得以传播。直到那莱王时期，基督教才在暹罗真正稳定下来。

阿瑜陀耶王朝那莱王时期，基督教的传教范围只限于王室成员，使得基督教在暹罗上层有一定势力。17世纪中叶后，阿瑜陀耶王朝对基督教采取限制政策，使基督教的传教活动进展缓慢。1767年缅甸军队攻占阿瑜陀耶城，基督教遭到重大打击，传教活动几乎停止。直到曼谷王朝拉玛四世即位后，基督教活动才有所恢复。拉玛四世时期，英国的新教传教士来到暹罗。虽然此前已经有部分新教的教徒来到暹罗，但是其主要目的是发展外交关系和促进商贸发展，并未进行传教活动，因此，基督新教在泰国的传播只是近170年来的事情，而且传教进展缓慢。如今泰国的基督徒有近50万人，其中绝大部分是天主教徒，其余的属于新教徒。天主教徒主要是曼谷及其他城市中的少数泰人，以及东北和东南部的越裔泰人。新教徒主要是曼谷、清迈、宋卡、惹拉、佛统等地的少数泰人，以及华裔、克伦族等少数民族。

除了以上几种宗教信仰，作为一个信仰多元化的国家，泰国的人民还信奉来自中国的儒家学说、道教等，但儒家学说、道教对泰国人精神世界的影响显然不如佛教。

第十三章　菲律宾与周边地区交流史

第一节　古代菲律宾与中国关系的建立与发展

　　菲律宾是中国的近邻，隔南中国海与中国南部相望。中国与菲律宾的交往关系具体开始于何时，一直是一个有争议的问题，目前尚未有定论。玛尔康在其著作《第一马来共和国》中认为，中国人到菲律宾与本地居民贸易，可以远溯至公元前两三千年间。菲律宾历史学教授克莱认为，在中国周秦时，菲律宾人已经与中国人有来往，当时菲律宾的君主屡次进贡于中国，中国以天朝自居，亦回赐以爵位及珍物，这属于政治上的交往关系；中国商人常到菲律宾群岛进行丝绸、大米等商品贸易，历时 3～5 月而返，这是商业上的交往关系。日本学者长野朗也认为，早在周秦时代，中国人就已来到菲律宾与当地居民贸易。美国学者海颠认为，根据历史和考古学的研究，远在 7 世纪以前，中国人就已经来到菲律宾群岛从事贸易。日本学者河野七郎则认为，在 1 000 年以前，中国和菲律宾已有密切的联系，但中国典籍对中菲关系的最早记载却始于宋代。

一、宋元时期菲律宾与中国关系的建立

　　宋元时期是菲律宾与中国发展关系的起始阶段，中国典籍的相关记载不多，但是仍能从片言只语中梳理出一个大致轮廓。"自古帝王临御天下，中国属内以制夷狄，夷狄属外以奉中国"，这是华夷秩序的根本理念与原则，而朝贡制度则是华夷秩序在体制上最根本的保证。中国历代王朝在对外交往中坚守华夷秩序，宋元时期的中菲官方交往也被纳入朝贡体制的框架内，尽管其实际形式往往是以朝贡之名行贸易之实。

　　宋元时期，菲律宾与中国大体上维持着较为密切友好的政治交往。宋元两代见于记载的、朝贡过中国的菲律宾古国，只有菲律宾南部棉兰老岛地区的蒲端和三麻兰，记载于《宋史》《宋会要辑稿》和《文献通考》。而且持续时间短，始于宋咸平六年

（1003），止于宋大中祥符四年（1011），蒲端共入贡4次，三麻兰入贡1次。1003年，蒲端国王其陵派遣正使李馋罕、副使加弥难前来进贡方物及红鹦鹉①。1004年，蒲端国王遣使来贡方物②。1007年，蒲端国王其陵派遣使臣已絮汉等进贡玳瑁、龙脑、带枝丁香、丁香母等③。1011年，蒲端国主悉离芭大遮至派遣李于燮进贡丁香、白龙脑、玳瑁、红鹦鹉等，同年，三麻兰国主娶兰遣使进贡瓶香、象牙、千年枣、扁桃、五味子、蔷薇水、白砂糖、玻璃瓶、驮子等④。而在中国王朝方面，却未见派遣官员出使菲律宾诸邦国的记载。

二、明代菲律宾与中国关系的发展与复杂演变

（一）明前期菲中的友好关系

明前期为菲中关系的发展期，这一时期的中菲交往较为密切，交往的规模也较宋元时期大为提升。明清两代是华夷秩序的全盛与顶峰时期，朝贡体制成为中国王朝对外政策的支柱，所以明前期的中菲官方交往也被纳入朝贡体制的框架之内。

早在洪武五年（1372），菲律宾群岛上的吕宋就"遣使偕琐里诸国来贡"⑤，和明朝建立了官方联系。至永乐朝，明朝与菲律宾群岛上各国的联系十分密切，中菲之间的传统交往达到了顶峰。至永乐二十二年（1424），菲律宾群岛各国先后14次入贡明廷，其中吕宋3次、冯嘉施兰3次、苏禄4次、古麻剌朗3次、合猫里1次。其中永乐十五年（1417）苏禄国东王、西王、洞王亲自率团朝贡，堪称明前期菲中交往的盛举。据明人严从简记载："本朝永乐十五年，东国王巴都葛叭答剌（即《明史》中的"巴都葛叭哈剌"）、西国王巴都葛叭苏哩（即《明史》中的"麻哈剌叱葛剌麻丁"）、别洞王叭都葛巴剌卜，各率其妻子酋长来朝，贡真珠、玳瑁诸物。赐国主纱帽、金镶玉带、金蟒衣、衾褥、器皿铺陈，赐王妃冠服、文绮、纱罗等物，王子女、姻戚、酋长、使女给赏有差。"⑥ 此后却不再有菲律宾诸国前来朝贡的官方记载。

明代的中菲官方交往中，除了菲律宾诸国遣使前往明廷入贡，明廷也常派遣使臣前往菲律宾诸国。明廷先后4次遣使前往吕宋、古麻剌朗、苏禄等国。其中2次遣使苏禄，都是发生在苏禄最后一次朝贡之后，且派出的使者返回后皆获赏赐。因此可以推测，明廷与菲律宾诸国官方关系的维系时间应长于洪武五年（1372）至宣德二年

---

① （清）徐松：《宋会要辑稿》蕃夷四。
② （宋）李焘：《续资治通鉴长编》卷56。
③ （清）徐松：《宋会要辑稿》蕃夷四。
④ （清）徐松：《宋会要辑稿》蕃夷四。
⑤ （清）张廷玉等：《明史》卷323《吕宋传》。
⑥ （明）严从简：《殊域周咨录》卷9《苏禄》。

（1427）的 55 年。

经济交往方面，菲律宾诸岛社会发展滞后，除了苏禄地区的珍珠，没有太多高价值的产品用于交换，所以尽管每年有中国商船定期前往贸易，但贸易的规模不大。据《明史》记载，苏禄国"有珠池，夜望之，光浮水面。土人以珠与华人市易，大者利数十倍。商舶将返，辄留数人为质，冀其再来"①。元人汪大渊关于苏禄珍珠的记载更为详尽，他说："苏禄之珠色青白而圆，其价甚昂，中国人首饰用之。其色不退，号为绝品，有径寸者。其出产之地大者已直七八百余锭，中者二三百锭，小者一二十锭。"②可见苏禄岛出产之珍珠品质非常好，虽然价格甚高，但在元代已经售往中国，用作首饰。明代吕宋与中国的朝贡贸易较多，1560 年，唐顺之请求明朝政府开放广东的互市贸易，其中就包括吕宋、苏禄。他说："东洋若吕宋、苏禄诸国，西洋暹罗、占城诸国，及安南、交趾，皆我羁縻属国，向无侵叛，故商舶不为禁。"③这一时期中菲官方层面的朝贡贸易和宗藩关系相对显著，中国典籍的记载也较为详尽。

（二）明后期菲中关系的复杂演变

1. 明朝统治者对菲律宾殖民当局的认识

1571 年西班牙殖民者攻占马尼拉后，吕宋、冯嘉施兰、合猫里等菲律宾中部、北部诸国先后消失。除了南部棉兰老岛和苏禄群岛，菲律宾群岛的其他地区都成为西班牙殖民帝国的一部分。自从西班牙殖民者占领菲律宾，直至 19 世纪末，西属菲律宾与中国之间仍维持交往关系。但在中国统治者眼中，对菲律宾殖民当局及其天主教的认识，明显不同于此前对菲律宾诸王国的认识。

首先，视菲律宾殖民当局为吕宋土著政权的后继者。在明代典籍中，将菲律宾殖民当局控制的菲律宾中部、北部地区仍称为吕宋，尽管明廷知道原来的吕宋土著政权不复存在，新当局的统治者及管辖范围都已经改变，如明人何乔新《闽书》记载："然吕宋本服属西洋国，其在吕宋者酋长耳，若我之镇守。"而明人蔡汝贤直接认为吕宋人已经西班牙化（佛郎机化），他说："吕宋在海之西南，其风俗、服食、婚姻与佛郎机大同小异。"④

其次，仍将菲律宾殖民当局管辖之地视为天朝统驭之地，坚守华夷秩序。明朝潮州把总王望高出使菲律宾，返航时随其而来的西班牙神父马丁·德·拉达和赫罗尼莫·马林是菲律宾殖民当局派往明朝的第一批使者，目的是建立平等的官方关系，打

---

① （清）张廷玉等：《明史》卷 325《苏禄传》。
② （元）汪大渊：《岛夷志略》"苏禄"条。
③ （明）郑若曾：《筹海图编》卷 12《开互市》。
④ （明）蔡汝贤：《东夷图说》，四库全书存目丛书本。

开通往明帝国的贸易和传教大门。但是他们在福建待了两个多月后无功而返，原因是明廷坚持"海禁"和"朝贡贸易"，任何违反这两项基本政策的行为都不被准许。明代典籍也将拉达神父随王望高回访明朝一事记载成"朝贡"，将菲律宾殖民当局所送的礼物称为"贡品"。明人谈迁《国榷》记载："吕宋献俘，请入贡，比暹罗、真腊。泉州知府常熟陆一凤曰：'不闻职方氏有吕宋也，奈何以小蛮效顺，烦我鸿胪。'遂止。"张嶷前往菲律宾采金，引发菲律宾殖民当局首次屠杀华人，万历皇帝要求抚按官对殖民当局"议罪以闻"。万历年间，荷兰殖民者侵犯我国领海，福建巡抚徐学聚上奏朝廷，万历帝在兵部给徐学聚的回复中批示："吕宋也着严加晓谕，勿听奸徒煽惑，扰害商民。"菲律宾殖民当局首次屠杀华人后，徐学聚在《报取回吕宋囚商疏》中写道："臣随会檄传谕佛郎机国酋长、吕宋部落知道：我高皇帝总一方夏，表则千古，礼乐威信，世守如一；迄我今上皇帝陛下，允奋天纲，该览八纮，北极沙漠，南极尔等，东南诸夷所有之海，日照月临，共成正朔。"这些都说明了明廷以天朝上国自居，视菲律宾殖民当局为藩属。

再次，对西班牙人持负面感观。在明代典籍中，西班牙人都被称为"佛郎机"，相关记载多为负面。明人张燮《东西洋考》记载："佛郎机身长七尺，眼如猫，嘴如鹰，面如白灰，须密卷如乌纱，而发近赤。……性婪甚，靡国不至，至则谋袭人，吕宋、满剌加遂至易社。"[1]《明史》记载：

> 时佛郎机强与吕宋互市，久之，见其国弱可取，乃奉厚贿遗王，乞地如牛皮大，建屋以居。王不虞其诈而许之。其人乃裂牛皮，联属至数千丈，围吕宋地，乞如约。王大骇，然业已许诺，无可奈何，遂听之，而稍征其税如国法。其人既得地，即营室筑城，列火器，设守御具，为窥伺计。已，竟乘其无备，袭杀其王，逐其人民而据其国，名仍吕宋，实佛郎机也。[2]

以上文字描绘了西班牙人丑陋、奸诈、残忍的形象。不过明廷并未将西班牙人视为重大威胁，故《明实录》记载道："万历四十年八月丁卯，兵部言：'……独吕宋人狡不如倭，故无大患耳。'"

最后，对天主教加以排斥。据明代《破邪集》记载：

> 廖氏乃其祖，而敢给我中国曰天主，是欲加我无礼如吕宋也。术险机深，渐不可长。……（传教士）于是多借技艺，希投我圣天子之器使。……不知此番机深谋巧，到一国必坏一国。……历吞已三十余。远者难稽其踪，最近而吕宋，而米索果，而三宝颜……俱皆杀其主，夺其民，只须数人，便压一

---

① （明）张燮：《东西洋考》卷5《东洋列国考·吕宋》。
② （清）张廷玉等：《明史》卷323《吕宋传》。

国，此其实实可据者欤。……盖皆所以令熟者生，强者弱，勇者不得相通，智者不得相谋，是奸夷所以驭吕宋、三宝颜、米索果等之毒法也，此又其实实可据者欤。

2. 菲律宾殖民当局对与明朝交往的态度

西班牙在菲律宾的殖民当局十分重视同明朝的关系，因为中国不管是对"上帝的事业"还是对"国王的事业"都很重要。

（1）对菲中政治关系的定位。

西班牙殖民当局对菲中政治关系的定位随着时局变动而发生着变化，将中国或定位为征服的对象，或定位为现实的威胁，或定位为互助的朋友。早在1565年黎牙实比远征菲律宾的时候，就负有征服中国的使命。1567年7月23日，他向西班牙国王菲利普二世写信，建议添造六艘舰只，借以"探察中国海岸及沿海各岛屿"。1570年7月27日他再次写信给菲利普二世："陛下的意见，是否愿意我立即到中国去？"1573年12月5日，新任西班牙驻菲律宾总督马丁·恩利奎（Martin Enriquez）在给国王菲利普二世的信中谈到，中国的财富使一些西班牙人计划征服中国。极力主张侵华的狂热分子菲律宾总督桑德在1576年6月2日给国王的信中及其后给西班牙政府的官方报告中，不仅强烈建议菲利普二世支持其征服中国的行动，还自荐在远征行动中为王室效劳。1586年4月20日举行的西班牙人各阶层代表会议通过的请愿书的第十章有一份侵略中国的详细计划，代表着西班牙殖民者侵华叫嚣和侵华图谋的顶峰。1598年5月8日，马尼拉全体西班牙人迎接西班牙国王在马尼拉创设高等法院的诏书，诏书宣布授权这个高等法院审理一切民事和刑事案件，而刑事案件的管辖范围包括菲律宾群岛及已知和未知的整个中国大陆。1598年6月17日，菲律宾总督弗朗西斯科·泰尔洛（Francisco Tellol）向国王菲利普二世报告："我发现这里的华人发明了一种铸造大炮的技术，铸造很容易。我已经订造了五十尊，能发射一至三磅的炮弹，这里最需要这种炮。等到这批大炮造好后，我将不失时机地前往中国，向中国人发动进攻。"

随着形势的变化，西班牙殖民者在菲中关系中逐渐由攻势转变为守势，将中国列为既防范又打交道的对象。首先，防范中国觊觎菲律宾群岛。潘和五事件之后，明廷派船前往吕宋接回久住的华人，并打探日本的消息，西班牙殖民者却将此当成是明朝对菲律宾群岛的图谋。明朝官员王时和等赴马尼拉察看金矿一事，让西班牙殖民者怀疑明朝官员是去刺探虚实，是明朝出兵攻打菲律宾的前兆。西班牙殖民者担心华人会充当内应，便蓄意进行迫害，极力煽动排华情绪，最后导致2.2万名华人被杀害。屠杀华人之后，西班牙殖民者更是担心明朝会因此集结舰队兴师问罪，因而陷入了更大的恐惧之中。1603年12月18日，菲律宾总督佩德罗·德·阿库纳（Don Pedro de Acuna）在写给国王的信中，谈到他派人前往澳门，捎信给中国广东和福建的督抚及其他官员，陈述事情真相，同时刺探中国的动静，"我这样做的目的是要搞清楚中国是否在集结舰队进攻这里，自那几位中国官员来了之后，人们就怀疑中国会图取这里。他们在登陆这里之前写给我的信（我送了一份副本给您），也让我们相信他们会这样做。整个这座城市对此非常地忧虑，尤其是大主教和各个修会"。

其次，担心郑成功进攻菲律宾。1661 年郑成功收复台湾，次年他派遣神父李科罗到马尼拉，递交《致菲律宾总督之国书》，对西班牙殖民当局虐待华人提出责问，并附带要求殖民当局每年向郑氏朝贡。西班牙殖民当局收到郑成功的信后，便全力进行备战，并迫害、驱逐、屠杀华人，担心华人做内应。此外，在征服中国的图谋无法实现的情况下，西班牙殖民者转而寻求与中国交好，试图在菲中交往中获取最大收益。1593 年，根据一位皈依天主教的中国人安东尼·洛佩兹（Antonio Lopez）的转述，西班牙殖民当局派往日本的外交使节胡安·科布（Juan Cobo）神父，曾和他商量西班牙人与中国协作对抗日本的可行性，如果日本人进攻中国，西班牙人将援助中国；如果日本人进攻菲律宾群岛，中国人将援助西班牙人。1605 年 7 月 8 日，菲律宾总督佩德罗·德·阿库纳在写给国王的信中说道："我们正在努力维持同中国国王的友谊，因为他是一位非常强大的君主，我们只能靠我们的名誉来维持我们在这个群岛上的地位。"

（2）对菲中经贸关系的态度。

首先，重视中菲贸易。中菲贸易攸关西班牙属菲律宾殖民地的生存。1589 年 7 月 15 日，驻菲律宾群岛的皇家检察官加斯帕尔·德·阿亚拉（Gaspar de Ayala）在写给国王的报告中，反对中国和美洲之间的直接贸易，要求通过菲律宾群岛中转，并强调这种转口贸易对菲律宾群岛的重要性，"如果允许秘鲁或新西班牙与中国之间的贸易继续进行，这个地区（菲律宾群岛）将会被摧毁，人口减少。这里的主要支撑就是来自中国的商品，及将这些商品转卖到新西班牙去所获得的利润"。西班牙殖民者一到菲律宾群岛，就着手准备与中国进行贸易。1565 年 5 月 28 日，即西班牙殖民者占领宿务一个月之后，远征队财务官瓜伊多·德·拉贝卡利斯（Guido de Labecares）等三人写信给墨西哥最高法院的院长，信中所要求迅速补给的项目中，有"用于中国沿海的大镀金货币一箱"及"用于同中国进行贸易的纯银硬币和小金条"。为了同中国直接进行贸易，殖民者初到菲律宾群岛时努力善待那里的中国人，以吸引中国商人直接前往贸易，并为此而免征关税。西班牙殖民者侵占中国台湾的主要目的之一，就是要与荷兰人争夺同中国的贸易。

其次，苦恼贸易中的竞争劣势。菲中贸易致使白银大量流向中国。1628 年 10 月 7 日，胡安·维拉斯奎兹·马多卡（Juan Velazquez Madrco）在提交给印度事务委员会的文件中写道:"尽管每年由新西班牙运往菲岛的法定银币数量为 25 万比索,然而,除此之外,却有无以数计的巨额银币流入了菲岛。因为没有其他的东西能够用来购买或者交换中国的丝绸,中国人也不会用其丝绸来交换其他的商品,结果中国人就设法运走绝大部分的美洲银元。"从西班牙属菲律宾运往中国的商品主要是大量的墨西哥银元,因为"东洋吕宋,地无他产,夷人悉用银钱易货,故归船自银钱外,无他携带,即有货亦无几"①。除了白银,中国购买的菲律宾商品只有肉桂、珍珠、海参、玳瑁、燕窝等少量土特产。而中国商品的大量涌入,又对墨西哥和西班牙的商业造成了伤害。大量的美洲黄金和白银流入西班牙,导致恶性通货膨胀,其国内的物价比欧洲任何其他地方都要贵上数倍。所以由大帆船贸易运往美洲的廉价中国商品,尽管远隔重洋,仍旧能够与那里的西班牙和欧洲商品竞争,进而对西班牙的手工业和轻工业造成打击。

(3)支持在中国传播天主教。

菲律宾的西班牙殖民者对在中国的传教事业表现出极大的热忱,梦想以中国为中心建立一个"东方天主教王国"。这与西班牙殖民者征服中国的企图不无关系。菲律宾的西班牙传教士和殖民者实际上是一体的。菲律宾各个修会的传教士,包括前往中国的传教士,几乎全部来自西班牙和墨西哥。他们长达两年的旅程费用 700~950 比索是由西班牙王室承担的。传教士到菲律宾后被分配到指定的教区,马尼拉的西班牙殖民政府发给薪俸或津贴,传教士实际上是有薪俸的殖民地人员。菲律宾的西班牙殖民当局曾想利用在华传教士作为侵略中国的内应。

1586 年,耶稣会士桑切斯回到欧洲后,向西班牙国王菲利普二世提交了一份菲律宾的殖民当局完全赞成征服中国的计划书,其中提到充分发挥耶稣会士的作用,必要时让已经进入肇庆的耶稣会士里应外合,他们熟悉中国语言,可以充当翻译。在华传教士公开宣称征服中国,说明其目的的多重性,不仅为传教,也为殖民。在华传教士为菲律宾的殖民当局搜集中国情报,以帮助其及时掌握中国动态。1619 年 7 月 12 日,一位马尼拉的耶稣会士记述了一份来自中国的备忘录,内容源自一份明朝大臣联名呈给皇帝的有关中国时政的奏折,该奏折被在华的耶稣会士抄录下来,由北京送至澳门,再送至马尼拉。

三、清代菲律宾与中国的关系

清代菲律宾的政治势力依然呈现出中部、北部的西班牙属菲律宾殖民政权(即吕宋)和南部的穆斯林政权对峙的状况,并最终在清末统一于西班牙属菲律宾殖民政权

---

① (明)张燮:《东西洋考》卷 7《饷税考》。

之下。由于西班牙殖民势力的扩张，清代出现在中国典籍中的菲律宾南部穆斯林政权只剩下苏禄和莽均达老。

清代典籍中对清廷与莽均达老交往的记载不多。据《史料旬刊》第 22 期记载："追雍正五年，内地各商援照闽省之例，开趁（赴）南洋……由广东虎门出口，近则赴安南等国，远则赴……吕宋、苏禄、莽均达老等国，乘风来往，历久相安。"《清朝文献通考》记载："本朝雍正七年后，通市不绝。"可见清代中国同莽均达老的经贸往来十分密切。

在菲律宾群岛诸国中，苏禄是与清廷关系最好的邦国。与明朝统治者一样，清廷依然将苏禄视为天朝的藩属。苏禄则出于各种需要，愿意维持这种名义上的松散的宗藩关系。清廷与苏禄的交往主要表现为：一是朝贡与册封。据《南海县志》记载，1674 年苏禄国王森烈拍遣使三人请受藩封，清廷颁给驼纽银印和历书。这是清廷与苏禄官方交往的最早记载。据《清史稿》和《清实录》记载，1726—1763 年的 37 年间，苏禄于 1726 年、1733 年、1743 年、1754 年、1763 年五次遣使前往中国朝贡，其间还多次遣使请贡和赍表谢恩，1763 年以后则不再有苏禄使者前来朝贡的记载。二是联合打击内地不法民人，维护双方的友好关系。据史料记载，自 1674 年册封苏禄开始，至 1782 年止，清廷与苏禄维持着友好的官方关系。在此期间，曾有一些内地民人从中滋事，破坏双方的友好关系，如"陈梧假称番王世子，侵吞番货"，"马光明向充贡使，每借天朝加惠远人之恩意，即为欺诈乡里之左券"，"龙溪县民王三阳昧吞苏禄国货价，并诬赖王四简欠银"等。清廷出于维护朝贡贸易秩序、怀柔远人的需要，严厉打击从中滋事的内地不法民人，正如乾隆皇帝所言："中国怀柔远人，自当示以大公至正，即债欠细事，亦当为之剖别是非，令其心服。"苏禄方面出于维护自身利益的需要，也积极向清廷申诉，并配合查处此类事件，因为内地民人私越勾结，往往借中国声威，以欺慑番民。三是互为抚恤对方遭受风灾的民人。据《清史稿》记载："乾隆五年（1740）八月，苏禄国王麻喊昧呵禀勝宁遣番丁护送遭风商人回内地。"《清实录》记载："左都御史管广东巡抚王安国疏报：'发遣安南、苏禄、巫来由等国被风难番归国。'"

明清两代是中国华夷秩序的全盛与顶峰时期，而最能体现这一点的，就是 1754 年苏禄国苏丹遣使入贡时，请求来年派专使赍送图籍入朝，愿以地土、丁户编入天朝图籍。苏禄之所以甘为藩属，主要有以下两个原因：一是明代苏禄就开始向中国朝贡，与明廷的关系十分密切，入贡中国实为承袭旧制。二是清代苏禄在西班牙殖民势力的攻击下，处境艰难，需要中国帮助。1717 年，西班牙殖民者重修三宝颜石堡，又在附近海域拦截商船，威胁苏禄的对外贸易。1721—1723 年，西班牙殖民者先后三次进攻苏禄的和乐岛。正是在菲律宾南部穆斯林反对西班牙殖民侵略的重要时刻，苏禄苏丹在 1726 年派人来华朝贡。

第二节　古代菲律宾与中国的经贸交流

作为菲律宾的近邻，自汉代以来就海道相通，菲律宾群岛与中国的经贸往来可谓历史悠久，成效显著。

一、菲律宾与中国的朝贡贸易

早在东汉时期，中国人就已经知道经过台湾海峡通往菲律宾的航线。据陈寿《三国志》记载，三国时期，中国东吴政权曾派朱应、康泰等人出使东南亚的扶南、交趾等数十国，使臣一度到达菲律宾境内的臣延、耽兰和杜薄等地。与此同时，华人开始到菲律宾开采黄金，并将黄金运回中国。581—618 年，中国隋唐时期，中国与菲律宾已经有了一定的贸易往来。只是由于主客观条件的限制，两国间的贸易规模很小，史书记载的也很少。在唐代，中国南方的海上交通路线是所谓"广州通海夷道"，它沿中南半岛东岸南下，经马六甲海峡进入印度洋，转往南亚和西亚。当时中国另一条重要海上交通线是从明州（今浙江宁波）或扬州等港口东渡日本的东海航路。宋代造船工艺、航海技术的进步，为发展海外贸易创造了有利条件。最为重要的是，陶瓷业的发展提供了可以投放到南海市场（包括菲律宾）的大宗商品，而北宋中后期指南针在航海中的逐渐普及使用，则减少了中国商民前往南海航行的风险，并开辟了一条新的航线。这条航线从福建泉州出发，经过澎湖，到达菲律宾吕宋岛西岸、民都洛岛和巴拉望岛，是一条新的南海"陶瓷之路"。走这条航线的商民多在冬、春间利用东北季风出海南下，回程则在盛夏台风季节到来前利用西南季风北归（5 月至 6 月），或者待台风对吕宋及巴士海峡一带的威胁解除后才返回（10 月）。旅程虽然有一定危险，但是一年内可以往返一次，不需要像以前那样经过广州，然后绕道占城、渤泥前往菲律宾群岛。至迟 12 世纪初，这条航路上的中菲民间贸易就已经相当频繁了。

蒲端是宋代典籍记载的同中国官方交往最密切的菲律宾群岛的王国，前后 4 次朝贡中国。宋廷不仅回赐冠带、衣服、器币、缗钱、鞍马、旗帜等，而且授予使臣李于燮为"怀化将军"、亚蒲罗为"奉化郎将"①。

明代到中国朝贡的菲律宾群岛国家较多，包括吕宋、合猫里、冯嘉施兰、古麻剌

---

① （清）徐松：《宋会要辑稿》蕃夷四。

朗、苏禄等。吕宋是最早入贡明廷的菲律宾群岛的王国，先后有 3 次。1372 年，吕宋国"与琐里诸国同贡方物"，明廷赐予吕宋国王织金彩缎、纱罗；1405 年，吕宋国王"遣其臣隔察老来朝，并贡方物"，明廷"赐文绮，命广东布政司宴劳"；1410 年，吕宋"与冯嘉施兰入贡"。合猫里则朝贡次数最少。1405 年，合猫里"国王遣其臣回回道奴马高等来朝，并贡方物"，获明廷回赐锦绮、袭衣。冯嘉施兰先后 3 次入贡明廷。1406 年，冯嘉施兰派遣嘉马银等来朝，进贡方物，明廷回赐钞币；1408 年，冯嘉施兰派遣玳瑁、里欲二人各率团朝贡，明廷赐予二人钞各百锭、文绮六表里；1410 年，冯嘉施兰又派遣使臣前来朝贡，明廷对朝贡的使臣、头目各有赏赐。古麻剌朗先后 3 次入贡明廷。1420 年，古麻剌朗国王斡剌义亦奔敦"率妻子、陪臣随太监张谦来朝，上表贡方物。命礼部宴赉之，如苏禄国王"，于十月赏赐国王印诰、冠带、仪仗、鞍马、文绮、纱罗、金织袭衣，赏赐王妃冠服，赏赐陪臣彩币、表里等。到 1421 年正月回国时，又赐予金银钱、文绮、纱罗、彩帛、金织袭衣、麒麟衣等。同年四月古麻剌朗国王卒于福建，明廷任命其子剌苾继位为王，率众归国，并赐予钞币。1424 年，古麻剌朗国王剌苾派遣头目叭谛吉三等奉金叶表笺来朝，进贡方物，明廷回赐钞币。苏禄是入贡明廷次数最多的菲律宾群岛王国，共有 4 次。1417 年，苏禄国王奉金镂表前来朝贡，且进献珍珠、宝石、梅花脑、米脑、竹布、棉布、玳瑁、降香、苏木、胡椒、荜茇、黄蜡、番锡等物。明廷按接待满剌加国王的规格予以接待。苏禄使团到京后，明廷设筵宴接风，临别时又设宴饯行。在中国期间，明廷册封苏禄东、西、洞三王，并赐予诰命及袭衣、冠服、印章、鞍马、仪仗，其随从、头目 340 余人也得到冠带、金织文绮、袭衣的赏赐。在苏禄国东王巴都葛叭哈剌等辞归时，各王分别赐予金镶玉带一条、黄金 100 两、白金 2 000 两、罗锦文绮 200 匹、绢 300 匹、钞 10 000 锭、钱 3 000 贯、金绣蟒龙一袭、麒麟衣一袭，并赏赐其随从、头目文绮、彩绢、钱钞等。另据《明实录》记载，1420 年，苏禄国西王麻哈剌叱葛剌麻丁派遣使臣奉表贡方物，明廷赐予钞币遣还；1421 年，苏禄国东王之母派遣王叔叭都加苏里等进贡方物，明廷赐予叭都加苏里冠带、袭衣、钞、丝文锦纱、彩罗绢等；1424 年，苏禄等国派遣头目生亚烈巴欲等进贡方物，明廷赐予袭衣、钞币等。

　　1726—1763 年的 37 年间，菲律宾群岛南部的苏禄仍与中国清朝保持"朝贡"关系。1726 年，苏禄苏丹母汉末母拉律林派遣正使龚廷彩（福建泉州人）、副使阿石丹（苏禄人）、通事杨佩宁（江苏苏州人）出使中国[1]，不仅建立了苏禄与中国清朝的政治联系，而且加强了双方的经济文化交流。此后，苏禄又于 1731 年、1740 年、1742 年、1746 年、1753 年、1762 年多次遣使入贡。苏禄使者每次携带土特产访问中国，清

① 台湾"中央研究院"历史语言研究所编：《明清史料·庚编》，北京：中华书局，1987 年，第 710 页。

朝政府都给苏禄苏丹和来使回赠一批礼品,这种礼物交换,实质上是一种经济文化交流形式。除了官方的朝贡与赏赐,苏禄使者往往还携带大量货物前来贸易,并享受免税的待遇。1742年,苏禄使者带来交易的货物有蚌壳8 750斤、海参2 718斤、胡椒1 633斤、槟榔子154斤、苏木615斤、黄蜡90斤、燕窝618斤、玳瑁35斤,清政府批准"照价发卖,照例免税"[1]。1761年,苏禄苏丹派人到福建厦门请示贡期,使者随带用于交易的货物有海参7 754斤、螺干26 939斤、燕窝167斤、玳瑁56斤、蚌壳231斤、黄蜡9斤、槟榔子76斤,全获免税。[2] 1762年,苏禄苏丹派遣万礁胜出使中国,回国时携带的货物有细冬布400匹、色布340匹、细瓷器700斤,同样应征税银全免。[3] 这种因朝贡而产生的商品交易行为,实际上是官方特许的一种贸易形式,是政治上的特殊关系在经济领域中的一种反映。

二、菲律宾与中国民间贸易的兴盛

宋元时期,菲律宾群岛已在中国商人的活动范围内,他们运去大量的中国商品,以交换当地的土特产。据宋人赵汝适《诸蕃志》记载,中国商人"用瓷器、货金、铁鼎、乌铅、五色琉璃珠、铁针等博易(麻逸土产)","博易(三屿土产)用瓷器、皂绫、缬绢、五色烧珠、铅网坠、白锡为货"。据元人汪大渊《岛夷志略》所载,中国商人的足迹遍及菲律宾群岛的三屿、麻逸、民多朗、麻哩噜、苏禄等地。在三屿,中国商人"贸易之货,用铜珠、青白花瓷、小印花布、铁块之属";在麻逸,"贸易之货,用(铜)鼎、铁块、五采红布、红绢、牙锭之属";在民多朗,博易"货用漆器、铜鼎、阇婆布、红绢、青布、斗锡、酒之属";在麻哩噜,"贸易之货,用足锭、青布、瓷器盘、处州盘、水坛、大瓮、铁鼎之属";在苏禄,"贸易之货,赤金、花银、八都剌布、青珠、处器、铁条之属"。宋元时期,中国输入菲律宾的大量商品特别是瓷器得到了考古发现的佐证,在菲律宾沿海地区的港口和贸易城市,出土了很多宋元时期的外销陶瓷。

在菲中民间贸易中,菲律宾人主要用各种土特产与中国商人贸易,或前来中国进行贸易。宋人赵彦卫《云麓漫钞》记载:"福建市舶司常到诸国舶船。……麻逸、三屿、蒲里唤、白蒲迩国则有吉贝布、贝纱。"宋人赵汝适《诸蕃志》记载,"(麻逸)

---

① 台湾"中央研究院"历史语言研究所编:《明清史料·庚编》,北京:中华书局,1987年,第709 – 710页。

② 中国第一历史档案馆编:《清代中国与东南亚各国关系档案史料汇编》第2册《菲律宾卷》,北京:国际文化出版公司,2004年,第30页。

③ 中国第一历史档案馆编:《清代中国与东南亚各国关系档案史料汇编》第2册《菲律宾卷》,北京:国际文化出版公司,2004年,第40页。

土产黄蜡、吉贝、真珠、玳瑁、药槟榔、于达布"，每当中国商人到来，"蛮贾争棹小舟，持吉贝、黄蜡、番布、椰心簟等至与（华商）贸易"。元人汪大渊《岛夷志略》记载，菲律宾三岛（即三屿）"地产黄蜡、木棉、花布"；麻逸"地产木棉、黄蜡、玳瑁、槟榔、花布"；民多朗"地产乌梨木、麝檀、木棉花、牛麂皮"；麻哩噜"地产玳瑁、黄蜡、降香、竹布、木棉花"；苏禄"地产中等降真条、黄蜡、玳瑁、真珠"。明人茅瑞征在《皇明象胥录》中记载了菲律宾的珍珠，这是菲律宾最重要的物产："今贾舶所至城，颇据天险，疑峒王所都，聚落不满千家。……其国有珠池，入夜望之，光浮水面，夷人时从鲛室探珠满袖。"尽管明清时期厉行海禁，海外贸易为朝廷所垄断，民间商人出于生活所迫或为利益所驱，还是屡屡犯禁出洋，中菲民间贸易无法禁绝。正如明人许孚远在《疏通海禁疏》中说道："东南滨海之地，以贩海为生，其来已久，而闽为甚。闽之福、兴、泉、漳，襟山带海，田不足耕，非市舶无以助衣食，其民恬波涛而轻生死，亦其习使然，而漳为甚。"[①]

　　至于中国民间商人赴菲律宾经商的状况，中国史籍中也有一些记载。据明人焦竑《国朝献征录》记载："吕宋国小，然产黄金，故人亦富厚，舶商多至。"这里的"舶商"系指中国海商。另据明人何乔远《闽书》记载："皇朝禁海舶，不通诸蕃。其诸蕃入贡者，至泉州。惟大琉球所贡番物则市舶司掌之。成化八年（1472），市舶司移至福州，而比岁人民往往入蕃，商吕宋国矣。其税，则在漳之海澄海防同知掌之。明初贩吕宋，得利数倍。其后，四方贾客丛集，不得厚利，然往者不绝。"又据《明史》记载，"吕宋居南海中，去漳州甚近。……先是，闽人以其地近，且饶富商，贩者至数万人，往往久居不返，至长子孙"；合猫里，又名猫里务，"近吕宋，商舶往来，渐成富壤。华人入其国，不敢欺凌，市法最平，故华人为之语曰：'若要富，须往猫里务'"。[②] 这里的"贩者至数万人"明显有所夸大，与西班牙人到达菲律宾群岛后所描述的情况相差甚远。明人张燮在《东西洋考》中记载了中国商人到菲律宾沙瑶、呐哔啴、苏禄进行民间贸易的情况："沙瑶、呐哔啴，其地相连。……僻土无他长物，我舟往贩，所携亦仅瓷器、锅釜之类，极重至布，然竟少许，不能多也。舟至请酉，亦有微赠。交易朴直。"苏禄的物产有珍珠、玳瑁、珠壳、片脑、番锡、降香、竹布、绵布、荜茇、黄蜡、苏木、豆蔻、鹦鹉等，中国商人与夷人的交易办法是："（华商）舟至彼中，（夷人）将货尽数取去，夷人携入彼国深处售之，或别贩旁国，归乃以夷货偿我。彼国值岁多珠时，商人得一巨珠携归，可享利数十倍。若夷人探珠获少，则所偿数亦倍萧索，顾逢年何如耳。夷人虑我舟之不至也，每返棹，辄留数人为质，以冀日

---

① （明）陈子龙辑：《明经世文编》卷400《敬和堂集》。
② （清）张廷玉等：《明史》卷323《吕宋传》。

后之重来。"此时沙瑶、呐哔啴、苏禄等地尚未纳入西班牙人的统治之下，书中所载反映了明代中前期沙瑶、呐哔啴、苏禄同中国商人进行民间贸易的一般情形。

与宋元时期一样，明代的中国和中国人在菲律宾土著族群眼中备受尊崇和仰慕。《明史》载："华人人其国，不敢欺凌，市法最平。"又据张燮《东西洋考》载："有网巾礁老者，数为盗海上……小国见华人舟，踅然而喜，不敢凌厉相加，故市法最平。"

从14世纪开始，到16世纪西班牙入侵止，菲律宾的对外贸易不断发展，进入了一个新阶段。主要具有下列特点：一是贸易地区的扩大，即由此前以中部民都洛、卡拉棉、巴拉望等岛为贸易中心扩大到北部吕宋岛，以及整个西南部海岸的苏禄、宿务、棉兰老岛等地方。其中苏禄和马尼拉周围地区已发展为两处新的贸易中心。根据考古发现，我国明代瓷器在菲律宾广泛分布，可见对外贸易的区域已经遍及整个菲律宾群岛。二是同菲律宾发生贸易联系的国家增多。中国之外，暹罗、安南、文莱和日本在这一阶段中同菲律宾的联系和交往都有所增加。暹罗的宋加洛和素可泰、安南的清化等处瓷器在输入菲律宾的瓷器中占有一定的比重，而在比萨扬群岛发现的瓷器中，暹罗产品的比重还更大一些。这表明暹罗同菲律宾群岛中部的贸易联系特别密切。文莱的商船则效法中国商船，将外面的货物运入菲律宾群岛贩卖，以换取大批土特产。三是菲律宾人在贸易上更加活跃。在对外贸易的刺激下，菲律宾人所从事的岛际贸易更多了。到16世纪初，各主要岛屿间的海上往来已很频繁，大量的粮食、牲畜、黄金等被投放到市场上。菲律宾人并不满足于此，他们还投身海外贸易，远航到婆罗洲和马来半岛等地。据托梅·皮里士在《东方诸国记》中所载，16世纪初在马来半岛雪兰峨附近有一处500名吕宋人的居留点，他们依靠转运菲律宾群岛的土特产为生。

清朝开放海禁以后，中国与西班牙属菲律宾殖民地的贸易迅速得到了恢复和发展。1685—1716年，进入马尼拉港的中国商船数量一般在20艘左右，其中1709年达到43艘。1717年，清朝颁布了"南洋禁航令"，加上英国东印度公司的竞争，中国与西班牙属菲律宾的传统帆船贸易开始出现衰退迹象[①]。通过菲律宾的中转，一些美洲的农作物也传入中国，比如甘草、烟叶等，促进了中国农业的发展。

第三节 菲律宾与周边国家的文化交流

菲律宾文化接受了亚洲几个古老传统文化的影响，内容更加丰富，在汲取周边国家文化优点的基础上，进一步形成了自己的特色。

---

① 钱江：《1570—1760年中国和吕宋贸易的发展及贸易额的估算》，《中国社会经济史研究》，1986年第3期。

一、印度文化的传入

印度文化是对菲律宾文化产生较大影响的亚洲文化之一。关于印度文化传入菲律宾的年代和方式，不少学者曾进行研究。早年有人看见在菲律宾发现的陶器、铁器、玻璃珠等器物的形制与印度文物类似，便试图据此论证印度、菲律宾之间早在公元前1000年时已有直接交往，印度移民曾移居菲律宾。现在一般认为，印度文化传入菲律宾的时间约在10世纪至14世纪初，而且不是直接传入，乃是以印度化的东南亚古代国家为中介。起到中介作用的主要是7世纪到15世纪中叶先后雄霸东南亚海上的两个商业国家——室利佛逝与满者伯夷。

菲律宾群岛从未成为室利佛逝或满者伯夷的一部分，同两国之间只有贸易联系和文化上的相互影响。印度文化因素通过上述两国（尤其是满者伯夷）间接传入菲律宾，传播过程比较缓慢，而且在传输中发生了不少变化，已经不是纯粹的印度文化。

印度文化对菲律宾的影响，主要体现在文字的传播上。在西班牙人入侵之前，菲律宾群岛已有一种叫作巴伊巴因的音符文字。据西班牙文献记载，操伊洛戈、泰加洛、邦板牙、冯嘉施兰等语言的居民很多都能认识和使用文字，所用共有16种大同小异的字体。这种文字有元音8个、辅音13～15个，在标音方法上与梵语有共同的特点。由于菲律宾人在书写时多使用树皮、芭蕉叶等作为纸张，不易保存，加上西班牙统治初期天主教传教士把有关菲律宾文化的任何记录都看作"魔鬼的著作"而加以毁灭，所以菲律宾文字几乎未能保留下来，唯一的实物是八打雁加拉沓彦社一处15世纪的墓葬中发现的一具陶罐，在罐口周围有39个字母，可惜至今无人能够释读。现在仅有巴拉望岛上的塔格巴纽人和民都洛岛上的汉努纽人还在使用这种音符文字。弗朗西斯科从基本笔画上将菲律宾文字同东南亚各地的文字进行比较，断定它与苏门答腊北部和中部的文字形式基本相同，是在10—12世纪从苏门答腊传来的。

印度宗教包括佛教和印度教也通过一些东南亚古国传入菲律宾群岛，但是未能在居民中扎根。在菲律宾没有发现寺庙和僧侣的活动，也没有菲律宾人崇信印度神、佛的迹象。显示印度宗教影响的主要是菲律宾语言中一些宗教词语的印度来源，也有少数几件文物可以作为佐证。泰加洛语的巴塔拉（创造神）和提华多（精灵），还有马巾达瑙语的天堂、地狱等词语，都是源自梵语，但是更接近马来语或爪哇语。同佛教有关的文物，有1917年在棉兰老岛东北亚宇申发现的21尊金像，重近四磅，据鉴定是佛教真言宗的陀罗盘膝坐像，年代为13世纪晚期到14世纪初期。宋赵汝适《诸蕃志》"麻逸"条说："有铜佛像散布草野，不知所自。"似乎当年菲律宾群岛上的印度宗教文物不少，但后来不知所终。

二、中国文化的传播

作为菲律宾的近邻，又拥有古老而发达的文明，中国在文化上对菲律宾的影响很大，是影响菲律宾民族文化形成的为数不多的几大文明之一。早在西班牙殖民之前，中国文化的多数因子就已经传入并扎根于菲律宾文化之中。宋元时期，由于中国文化相对强势的地位，以及中国与菲律宾贸易的发展，中国文化对菲律宾的影响日益加深，导致中国和中国人在菲律宾土著族群中备受尊崇和仰慕。1011 年，蒲端国使臣李于燮等奏请宋朝赐予旗帜、铠甲，以耀远方，得到宋朝皇帝的准许①。另据元人汪大渊《岛夷志略》记载，三岛（即三屿）"男子常附舶至泉州经纪，罄其资囊以文其身。既归其国，则国人以尊长之礼待之，延之上座，虽父老亦不得与争焉。习俗以其至唐（即中国），故贵之也"。又据《元史》记载，1292 年，前往琉球的元军舰船经过三屿，"（三屿）国人饷以粮食，馆我将校，无它志也"。上述"以耀远方""习俗以其至唐，故贵之也""饷以粮食，馆我将校"之类的言辞，足以说明宋元时期中国和中国人受到了菲律宾土著族群的尊崇和仰慕。

历史上中菲人民的交往较为直接，文化上的交流互动也比较频繁。中国文化对菲律宾的影响可以从技术传播、社会两方面来分析。在技术传播方面，最显著的是农业和手工业新技艺的传入。菲律宾的犁耕方法是从中国引入的，直到 19 世纪，菲律宾群岛上的农民仍然使用有柄而没有犁头铁的中国式犁。水车、水磨等农业生产工具也是由华侨传入后在菲律宾农村中广泛采用。菲律宾人还从中国人那里学会了榨蔗取糖和嫁接果树等方法。菲律宾的金工、木工、珠宝加工等手工业，都是由中国人传授整套的工具和操作方法，不少工具甚至连名称都予以借用，如 gintsam（金钻）、finan（铁砧）、baktaw（墨斗）等。来自中国的技术还有冶金、制造火药、陶瓷制作等，中国瓷器的各种型式（从普通的碗、碟到在东南亚流行的军持②），在菲律宾陶器中都有仿制品。

在社会方面，最典型的是家庭伦理和亲属称谓上的影响。菲律宾的家庭传承原来是从男、女双方计算的双系制，与中国家庭的父方单系制颇不相同，但是在大家族上彼此又相类似。因此在相互接触中，菲律宾人接受了中国尊亲敬长的家庭伦理，表现为子女孝顺父母、祖父母，弟妹尊敬兄姐，子女婚姻由父母安排，已婚子女仍与父母同住等。亲属称谓与家庭伦理相适应，例如兄弟姐妹依性别及年岁序列称呼，大哥

---

① （清）徐松：《宋会要辑稿》蕃夷四。

② 军持，源自梵语，又称"君持""君墀"和"捃稚迦"等，意为"水瓶"，是佛教僧侣随身携带的盛水的瓷器。大约在隋唐时期传入我国，从唐代至清代的南方、北方窑口均持续生产，并大量出口。

（kuya）或大姐（ateatse）地位仅次于父母，必要时可行使家长权利，大嫂（inso）、大姐夫（sirah）亦有类似地位。经过长期的直接交往，中国文化的许多成分已深深植根菲律宾文化之中。直至今日，在菲律宾人民日常衣食住行各方面，还可看到中国文化的巨大影响。例如饮食方面，不论主食（米粉、面线、炒面等）、小食（烧包、糕饼、春卷等），还是饮料（茶、面汤等）、蔬果（白菜、芥菜、柑等），乃至厨具、菜式种类、烹调方法，受到中国影响的痕迹都很明显。

三、阿拉伯—伊斯兰文化的影响

对菲律宾文化有重大影响的第三个亚洲文化是阿拉伯—伊斯兰文化。其传入菲律宾的时间虽然比印度文化和中国文化晚，但是在菲律宾南部诸岛却具有重要影响。阿拉伯—伊斯兰文化在传入菲律宾的过程中，伴随有相当数量的穆斯林移民，因而其势头和发展速度反在印度文化和中国文化之上。13—14 世纪，菲律宾社会正处于国家形成的前夜，阿拉伯—伊斯兰文化的传入，正适应了菲律宾社会的需要，所以迅速导致伊斯兰政治、宗教、法律制度在南部苏禄、马巾达瑙等地得以建立。16 世纪中叶，伊斯兰教的影响已及于马尼拉及其周围，但因受到西班牙殖民者的打击而中断。

伊斯兰教传入菲律宾，首先是来到苏禄。约在 13 世纪末年，已有一些穆斯林移民聚居苏禄，其中一些可能是商人。在离和乐市不远的一个山坡上，近年发现了一块 1310 年竖立的墓石，墓主杜汉麦巴鲁就是当地穆斯林移民的首领。到 14 世纪下半叶，带有苏非派色彩的伊斯兰教传教士来到了苏禄。《苏禄世系表》中提到一位据说具有非凡神力的传教士卡利姆，他在布安萨定居下来，还在西穆努尔岛上修建了菲律宾第一座清真寺，苏禄的伊斯兰教力量至此已大为加强。因此，当巴京达王子随后从苏门答腊的美南加保率领一群人（其中有战士和学者）来到苏禄的时候，虽然开始的时候遭到一些抵抗，但当地首领在获悉他是穆斯林后，就热情接待了他，并奉他为布安萨的统治者。到 15 世纪中叶，伊斯兰教在苏禄已广泛传播，首领们都愿意接受伊斯兰政治制度，于是经由苏门答腊和婆罗洲前来的阿拉伯人谢里夫·哈希姆被立为苏禄的第一位苏丹。在清代官方文献中，均称苏禄国王为"苏丹"。苏丹是阿拉伯语 sultan 的译音，主要用于伊斯兰国家最高统治者的称号。可见最迟在 14 世纪下半叶，苏禄已经是一个伊斯兰国家，该地的伊斯兰信仰一直延续到今天。

伊斯兰教传入棉兰老岛较苏禄为晚，但其过程则与苏禄相似，即是从传教活动和建立移民居留点开始，到确立伊斯兰政治制度才告一段落。约在 15 世纪中叶，伊斯兰传教士经由苏禄来到棉兰老岛上。到 15 世纪末，普兰吉河流域已有一些穆斯林移民聚居点。16 世纪初，西方殖民者侵入东南亚。1511 年，葡萄牙人攻占马六甲，引起了伊斯兰教徒从马来半岛向婆罗洲、菲律宾等地的迁移。

阿拉伯—伊斯兰文化给菲律宾带来了一神信仰、政教合一的封建政治制度和以《古兰经》为根本的法律。菲律宾穆斯林自觉成为世界穆斯林社会的组成部分，有了强大的团结力量。当他们面对西方殖民者的入侵时，就能把保卫乡土看作神圣的宗教义务。此外，从阿拉伯文化中还传入了一些科技成果，如火器、阿拉伯历法、铜器铸造技术（失蜡法）等，而阿拉伯文字的引进使用和伊斯兰学校的开设，也有利于提高菲律宾南部居民的文化水平。在文学和艺术上，也可看到阿拉伯文化对菲律宾的影响，例如马罗奴人和马巾达瑙人的叙事诗中，就有不少故事脱胎于《一千零一夜》。

第十四章　马来西亚与周边地区交流史

第一节　古代马来西亚与中国的友好交往

马来西亚与中国的民间交往有 2 000 多年的历史，根据考古发掘和史籍记载，早在公元前 2 世纪到公元前 1 世纪初，已经有中国人到达马来半岛南部和北婆罗洲地区。15 世纪以前，马来半岛建立了许多小国，大多为室利佛逝、满者伯夷等当时东南亚强国的藩属国，但在政治上仍属于相对独立和自主自治的国家。

在中国汉代，马来半岛已经有国家出现。据《汉书·地理志》记载，马来半岛上最早的古国为都元国（今登嘉楼州龙运一带）。都元国是一个港口国家，西汉末年，王莽派往印度黄支的使者曾经过此地。三国吴朱应所著《扶南异物志》、康泰所著《吴时外国传》，对马来半岛的王国均有记载。2 世纪初以前，在马来半岛比较有影响的国家为羯荼等。2 世纪，马来半岛东北部（今吉打至北大年一带）出现了另外一个受印度文化影响的古国狼牙修。2—5 世纪狼牙修曾被扶南国征服，随着 6 世纪扶南国的衰落，狼牙修逐渐恢复国力并强盛起来，最终发展为马来半岛北部强国，并成为马来半岛上的一个贸易中心。狼牙修与中国及印度的往来密切，在 515—568 年的 53 年间曾 4 次遣使到中国。狼牙修的统治一直延续到 16 世纪初。

5 世纪中叶，顿逊国日渐衰微，马来半岛国家逐渐分裂。在 16 世纪以前，大大小小的王国纷纷建立。在中国史籍中可查考的国家就有 11 个，即丹丹、盘盘、赤土、狼牙修、佛罗安、单马令、彭坑、吉兰丹、丁家庐、满剌加、柔佛。这些国家大多与中国发生过贸易或朝贡的关系，包括由马来半岛原住民所建立的丹丹、赤土和狼牙修等王国。隋炀帝大业年间，赤土、丹丹、盘盘三国均遣使到中国朝贡[①]。盘盘国于 635 年遣使到唐朝进贡，丹丹国在唐高宗乾封、总章年间进贡方物[②]。7—8 世纪，马来半岛

[①]　（唐）魏徵：《隋书》卷 82《南蛮传》。

[②]　（后晋）刘昫：《旧唐书》卷 197《南蛮西南蛮传》、（宋）欧阳修等：《新唐书》卷 222 下《南蛮下》。

先后出现了登牙侬、蓬丰、淡马锡等土邦政权。

15世纪初，以马六甲为中心的马六甲王国首次统一了马来半岛，成为今天马来西亚国家的雏形。1511年，葡萄牙殖民者攻占马六甲，马六甲王国灭亡，马来半岛进入西方殖民统治时期，先后被葡萄牙、荷兰、英国殖民统治。根据马来西亚历史发展的进程，古代马中友好关系主要是指马来亚被英国殖民统治前的马中两地往来。

一、15世纪以前马来西亚与中国的友好关系

有学者曾指出，中印两国人民，因为互相仰慕而谋求海上交通时，发现了马来亚。在中国和印度开始谋求海上交往的秦汉时期，马来半岛由于处于二者海上往来的必经之地，开始为国人所认识。在柔佛河流域发掘出的许多秦汉时代的陶器残片，证明当时已有中国人踏足马来半岛。

1—7世纪，马来半岛上的一些邦国，如狼牙修、吉打、丹丹等，都与中国有过友好交往，它们曾40次遣使来到中国访问，中国亦不断遣使回访。三国时孙权派朱应、康泰等访问南海各国，也走访了马来半岛。现在马来西亚的疆域内，在中国南朝时期有盘盘国、丹丹国、干陀利国、狼牙修国，它们与中国的关系非常密切，使者往来不绝。《梁书·诸夷传》保存了当时这四个国家的国王派使者向中国递交的国书，这是迄今为止所能见到的中国与马来西亚友好关系史上最早的政府文件。

盘盘国位于马来半岛中部，唐代高僧义净《南海寄归内法传》中称其为"盆盆"。梁大通元年（527），盘盘国国王派使者向中国递交国书，全文如下：

> 扬州阎浮提震旦天子，万善庄严，一切恭敬，犹如文净无云，明耀满目，天子身心清净，亦复如是。道俗济济，并蒙圣王光化，济度一切，永作舟航，臣闻之庆善。我等至诚敬礼常胜天子足下，稽首问讯。今奉薄献，愿垂哀受。[1]

此前的宋文帝元嘉（424—453）、孝武帝孝建（454—456）和大明（457—464）年间，盘盘国曾经3次遣使朝贡；此后萧梁中大通元年（529）及六年（534），盘盘国都曾遣使进贡牙像及佛塔、菩提国真舍利、菩提树叶、沉香、檀香、詹糖香等，两国关系密切。

丹丹国位于马来半岛中部[2]，萧梁中大通二年（530），丹丹国王派使者向中国递交国书。全文如下：

---

[1] （唐）姚思廉：《梁书》卷54《盘盘国传》。
[2] 丹丹国，即《新唐书》中之"单单"、（唐）义净《南海寄归内法传》中之"咀咀"、《太平寰宇记》中之"旦旦"，属于同名异译。

伏承圣主，至德仁治，信重三宝，佛法兴显，众僧殷集，法事日盛，威严整肃。朝望国执，慈愍苍生，八方六合，莫不归服。化邻诸天，非可言喻。不任庆善，若暂奉见尊足。谨奉送牙像及塔各二躯，并献火齐珠、吉贝、杂香药等。①

此后，萧梁大同元年（535），丹丹国又遣使进献金银、琉璃、杂宝、香药等方物。

干陀利国位于马来半岛上。刘宋孝武帝孝建二年（455）就遣使进献金银、宝器。萧梁天监元年（502），干陀利国王遣使及画工奉表进献玉盘等物。萧梁天监十七年（518），干陀利国王派遣长史毗员跋摩向中国递交国书。全文如下：

常胜天子陛下：诸佛世尊，常乐安乐，六通三达，为世间尊，是名如来。应供正觉，遗形舍利，造诸塔像，庄严国土，如须弥山。邑居聚落，次第罗满，城郭馆宇，如忉利天宫。具足四兵，能伏怨敌。国土安乐，无诸患难，人民和善，受化正法，庆无不通。犹处雪山，流注雪水，八味清净，百川洋溢，周回屈曲，顺趋大海，一切众生，咸得受用。于诸国土，殊胜第一，是名震旦。大梁扬都天子，仁荫四海，德合天心，虽人是天，降生护世，功德宝藏，救世大悲，为我尊生，威仪具足。是故至诚敬礼天子足下，稽首问讯。奉献金芙蓉、杂香药等，愿垂纳受。②

此后，萧梁普通元年（520），干陀利国又遣使进贡方物。陈世祖天嘉四年（563），干陀利国遣使进献方物。③

狼牙修国位于马来半岛北部。萧梁天监十四年（515），狼牙修国王遣使向中国递交国书，全文如下：

大吉天子足下：离淫怒痴，哀愍众生，慈心无量。端严相好，身光明朗，如水中月，普照十方。眉间白毫，其白如雪，其色照曜，亦如月光。诸天善神之所供养，以供正法，宝梵行众增庄严，都邑城阁，高峻如乾陀山。楼观罗列，道途平正。人民炽盛，快乐安稳。著种种衣，犹如天服。于一切国，为极尊盛。天王愍念群生，民人安乐，慈心深广，律仪清净，正法化治，供养三宝，名称宣扬，布满世界，百姓乐见，如月初生。譬如梵王，世界之主，人天一切，莫不归依。敬礼大吉天子足下，犹如现前，忝承先业，庆嘉无量。今遣使问讯大意。欲自往复，畏大海风波不达。今奉薄献，愿大家曲垂

---

①　（唐）姚思廉：《梁书》卷54《丹丹国传》。

②　（唐）姚思廉：《梁书》卷54《干陀利国传》。

③　（唐）姚思廉：《陈书》卷3《世祖本纪》。

领纳。①

狼牙修国至萧梁时期已经立国 400 余年，可见其是马来半岛上的一个古国。

这四份记载马来西亚与中国关系的国书，是十分珍贵的历史资料。四个国家与中国建立起友好关系，是当时东南亚国家与中国文化交流的必然发展，是诸多条件都已经具备的必然结果。

由于朝贡贸易的兴起，中国与马来半岛诸国通过南海的交往持续增多。前来朝贡的使臣主要是马来半岛各国的政府官员，有的则是商人，在进行贸易的同时，成为早期中国与马来西亚文化交流的使者。而前往马来半岛的中国人，除了朝廷派遣的使臣，还有一个特殊的群体——僧侣。佛教在东汉传入中国后，发展迅速。很多高僧为探求佛法、瞻仰佛迹，都寻求能亲身前往印度。除了从陆路西行，一部分僧侣还从海路绕道马来半岛前往印度，他们在不知不觉中充当了两地文化交流的使者。

唐、宋、元三朝是中国封建社会的成熟阶段，版图辽阔，国力强盛，对外经济文化交流实现了大发展。唐代，随着造船工艺的提高和航路的开辟，加上对南海诸国实行和平交往的政策，中国与马来半岛各国的交往逐渐增多，当时从广州通往南海诸国的海道往往途经吉打和柔佛一带。由于朝廷推行对外开放政策，朝贡贸易和民间贸易都得到较快发展。位于马来半岛南端（今柔佛州境内）的罗越国，因为濒临马六甲海峡，成为中国与南海诸国贸易的重要港埠，同时也是各国进行贸易的商品集散地和中介地。据《新唐书》记载，罗越"商贾往来所凑集，俗与堕罗钵底同。岁乘舶至广州，州必以闻"②。867 年，日本高岳亲王（即真如法亲王）从广州起航前往天竺（即印度），到罗越国时不幸亡故③，可见唐代罗越也是从广州前往印度的海路必经之地。羯荼（今吉打一带）是马来半岛西部重要的贸易港口，也是唐代僧侣从海路往返中国与印度之间的必经之地④。

从马来半岛前往中国进行贸易的民间商贾，在唐代也取代朝廷官吏，成为两地交往的主要人员。唐代是中国最早与北婆罗洲国家有交往记录的时期。出土的陶瓷用具、玻璃器皿和开元通宝铜钱等，都是当时的中国商人从中国运来的，犀角、象牙、燕窝、树脂、香料、黄金和宝石等则是中国商人买来运往中国的主要货物。此外，开采铁矿、冶铸生铁也是中国人前往沙捞越等地的一个主要目的，冶铁技术就是在唐代传入沙捞越的。

---

① （唐）姚思廉：《梁书》卷 54《狼牙修国传》。
② （宋）欧阳修等：《新唐书》卷 222 下《南蛮下》。
③ ［日］木宫泰彦著，胡锡年译：《日中文化交流史》，北京：商务印书馆，1980 年，第 147 – 148 页。
④ （唐）义净：《大唐西域求法高僧传》，北京：中华书局，1988 年，第 152 – 206 页。

　　宋代的造船业非常发达，随着指南针应用于航海，航运业进入繁盛阶段。浡泥国（今文莱一带）与中国建交，并两次遣使入贡，开创了中国与北婆罗洲地区经济文化交流的新纪元。丹眉流的国主曾于1001年遣使向宋朝进贡木香、鍮鑞、胡黄连、紫草、红毡、花布、苏木、象牙等方物。[①] 市舶贸易是宋代中国与马来半岛国家往来的主要形式，对加强两地的经贸往来和文化交流产生了十分积极的影响。宋朝商人携带金银、瓷器、铁器、漆器、缬绢、酒、米、糖、麦等商品前往各国交易，换回速暂香、降真香、檀香、象牙、犀角、苏木等土特产。[②] 与宋朝进行市舶贸易、今属马来西亚辖地的国家主要有佛罗安、凌牙斯（今柔佛州一带）、蓬丰（今彭亨）。

　　元朝基本沿袭了宋朝对南海诸国的策略，重视与各国友好交往，实行朝贡贸易、官本贸易（含使臣贸易、斡脱贸易、官本船贸易等）和市舶贸易（含私商经营的海外贸易）。与元朝进行贸易往来的马来半岛国家，主要有丹马令（今彭亨州一带）、彭坑（今彭亨）、吉兰丹（今吉兰丹州一带）、丁家卢（今登嘉楼州一带）、龙牙犀角（今新加坡一带）、龙牙门（今新加坡一带）、苏洛鬲（今吉打一带）、浡泥。与宋朝相比，元朝与马来半岛国家和北婆罗洲渤泥国的友好往来有了进一步的发展。

二、马六甲王国时期马来西亚与中国的朝贡关系

　　马六甲[③]王国时期（1400—1511），马来西亚与中国交往密切，是古代马中友好关系发展的高潮阶段。马六甲王国与明朝的交往始于1403年，止于1521年，历时119年。由于当时明朝对内厉行海禁政策，严禁中国商民出海贸易，对外则实行政治、经济和文化一体的具有政府垄断性质的朝贡外交，这就决定了马六甲与中国的交往主要通过官方性质的朝贡来进行，而朝贡贸易则是两国交往的一种重要形式。马六甲与中国朝贡关系的发展，根据马六甲王国八任国王的在位时间，大致分为以下六个阶段。

　　（一）拜里米苏拉时期（1400—1414）的朝贡关系

　　拜里米苏拉是马六甲王国的奠基者，也是决定与明朝确立朝贡关系的决策者。马六甲王国建国之初，位于马来半岛北部的暹罗王国正值鼎盛时期，势力遍及马来半岛以北的大部分地区，马六甲亦在其掌控范围之内。拜里米苏拉与暹罗达成协议，愿意成为暹罗的属国，每年向暹罗国王进贡40两黄金，希望借此避免暹罗的侵犯，为马六甲谋求一个和平安定的发展环境。1402年，明成祖朱棣即位，明朝开始重视发展与海

---

① （元）脱脱：《宋史》卷489《丹眉流国传》。
② 据（宋）赵汝适《诸蕃志》记载，佛罗安的土产有速暂香、降真香、檀香、象牙等，单马令的土产为黄蜡、降真香、速香、乌榈木、脑子、象牙、犀角。《宋史》记载的丹眉流土产为犀、象、鍮石、紫草、苏木等物。
③ 马六甲在《明史》《瀛涯胜览》等文献中被称为"满剌加"，1511年葡萄牙人侵占后改称"麻六甲""马六甲"。

外国家的关系，接连派遣使臣前往东南亚各地，宣示明朝大国之威仪，招徕各国开展朝贡贸易，促进双边关系的发展。1403 年，派遣太监尹庆出使马六甲，赐给拜里米苏拉织金文绮、销金帐幔等物，并表达明朝招徕之意。拜里米苏拉虽然向暹罗进贡黄金，并签订有和平协议，但暹罗对马六甲的觊觎还是让他内心非常不安。尹庆的到来，使拜里米苏拉喜出望外，他深知明朝是周边地区中实力最为强大的国家，认为这是一个可以让马六甲得到强援，以摆脱暹罗威胁的大好时机。因此，拜里米苏拉当机决定派遣使臣跟随尹庆前往中国，在 1405 年抵达南京，向明朝进贡，明成祖册封拜里米苏拉为马六甲国王[①]。此后拜里米苏拉又于 1407 年、1409 年、1412 年、1413 年四次遣使赴明朝朝贡。

尹庆出使马六甲，揭开了马六甲王国与明朝朝贡关系的序幕。郑和七次下西洋，有六次停靠并访问马六甲，则为两国的亲密关系添加了浓墨重彩的一笔。1411 年，郑和在第三次下西洋的回程途中经过马六甲时，马六甲国王拜里米苏拉亲自带领王妃、王子和臣下 540 余人跟随郑和一起前往明朝，这是马六甲国王对中国的第一次出访，规模甚为庞大，明成祖给予其最隆重的礼仪接待。明成祖与拜里米苏拉相见甚欢，在明朝停留两个多月后，拜里米苏拉向明成祖辞行回国，明成祖在奉天门设宴为拜里米苏拉饯行，并重赏其随行人员。拜里米苏拉在位期间，中马两国建立并保持了长达 12 年的朝贡关系，也成为两国关系进入蜜月期的前奏。

（二）梅格·伊斯坎达尔·沙时期（1414—1424）的朝贡关系

1414 年，拜里米苏拉逝世，王子艾哈迈德王继位，称号梅格·伊斯坎达尔·沙。梅格·伊斯坎达尔·沙在位 11 年，先后于 1415 年、1416 年、1418 年、1420 年、1421 年、1423 年六次遣使入贡，明成祖皆厚待来使。梅格·伊斯坎达尔·沙在 1414 年和 1419 年两次亲赴明朝朝贡，受到明成祖热情款待。梅格·伊斯坎达尔·沙第一次到明朝，是在其父拜里米苏拉逝世当年，意在向明朝皇帝请封为王，表达马六甲愿为明朝藩属、奉明朝正朔的愿望。在他看来，只有受到明朝天子的册封，才能真正成为世人眼中正统的马六甲国王。第二次来朝，则是向明成祖奏明暹罗对马六甲屡有侵犯的情况，希望借助明朝之力拒暹罗于国门之外。明成祖再次敕谕暹罗，令其与马六甲和平共处，使马六甲再次凭借明朝摆脱了暹罗的威胁。通过两次入明朝贡，梅格·伊斯坎达尔·沙确立了马六甲国王的地位，巩固了作为马六甲统治者的威信，也使马六甲免遭暹罗的入侵。

梅格·伊斯坎达尔·沙在位期间，郑和第五、第六次出使西洋皆到访马六甲。

---

① （清）张廷玉等：《明史》卷 325《满剌加传》。

1421 年，郑和第六次出使西洋，也是永乐年间最后一次大规模遣使出访西洋各国。郑和把马六甲作为下西洋航程的中转站，在此建立临时城垣和仓库，囤积粮食和货物，对船只进行维护和修理，因此郑和与马六甲国王的关系非常紧密。据明人马欢《瀛涯胜览》记载："凡中国宝船到彼，则立排栅如城垣，设四门更鼓楼，夜则提铃巡警。内又立重栅，如小城，盖造库藏仓廒，一应钱粮顿在其内。"梅格·伊斯坎达尔·沙时期，中国与马六甲两国来往频繁，友好关系得到加强。

（三）苏丹穆罕默德·沙时期（1424 —1445）的朝贡关系

苏丹穆罕默德·沙是梅格·伊斯坎达尔·沙的继任者，是马六甲王国的第三任国王。穆罕默德·沙在马六甲建立伊斯兰王国，使用"苏丹"称号。苏丹是阿拉伯语的音译，意思是"君王"或"有权威的人"，是伊斯兰王国的统治者。故明人马欢在《瀛涯胜览》中记载道，满剌加（即马六甲）"国王、国人皆从回回教门，持斋、受戒、诵经"。从苏丹穆罕默德·沙开始，马六甲王国正式进入马来苏丹王国时代，其后的历任统治者皆采用苏丹称号。

苏丹穆罕默德·沙在位 22 年，其间明朝历经永乐、洪熙、宣德、正统四朝，马六甲先后六次遣使朝贡。1424 年遣使向明仁宗朱高炽朝贡；1426 年遣使向明宣宗朱瞻基朝贡；1435 年、1439 年、1444 年、1445 年遣使向明英宗朱祁镇朝贡。苏丹穆罕默德·沙本人也在 1424 年、1433 年两次亲赴明朝朝贡。1424 年，苏丹穆罕默德·沙第一次到访明朝。这一年其父梅格·伊斯坎达尔·沙逝世，苏丹穆罕默德·沙继位后，迫切希望得到明朝皇帝的册封，以巩固其地位，增强其威信。永乐皇帝热情接待了到访的苏丹穆罕默德·沙，并厚赏苏丹及其随行人员。这也是永乐皇帝最后一次接受马六甲王国的朝贡。

1424 年，明成祖在出征北疆途中卒于榆木川，随即明廷停止了郑和的航海活动。直至 1430 年，明宣宗不满意于"外番贡使多不至"的冷落景况，命郑和第七次出使西洋。1431 年，郑和最后一次奉命出使西洋，此后，明朝统治者对海外国家的兴趣渐淡，再也没有组织大规模的出访活动。1433 年，苏丹穆罕默德·沙跟随郑和回航的船队第二次到中国朝贡。苏丹穆罕默德·沙是宣德年间唯一来华朝贡的外国国王，加之其祖父、父亲都曾亲自来华朝贡，明宣宗对其款待有加，给予厚赏。苏丹穆罕默德·沙两次来华朝贡，把马中关系推向了高潮。

1403—1445 年的 43 年间，是马六甲王国与明朝关系最为密切的一段时期。其间马六甲国王 16 次遣使来华朝贡，郑和七次下西洋，有六次停靠马六甲，而三代马六甲国王 5 次亲赴明朝朝贡，则是两国亲密关系最直接的体现。

（四）苏丹阿布·赛义德和穆扎法尔·沙时期的朝贡关系

1445 年，苏丹穆罕默德·沙去世后，马六甲陷入了一场围绕王位争夺的政治危机。

这场危机源于苏丹穆罕默德·沙的两位王子对王位继承权的争夺。苏丹穆罕默德·沙在位期间，曾先后迎娶两位王妃。大王妃敦·瓦蒂是来自苏门答腊岛西北部巴赛国的泰米尔族穆斯林富商马尼·普林丹之女，与苏丹婚后育有一子拉惹·卡希姆。二王妃是苏门答腊岛中部罗干国的一位公主，婚后生下二王子拉惹·易卜拉欣。苏丹穆罕默德·沙一改长子继任王位的传统，把二王子拉惹·易卜拉欣立为太子，并册立其母罗干国公主为苏丹王后。苏丹穆罕默德·沙逝世后，二王子拉惹·易卜拉欣继承王位，即苏丹阿布·赛义德。当时罗干国王子已在马六甲定居多年，当外甥拉惹·易卜拉欣继任苏丹后，他手握国家大权，并把大王子拉惹·卡希姆及其母亲赶出王宫。罗干国王子的种种恶行，激起了公众的不满，大王子拉惹·卡希姆则得到了大多数马六甲居民的支持。1446 年的一个夜晚，大王子拉惹·卡希姆联合当时的宰相及财相，率领支持者攻入王宫，杀死罗干国王子，而苏丹阿布·赛义德在争斗中先是被舅舅罗干国王子挟持为人质，并最终被其杀害。事后，大王子拉惹·卡希姆成为马六甲王国第五任国王，即苏丹穆扎法尔·沙。

苏丹穆扎法尔·沙继位后，马六甲王国断绝了与中国长达数十年的友好往来，这种情况一直持续到 1455 年。马六甲王国著名的宰相敦·霹雳上任后，恢复了两国的朝贡关系，希望再次借助明朝震慑暹罗的野心。1455 年 5 月、1455 年 7 月、1456 年 5 月，马六甲王国三次遣使来华朝贡，中马两国中断了十年的朝贡关系也得以重建。

（五）苏丹曼苏尔·沙和阿拉乌丁·黎阿耶特·沙时期的朝贡关系

苏丹曼苏尔·沙和阿拉乌丁·黎阿耶特·沙统治时期是马六甲王国国力最为鼎盛的时期。苏丹曼苏尔·沙在位时期，马六甲王国积极向外扩张，到 1470 年，马六甲王国已经成为东南亚地区实力最强的国家，马六甲海峡完全处于其掌控之中，马六甲成为东南亚最重要也是商贾最为集中的商业贸易中心。

1456 年，苏丹曼苏尔·沙在即位之初，就遣使到中国朝贡，行至广东新会县时，由于正贡使奈霭犯法并畏罪自杀，副贡使巫沙随即取消朝贡行程，率使团离开中国。1459 年，苏丹曼苏尔·沙再次遣使朝贡。此时马六甲王国国力强盛，明英宗对其十分重视，在 1459 年派遣给事中陈嘉猷为正使、行人彭盛为副使前往马六甲，册封苏丹曼苏尔·沙为马六甲国王①。1468 年、1475 年，马六甲王国两次派遣使臣到中国朝贡。

1477 年，苏丹曼苏尔·沙逝世，其子拉惹·侯赛因继位，即苏丹阿拉乌丁·黎阿耶特·沙。阿拉乌丁·黎阿耶特·沙被认为是马六甲王国历史上最有能力的一位苏丹。他一方面削弱宰相敦·霹雳的势力，加强手中的权力；另一方面在国内推行多项法律

---

① （清）张廷玉等：《明史》卷 325《满剌加传》。另，《明史》中将"曼苏尔·沙（Mansur sah）"译为"芒速沙"。

和法规，尤为注重对国内治安的治理。苏丹阿拉乌丁·黎阿耶特·沙在位11年，在加强马六甲王国对属国统治的同时，还征服了苏门答腊岛上的阿鲁国，使马六甲王国的疆域进一步扩大。

此时马六甲王国与明朝的官方往来不多，只在1481年遣使朝贡一次。明朝曾在1481年派遣礼科给事中林荣为正使、行人黄乾亨为副使，前往马六甲册封苏丹阿拉乌丁为国王。然而林荣、黄乾亨二人在赴马六甲途中遇台风溺死海上，未能完成出使任务。随后明朝再派给事中张晟、行人左辅前往册封，虽然张晟也卒于广东，但左辅最终完成了册封任务①。

苏丹曼苏尔·沙与阿拉乌丁·黎阿耶特·沙把发展重点放在了经济建设和对外扩张上，在成功与暹罗修好，彻底解除长期困扰马六甲王国的外患后，原先依靠明朝遏制暹罗的作用也逐渐淡化，所以这一时期中马两国的交往呈现断断续续的局面。

（六）苏丹马哈穆德·沙时期的朝贡关系

1488年，正值壮年的苏丹阿拉乌丁·黎阿耶特·沙猝死，年仅30岁，死因存疑。其子拉惹·马哈穆德继位，即苏丹马哈穆德·沙。1498年，四朝宰相敦·霹雳逝世，结束了其长达42年的宰相生涯，也预示着马六甲王国走向没落的开始。苏丹马哈穆德·沙并非一名贤能的君主，而是一个嗜鸦片如命的"烟鬼"，是一名"软弱而残忍的暴君"。他每天潜心于虚幻的宗教和灵魂学说之中，而把国家交给宰相和大臣们管理，使得朝廷上下争权夺利之风盛行，一时贪污受贿现象极为普遍。失去敦·霹雳的马六甲王国，再次处于内忧外患之中。

由于国内矛盾重重，苏丹马哈穆德·沙无暇顾及发展与明朝的关系，两国外交往来在其即位后中断了十余年。1508年，正当两国准备恢复交往之际，一件由于中国和马六甲官员贪赃枉法而引发的"使臣案"，使两国的交往再度中断。根据史籍记载，1508年，到中国朝贡的马六甲王国使团中有一个名叫亚刘的人，原是中国江西万安人萧明举，因在中国境内犯罪而逃到马六甲，后被授予通事的官职。亚刘跟随马六甲王国贡使端亚智前往明朝朝贡，受到明廷重赏。亚刘贿赂明朝的大通事王永、序班张字、礼部吏侯永等，伪造符印，前往浡泥国索要宝物。后来由于与端亚智等人发生纠纷，亚刘便勾结彭万春等人，将端亚智等杀害，并抢夺其财物。事发后，亚刘等被捕并押送至北京，分别被处以凌迟、斩首、戍边、罚金之刑②。因为这次事件，马六甲王国再次中断了与明朝的外交来往。

---

① （清）张廷玉等：《明史》卷325《满刺加传》。另，《明史》中将"阿拉乌丁·黎阿耶特·沙（Mahmud sah）"译为"马哈木沙"。

② （清）张廷玉等：《明史》卷325《满刺加传》。

1511 年，马六甲王国都城被葡萄牙殖民者攻陷，苏丹马哈穆德·沙被迫流亡。1521 年，已逃亡至廖内群岛的苏丹马哈穆德·沙遣使来华朝贡，受到明朝接待。虽然马六甲王国已遭受灭国之灾，但是明朝依然承认苏丹马哈穆德·沙为马六甲王国的正统国王，并按照国王的待遇对苏丹及王妃进行回赐。对于苏丹马哈穆德·沙的复国求援，刚继位的嘉靖皇帝虽然"敕责佛郎机（即葡萄牙），令还其故土"，并谕令遏罗诸国出兵援助，但是葡萄牙根本不予理睬，而遏罗等国也无一响应，马六甲终至灭国。①而这次朝贡，也是马六甲王国统治者最后一次向中国朝贡。

在马六甲王国立国的百余年间，遣使来中国达 20 多次，其中国王亲自率领使者出访的就有 5 次。明朝政府自 1403 年派尹庆访问马六甲王国起，也曾遣使回访 14 次。当时明朝欢迎马六甲君主的礼仪是极为隆重的。1411 年，马六甲国王拜里米苏拉及王妃、王子和臣属 540 余人到中国访问，明成祖"命中官海寿、礼部郎中黄裳等往宴劳，有司供张会同馆。入朝奉天殿，帝亲宴之，妃以下宴他所，光禄日致牲牢"，并"赐王金绣龙衣二袭、麒麟衣一袭，金银器、帷幔衾褥悉具，妃以下皆有赐"。当使团将要启程回国时，又"赐王玉带、仪仗、鞍马，赐妃冠服。濒行，赐宴奉天门，再赐玉带、仪仗、鞍马、黄金百，白金五百，钞四十万贯，钱二千六百贯，锦绮纱罗三百匹，帛千匹，浑金文绮二，金织通袖膝裥二"。②可见明成祖对马六甲国王十分敬重，中马两国的关系十分亲密。

中国的使节在访问或途经马六甲王国时，同样受到当地人民的隆重款待。如郑和七次下西洋期间（1405—1433），曾经六次停靠马六甲，每次马六甲国王都热情款待，盛情异常。

明朝的朝贡体系强调"怀远以德""协和万邦"，追求"共享太平之福"，虽然要求周边各国向明朝称臣纳贡，接受明朝册封，成为明朝藩属，但没有干涉他国内政、强占他国土地的企图。以和平方式建立朝贡体系，体现的是明朝睦邻安邻的友好外交政策。厚往薄来、怀柔安抚是明朝维系朝贡体系的主要手段。明朝与马六甲王国建立的朝贡关系，即是中国传统"和"文化、和平外交的体现。中国与马六甲虽有宗藩之名，但明朝始终把以德睦邻、和平共处作为两国一个多世纪以来朝贡关系发展的前提。马六甲与中国的朝贡关系对马六甲王国的政治、经济和文化产生了深远影响，对明朝的对外交往也起到了积极的作用。

---

① （清）张廷玉等：《明史》卷 325《满剌加传》。另，《明史》中将"马哈穆德·沙（Mahmud）"译为"苏端妈末"，这里的"苏端"应为"苏丹"，"妈末"即 Mahmud 的音译。

② （清）张廷玉等：《明史》卷 325《满剌加传》。

第二节　古代马来西亚与中国的经贸关系

早在汉代，马来西亚就成为中国—南海—印度洋航道的必经之地，印度南部科罗曼德耳海岸的商人也曾来到马来半岛。4 世纪的红海、波斯湾商人已经懂得信风的奥妙，每年5—9 月间利用西南信风乘船过印度洋，通过马六甲海峡，而停泊于苏门答腊和马来半岛沿岸，交换中国的丝绸和东南亚的香料。

汉代中国的造船技术和航海水平都有了很大的提高，各种类型的战舰和大船出现，中国与马来西亚已有了贸易往来。据《汉书·地理志》记载，汉武帝时派遣黄门译长，与应募者俱入海市明珠、壁流离、奇石、异物，赍黄金、杂缯以往，所至国皆廪米仓。船队航行的路线为：从北部湾沿岸的三个港口（徐闻、合浦、日南障塞）起航，经越南、柬埔寨，进入暹罗湾，到达泰国、马来西亚、苏门答腊、缅甸等地，换回明珠、壁流离和奇石、异物，开辟了海上丝绸之路，开启了中国与东南亚的官方交往。通过这条海上贸易航线，中国的金属、丝绸、陶器等货物运输到东南亚沿海尤其是马来半岛及暹罗湾沿岸各地，而当地的方物土产也通过货物交换的形式来到中国，增加了相互接触和了解，增进了彼此之间的经济文化交流。在此过程中，马来半岛成为东南亚地区的一个贸易中心，但此时马来半岛还没有统一的国家。考古学家在柔佛河流域发掘出许多秦汉时期的陶器残片，即是很好的佐证。从东南亚到印度南部广大沿海地区的部落与王国，均以当地的土产方物前来交换①。

魏晋南北朝时期，有关马来西亚的中国史籍记载，就是对狼牙修、丹丹、盘盘等国的描述。从《梁书》记载："狼牙修国，在南海中，其界东西三十日行，南北二十日行，去广州二万四千里。土气物产与扶南略同，偏多笺、沉婆律香等。其俗男女皆袒而被发，以吉贝为干缦。其王及贵臣乃加云霞布覆胛，以金绳为络，带金环贯耳。女子则被布，以璎珞绕身。其国累砖为城，重门楼阁。"可见当时狼牙修是一个相当大的国家，狼牙修已掌握烧砖技术，故能"累砖为城，重门楼阁"。

狼牙修是东方香料的集散地，香料是外地商人来此贸易的重要对象。从"以吉贝为干缦"的记载看，6 世纪时马来西亚人已能织棉为缦。吉贝在马来语中意为"棉花"，中国史书上关于吉贝的记载，是从马来语音译而来。魏晋以来，吉贝是中国进口的重要商品之一，523—532 年和 561 年，狼牙修国曾连续遣使到中国通好。

隋唐五代时期，贯通整个东亚、东南亚及南亚、西亚的海上贸易通道上往来的货物种类繁多，阿拉伯商人从马来半岛的个罗岛输入沉香、龙脑、白檀、象牙、锡、黑

---

① （汉）班固：《汉书》卷28《地理志下·粤地》。

檀、苏枋木、各种香料等商品①。中国政府曾派遣使者到马来半岛建立贸易和外交关系，除了以物易物，还用铜钱、金银作为结算货币。中国的铜钱因携带方便、信誉良好而成为国际通用货币。

隋统一中国后，派常骏、王君政等出使马来半岛，带去丝织物 5 000 段，从广州起航，抵达马来半岛南部的赤土国时，受到赤土国王的热烈欢迎。实际上这是隋朝政府的一次官方贸易。从此隋朝与马来半岛的赤土国建立了联系，赤土国王随即派遣王子那邪迦跟随常骏、王君政等回访中国。与汉代一样，6 世纪时马来半岛仍没有统一的国家，半岛上存在许多小王国，都是地方土邦政权。例如《隋书》所载的狼牙修国，亦即南北朝时的狼牙修，在常骏、王君政等访问时，仍然存在。

唐代中国与东南亚地区的物质文化交流日益活跃，东南亚各地成为中国陶瓷外销的重要区域。唐代以前，中国史书没有记载陶瓷器外销的情况，但根据考古发掘可知，东南亚有不少唐代以前的中国陶瓷器或其残片。例如，著名华侨韩槐准曾在马来半岛南端柔佛河流域的马坎门索尔顿的一个古遗址中发现了不少中国东汉时期的波浪纹瓷片，火度很高，而在苏拉威西岛南部也发现了汉代陶器。唐代以后，瓷器成为中国出口货物大宗，在今天东南亚各地，都发现了中国古代的陶瓷器。在马来西亚的沙捞越河口各遗址中，就曾出土 9—10 世纪的越窑青瓷和 11 世纪以后的中国各色瓷器。在马来半岛的彭亨，则发现了中国唐代的四耳青瓷尊。马来西亚沙捞越博物馆收藏的中国瓷器标本达 100 万片以上，其中有青瓷、青白瓷、黑瓷等，来自福建、浙江、广东潮州等地。

宋元时期是中国与东南亚贸易往来的一个重要时期。北宋朱彧《萍洲可谈》、南宋周去非《岭外代答》以及赵汝适《诸蕃志》，元代《大德南海志》、汪大渊《岛夷志略》等史籍，为我们了解当时海外贸易的发展状况提供了丰富而有价值的史料。据《岭外代答》记载："（真腊国）最产名香，登流眉（今马来半岛洛坤）所产为绝奇，诸番国香所不及也。"② 登流眉因此成为当时中国商人前往东南亚诸国采办香药的往来必经之地。宋代从中国出口到东南亚地区的商品，主要有丝绸、瓷器、陶器、金属及金属制品、日用杂货，以及茶、酒、粮食、盐等农副产品。从东南亚各地输入的货物，主要有珍宝、异物、布匹、香料、药物等。马来半岛的佛罗安、蓬丰、登流眉等地也在商品流通的范围之内。宋代马来半岛上的凌牙斯、佛罗安、蓬丰、吉兰丹、登牙侬、登流眉等小王国都是三佛齐的属国，因此马来半岛南部的贸易，实际操纵在三佛齐的

---

① 苏莱曼著，穆根来、汶江、黄倬汉译：《中国印度见闻录》，北京：中华书局，1983 年，第 109 页。按，个罗又名哥罗、哥罗富沙罗，一说位于今泰国南部沿海。

② （宋）周去非：《岭外代答》卷 2《外国门上·真腊国》。

阿拉伯商人手中。中国商人从广州、泉州等地携带缯绢、瓷器、酒、米等物，到凌牙斯交易当地出产的香药、象牙、犀角等物品。在凌牙斯的市场上，以金银作为交易的一般等价物，比如"酒一墱，准银一两，准金二钱；米二墱，准银一两，（米）十墱，准金一两"①。

元代中国与马来西亚诸国的交易十分广泛，这些国家包括龙牙犀角、丹马令、彭坑、吉兰丹、丁家卢。龙牙犀角的土产为沉香、鹤顶香、降真香、蜜糖、黄熟香头等，交易来自中国的土印布、八都刺布、青白花碗等物。丹马令的土产为白锡、朱脑、龟筒、鹤顶香、降真香、黄熟香头等，交易来自中国的甘理布、红布、青白花碗、鼓等。彭坑的土产为黄熟香头、沉速香、打白香、脑子、花锡、降真香等，交易来自中国的诸色绢、铜铁器、漆瓷器、鼓板等。吉兰丹的土产为沉速香、降真香、黄蜡、龟筒、鹤顶、槟榔、花锡，交易来自中国的塘头市布、青盘花碗、红绿烧珠、琴阮、鼓板等。丁家卢的土产为降真香、脑子、黄蜡、玳瑁等，交易来自中国的青白花瓷碗、小红绢、酒等②。

明代中国与马来西亚的贸易更为频繁，著名航海家郑和率船队七下西洋，六次经过马六甲，为增进两地人民之间的友谊和促进互利通商做出了不可磨灭的贡献。马六甲王国在郑和出使后的100多年（1405—1510）中，社会祥和安宁，马六甲港更是成为当时东西方贸易的主要商港。马六甲王国十分重视同中国的邦交关系，1411年国王拜里米苏拉亲率王妃、王子和臣属540余人浩浩荡荡来华访问，进献给明朝的物品包括玛瑙、珍珠、玳瑁、珊瑚树、鹤顶、金母、琐服、白苎布、西洋布、撒哈剌、犀角、象牙、黑熊、黑猿、白麂、火鸡、鹦鹉、片脑、蔷薇露、苏合油、栀子花、乌爹泥、沉香、速香、金银香、阿魏等③。

郑和七次下西洋，极大促进了中国与东南亚国家的易货贸易。郑和把中国的陶瓷、丝绸、茶叶、金属货币等带到马来西亚，并把东南亚的香料、染料、宝石及奇花异草带回中国。更难得的是，郑和把中国先进的文化、艺术、农业技术以及中国的犁、耙等农具带到马来半岛，改变了马来西亚许多地方刀耕火种的落后状况。中国的指南针也被马来人用在航海船舶上，大大促进了当地的航海事业。就是马来人制作的水缸、水瓶、小碟等器具，也都是源于中国明代的工艺。马六甲建国初期，是用"斗锡"作为交换媒介的。所谓"斗锡"，就是将花锡铸造成斗样，交纳给官府，"每块重官秤一

---

① （宋）赵汝适：《诸蕃志》，丛书集成初编本。
② （元）汪大渊著，苏继顾校释：《岛夷志略校释》，北京：中华书局，1981年。
③ （清）张廷玉等：《明史》卷325《满剌加传》。

斤八两，或一斤四两，每十块用藤缚为小把，四十块为一大把，通市交易皆以此锡行使"①。在中国的铜钱传入后，马六甲即仿照中国的铜钱式样铸造了锡币。

尽管明清两朝曾经实施严厉的海禁政策，禁止民间商人出海与海外诸国进行通商贸易，但是马来西亚与中国的商人还是突破封建统治者设置的重重禁制，使民间贸易逐渐成为明清时期海外贸易的主要形式。

第三节　近代马来西亚与西方殖民者之间的关系

从 10 世纪开始，东西方之间的贸易特别是东方的香料贸易，完全由阿拉伯商人垄断。欧洲一些国家为了打破这种垄断，直接从东方产地获得香料和其他原料，从 14 世纪后期开始，便纷纷到东方寻找新的贸易通道和伙伴，葡萄牙就是最早产生这种兴趣的西方国家。由于马六甲所处的战略位置十分重要，加之又是东南亚国际贸易中心，因此成为葡萄牙的重要目标。

一、葡萄牙、荷兰对马六甲的侵占

1509 年，葡萄牙海军上将雪奎拉率领强大舰队首次到达马六甲港，试图入侵马六甲，被当时的苏丹马哈穆德·沙派兵赶走，并活捉了 20 多个葡萄牙人。两年之后，由 18 艘军舰组成的葡萄牙舰队再次来到马六甲，要求释放人质和赔偿损失。由于要求未得到完全满足，葡萄牙军队开始进攻马六甲。战斗初期，葡萄牙侵略者受到马六甲当地人民的英勇抵抗，苏丹更是亲自带领官兵作战，葡萄牙人曾被击退。然而，在经过近半个月的顽强抵抗后，装备落后的马六甲军队终究不敌拥有强大海上武装力量的葡萄牙殖民者，马六甲陷落。

葡萄牙在占领马六甲后，一方面，对马六甲实行贸易垄断政策，完全控制胡椒和香料的贸易；另一方面，希望借助"朝贡"的名义，到中国谋取利益。由于马六甲国王是由明朝统治者册封、受到明朝承认的一国之君，马六甲王国是与明朝有着朝贡关系的藩属，因此，对于侵略马六甲的葡萄牙，明朝政府明确表示：一是不容许葡萄牙侵占马六甲；二是不接受葡萄牙的"朝贡"请求，并令其归还马六甲王国的土地后才能朝贡；三是希望暹罗等马六甲王国的邻国能够出兵帮助马六甲；四是加强海防，防止葡萄牙商船借其他名义入侵中国。② 退至柔佛的马六甲苏丹马哈穆德·沙建立了柔佛王国，中国与柔佛王国延续了此前与马六甲王国的友好关系，坚决支持当地人民驱逐

---

① （明）马欢：《瀛涯胜览》"满剌加国"条。

② （清）张廷玉等：《明史》卷325《满剌加传》。

侵略者、收复国土的斗争。中国商船纷纷驶往柔佛和吉兰丹等地贸易，马六甲和东南亚其他地方的华侨也转而前往北大年、吉兰丹、柔佛和文莱等地经商，这些地区的华侨数量因此迅速增加，社会经济也获得快速发展。

由于葡萄牙人加征高额商税，对英国商人和阿拉伯商人百般刁难，贸易受到很大影响，马六甲由此逐渐衰落。而柔佛和苏门答腊岛的亚齐等伊斯兰国家也趁机来扰。到16世纪后期，葡萄牙统治下的马六甲在东南亚国际贸易中的地位为苏门答腊新兴强国亚齐所取代。

16世纪末，葡萄牙的海军力量开始走向衰落。荷兰作为新崛起的欧洲国家，将目光投向远东。荷兰东印度公司于1602年成立后，便开始策划占领马六甲。1630年，荷兰舰队开始封锁马六甲海峡，试图武力侵占马六甲。为了取得马来半岛的柔佛和苏门答腊岛的亚齐这两国的支持，荷兰人出台允许伊斯兰教存在的政策。经过长达十余年的海上封锁和进攻，荷兰人最终在1641年1月占领马六甲。对于荷兰殖民者占领马六甲，中国政府表示反对，中国人也不顾荷兰殖民者的海上封锁，同马来亚各地人民保持友好的通商往来，运来铜铁器具、大米、粗布和瓷器等物品，从经济上支援他们抗击殖民者的斗争。

在侵占马六甲的同时，对中国觊觎已久的荷兰殖民者还试图从海路打开中国的大门，多次进犯福建、澳门沿海，但是由于中国的海疆守备严密，无法攻入，转而在中国沿海一带进行走私掠夺。由于无法打开与中国的通商门户，荷兰殖民者对中国人非常仇视，对航行至马六甲海峡或柔佛河口的中国货船和商人进行没收、拘捕甚至杀戮，手段残忍。1661年，郑成功收复台湾，被驱逐出境的荷兰殖民者更是把中国人视为仇敌，中国大小船舶只要航行至马六甲海峡或柔佛河口附近，都将被扣留。由于荷兰殖民者专横和残暴的统治，在其殖民马六甲期间，该地的华人数量一直不多，中国商船也都绕道而行，不再经过马六甲。

荷兰人在马六甲推行与葡萄牙统治时期不同的政策，以马六甲为贸易中心，大力发展其在远东地区的贸易。但是荷兰人却将此前葡萄牙殖民者执行的高税赋政策延续下来，殖民当局规定，任何通过马六甲海峡的船只，不论起货与否，一律征收高额税赋，种类包括进出口税、人头税、停泊税等。此外，对今马六甲州北部地区的属邦征收什一税和其他税款；对霹雳、吉打、雪兰莪、宁宜等地的锡实行垄断贸易，控制香料、胡椒、檀香、布匹贸易的专卖权，并通过各种途径对各族人民进行压榨和掠夺。因此马六甲的经济发展日渐式微，荷兰人只能像海盗一样逼迫来往于马六甲海峡的商船前来马六甲进行贸易。

1795年，荷兰作为英国的盟国，在英法战争中被法国侵占，包括马六甲在内的荷属海外殖民地暂时托管于英国。虽然马六甲在1814年英国、荷兰签订《伦敦条约》后归还荷兰，但1824年签订的《英荷条约》（又称《伦敦协议》）使马六甲再次回到英国手中。以此为标志，荷兰对马六甲160余年的殖民统治正式画上句号。

二、英国对马来亚的殖民统治

早在16世纪末，英国人为了在马六甲海峡沿岸建立贸易基地，曾与葡萄牙人发生过多次冲突，后来被迫转到印度和今印度尼西亚地区。为了开辟商品市场、控制对华贸易通道和在远东地区建立海军基地，18世纪后期，英国成功将法国势力驱逐出印度，对印度实现了独占，随后继续向东扩张，再次来到马六甲海峡。1771年，英国殖民者侵入槟城。1786年，弗朗西斯·莱特（Francis Light）代表英国东印度公司与吉打苏丹签订条约，占领槟城，并开始将其发展成为英国在远东地区的军事及商业中心。

英法战争期间，荷兰作为英国的盟国曾遭到法国的进攻，为防止法国军队占领荷兰的殖民地，荷兰国王要求各海外殖民地将行政权移交给英国。英军乘机于1795—1814年占领了马六甲。英国东印度公司通过支付少许金钱或武力强迫等手段，收买和强占了马来亚的一些地方。其中，强占新加坡成为其在亚洲扩张的重要步骤。英国侵占新加坡后，便有了控制马六甲海峡和马来半岛的战略前沿，对牵制荷兰的殖民势力和维护英国在远东地区航运、贸易安全等利益都有着十分重要的战略意义。1819年1月30日，英国为了有效控制马来半岛的商业，以每年8 000西班牙元的代价获准在新加坡设立商馆。由于占据着优越的地理位置和英国殖民者推行自由贸易政策，新加坡的港口贸易得到了迅猛的发展。到1820年，新加坡贸易额开始超越马六甲。到1825年，新加坡的贸易额远远超过了马六甲和槟城，成为英国在整个远东地区进行掠夺的重要基地。

1824年，英荷签订《英荷条约》。根据协议内容，两国重新划分了在马来半岛及附近地区的势力范围，荷兰把马六甲转让给英国，以换取英国人在苏门答腊占据的明古蘭，同意不再在马来半岛建立殖民地；英国则把苏门答腊等地划归荷兰，答应不再在新加坡以南的岛屿建立殖民地。1826年，英国把槟城、马六甲、新加坡合并为海峡殖民地，由英国东印度公司管理。1832年，海峡殖民地的行政中心从槟城迁到新加坡。1830—1851年，海峡殖民地由孟加拉总督管辖，后归印度大总督管辖。1867年，海峡殖民地成为英国皇家殖民地，转为英国殖民部直接管理，由英国殖民大臣指定的总督在行政、立法两委员会的协助下进行统治。行政会议的成员包括财政司、律政司的高级官员以及多名非官方成员。立法会议的成员除了高级官员，还包括13名非官方议员，其中两名由商会选出。新加坡、槟城和马六甲三地再分别设立辅政司，在市政委员会协助下进行统治。

　　海峡殖民地的建立，奠定了英国在远东的霸权。英国不仅对贸易霸权感兴趣，而且还图谋抢占原料和矿产资源，从 1870 年开始，对马来半岛各邦采取了主动干预的政策。同时，马来亚许多州的统治者为了解决州内的纷争而向英国殖民者求援。在殖民部接管海峡殖民地的 10 年内，一些马来半岛西海岸的马来亚的州也同时被英国殖民者控制，海峡殖民地的商人也希望英国政府介入马来半岛产锡州的内政。1874 年 1 月，海峡殖民地总督克拉克以平息霹雳地区内部矛盾为由，与侨领和各州苏丹在霹雳州邦咯岛签订了著名的《邦咯条约》。该条约规定，霹雳州受到英国殖民者的保护。以同样的方式，到 1895 年英国殖民者又先后把雪兰莪、森美兰、彭亨三地变为其保护邦。1896 年，英国殖民者进一步把霹雳州、雪兰莪、森美兰、彭亨四个邦合并成马来联邦，并以吉隆坡为首都。马来联邦设立总驻扎官，向海峡殖民地总督负责。初期英国殖民者在马来联邦设立州务会议，讨论宗教和马来人风俗等问题，苏丹权力受到削弱。后来为了缓和与苏丹之间的矛盾，英国殖民者于 1909 年设立了联邦会议，苏丹和英国驻扎官及商人代表坐在一起共同讨论财政、立法等事宜，但苏丹没有决定权和否决权。1927 年联邦会议改组，苏丹不再参加，改由官方议员 13 人、非官方议员 11 人组成。由于各州苏丹的抗议和反对，到赛西尔·金文泰任海峡殖民地总督（1929—1934 年在任）时，才将财政与立法权交回以苏丹为主席的州务会议，各州苏丹的权力和地位显著回升。

　　泰国在曼谷王朝时期仍领有对马来半岛北部各州的宗主权。在设立了海峡殖民地和马来联邦之后，1909 年英国通过与泰国的长期谈判，订立了《曼谷条约》。根据条约，泰国同意将马来半岛北部四个州的宗主权让与英国。同年，英国殖民者又与吉打、玻璃市、吉兰丹签订条约；1914 年，英国殖民者吞并了马来半岛的柔佛土邦；1919 年，英国殖民者与登嘉楼签订条约，规定其受英国的保护。在这一基础上，英国殖民者将吉打、玻璃市、吉兰丹、柔佛和登嘉楼五个州合并为马来属邦。至此，英国已占领马来半岛各州。马来属邦由海峡殖民地总督管辖，因为内部安定，保留了较大的自主权，由属邦元首签署法令。虽然各邦施政方面同样听从英国驻扎官的意见，但苏丹的自治权比较大。马来属邦没有设立统一的立法会议，只是设立以苏丹为首的州务会议。与此同时，英国殖民者还侵入沙捞越和沙巴地区，排挤了荷兰人的势力。至此，西马和东马均沦为英国殖民地。

第四节　外来宗教在马来西亚的传播与演变

一、印度教的传入与发展

印度教传入马来半岛及其扩散，与该地区社会经济的发展密切相关。公元前后，一些印度商人因为经商，往来于印度南部与马来半岛之间，其宗教文化也随之被传入此地。2—10 世纪，马来半岛上多个王国如狼牙修、顿逊等在印度文化的影响下建立起来，印度教作为印度文化影响马来半岛的载体之一，亦在当地社会特别是人们的物质和精神生活中留下了痕迹。《梁书》所载狼牙修的一个传说故事，即生动地反映了印度文化对马来半岛的影响，其载："国人说立国以来四百余年，后嗣衰弱。王族有贤者，国人归之。王闻知，乃加囚执，其镇无故自断。王以为神，因不敢害，乃斥逐出境。遂奔天竺，天竺妻以长女。俄而狼牙王死，大臣迎还为王。"[①] 此则传说表达了狼牙修与天竺的政治联系。6 世纪狼牙修遣使向南朝萧梁政权进表奉贡，从表文中"譬如梵王，世界之主，人天一切，莫不归依"的内容看，此时狼牙修国上层已经信奉印度教。此时的印度教从婆罗门教发展而来，同时吸收了佛教、耆那教的一些教义，因此也包含一些佛教的思想。

15 世纪，伊斯兰教在马来半岛占据主导地位，印度教逐渐衰落，但印度文化的某些成分已经与伊斯兰教相融合，从而成为传统马来文化的重要组成部分。19 世纪末 20 世纪初，大批印度人从印度南部移居马来半岛，印度教再次跟随移民登陆此地。印度教前后两次传入马来半岛，成为构成今天马来西亚印度教文化的两股重要历史源流。"二战"后，在马来西亚的印度人中兴起了一场印度教复兴运动，并催生了一系列印度教组织和机构。

二、佛教的传入与演变

佛教早期在马来半岛的传播，可以追溯到公元前后。马来半岛地处东西海上交通的枢纽地带，随着贸易的兴起，马来半岛遂成为各国的交易中心及各地货物的集散地，也成为各种文化的交汇处。早年来自南印度的商旅利用 5—9 月的西南季风南下至马来半岛各地，其中佛教徒成为携佛教文化登陆马来半岛的先驱。随着时间的推移，前往马来半岛的印度商人和僧侣越来越多。历经千难万险的信徒们登陆之后，往往会落脚

---

① （唐）姚思廉：《梁书》卷 54《狼牙修国传》。

建庙，以感谢菩萨对他们的眷顾，并以此作为据点，逐步向当地的人们传授佛法。

2 世纪建于马来半岛北部的狼牙修，是半岛上的第一个佛教王国。"狼牙"（Langka），源于梵语"Lanka"，意为"山峰"，而"修"一词则音译于"Sukha"，意思是"喜悦，高兴"。根据《楞伽经》中有关"狼牙"的记载，狼牙或许是传说中马来亚山峰上的一座城池，狼牙修意为"快乐的马来亚山城"。也有学者指出，"山峰"可能是指吉打州的吉打峰，而狼牙修就建在吉打峰下。印度商旅和僧众在茫茫大海之上，抵岸之前只能依稀望见高高的吉打山，于是循山而来，为表示感激，便以此山来命名此后建立的王国。尽管目前关于狼牙修的地理位置还有争议，但印度人及印度佛教对狼牙修的影响却是毋庸置疑的。据《梁书》所载，狼牙修国为了与中国崇信大乘佛教的南朝萧梁政权建立关系，在 515 年遣使进奉的表文中极力表明大家有着共同的佛教信仰，比如"供养三宝，名称宣扬，布满世界，百姓荣见"。所谓"三宝"，即佛教中的佛、法、僧。1804 年在莫未河和布央河流域一带发现的佛教遗址，也证明了佛教对马来半岛的重要影响。此外，先后崛起于马来半岛北部的盘盘、丹丹等王国，也都是在印度佛教文化的影响下建立起来的。丹丹国在 530 年遣使访问中国南朝萧梁政权，在表文中极力夸赞梁武帝对佛教的信奉及取得的治绩，所谓"信重三宝，佛法兴显，众僧殷集，法事日盛，威严整肃，朝望国执"，并进奉"牙像及（佛）塔二躯"①，可见丹丹国也信奉佛教。盘盘国在 529 年向中国南朝萧梁政权进献"牙像及塔"，534 年又遣使送来"菩提国真舍利及画塔"②，将佛教之物作为贡品，显见盘盘国对佛教的推崇。新旧《唐书》也记载了盘盘国的佛教信仰情况，《旧唐书》载盘盘国民"皆学婆罗门书，甚敬佛法"③。《新唐书》则载盘盘国"有佛道士祠，僧食肉，不饮酒；道士谓为贪，不食酒肉"④，这里食肉的僧人显然是指小乘佛教徒，而不食酒肉的"道士"应是指大乘佛教徒。

11—18 世纪，佛教在马来半岛经历了一个逐渐衰落的过程。11 世纪，注辇国大举入侵室利佛逝，导致崇尚佛教的室利佛逝的衰落，最终在 13 世纪末分崩离析，为信奉印度教的满者伯夷王国所取代，佛教的地位显著下降。14—15 世纪，马六甲王国崛起，伊斯兰教随着马六甲王国势力的扩张而传播到整个马来半岛，由于伊斯兰教的排他性，佛教逐渐退出马来本地人的宗教信仰领域。

18 世纪前后，随着马来半岛上种植园和矿业开采等经济开发项目的推进，大批亚

---

① （唐）姚思廉：《梁书》卷 54《丹丹国传》。
② （唐）姚思廉：《梁书》卷 54《盘盘国传》。
③ （后晋）刘昫：《旧唐书》卷 197《盘盘国传》。
④ （宋）欧阳修等：《新唐书》卷 222 下《盘盘传》。

洲其他国家的民众纷纷来到此地谋生。尤其是大批华人移居马来半岛，具有浓郁中国色彩的佛教文化随之重新登陆马来半岛。

三、基督教的传入与发展

基督教最早于 7 世纪左右登陆马来半岛。1511 年，葡萄牙人占领马六甲，开始有传教士专职在其管辖范围内传教。由于殖民者专注于对马来半岛经济利益的攫取，而在宗教信仰方面并未采取强制措施，此时基督教的传播在广度和深度上都十分有限。1786 年，英国殖民者占领槟城，之后不久，来自泰国的天主教神父就在槟城创建了一所神学院。19 世纪中叶，受英国文化的影响，在马来半岛上出现了一批以讲英语为主的基督教社群，他们建立的教会学校是基督教在马来西亚进行传播的主要方式和途径。目前，马来西亚大概有 9.1% 的人口信仰基督教，大部分为马来西亚东部的华人。1900年，福建闽清县的华人基督徒黄乃裳就婆罗洲诗巫的开发事宜与当时沙捞越的统治者布洛克签订协议，并在此后两三年内组织了大批华人移民诗巫，在这些移民当中，就有很多基督徒。马来西亚的基督教信仰流派主要包括圣公会、浸礼会、卫理公会、长老会以及罗马天主教等。

四、伊斯兰教的传入与扩散

马来半岛地处马来群岛的中心地带，由于历史和地理的原因，马来半岛并非伊斯兰教传播至该地区的第一站。伊斯兰教沿海路传入今马来西亚境内，经历了传入马来群岛和传入马来半岛两个阶段。

（一）伊斯兰教传入马来群岛

有关伊斯兰教是如何到达包括马来半岛在内的海岛东南亚地区这一问题，迄今尚无定论。总结起来，目前大概有以下几种观点。

一是海岛东南亚地区的伊斯兰教源于阿拉伯地区。根据中国史料记载，早在 7 世纪，就已经有阿拉伯人出现在爪哇地区。684 年，一些阿拉伯人在苏门答腊岛的北海岸建立了穆斯林村。此外，还有记载显示，在哈里发·阿尔·马克蒙统治时期，一位船长曾率领一个 100 人的传教士团体前往马来群岛传教，他们顺利觐见了当时八儿腊和亚齐的国王，并成功说服两位国王皈依伊斯兰教。之后，八儿腊的国王还将自己的一位公主许配给其中一位有阿拉伯血统的伊斯兰教传教士，而其他传教士也与当地妇女结婚。不久，公主生下一个儿子，取名赛·阿卜杜·阿齐兹，并最终成为八儿腊的苏丹。也有西方文献记载，717 年，一个由 35 艘船组成的阿拉伯船队在开往中国的途中，曾停留苏门答腊地区，并在当地传播伊斯兰教教义。

二是海岛东南亚地区的伊斯兰教源于印度。13 世纪，来自阿拉伯半岛的穆斯林已经控制了印度南部的部分地区，古吉拉特成为穆斯林往来海岛东南亚地区的前哨港口。随着穆斯林商人的频繁往来，古吉拉特也就成为伊斯兰教由印度传向海岛东南亚各地的中转站。也有人认为，位于印度西南方的孟加拉是海岛东南亚伊斯兰教的直接来源地。13 世纪，孟加拉落入穆斯林之手，并迅速成为当时印度最重要的伊斯兰教教义研究和宣传中心。很多穆斯林到孟加拉学习伊斯兰教法，其中有一部分人游历到海岛东南亚地区，以宣传教义。在传教的过程中，一些穆斯林与当地妇女通婚，其家庭所在地往往成为该地区伊斯兰教的传播中心。

三是海岛东南亚地区的伊斯兰教源于中国。伊斯兰教到达中国大陆的时间远远早于其传播到东南亚的时间。在哈里发乌斯曼统治时期，官方曾派遣一位名叫沙阿德的人到中国传教。9 世纪时，中国南方尤其是云南地区就已经出现穆斯林。南方地区有些穆斯林漂洋过海来到东南亚，并最终定居，影响并带领着当地民众皈依伊斯兰教。中国人很可能在伊斯兰教传播至海岛东南亚地区的过程中发挥了关键性作用。有些历史学家认为，来自中国的伊斯兰教大约在 10 世纪末期至 11 世纪早期传播至海岛东南亚地区。

虽然今天人们无法回答伊斯兰教究竟如何到达海岛东南亚地区，不能确切了解东南亚人皈依伊斯兰教的时间和地点。但是有一点可以确定：伊斯兰教最终传入马六甲，并随着 15 世纪马六甲王国的崛起影响了整个马来半岛地区。

（二）伊斯兰教传入马来半岛

伊斯兰教传入马来半岛的时间较晚，大约在其产生 6 个世纪之后，才传至马来半岛地区并为人们所接受。普遍认为苏门答腊北部的巴赛是马来半岛上伊斯兰教的直接来源地。13 世纪，伊斯兰教登陆巴赛地区，遂以巴赛为据点向马来半岛、爪哇等地区辐射开来。13 世纪前后，崇尚佛教的室利佛逝的衰落和 15 世纪马六甲王国的崛起，为伊斯兰教在马来半岛地区的广泛传播创造了条件。

考古学家在登嘉楼河上游的一根石柱上面，发现刻有以阿拉伯字体书写的最古老的马来文，内容与公布穆斯林国法的总督有关，并称其为罗·曼达利卡和悉利·帕杜卡·涂汗，时间为 1326 年或者 1386 年，但并未发现 15 世纪以前伊斯兰教在马来半岛大面积传播的痕迹。15 世纪初期，马六甲王国的建立为伊斯兰教在马来半岛的传播和发展奠定了基础。据说马六甲王国的创建者拜里米苏拉娶了巴赛的一位公主，在妻子和岳父的敦促下，拜里米苏拉最终在其 72 岁时皈依伊斯兰教。马欢随郑和于 1413 年出访马来半岛，对马六甲国王拜里米苏拉的服饰有这样的描述："其王服用以细白番布缠头，身穿细花青布长衣，其样如袍。"① 拜里米苏拉的装束明显属于穆斯林的服饰风格。事实证明，马六甲国王皈依伊斯兰教是非常明智的选择，为这个新生的王国在建国之初构建良好的政治、经济和外交关系创造了条件。穆斯林对安拉的忠诚被延伸至社会政治领域，进一步巩固了国王统治的合法性。而马六甲王国与巴赛的共同信仰和姻缘关系，使得在巴赛、阿鲁与马六甲之间形成的三足鼎立局面趋于瓦解，无形之中马六甲与巴赛形成了某种防御联盟，增强了自身的竞争力。马六甲王国对伊斯兰教的崇信，也为其赢得了来自西亚和印度的穆斯林商人，切实的经济利益让底层民众也自觉地披起了头巾，戴起了宋谷帽，从而皈依伊斯兰教。

第三任国王苏丹穆罕默德·沙在位期间，在马六甲建立苏丹王国，使用苏丹称号。从苏丹穆罕默德·沙开始，马六甲王国正式进入马来苏丹王国时代，其后的历任统治者皆采用苏丹称号。第五任国王穆扎法尔·沙统治时期，马六甲王国开始向外扩张，伊斯兰教随着马六甲王国对马来半岛其他地区的征服而迅速传播。穆扎法尔·沙在去世前不久，编定了内含穆斯林法律的法典，在其统治区域内使用伊斯兰教法，创建了清真寺、宗教学堂以及苏非派教堂。此后的三任国王苏丹曼苏尔·沙、阿拉乌丁·黎阿耶特·沙和马哈穆德·沙，都非常重视伊斯兰教的传播及其在政治统治中的作用。

（三）伊斯兰教在马来半岛的扩散

巩固统治权力和获取商业利益，是马六甲王国统治者皈依伊斯兰教的重要原因。15 世纪，伊斯兰教世俗权力复兴，穆斯林商人基本上控制了从欧洲延伸至马来群岛和马鲁古群岛的巨大商业网络。大批来自阿拉伯、印度等地的穆斯林商人，为巴赛带来了巨大的经济利益。马六甲统治者也急于仿效其对手巴赛。此外，伊斯兰教先知的故事，已经随着穆斯林商人的足迹传播开来，马六甲王国的马来人统治者深深地意识到，伊斯兰教强调君主的神圣性及其超越凡界的地位和尊严，对其政治统治具有重要意义，他们非常乐意并急于享受伊斯兰教的显赫封号给予自己的荣耀，马六甲王国的统治者甚至被称为安拉的代表。可以说，马六甲王国的马来人统治者皈依伊斯兰教，对于伊斯兰教在马来半岛全面传播和最终确立自身地位具有里程碑意义。《马来纪年》中用"神的启示"来描述马六甲王国统治者皈依伊斯兰教这件事情。在统治阶层的鼓励之下，民众不分高低贵贱都相继皈依了伊斯兰教。王室鼓励穆斯林与非穆斯林通婚，以吸引新的皈依者，严厉惩戒离经叛教者，强调履行伊斯兰教的各项义务。此外，官方还频频制定出有利于穆斯林的法律规章。

15 世纪中叶，马六甲已经成为海岛东南亚地区非常繁盛的商业中心，伊斯兰文化

---

① （明）马欢：《瀛涯胜览》"满剌加国"条。

也随着商业贸易的往来，逐渐形成一个以马六甲为中心的巨大网络。那些臣属于马六甲王国或者与之关系密切但存在竞争关系的穆斯林王国，在马来半岛中北部的霹雳、吉打、彭亨及登嘉楼等地区相继出现。

　　伊斯兰教中以苏非派闻名的神秘主义思想，迅速与当地原始的万物有灵观念以及混合着印度文化的宗教信仰相结合，深深触动了马来人的心弦。苏非运动以自上而下与自下而上相结合的方式，以摧枯拉朽般的力量，随着马六甲王国的崛起和扩张，在短短一个世纪的时间里，几乎征服了整个马来半岛。伊斯兰教很快在马来半岛和马来人心中占得一席之地，与马来人的本土文化相融合，成为传统马来文化中的一个重要组成部分。在随后到来的长达4个多世纪的殖民时期，西方列强专注于对经济的掠夺，反而激发了马来人更好、更顽强地保存和发展自身的文化，维护伊斯兰教的地位和功能。

第十五章　印度尼西亚与周边地区交流史

古代印度尼西亚地区存在较多大小不一的分散性王国，而且先后有着不同的名称。如爪哇，中国史书上最早称作叶调国，后来有诸薄、社薄、耶婆提、诃罗单、诃陵、阇婆（又名莆家龙）的称呼，直至元代才称爪哇①。又如苏门答腊，古代称皮宗、摩罗游（又名末罗瑜）、室利佛逝（又名尸利佛誓、尸利佛逝）、佛誓、三佛齐②，至明朝初年被爪哇吞并后改称旧港，后来又称巨港。此外，印度尼西亚还有若干其他较小的王国。由于印度尼西亚地处从印度洋前往太平洋的海路要冲，与周边地区的政治、经济、文化交流频繁，呈现出政治互动密切、商品贸易繁荣、文化多元共生的格局。

第一节　古代中国与印度尼西亚的交往

一、汉唐时期中国与印度尼西亚的往来

中国与印度尼西亚的友好往来和文化交流可以追溯到两千年以前。在印度尼西亚的主要岛屿爪哇、苏门答腊、加里曼丹等地都曾发掘出汉代陶器残片，证明中国与印度尼西亚早在汉代就有了经济上的联系。据《汉书·地理志》记载，西汉武帝时，中国使节从今广东徐闻、广西合浦启航，途经马六甲和苏门答腊，访问东南亚和南印度各国，随后这些国家也纷纷遣使访问中国。中国与印度尼西亚友好往来的正式记载最早始于132年。据《后汉书·顺帝本纪》载，132年，爪哇岛上的叶调国国王派遣师会访问中国，向东汉顺帝进献礼品，而东汉顺帝也回赠金印、紫绶。叶调国就是今天的

---

① 冯承钧认为，爪哇即元明史籍中的"门遮把逸""麻喏巴歇""麻喏八歇""满者伯夷"，属于同名异译。参见冯承钧：《中国南洋交通史》，北京：商务印书馆，2011年，第65页。

② 关于干陀利国位于苏门答腊岛上的说法，见于明代张燮《东西洋考》和《明史》所载，冯承钧认为"明人考证史地类多附会之说，未能必室利佛逝国之前，初名干陀利也"，指出"昔日南海似无此国名"。本文采纳冯承钧的观点，认为干陀利国位于马来半岛上。

爪哇，而师会则是中国史籍所载印度尼西亚访华的第一位使者。

东汉末年，佛教传入中国并逐渐兴盛，涌现了一大批高僧。佛法上不断精进的他们感到"律藏残缺"，希望去印度寻求真经。最初他们多走陆路，随着海上交通的发展，取道海路的日益增多。处于中国与印度海路要冲的苏门答腊和爪哇逐渐成为僧人往来的中间站。399 年，著名高僧法显循陆路前往印度取经，十年后从印度到达师子国。412 年，法显乘船离开师子国归国，途中到了爪哇岛上的耶婆提国，看见"其国外道婆罗门兴盛，佛法不足言"，可见婆罗门教在耶婆提国占据优势。法显是以梵文为依据，称爪哇为耶婆提。法显在耶婆提居留了 5 个月，对当地的历史、地理、风俗和佛教情况做了细微的观察，后来搭乘到中国做生意的商船回到中国。法显回国后，不仅带回了众多的佛学典籍，而且根据其旅途见闻撰写了《佛国记》，记录他在耶婆提的所见所闻以及归国的艰险航程。根据此书记载，当时中国与耶婆提之间已有定期商船往来。法显是明确见载于史籍的到过印度尼西亚的第一个中国人，他的经历反映了中国与印度尼西亚等海外国家的珍贵友谊。

根据中国史书《宋书》《梁书》《南史》等的记载，中国南北朝时期，印度尼西亚群岛上有相当数量的王国与中国保持着密切的官方联系，其中主要有阇婆婆达（或阇婆达、阇婆）、婆皇（或婴皇）、诃罗单（或诃罗陁、呵罗单）、干陀利、婆利国等。它们多次遣使来到中国，并向中国皇帝"奉表""敬献""朝贡"。但印度尼西亚群岛上各王国与中国之间从来就不是君臣关系，他们遣使来中国，主要是为了促进双方的海上贸易，建立友好关系，也有的是为了寻求中国保护、免受邻国侵扰。比如 430 年，诃罗陁国遣使奉表说：

> 臣是诃罗陁国王，名曰坚铠，今敬稽首圣王足下，惟愿大王和我此心久矣，非适今也。山海阻远，无缘自达，今故遣使，表此丹诚。所遣二人，一名毗纽，一名婆田，令到天子足下。坚铠微葳，谁能知者，是故今遣二人，表此微心，此情既果，虽死犹生。仰惟大国，藩守旷远，我即边方藩守之一。上国臣民，普蒙慈泽，愿垂恩逮，等彼仆臣。臣国先时人众殷盛，不为诸国所见陵迫，今转衰弱，邻国竞侵。伏愿圣王，远垂覆护，并市易往反，不为禁闭。若见哀念，愿时遣还，令此诸国，不见轻侮，亦令大王名声普闻，扶危救弱，正是今日。今遣二人，是臣同心，有所宣启，诚实可信。愿敕广州时遣舶还，不令所在有所陵夺。愿自今以后，赐年年奉使。今奉微物，愿垂哀纳。①

进献的物品包括金刚指环、赤鹦鹉鸟、天竺国白叠吉贝、叶波国吉贝等物。436

---

① （梁）沈约：《宋书》卷 97《诃罗陁国传》。

年，呵罗单国王毗沙跋摩在进呈给中国的表文说：

> 忝承先业，嘉庆无量，忽为恶子所见争夺，遂失本国。今唯一心归诚天子，以自存命。今遣毗纫问讯大家，意欲自往，归诚宣诉，复畏大海风波不达。今命得存，亦由毗纫，此人忠志，其恩难报。此是大家国，今为恶子所夺，而见驱摈，意颇愆惋，规欲雪复。伏愿大家听毗纫买诸铠仗、袍袄及马，愿为料理毗纫，使得时还。前遣阇邪仙婆罗诃，蒙大家厚赐，悉恶子夺去，启大家使知。今奉薄献，愿垂纳受。①

在印度尼西亚群岛上，还有一个被中国史书称作干陀利的国家。据《梁书》记载："干陀利国，在南海洲上，其俗与林邑、扶南略同。出斑布、吉贝、槟榔。槟榔特精好，为诸国之极。宋孝武世，王释婆罗那邻陀遣长史竺留随献金银宝器。"② 502 年，干陀利国的君主瞿昙修跋陀罗遣使向梁武帝萧衍进献金芙蓉、杂香、药物等，据说他曾在梦中得到启示，如果他向梁朝纳贡的话，"则土地丰乐，商旅百倍。若不信我，则境土不得自安"。其实干陀利国与中国的交往在此之前就已经很频繁了。《明史·三佛齐传》记载："三佛齐，古名干陀利。刘宋孝武帝时（454—464）常遣使奉贡。梁武帝时（502—549）数至。"③ 另据《新唐书·室利佛逝传》记载："室利佛逝，一曰尸利佛誓……咸亨至开元间（670—741），数遣使者来朝，表为边吏侵掠，有诏广州慰抚。又献侏儒、僧祇女各二及歌舞。"唐朝也以紫袍金钿带等物回赠。

由于室利佛逝（今苏门答腊）和诃陵（今爪哇）扼东西航道的咽喉，取海路来往于中国和印度之间的僧人，经常要在这里换船。室利佛逝和诃陵又是南海的佛学与文化中心，很多僧人在这里住下来译经，或者在去印度之前，先在这里学习梵语。唐代到过印度尼西亚的中国僧人很多，其中最著名的是会宁和义净。664—665 年，会宁泛海到诃陵，在那里住了 3 年，与诃陵高僧若那跋陀罗共同翻译了佛经《阿笈摩经》，"译出如来焚身之事"。翻译完毕，由随同的僧人运期将经本送回中国，使这部珍贵的佛经得以在中国传布弘扬。会宁精通古爪哇语，先后居住在诃陵和室利佛逝，并终老于此。671 年，义净乘坐波斯商船从广州起航，经过近 20 天的艰难航行，到达室利佛逝。他先在室利佛逝学习半年梵文，然后乘船前往印度。10 年后仍取道海路从印度返回室利佛逝，带回梵文本经律论近 400 部，达 50 余万颂。义净停留在室利佛逝从事佛经翻译，其间曾因聘请译经助手和补充纸墨，于 689 年回过一次广州，不久他又和助手返回室利佛逝，直到 695 年才返回中国。在译经的同时，义净还在室利佛逝完成了

---

① （梁）沈约：《宋书》卷97《夷蛮传》。

② （唐）姚思廉：《梁书》卷54《夷蛮传》。

③ （清）张廷玉等：《明史》卷324《三佛齐传》。

两部重要的著作《大唐西域求法高僧传》和《南海寄归内法传》，给后世留下了中国与印度、印度尼西亚等国家交往的宝贵史料。这两部作品早在19世纪就被翻译为法文和英文，被公认为研究南亚次大陆和古代东南亚的珍贵文献。义净是与法显、玄奘齐名的古代高僧和旅行家，他在25年的时间内，曾三次穿波越浪来到室利佛逝，在那里共停留了十余年，比在印度停留的时间还多几年。他和法显、会宁以及其他到过印度尼西亚的中国高僧一起，在中国与印度尼西亚友好交往史上竖立了永恒的丰碑。

唐朝后期，唐王朝与苏门答腊岛上的室利佛逝国、爪哇岛上的阇婆国官方贸易关系较为密切。到中国的印度尼西亚商人众多，主要集中在广州，故唐朝特在广州设立有印度尼西亚商人居住的"蕃坊"，印度尼西亚大商人蒲高粟曾担任蕃长。这一时期中国输出的商品主要有丝织品、瓷器、铜钱、铁器、农具等，印度尼西亚输往中国的商品主要有胡椒等各色香料、贵重木材、珠宝、玳瑁、象牙、犀角等。

总之，唐代随着造船航海技术和海上贸易的发展，中国官方和民间商人出洋的机会、人数、活动的区域范围也不断增长，而长期留居或定居海外的人数也必然会有所增长。特别是唐朝末年，黄巢领导的农民起义军攻占广州，居住在广州城内的外国商人成批地逃离，他们多数前往东南亚各地避难，同时也出现了成批中国人移民印度尼西亚的现象。而此时海路交通的发展，在客观上为出洋逃难的人和中国人前往东南亚、印度尼西亚等地经商谋生提供了可能。

二、宋元时期中国与印度尼西亚的密切交往

中国与印度尼西亚群岛上诸王国的友好关系，经过汉唐时期近千年的发展，到宋代达到了新的高潮。尽管这一时期苏门答腊和爪哇都经历了多次政治动荡和战争，但是它们仍然与中国保持着不同程度的友好往来。印度尼西亚群岛上的王国是宋代中国与海岛东南亚国家中贸易往来最多的国家。这一时期，印度尼西亚群岛上的政治格局发生了极大的变化，原来一些强盛的国家衰落，代之而起的是另一些国家，主要表现为诃陵国衰落，而阇婆国日益强大；室利佛逝衰落，而三佛齐起而代之；在加里曼丹岛上，则兴起了渤泥国。宋代的三佛齐就是唐代史籍上记载的"室利佛逝"或"尸利佛逝""尸利佛誓"。取代室利佛逝的三佛齐，地扼南海航道的要冲，"东至阇婆诸国，西自大食故临诸国，无不由其境而入中国者"①。因此，三佛齐成为中国与阿拉伯各国交通贸易的中转站、货物集散的中心，同宋朝的关系也最为密切。

据《宋史·三佛齐传》记载，960—983年，三佛齐遣使出访宋朝共11次，平均两

---

① （宋）周去非：《岭外代答》卷2《外国门上·三佛齐国》。

年出访一次。在 1003 年的出访中，三佛齐使臣向宋朝皇帝禀报：三佛齐打算兴建一座佛寺，为宋朝皇帝祝寿，特请宋朝皇帝为新建佛寺"赐名及钟"。宋真宗欣然赐予"承天万寿"的寺额和铸钟，并授予三佛齐正、副使者"归德将军""怀化将军"的荣誉头衔。三佛齐的这次访问，除了像平时一样进行特殊形式的官方贸易，显然还带有宗教和政治上的强烈目的，即希望借助与中国宋朝的亲密关系，抵御爪哇岛上马打蓝王国的侵略。1064—1067 年，三佛齐大首领地华伽罗遣使到广州通商，见广州天庆观倾颓芜没，立愿捐资修复。据 1079 年《重修天庆观记》所载，为了修复天庆观，三佛齐使者频频往返于海上。从 1067 年至 1079 年，整个工程花了 12 年才完成。修复后的天庆观，"规模宏备，焕若洞府。清风时过，铃铎交音。晴日下临，金碧相照"。据说修观以来，由于"真灵之护佑"，三佛齐来华商船"跨洪涛之险，常得安济，无曩日之惊危"。中华人民共和国成立后，《重修天庆观记》石碑在宋代天庆观原址出土，为中国与印度尼西亚两国人民的传统友谊提供了珍贵的物证。据统计，整个北宋时期，三佛齐每隔五六年就到访中国一次。南宋时期，见于史籍记载的访问共有 5 次，而且都是在南宋初期高宗至孝宗朝，南宋中后期则未见三佛齐到访的记载。

宋代中国与阇婆之间的使节往来，《宋史·阇婆国传》记载了三次：第一次是 992 年阇婆国王穆罗茶派遣正使陀湛、副使蒲亚里、判官李陁那假澄等前来访问，进献的礼物包括象牙、珍珠、绣花、销金、绣丝纹、杂色丝绞、吉贝织杂色绞布、檀香、玳瑁、槟榔、盘犀装剑、金银装剑、藤织花簟、白鹦鹉、七宝饰檀香亭子等，而宋廷回赠金帛、良马、戎具等。第二次是 1068—1077 年间，阇婆国王谏义里遣使进献方物。第三次是 1109 年阇婆国王谏义里再次"遣使入贡，诏礼之如交趾"。

宋代中国与三佛齐、阇婆之间的密切关系，还可以从下面的事例中得到进一步的确认。988 年，三佛齐"遣使蒲押陁黎贡方物"。990 年，他离京回国。992 年冬，广州向宋廷汇报说："蒲押陁黎前年自京回，闻本国为阇婆所侵，住南海凡一年。今春乘舶至占城，偶风信不利，复还，乞降诏谕本国。"[①] 宋太宗从之。恰巧 992 年阇婆国王穆罗茶也遣使访问宋朝，并说"其国与三佛齐有仇怨，互相攻战"[②]。三佛齐与阇婆都向宋廷告状，希望宋廷能支持自己，或至少在"互相攻战"中保持中立。这件事一方面说明宋代中国在当时南海诸国中具有较高的地位，同时也说明宋代中国与三佛齐、阇婆的友好关系。

元朝消灭南宋政权以后，十分注意发展对外海上贸易，并沿袭宋朝的海外贸易制度。1277 年，元军占领浙江、福建之后，便在泉州、庆元（今宁波）、上海、澉浦设

---

① （元）脱脱：《宋史》卷 489《三佛齐传》。
② （元）脱脱：《宋史》卷 489《阇婆国传》。

置了四个市舶司，并于 1278 年命令中书左丞唆都、蒲寿庚晓谕南海诸国，以求恢复海上贸易关系。1279 年，占城国、马八儿国首先来中国通商，其他国家也次第仿效。从此，元代中国与东南亚及南亚诸国的海路交通和海上贸易日臻繁盛。1292 年，元世祖因为此前派往爪哇的使者受辱，决定派兵进攻爪哇岛上的新柯沙里王朝，《元史·爪哇传》记载道："朝廷初与爪哇通使，往来交好，后刺诏使孟右丞之面，以此进讨。"但是元军抵达爪哇后，却被动卷入了爪哇宫廷的内部斗争，最后帮助拉登·威查亚（Raden Vijaya）消灭了政敌，建立了满者伯夷王国。拉登·威查亚在取得胜利后，撕毁与元军签订的协议，施计把元军赶回海上，两国友好关系受到短暂的影响。但总体来看，元代中国与包括印度尼西亚在内的东南亚诸国的关系是友好的。元军进攻爪哇岛时带去的火器，为满者伯夷王朝后来的兴盛提供了极大的帮助。元世祖忽必烈去世后，继位者不再征伐爪哇，从此满者伯夷王朝同元朝政府建立了友好关系，两国互派使节，双方贸易关系得到恢复。

三、明代中国与印度尼西亚的政治交往

由于明朝初期采取积极对外交往的政策，而且印度尼西亚的满者伯夷王朝也重视对外贸易，中国和印度尼西亚的关系又发展到了一个崭新的阶段。

明太祖朱元璋于 1369 年、1370 年两次派遣使者出访爪哇，1370 年还派使者访问了三佛齐，目的是告诉印度尼西亚的各王国，中国的明朝已经取代元朝，希望印度尼西亚各王国不仅承认新的明朝政府，而且保持友好交往关系。印度尼西亚各王国也乐于与明朝建立友好关系，后来经常派遣使节前往中国访问。1370 年、1372 年、1375 年、1377 年，爪哇国王先后派遣使者访问中国；1371 年、1373 年、1374 年、1375 年、1377 年，三佛齐国王也遣使访问中国。15 世纪初，根据中国出访使臣尹庆的汇报，爪哇国王针对麻剌加（即马六甲）"诡称索取旧港地"一事，一度怀疑麻剌加是否得到中国的支持。在 1413 年爪哇使者来访时，明廷特别声明说："前中官吴庆还言，王恭待敕使，有加无替。比闻麻剌加国索旧港之地，王甚疑惧。朕推诚待人，若果许之，必有敕谕，王何疑焉。小人浮词，慎勿轻听。"[1] 表明"麻剌加国索旧港之地"一事与中国无关。1460 年，爪哇使者回国经过安庆时，因为酗酒，与入贡的外国僧人斗殴，杀死僧人六人，明廷根据友好相处的原则，把涉事的爪哇使臣交还给爪哇国王自己处理。[2]

爪哇、三佛齐、苏门答剌（今苏门答腊）等印度尼西亚境内许多王国的使者，在

---

① （清）张廷玉等：《明史》卷 324《爪哇传》。
② （清）张廷玉等：《明史》卷 324《爪哇传》。

往来印度尼西亚和中国的途中，多次遭遇风浪，船只被毁坏或沉没，明朝政府都拨给物料、工匠，代为修补，或者另造新船护送使者回国，甚至赠送海船供使者往来。使者因病去世或其家属溺死的，明廷都给予办理丧葬。爪哇的老百姓在海上遇难，中国船只往往尽力抢救，并给获救者旅费回国。同样，中国人在海上遇险、遇风漂失的，他们也能得到印度尼西亚各王国的妥善安置，附搭使船回国。甚至爪哇人用黄金向别国赎回漂失的中国使团随行人员，再随同爪哇的进贡使团回到中国。这些事实充分表明，明代中国与印度尼西亚各王国互相尊重、互相帮助，洋溢着友好的情谊。

明代中国与印度尼西亚各王国之间的官方交往极为频繁，特别是明朝政府在交往中采取了积极主动的外交方针和优惠政策。据不完全统计，明朝是中国派遣使节到印度尼西亚各王国访问次数最多的朝代，达30次以上。特别是郑和使团在1405—1433年间七次下西洋，每次都到印度尼西亚境内的王国访问，大大促进了相互间的友好关系和贸易往来。在明朝政府主动积极的外交方针推动下，印度尼西亚各王国也不断派遣使节访问中国。在明朝270多年间，仅仅爪哇派到中国访问的使节就有64次，如果加上三佛齐、亚齐、南巫里、阿鲁等王国的使者，次数就更多了。各国使节每次来中国访问，都携带极为丰厚的礼品。据《明会典》记载，使者带来的礼物，爪哇有51种，亚齐有20种，三佛齐有12种，须文达那（即今苏门答腊）有13种，阿鲁有2种，整个印度尼西亚各王国合起来，共有98种。充分反映出明代中国和印度尼西亚各王国之间的友好关系。

当然，明朝初期中国在与印度尼西亚各王国发展官方友好关系的同时，也曾发生过几次不幸的事件。根据有关史料的记载，主要有三次：

第一次是1377年三佛齐国王逝世，他的儿子继位后，即派遣使者到明廷，请求颁给印信，从而获得中国的支持，以对付爪哇岛上满者伯夷对三佛齐的欺凌。当时明朝政府不了解三佛齐国已被满者伯夷王国所征服，而且已成为满者伯夷的藩属，便答应了三佛齐国王的请求，根据双方往来的传统习惯，派使臣把印信送去，承认三佛齐新王继位的合法性。爪哇岛上的满者伯夷"闻天朝封为国王，与己埒"，当即大怒，便遣人诱杀了明朝使者[1]。明太祖朱元璋大怒，下令"留其使月余，将加罪，已，遣还"，最后只是"赐敕责之"而已[2]。

第二次是1405年郑和使团第一次下西洋，次年到爪哇访问，不料这时爪哇的东王与西王正在发生激烈的内战，"东王战败，国被灭。适朝使经东王地，部卒入市，西王

---

① （清）张廷玉等：《明史》卷324《三佛齐传》。
② （清）张廷玉等：《明史》卷324《爪哇传》。

国人杀之，凡百七十人"①。西王自知理亏，派遣使臣到明朝谢罪，明成祖给予严厉谴责，并令西王交纳 6 万两黄金赎罪。

第三次是 1415 年郑和到苏门答剌访问，向国王赠送礼物。当时苏门答剌前老王的弟弟苏干剌"以颁赐不及己，怒，统数万人邀击"。郑和率领部卒及该国军队奋力抵抗，"大破贼众，追至南渤利国，俘以归，其王遣使入谢"②。应当说明的是，郑和在抗击苏干剌侵犯时，是与当时苏门答剌国王的军队并肩作战的。费信的《星槎胜览》和巩珍的《西洋番国志》都说此事是经过该国王事先"遣使赴阙陈诉请救"的。因此，郑和并不是私自介入苏门答剌的内政。

以上三次不幸事件发生后，当事双方都能从顾全大局出发，采取了谨慎、克制、谅解的态度和相应的措施，双边关系并没有遭到破坏，而是继续向前发展。比如 1377 年第一次事件发生后，朱元璋了解到三佛齐已被满者伯夷吞并，并已成为满者伯夷王国的藩属，明廷派遣使臣赐封三佛齐国王的做法有失妥当，满者伯夷派人诱杀明朝使者事出有因。但是出于维护天朝大国的体面，象征性地扣留满者伯夷的使者一个多月后就予以遣还，而且仅仅在 1380 年满者伯夷使者访问中国时才"赐敕责之"。由于明朝政府采取了宽容的态度，这个事件没有导致双方关系的恶化。事件发生后的第二年和第三年，满者伯夷仍然派遣使节到访中国，并进献大批礼物。1381 年，满者伯夷赠方物和"黑奴"三百人，明朝则回赠衣钞。1382 年，满者伯夷又遣使赠大珠 8 颗、胡椒 7.5 万斤，"黑奴"男女 101 人。满者伯夷在事件发生后连续派遣使者到中国访问，礼物既丰厚又特别，此举决不寻常，实质上含有赔礼道歉的意思。1393 年和 1394 年，爪哇又遣使访问中国。

1402 年明成祖朱棣继位后，即遣使通知爪哇、苏门答剌等国，欢迎互相交往和发展贸易。1403 年，明朝两次派使节到爪哇、苏门答剌等国进行访问。1404 年，再遣使访问爪哇、苏门答剌。1405 年郑和首次下西洋，即到达爪哇、苏门答剌诸国访问。随着中国使节特别是郑和使团的出访，爪哇、苏门答剌也不断派遣使者前来中国访问，大大增进了相互之间的友谊。1403 年，爪哇西王遣使入贡，互赠礼物。1404 年，爪哇西王、东王先后遣使来访。1405 年，爪哇西王两次遣使来访，东王和苏门答剌亦遣使来访。1405 年在第二次事件发生后，爪哇西王威克拉马瓦尔达马因无故杀害路过的郑和使团 170 人而感到恐惧，便于战争结束后的 1406 年派遣使者前来中国向明朝道歉，明成祖朱棣仅仅表达强烈谴责，并要求爪哇赔偿 6 万两黄金，没有再扩大追究。明朝政府为了表示对外政策保持不变，1408 年郑和第二次下西洋时，照常访问了爪哇、苏

---

① （清）张廷玉等：《明史》卷 324《爪哇传》。
② （清）张廷玉等：《明史》卷 325《苏门答剌传》。

门答剌、阿鲁、南巫里等国。同年底，爪哇西王派使者送来赔偿费 1 万两黄金，明廷礼官认为距离原来规定的 6 万两黄金的赔偿额相差甚远，"请下其使于狱"。朱棣则从大处着眼，下令不予计较，他说："朕于远人，欲其畏罪而已，宁利其金耶，悉捐之。"爪哇西王对此十分高兴，"自后比年一贡，或间岁一贡，或一岁数贡"。苏门答剌、南巫里的情况也差不多，1409 年苏门答剌遣使到中国访问。1410 年和 1411 年，爪哇、苏门答剌分别遣使访问中国。1411 年，阿鲁、南巫里遣使来访。1412 年，苏门答剌、南巫里分别派遣使团来访。1413 年和 1415 年，爪哇先后遣使访问中国。

1415 年第三次事件发生后，苏门答剌国王因其政敌被清除，地位得到巩固，非常感激郑和使团，随即派遣王子率团前来中国表示感谢，此后两国间的交往更加密切。

1416—1435 年的 20 年间，印度尼西亚各王国遣使来中国访问的次数非常频繁，合计爪哇 18 次，苏门答剌 11 次，南巫里 5 次，阿鲁 3 次。1436—1505 年，明廷接待爪哇和苏门答剌来访的使节次数仍不少，计前者 22 次，后者 2 次。充分显示了明代中国与印度尼西亚各王国在政治上的密切关系。

四、清代中国与荷属东印度的"政治"交往

明朝中后期，随着葡萄牙、荷兰等西方殖民者先后到来，印度尼西亚各岛逐渐沦为西方列强的殖民地，印度尼西亚人民开始遭受殖民剥削和压迫。而传统时代中国与印度尼西亚群岛各王国的关系，也逐渐演变为中国清朝与荷属东印度的关系。1602 年，荷兰成立东印度公司。1602—1605 年，荷兰夺取在班达群岛收购香料的特权，进而占领安汶群岛。1609 年，荷兰人将葡萄牙的势力驱赶出马鲁古群岛，完全控制了马鲁古群岛。1619 年，荷属东印度总督燕·彼德逊·昆在爪哇岛的西北海岸建立巴达维亚城，作为荷属东印度的首府，从此巴达维亚成为荷兰殖民者在远东地区的大本营和与中国进行贸易的基地。

对于荷兰殖民者而言，其到远东的目的就是获取经济贸易利益。明后期荷兰之所以侵占中国台湾，目的也是试图以台湾为基地，从事对菲律宾、日本、爪哇以及中国福建、澳门地区的贸易。在清初政府实行海禁的背景下，为了打开与中国进行商业贸易的通道，荷兰人急于与中国建立政治上的交往关系。通过贿赂驻防广东的平南王，1655 年，荷属东印度总督约翰·马绥克派遣使团由巴达维亚出发，经广州前往北京，清政府予以接待。但是清政府并未理会荷兰使团寻求建立经贸关系的愿望，拒绝了荷兰人提出的自由贸易的要求，而是将荷兰使团当作一般的朝贡使团看待。一方面，对荷兰人"缅怀德化，效慕尊亲""虔修职贡""怀忠抱义"的精神予以赞扬，并赏赐了大量礼品，包括大蟒缎 2 匹、妆缎 2 匹、倭缎 2 匹、闪缎 4 匹、蓝花缎 4 匹、青花缎 4

匹、蓝素缎 4 匹、帽缎 4 匹、衣素缎 4 匹、绫 10 匹、纺丝 10 匹、罗 10 匹、银 300 两；另一方面，规定"著八年一次来朝，员役不过百人，止令二十人到京。所携货物，在馆交易，不得于广东海上私自货卖"①。这当然不能使荷兰人满意。荷兰人后来又于 1663 年、1666 年、1667 年、1686 年、1794 年五次遣使到中国，带来刀、剑、枪、哔叽绒缎、洋布、琥珀、珍珠等物，清廷也予以回赠礼品，但是终究没有使清朝统治者突破传统朝贡体系的框架，从而建立起正常的贸易关系。于是荷兰人只得另辟蹊径，一是由荷兰东印度公司组织船队前往中国东南沿海开展贸易，二是积极招徕中国帆船贸易。清代中国与荷属东印度的所谓"政治"交往也就告一段落。

第二节　中国与印度尼西亚的经济文化交流

一、明以前中国与印度尼西亚各王国的经济交往

考古学家在印度尼西亚各主要岛屿如苏门答腊南部、爪哇西部和加里曼丹东部都曾发掘出许多汉代陶瓷的残片。东汉史家提到印度尼西亚古国叶调与东汉政府的联系。当印度尼西亚的历史进入金属文化时期的时候，中国的《汉书》里就有了关于青铜器和铁器通过沿海的货物交换而被传入印度尼西亚的记载。1961 年，印度尼西亚的考古学家从地下发掘出一批中国古钱，共有 40 千克重，其中最早的是汉代的五铢钱。此外，还有唐、宋、元、明各代的铜钱，最多的是宋代的钱币。汉代五铢钱的出土，有力地证明了《汉书》里的记载。132 年，"叶调国王遣使师会诣阙贡献"，充分说明两国人民至迟在汉代已经建立了经济和文化的友好联系。

到了三国时期，吴主孙权派遣朱应、康泰遍访东南亚各国。康泰回国后，为了向皇上汇报，撰写了《吴时外国传》，详细介绍了他所访问的南海诸国的情形，该书对于研究东南亚的历史、地理等具有极为重要的参考价值。令人遗憾的是，这本珍贵的书籍已经散失，我们只能从其他史书的转述中窥见其一斑。因为朱应、康泰出访南海诸国的时间距离汉代不远，故其所载与东汉时期的情况大同小异。据康泰《吴时外国传》的记载："扶南东界，即大涨海，海中有洲，洲上有诸薄国。"② 从诸薄国的位置及名称来看，应该是现在的爪哇和苏门答腊之间一个国家的国名。至于该地的物产，《吴时外国传》记载了一种很特别的树："扶南之东涨海中，有大火洲，洲中有树，得春雨时，

---

① 《清世宗实录》卷 103，雍正九年二月，第 13 – 14 页。
② （唐）姚思廉：《梁书》卷 54《诸夷列传》。

皮正黑，得火燃，树皮正白，纺绩以作手巾，或作灯炷，用之不尽。"① 这种树就是现在的石棉树。《吴时外国传》还记载了一种鸡舌香树："诸薄之东，有马五洲，出鸡舌香树，本多华少实。"② 鸡舌即丁香，是马六甲的特产，因为形似鸡舌，故名鸡舌香。此外，《吴时外国传》记载了一种自然生成的白盐："涨海洲有湾，湾内常出自然白盐，峙峰如细石子。"③ 所谓自然白盐，是指不煮而晒之盐，根据颜色的不同，有白盐、青盐之分。而石棉树、丁香和细白盐都是印度尼西亚的特产。

从晋朝开始，中国与印度尼西亚已有定期的船舶往来，有些船舶可载运二三百人。《宋书》记载当时的情况为："重峻参差，氏众非一，殊名诡号，种别类殊，山琛水宝，由兹自出，通犀、翠羽之珍，蛇珠、火布之异，千名万品，并世主之所虚心，故舟舶继路，商使交属。"W·沃尔特斯在《早期的印度尼西亚贸易和室利佛逝的起源》一文中指出，印度尼西亚的商人初时经销运往中国市场的西亚货物，深受欢迎，获利较高。但是他们后来就进行蒙混，蓄意把印度尼西亚的松脂和安息香充作波斯的乳香和没药。到 500 年前后，中国人已经把这些苏门答腊丛林中的产品作为"波斯类型"的商品而加以接受了，而且在那个时候，中国人也知道了苏门答腊的"婆鲁斯"樟脑。

5 世纪初，中国高僧法显从斯里兰卡经海路回国时，到过印度尼西亚境内的耶婆提国（位于爪哇岛）。法显在耶婆提停留了五个月，然后从这里坐商船回国。在法显回国之前，两国之间早已有商船来往，而且通常是航行 50 天到达广州。

随着中国与印度尼西亚之间经济联系的加强和使节的往来，文化上的接触与交流也更加扩展。唐代高僧义净前后在印度尼西亚居留 10 年以上，他所写的《大唐西域求法高僧传》《南海寄归内法传》等书，对研究南亚、东南亚和东亚各国的文化交流以及印度尼西亚的历史都有重要价值。义净记载了唐代高僧会宁与印度尼西亚僧人智贤（若那跋陀罗）合译佛经的事。会宁是中国成都籍僧人，他于 7 世纪 60 年代曾在爪哇岛上的诃陵国居住了三年，与当地高僧智贤合译了《阿籍摩经》的一部分。后来会宁委托另一位唐朝僧人运期将这部佛经送回长安，此事成为两国文化交流史上有明确记载的典型范例。

隋唐时，中国与东南亚各国的经济、文化联系有了进一步发展。《新唐书》辑录了贾耽的"广州通海夷道"，即从广州出发，经海南岛，沿越南东海岸向南航行，即可抵达现在的新加坡海峡，海峡南岸是室利佛逝国。从广州到室利佛逝国只需 20 天左右。④

---

① （宋）李昉：《太平御览》卷 786《四夷部七》。

② （宋）李昉：《太平御览》卷 787《四夷部八》。

③ （唐）虞世南：《北堂书钞》卷 146《酒食部五》。

④ （宋）欧阳修等：《新唐书》卷 43 下《地理七下》。

唐代中国与室利佛逝国及诃陵国的海上交通便利，商人往来频繁，佛教僧侣的往来与外交使节的出访都要乘坐各国商船。

南宋时周去非详细记载了 12 世纪三佛齐和阇婆两国商人前往中国广州和泉州的路线[①]。赵汝适在所著《诸蕃志》中也说从泉州出发只要月余即到阇婆。也许是史籍漏载，也许是三佛齐受到爪哇新柯沙里王国侵略导致国力削弱的缘故，此时的三佛齐使者到中国访问实际上是一种变相的贸易，使者携来中国所需要的贡品，宋廷回赐其所需要的物品。三佛齐的使节每次都带来隆重的礼物，而宋廷也给予优厚的赏赐。据《宋会要辑稿》记载，1156 年，三佛齐派来的使节向宋廷进献的礼品有 29 种，包括装饰品、香料、食品药材三类，既有三佛齐本地的特产，也有从西亚、南亚输入的物品，有时入贡的货物中还会出现"昆仑奴"（即黑奴）。面对丰厚的贡品，宋廷也不悭吝，"每优赐遣归"。1079 年，宋廷一次就回赠三佛齐钱 64 000 缗，银 10 500 两；对其请求购买的金带、白银器物、僧紫衣、师牒等，都一概答应照给。有时则回赠以丝绸、瓷器等物品。甚至给来访的三佛齐使节加官晋爵，授予"归德将军""怀化将军""宁远将军""怀远将军""保顺郎将"等荣誉职衔，邀请其参加宋朝的封禅典礼，待遇极高。[②]

除了官方使节往来，民间商人的来往也很多，可以说是两国交往的主流。到中国的印度尼西亚群岛各王国商人如果当年不回国，还可以在中国居住。宋朝在当时最大的两个港口广州港和泉州港，都设有专门供包括三佛齐在内的海外各国商人居住的"蕃坊"，任他们自由居住。这对鼓励和招徕海外商舶来中国贸易，起到了不小的推动作用。三佛齐的富商巨贾甚至在中国购地置宅，建立长期的商业据点。与此同时，中国商人也频繁往来于两国之间。中国商人带去的钱币、瓷器、丝绸、纺织品等，给三佛齐等国的社会、经济生活带来了繁荣，因此中国商人在印度尼西亚群岛各地很受欢迎。据《宋史》记载，"中国贾人至者，待以宾馆，饮食丰洁"。不仅如此，中国文化的影响也很大，三佛齐国"亦有中国文字，上表章即用焉"[③]。

尽管三佛齐后来国势衰微，但整个宋代它与中国的民间海上贸易却从未中断。尤其是随着南宋王朝政治重心南移，更加重视对外贸易，贸易规模也更大。三佛齐与广州、泉州之间，阇婆与广州之间，都开辟了定期航线。根据季风的方向变化，船舶在十一月、十二月离开中国，就东北季风；五月、六月从三佛齐、阇婆到中国，就西南季风。从广州到阇婆，顺风一月可到，中国每年开往阇婆万丹港的海船有 3 ~ 6 艘。有

---

① （宋）周去非：《岭外代答》卷 2《外国门上》。
② （元）脱脱：《宋史》卷 489《三佛齐传》。
③ （元）脱脱：《宋史》卷 489《三佛齐传》。

的商人甚至拥有自己的海船，开往阇婆进行贸易活动。根据宋人赵彦卫的《云麓漫钞》和赵汝适的《诸蕃志》，当时与中国贸易的印度尼西亚群岛诸国中，以三佛齐为最重要，阇婆次之。而宋代中国与阇婆之间的使节往来，史籍中也只记载了 3 次。此外，中国史籍还记载了位于加里曼丹岛的渤泥（勃泥、浮泥）与中国的友好关系。1082 年，渤泥国王锡理麻喏派遣使者到中国进献方物，使者请求"从泉州乘海舶归国"，宋神宗予以答应[①]。而考古学家在加里曼丹岛发掘出许多西汉陶器，在沙捞越发现了公元前中国古陶器的碎片和中国古钱，以及中国唐代的铁器和陶器等，这充分说明中国与印度尼西亚经济文化交往的历史源远流长。

元代两国的贸易范围比以前更加扩大，印度尼西亚的许多地区都与中国发生着经济联系。据考证，印度尼西亚的摩鹿加群岛与中国的经济联系始于元代。元朝对外贸易繁盛时期，专管对外贸易的市舶司多达 7 处，这些机构的所在地，即泉州、上海、澉浦、温州、广州、杭州、宁波。

二、明代中国与印度尼西亚的经济交往

明代中国与印度尼西亚的经济交往迅速发展。明代中国社会生产力不断发展，许多产品除了国内销售，还有大量剩余向海外销售。爪哇特别是苏门答剌处于东西海上交通的要冲，成为中国、印度和阿拉伯国家使节来往与商旅转运的必经港口，也是商品销售的一个主要市场。据《明史》记载："苏门答剌在满剌加之西，顺风九昼夜可至，或言即汉条枝，唐波斯、大食二国地，西洋会要也。"[②] 明人马欢《瀛涯胜览》也载，苏门答剌"其处乃西洋之总路"。对印度尼西亚群岛各王国来说，一方面，中国在亚洲东部有着巨大的影响力，而且有着广阔的"宝货"销售市场；另一方面，明代中国的手工业颇为发达，手工业产品特别是丝绸、瓷器、铜铁器和日用品在印度尼西亚各王国颇受欢迎。因此，明代中国和印度尼西亚之间的友好关系有了更大的发展。

明代初期的民间贸易，由于官府推行严格的海禁政策，因此远远不如官方贸易那样兴旺昌盛。民间贸易不得不采取走私的形式，也有使用武装力量以"海寇"的形式出现。冒险事业带来了巨大的利润，因而私自外出贸易者愈来愈多。甚至一些官僚地主、大商人见利眼红，也不顾海禁而私自进行海外贸易。1371 年，为了维护朝贡贸易的利益，政府曾经设法收买走私者，人数达 11 万多。但是治理效果仍不理想，走私贸易依然长盛不衰。只是由于明初社会经济尚未得到完全恢复和发展，政治也不够稳定，加上海禁政策的束缚，走私贸易的规模才较为有限。

---

① （元）脱脱：《宋史》卷 489《勃泥传》。
② （清）张廷玉等：《明史》卷 325《苏门答剌传》。

1403—1435 年，中国社会走向安定，经济渐趋繁荣。在此基础上，明朝统治者有意发展海外贸易，或多或少地放松了海禁政策，因此，中国与印度尼西亚各王国之间的民间贸易得到了进一步的发展。只是由于官方控制下的朝贡贸易蓬勃发展，民间贸易因而相形见绌，居于次要的地位。

明朝正德年间（1506—1521），开始对外国商船实行"抽分法"。从正统年间（1436—1449）到弘治年间（1488—1505），都没有对外国商船征收一定比例的货物，但是在 1509 年开始"十分抽三"，1517 年规定只许"十分抽二"[①]。所谓"抽分"，就是当外国船只入港，或本国商船出外贸易返回时，由地方官会同市舶司前往查验货物，然后无偿地抽出十分之二或十分之三的货物为官有。到了万历初年，为了适应商品货币经济的发展，抽分由征收货物改为折征银币。

明朝中后期，为了解决沿海地区的民生和财政问题，明朝政府逐渐开放海禁，虽然产生了一些问题，但是促进了民间海外贸易的发展。1514 年，广东布政司参议陈伯献奏称："岭南诸货出于满剌加、暹罗、爪哇诸夷，计其产，不过胡椒、苏木、象牙、玳瑁之类，非若布帛、菽粟，民生一日不可缺者。近许官府抽分，公为贸易，遂使奸民数千驾造巨舶，私置兵器，纵横海上，勾引诸夷，为地方害。"[②] 1520 年，御史何鳌奏称："近因布政使吴廷举首倡缺少上供香料及军门取给之议，不拘年分，至即抽货，以致番舶不绝于海澳，蛮夷杂沓于州城。"[③] 可见此时明廷的朝贡贸易已大不如前，竟然需要依靠民间贸易来维持上贡和财政上的开支。明人顾炎武在《天下郡国利病书》中也说，1545 年，司礼监传达嘉靖皇帝的圣谕，要求通过民间贸易的渠道购买沉香 1 000 斤、紫色降真香 3 000 斤、龙涎香 100 斤，而有关官员除了在北京购买到沉香、降真香进献宫廷，还有龙涎香需要"奏行浙江等十三省及沿海香船等处收买"。这是当时民间贸易已占压倒优势的又一旁证。

到了 1589 年，开往东、西二洋的商船正式被规定为各 44 艘。后来因为引数（即货物定额）有限，而私贩者多，增至 210 引，这些商船的载重量一般为 50～300 吨。当时中国商船开往印度尼西亚的港口有下港、旧港、顺塔、亚齐、思吉港等。此外，加里曼丹、马鲁古、南巫里、阿鲁等王国的港口也与中国商人有贸易关系。中国商船开到印度尼西亚各个港口都受到热烈欢迎。船主向国王赠送一定的桌币（相当于关税）后，即可依照规定，进市场进行公平交易。在亚齐，中国商船一进港，国王便立即派官员去迎接，国王不但会接见船主，还会设宴招待。对于在此贸易的中国商人，不仅

---

① 嘉靖《广东通志》卷 66《外志·番夷》。
② 《明武宗实录》卷 113，正德九年六月丁酉。
③ 《明武宗实录》卷 194，正德十五年十二月己丑。

公平和气，而且给予适当优待，所以商人获利"倍于他国"。在迟闷港①，中国商船一到，国王就率领妻子、姬侍等出城亲自接待，虽然也有征税，但税率不高。下港则在城外设立铺舍，招待中国商人。

中国货物在印度尼西亚各地都很畅销。明人顾炎武在《天下郡国利病书》中说，印度尼西亚各王国"皆好中国绫罗杂缯……而江西瓷器、福建糖品、果品诸物皆所嗜好"。此外，中国商人运去的货物还有各种天鹅绒、漆笼、水盘、大小各式罐瓮、首饰盒、中国刀、扇、伞、铜器、铁器、农具等。1523 年，麦哲伦船队经过爪哇的锦石港时，发现市场上有大量的中国瓷器、丝绸等物。近年来，在万丹王宫遗址附近的贝安地区，又发现很多明代的瓷器。现在雅加达博物馆的古瓷展览室里，陈列着许多明代中国白地蓝花的精美瓷器。明人马欢《瀛涯胜览》记载爪哇人"最喜中国青花瓷器"，可资印证。同样，印度尼西亚各王国输往中国的物品也很丰富，主要是热带所产的奇珍异物和各种香料。胡椒是印度尼西亚最大宗的输出品，早在宋代，爪哇岛就是胡椒的集散地，阇婆"此番胡椒萃集，商船利倍蓰之获，往往冒禁，潜载铜钱博换"；苏吉丹"胡椒最多，时和岁丰货银二十五两可博十包至二十包，每包五十升"②。元代爪哇所产胡椒每年上万斤。明代苏门答剌岛上普遍种植胡椒，"其胡椒倚山居住人家置园种之，藤蔓而生，若中国广东甜菜样，开花黄白色，结椒成实，生则青，老则红。候其半老之时摘采，晒干货卖。其椒粒虚大者，即此处椒也。每官秤一百斤，彼处卖金钱八十，直银一两"③。在西方殖民者到来之前，印度尼西亚所产胡椒绝大部分都是运销中国。

中国的重要发明和生产技术也传到了印度尼西亚各王国，陶瓷和丝织品在汉代已传到印度尼西亚，养蚕织丝技术在唐代已传至印度尼西亚。724 年，唐玄宗向室利佛逝国的使者"赐帛百匹"④。当时往来于中国与印度尼西亚之间的商船较多，商人贩运丝绢的数量一定不少。南宋赵汝适《诸蕃志》"阇婆国"条便说当地"亦务蚕织，有杂色绣丝"。中国纸张最早在 7 世纪就由义净带到了印度尼西亚。16 世纪，中国商人把大量纸张运到印度尼西亚，使印度尼西亚人民不再用尖刀和树叶来书写，这对印度尼西亚文化的发展具有重要意义。从《诸蕃志》和元朝汪大渊《岛夷志略》有关印度尼西亚的记载可以看出，中国丝绢、青白花碗等瓷器、漆器在宋元时不断运往印度尼西亚。明朝的马欢也说爪哇人最喜欢中国的青花瓷器。印度尼西亚各岛的木棉布在中世纪不

---

① 迟闷，又称池闷、底勿、底门、吉里地闷。
② （宋）赵汝适：《诸蕃志》卷上"阇婆国"条和"苏吉丹"条。
③ （明）马欢：《瀛涯胜览》"苏门达剌国"条。
④ （宋）王钦若：《册府元龟》卷971《外臣部十六》。

断运到中国，为中国人民所喜爱。在长期经济往来中，印度尼西亚的各种香料植物如龙脑香、沉香、丁香、龙涎香、冰片等陆续运到中国，丰富了中国的药物和香料用品。中国东南沿海居民先后侨居印度尼西亚等国，成为中国人民的友好使者。明代爪哇国的"唐人"数量甚多，他们"皆是广东、漳、泉等处人窜居此地，食用亦美洁，多有从回回教门受戒持斋者"①。苏门答腊岛上的旧港居民"多是广东、漳、泉州人逃居此地"，从14世纪末15世纪初的梁道明、陈祖义、施进卿到16世纪后期的张琏，中国人成为旧港地方的主宰力量。1577年，有商人发现曾经的"广东大盗"张琏正担任旧港的市舶官，福建漳州、泉州籍移民多依附于他②。而这些华侨华人对中世纪印度尼西亚各王国经济文化的发展做出了重要贡献。

综上所述，明代中国与印度尼西亚的贸易活动，占主要地位的是民间贸易，而官方的朝贡贸易则随着形势的变化而变化，有时发展，有时衰退，不能保持15世纪前期的盛况，而且到后来完全为民间贸易所取代。

三、清代中国与荷属东印度的经济交往

17世纪以来，印度尼西亚逐渐沦为荷兰的殖民地，荷兰人设立东印度公司进行管理，并在爪哇岛上的巴达维亚派驻总督。荷属东印度在试图与清政府建立官方贸易关系的努力失败后，便展开单方面行动，一是组织船队到中国东南沿海地区进行贸易，二是招徕中国人到荷属印度尼西亚殖民地进行贸易开发。

荷兰东印度公司的对华贸易大部分是以巴达维亚为中心进行，从巴达维亚起航的船只满载香料等商品前往中国东南沿海的广州、厦门、福州等地销售，然后装上瓷器、药材、丝绸等中国商品赶往苏拉特，换成棉花、糖、树胶、布匹，再乘季风返航到中国东南沿海的广州等地，全部货物在广州等地被销售一空，最后装满货物后，驶回巴达维亚。根据荷兰人约尔格的研究结论，荷兰东印度公司所从事的这种"海上马车夫"式的多角贩运活动，曾经创造出100%~200%的可观利润③。

大量招徕中国人到荷属东印度进行贸易和经济开发活动，是荷属东印度与清代中国开展经济交往的另一种方式，其中来自福建南部漳州、泉州、厦门的中国人扮演了重要角色。据史料记载："自明朝始，及至顺治年间，福建同安人多离开本地，往葛剌巴（即巴达维亚）贸易、耕种，岁输丁票银五六金。此后，每有厦门巨艚，载万余石，

① （明）马欢：《瀛涯胜览》"爪哇国"条。

② （明）马欢：《瀛涯胜览》"旧港"条；（清）张廷玉等：《明史》卷324《三佛齐传》。

③ ［荷］A．约尔格著，任荣康译：《荷兰东印度公司对华贸易》，载《中外关系史译丛》第3辑，上海：上海译文出版社，1986年，第322页。

赴葛剌巴。"① 当中国帆船抵达巴达维亚时，往往受到荷兰人和华人甲必丹的欢迎，运销的货物包括丝织品、瓷器、茶叶、糖、铁锅、钉子、伞、木鞋、金箔纸等。中国商人需要等到 6 月西南季风起来时才从巴达维亚回到中国，满载胡椒、肉豆蔻、丁香、檀香木、犀角、象牙、燕窝、药材、锡、荷兰绵布等商品，以及大量银币。总体上看，1620—1740 年中国与荷属东印度的帆船贸易经历了一个兴起和繁荣的时期，1740—1840 年的帆船贸易则逐渐衰落，而贸易衰落的主要原因是荷兰殖民当局的错误政策。

鸦片战争之后，中国与荷属东印度的贸易又出现了新变化，主要体现在贸易商品结构的变动上。中国从荷属东印度进口的货物除了传统的品种如胡椒、燕窝、油饼、藤条、牛骨、牛皮、海参等，19 世纪末 20 世纪初煤油、蔗糖、橡胶等成为新兴的大宗进口商品。而中国输往荷属东印度的货物，仍以茶叶、陶器、食品、纸张、砖瓦等传统商品为主，可见当时中国经济发展水平的滞后性。

第三节　外来宗教在印度尼西亚的传播与影响

公元初，由于印度文化的影响，建立在婆罗门教基础之上的印度教逐渐流行于爪哇、苏门答腊等岛。现今印度尼西亚全国有印度教庙宇 3 万多座，其中最大的印度教庙宇是建于 9—10 世纪的中爪哇日惹附近的普兰班南寺庙。目前印度尼西亚是东南亚各国印度教教徒最多的国家，而且大部分印度教徒居住在巴厘岛。巴厘岛上的印度教，是印度教与印度尼西亚巴厘岛本土文化相互融合而形成的别具特色的宗教。

一、印度教在印度尼西亚的传播与发展

早在公元初，印度南部科罗曼德耳海岸的一些国家国力强盛，海上贸易发达，在与印度尼西亚群岛各地的商业交往中，把印度文化的精髓——宗教也带到了印度尼西亚。后来，一些印度尼西亚王国的君主把婆罗门教的僧侣请来，专司宗教传播。还有一些印度的婆罗门教徒在印度尼西亚定居下来，与当地人通婚，于是婆罗门教逐渐在印度尼西亚传播开来。4 世纪时，婆罗门教传入印度尼西亚的爪哇、苏门答腊和加里曼丹等岛屿。据史籍记载，5 世纪时，加里曼丹东部的古戴王国和爪哇西部的多罗磨王国都信奉婆罗门教。

印度教是对婆罗门教的革新，是在从多神教向一神教发展过程中产生的，后来又分为毗湿奴派、湿婆派等教派。7 世纪以后，印度尼西亚的湿婆教派开始盛行。印度尼

---

① 佚名：《葛剌巴传》，《小方壶斋舆地丛钞》第十帙。

西亚的湿婆教有一个显著的特点，就是夹杂了大乘佛教和毗湿奴教派的一些因素。例如在832年帕塔潘的甘达苏利的碑铭上一开始就有"敬奉湿婆，献身于大乘佛教"的字句。这一特点还能从某些寺庙的建筑风格中发现：婆罗浮屠、佛塔以及加高寺庙、宋勃拉宛寺庙都兼有佛教和印度教的色彩。

在爪哇岛的夏连特拉王朝统治时期，来自印度和爪哇的移民陆续抵达巴厘岛，并将印度教带到巴厘。在巴厘岛发现的最早的碑铭（882—914）中，有的用梵语字母拼写巴厘语，还有的直接使用梵语记录当时的情况。这表明以梵语为代表的印度教文化在巴厘岛有文字记载的历史之前就在当地生根了。夏连特拉王朝衰落后，巴厘国王达尔马·乌达亚纳和东爪哇辛多克王国的公主生的儿子爱尔朗卡成为东爪哇的国王，进一步加强了巴厘与爪哇的联系。爱尔朗卡的弟弟阿纳克·翁苏首次将巴厘岛与爪哇统一起来，此后又经历了新柯沙里王朝的统一。1343年，爪哇的印度教王国满者伯夷再次统一巴厘。至此，印度教已经在巴厘岛传播了数百年，奠定了巴厘岛浓厚的印度教传统。

16世纪左右，正当以印度教为特色的满者伯夷王朝的封建文化进一步发展的时候，早在7—8世纪就已经在沿海地区开始传播的伊斯兰教也进入了大扩散阶段，终止了印度教在印度尼西亚特别是爪哇岛的发展进程，印度尼西亚进入了前所未有的伊斯兰化阶段。然而，印度教并没有随着声势浩大的伊斯兰化而销声匿迹，一部分印度尼西亚人带着印度教和相应的传统文化，来到了相对封闭的巴厘岛。从16世纪至18世纪，印度教在巴厘岛原有的宗教基础上不断壮大，不但保持了其基本的文化特征，而且与当地本土文化相适应，发展形成了独特的巴厘印度教。

二、佛教的传入与影响

佛教是印度尼西亚官方承认的五大宗教之一。在印度尼西亚的佛教徒中，大约70%信奉大乘佛教，20%信奉小乘佛教，其余的则信奉佛教的新密宗。据印度尼西亚佛教理事会称，60%的佛教徒为华人。早在1世纪，印度佛教文化就已传入印度尼西亚，但是直到5世纪佛教才正式进入印度尼西亚，最早传入的地区是苏门答腊。最主要的佛教派别则是大乘佛教。

7世纪，在苏门答腊兴起的室利佛逝王国，既是印度尼西亚历史上第一个强大的帝国和东南亚国际贸易中心，又是印度尼西亚佛教文化中心。当时许多高僧和学者在此讲学，研究佛法。在室利佛逝都城巨港还修建佛教学校，教授佛教教义、梵语和古爪哇语等课程，大乘佛教因此得到大力弘扬。671年，中国唐代著名高僧义净在室利佛逝学习梵文和研究佛法长达14年之久，他撰写的《南海寄归内法传》和《大唐西域求法高僧传》，成为研究佛教史的珍贵资料。

8世纪后期，室利佛逝王国出兵爪哇，在马打蓝建立了夏连特拉王朝。夏连特拉王朝把大乘佛教的密宗奉为国教，这是马打蓝地区佛教发展的黄金时期。这一时期印度尼西亚佛教得到广泛传播，佛教的雕刻和建筑艺术达到了相当高的水平。850年左右，夏连特拉王国在中爪哇日惹附近建立了世界上最大的佛塔——婆罗浮屠，之后又陆续修建了巴文佛塔、门都特佛塔、卡拉山佛塔、湿雾佛塔等。在位于加里曼丹岛的渤泥国，13世纪时佛教较为盛行，甚至在六月望日有排辨佛节，每逢节日，国王率领民众虔诚礼佛，祈求能够保佑商船航行安全。故宋人赵汝适记载道："佛无他像，茅舍数层，规制如塔，下置小龛，罩珠二颗，是谓圣佛。……遇佛节，其王亲供花果者三日，国中男女皆至。"[①] 佛教建筑的大批出现，标志着印度尼西亚佛教进入了鼎盛时期。

同时，佛教的广泛传播并没有影响到印度教的盛行，两教常常合流。例如832年爪哇岛甘达苏利的碑铭开头就写道："敬奉湿婆，献身于大乘佛教。"两教似乎"合而为一"。这一特点也可从某些陵庙的建筑风格中看到。例如爪哇的婆罗浮屠、加高寺庙和苏门答腊的宋勃拉宛寺庙都各自兼有佛教和印度教的色彩。印度尼西亚历史上最强盛的满者伯夷王国时期，印度教和佛教在印度尼西亚同时流行并且相互融合、友好发展。这一时期提出的"殊途同归"成为印度尼西亚独立后的治国思想。15世纪中叶，信奉印度教的满者伯夷王国开始衰微，此时爪哇居民大多数信奉佛教，皈依伊斯兰教的不多。一直到16世纪20年代前后，以淡目为中心的爪哇北部伊斯兰教诸王国彻底摧毁满者伯夷王朝，才标志着爪哇的全面伊斯兰化。

1934年，佛教重新在爪哇岛兴盛。从斯里兰卡来的比丘那烂陀长老（Bhikkhu Narada Thera）在爪哇岛进行了一系列传教活动。他在雅加达、西爪哇和中爪哇等地散发传单，宣扬佛教教义。印度尼西亚还有一些佛教组织，如印度尼西亚弥勒佛教徒理事会、全印度尼西亚佛教徒联合会、印度尼西亚佛教理事会等。随着历史的发展，印度尼西亚佛教逐渐演变为以华人信徒为主的宗教，并一直延续至今。

三、伊斯兰教在印度尼西亚的传播与扩散

现今印度尼西亚大约有88％的居民信奉伊斯兰教，尽管印度尼西亚没有把伊斯兰教定为国教，但无论在历史上还是现实社会中，伊斯兰教对印度尼西亚政治、经济、文化、教育乃至风俗习惯都有着极其深远的影响。

在伊斯兰教传入印度尼西亚之前，该地区要么崇信原始宗教，要么处于佛教和印

---

① （宋）赵汝适：《诸蕃志》"渤泥国"条。

度教的影响之下。在一些大的岛屿上先后出现了印度教或佛教的国家，如信奉佛教的室利佛逝王朝和信奉印度教的满者伯夷王朝等。关于伊斯兰教何时传入印度尼西亚，学界说法不一，有的认为七八世纪时已传入印度尼西亚，有的认为 10 世纪时已有穆斯林在印度尼西亚的沿海地区生活，但都缺乏史料证明。现在学术界比较一致的看法是：印度尼西亚的伊斯兰教是由印度西部的胡荼辣（今古吉拉特）和波斯的穆斯林商人在13 世纪传入的。他们由海路来到苏门答腊北部经商，与当地土著通婚并定居下来，于是苏门答腊成为印度尼西亚伊斯兰教最早的传播地，随后又传至马六甲和爪哇等地。在这一时期，伊斯兰教徒逐渐在苏门答腊岛确立了统治地位，并建立了第一个伊斯兰教王国——须文达那。最早记载伊斯兰教在海岛东南亚地区传播的是《马可·波罗游记》。1292 年，马可·波罗父子从中国回国，途经苏门答腊，他们到达的第一个港口是"法里勒"（八儿刺），看到那里的穆斯林商人很多，以致当地居民均改信伊斯兰教。传入印度尼西亚的伊斯兰教主要是逊尼派，其中又以沙斐仪教法学派为主。

伊斯兰教之所以能够在印度尼西亚传播，与当时的国际形势和印度尼西亚群岛局势的变化有关。1095—1291 年西欧封建主发动十字军东征，使东西方贸易急剧扩大，刺激了他们对东方奢侈品尤其是香料的需求。盛产香料的印度尼西亚群岛此时深深卷入了当时国际贸易的网络之中，成为东方商品的重要来源地。控制印度洋海上交通的印度、阿拉伯和波斯穆斯林商人为了追逐香料，纷纷渗透到印度尼西亚群岛各个港口，在那里建立贸易据点，结交当地统治者，劝说其皈依伊斯兰教，并与当地人贸易、通婚，传播伊斯兰教。与此同时，因十字军占领了地中海东岸的叙利亚、巴勒斯坦等地，为避开战祸，从北非到东南亚的"亚历山大城—亚丁—印度西部古吉拉特港口—印度尼西亚"贸易航线日趋活跃，印度古吉拉特的穆斯林商人无论从海路前往中国经商或是直接到东南亚做生意，都要先到印度尼西亚的外贸中心——苏门答腊北端的八儿刺和巴赛等地，伊斯兰教也首先由古吉拉特人传入这里。这一时期，统治印度尼西亚大部分地区、信奉佛教的室利佛逝已经衰落，失去了对马六甲海峡的控制，使伊斯兰教得以在印度尼西亚立足、扩张和建立政权。

从伊斯兰教传入苏门答腊到印度尼西亚主要岛屿伊斯兰化的完成，经历了几个世纪，而伊斯兰化的顺序大致由西向东。最初伊斯兰教无法进入信奉印度教、佛教的统治阶层的世袭领地，只能在沿海地带的商业区活动。苏门答腊成了穆斯林商人的落脚点，他们一边经商一边传教，用伊斯兰教影响地方领主，同时借助地方领主的势力从事商业活动。15 世纪以后，爪哇岛出现了穆斯林，他们与当地领主联合形成强大的集团，控制岛际贸易，对信奉印度教的满者伯夷王朝构成很大的威胁，而满者伯夷王朝内部的争权夺利和国内长期陷入混乱状态，则加剧了王朝的衰落。这时以淡目为中心的商港领主和新兴的商业地主接受了伊斯兰教，并利用伊斯兰教作为精神武器迅速扩大自己的势力，终于在 1518 年建立了爪哇岛的第一个伊斯兰王朝——淡目王国。之后，以淡目王国为核心的爪哇北部伊斯兰诸国彻底摧毁了满者伯夷王朝，伊斯兰教在爪哇逐渐成为占统治地位的宗教。15 世纪，加里曼丹岛上的浡泥国已经普遍信奉伊斯兰教，据《明史》记载："其地负山面海，崇释教，恶杀喜施，禁食豕肉，犯者罪死。王薙发，裹金绣巾。……有礼拜寺，每祭用牺。"[①] 到 17 世纪，印度尼西亚基本完成了伊斯兰化。

伊斯兰教传入印度尼西亚，不像传入西亚广大地区那样依靠圣战，而是主要通过以下方式传播：一是由穆斯林商人扮演传教士的角色，他们利用自己的地位和威望，影响来自群岛各地的商人，使他们对伊斯兰教产生兴趣，进而改信伊斯兰教，并把新宗教带回其故乡。二是许多穆斯林商人与当地居民通婚，建立新的穆斯林家庭，生男育女，产生了信奉和传播伊斯兰教的当地人，方便了伊斯兰教的传播。三是通过印度、波斯和阿拉伯的伊斯兰教传教士与学者在印度尼西亚群岛的各种活动，扩大和提高伊斯兰教的影响与地位。四是借助于王室贵族和地方统治者的扶植，首先在地方上层传播，然后自上而下地传播到各地。五是依靠先改宗的穆斯林君主向邻近的非穆斯林地区发动战争，迫使他们皈依伊斯兰教。

四、近代天主教和基督新教的传入

天主教和基督新教大约于 16 世纪初传入印度尼西亚。印度尼西亚独立后，政府实行宗教自由政策，天主教和基督新教获得较大的发展，教徒不断增加。新教教徒主要分布于米纳哈沙、安汶、南马鲁古、万鸦老和巴布亚等地区，天主教徒主要分布于弗洛勒斯、帝汶、马鲁古和中爪哇等地区。

16 世纪，葡萄牙人和西班牙人把天主教传入印度尼西亚东部。1534 年，印度尼西亚的北马鲁古岛有了第一位天主教的传播者，他是葡萄牙商人肯索罗弗劳索。那时葡萄牙的航海家刚刚发现这个富饶的香料群岛，大批商人来到这里，他们在经商的同时也开始传播天主教的教义。传教士弗兰西库斯的活动使天主教在这一地区的传播有了很快的发展。1546—1547 年，他在安汶岛、萨帕鲁阿岛和特尔那特岛给当地数千名土著进行了洗礼，使这些人成为最早信奉天主教的印度尼西亚土著。到 1605 年，安汶岛已有 4 座教堂、1.5 万名教徒。

在弗洛勒斯岛和帝汶岛，天主教最早的传教活动开始于 1555 年。由于当时荷兰殖

---

① （清）张廷玉等：《明史》卷 323《婆罗传》。"婆罗"又名"文莱"，冯承钧认为这里的"婆罗"实则渤泥、浡泥。

民者还没有注意到这些偏僻的小岛，因而天主教在弗洛勒斯和帝汶的传播非常迅速。1799 年荷兰东印度公司解散。1808 年荷属东印度政府总督丹德尔斯实施全面领导，开始实行宗教信仰自由政策。当时天主教的传播已陷入困境，宗教信仰自由政策的执行使得印度尼西亚的天主教起死回生。当时印度尼西亚只有五位天主教的祭司，却要负责 9 000 名居住得非常分散的信徒的宗教活动。1847 年荷兰殖民当局与印度尼西亚天主教会达成协议，为天主教的进一步传播创造了条件。1889 年，印度尼西亚天主教的情况开始好转，全印度尼西亚已有大约 50 名祭司。1896 年，范·李斯神父来到爪哇岛上的穆迪兰，开启了这里的传教活动，但是进展较为缓慢。直到 1904 年，加里巴望地区的四位村长突然主动找到范·李斯神父，希望得到天主教的教义。于是在 1904 年 12 月 15 日，在塞马贡的一处泉水旁，168 个爪哇人接受了洗礼，他们成为接受洗礼的第一批爪哇人，泉水所在的地方也成为爪哇天主教徒朝觐的圣地。

在穆迪兰，李斯神父分别于 1900 年和 1904 年建立了两所学校。学校里的所有学生都信奉了天主教，后来他们中的大多数成为使徒，在印度尼西亚的各个地区传经布道。1918 年两所学校统一为天主教圣徒基金会。印度尼西亚历史上本土的第一位祭司和第一位主教都是前穆迪兰天主教学校的毕业生。20 世纪初，印度尼西亚的天主教组织发展迅速，载入印度尼西亚史册的民族英雄中也不乏天主教的信徒。

基督新教的传播与荷兰在印度尼西亚的殖民统治密不可分。16 世纪末期，随着印度尼西亚逐渐沦为荷兰的殖民地，基督新教也开始得到传播。最初基督新教的传教重点在内地和山区，因为这些地方的伊斯兰教势力较沿海和平原地区弱，经济相对落后。1602 年荷兰东印度公司成立后，为了抵制葡萄牙人在印度尼西亚的天主教势力，于是严禁天主教在其控制范围内传播，这一政策持续了相当长的时间，加上印度尼西亚土著本来就对葡萄牙人抱着仇视的态度，导致天主教的传播严重受阻。1640 年荷兰殖民者在雅加达建立了基督教教堂，并于 1731 年和 1733 年先后将基督教圣经的《新约》和《旧约》译成马来语，因为当时马来语已在印度尼西亚各岛屿间广泛使用。自 19 世纪起，荷兰为了加强对海外领地的控制，在印度尼西亚加紧推行基督教的传教活动。1802 年，荷兰在海牙成立了荷属东印度新教会事务委员会，以统一管理荷兰统治下的印度尼西亚基督教活动。为了避免刺激当地伊斯兰教徒的宗教感情，1855 年，荷兰殖民政府所颁布的法规第 123 条明文规定，基督教、天主教等传教士，未经总督特许，不准擅自在印度尼西亚传教。尤其是在伊斯兰教势力强大的地区，如苏门答腊北部的亚齐、西爪哇的万丹等地，"须与基督教隔绝"，以防止宗教间的冲突，避免引起社会动乱。

如果说佛教、印度教和伊斯兰教主要是通过文化交流和商业往来和平地传入印度尼西亚的话，那么天主教和基督新教则是伴随着西方殖民者的入侵而传播至这个万岛之国的。由于葡萄牙和荷兰分别利用天主教与基督新教作为其扩张的工具，因此 17 世纪前后印度尼西亚天主教与基督新教争夺传播范围的斗争，在一定程度上反映了葡萄牙、荷兰两个殖民者之间的争夺。

复习思考题

1. 试述中越关系发展演变的大致过程。
2. 从外部因素分析柬埔寨历史发展的特点。
3. 试述古代中国和印度对缅甸的影响。
4. 试论伊斯兰文化在印度尼西亚的传播过程。

参考文献

一、历史文献类

[1]（汉）司马迁：《史记》，北京：中华书局，1982 年。

[2]（汉）班固：《汉书》，北京：中华书局，1962 年。

[3]（南朝宋）范晔：《后汉书》，北京：中华书局，2000 年。

[4]（晋）陈寿：《三国志》，北京：中华书局，2011 年。

[5]（唐）房玄龄等：《晋书》，北京：中华书局，1996 年。

[6]（梁）沈约：《宋书》，北京：中华书局，2011 年。

[7]（梁）萧子显：《南齐书》，北京：中华书局，2007 年。

[8]（唐）姚思廉：《梁书》，北京：中华书局，1973 年。

[9]（唐）姚思廉：《陈书》，北京：中华书局，1972 年。

[10]（唐）李延寿：《南史》，北京：中华书局，2011 年。

[11]（唐）李延寿：《北史》，北京：中华书局，2011 年。

[12]（唐）魏徵：《隋书》，北京：中华书局，1997 年。

[13]（后晋）刘昫：《旧唐书》，北京：中华书局，1975 年。

[14]（宋）欧阳修等：《新唐书》，北京：中华书局，1975 年。

[15]（清）董诰等：《全唐文》，北京：中华书局，1983 年。

[16]（唐）杜佑：《通典》，北京：中华书局，1988 年。

[17]（唐）义净：《大唐西域求法高僧传》，北京：中华书局，1988 年。

[18]（元）脱脱：《宋史》，北京：中华书局，1977 年。

[19]（宋）李昉等：《太平御览》，北京：中华书局，1960 年。

[20]（宋）王钦若：《册府元龟》，南京：凤凰出版社，2006 年。

[21]（宋）赵汝适：《诸蕃志》，丛书集成初编本。

[22]（宋）周去非著，屠友祥校注：《岭外代答》，上海：上海远东出版社，1996 年。

[23]（清）徐松：《宋会要辑稿》，北京：中华书局，1957 年。

[24]（明）宋濂：《元史》，北京：中华书局，2011 年。

[25]（元）汪大渊著，苏继庼校释：《岛夷志略校释》，北京：中华书局，1981 年。

[26]（元）周达观著，夏鼐校注：《真腊风土记校注》，北京：中华书局，2000 年。

[27]（元）马端临：《文献通考》，北京：中华书局，2011 年。

[28]（清）张廷玉等：《明史》，北京：中华书局，1974 年。

[29]（明）陈子龙：《明经世文编》，北京：中华书局，1962 年。

[30]《明实录》，台湾"中央研究院"历史语言研究所校印本，1983 年。

[31] 李国祥、杨昶：《明实录类纂·涉外史料卷》，武汉：武汉出版社，1991 年。

[32]（明）马欢著，万明校注：《明本〈瀛涯胜览〉校注》，广州：广东人民出版社，2018 年。

[33]（明）巩珍著，向达校注：《西洋番国志》，北京：华文出版社，2017 年。

[34]（明）严从简撰，余思黎点校：《殊域周咨录》，北京：中华书局，2009 年。

[35]（明）李日华：《紫桃轩杂缀》，上海：中央书店，1935 年。

[36]（明）罗曰褧：《咸宾录》，北京：中华书局，1983 年。

[37]（明）张燮：《东西洋考》，北京：中华书局，1981 年。

[38]（明）丘濬：《大学衍义补》，文渊阁四库全书本。

[39]《清实录》，北京：中华书局，1986—1987 年。

[40]（清）徐鼒：《小腆纪年附考》，北京：中华书局，1957 年。

[41]（清）赵翼：《瓯北全集》，光绪三年刊本。

[42]（清）屈大均：《广东新语》，北京：中华书局，1985 年。

[43]（清）王之春：《国朝柔远记》，北京：中华书局，1989 年。

[44]（清）梁廷枏：《粤海关志》，道光刊本。

[45] 周叔迦辑撰，周绍良新编：《牟子丛残新编》，北京：中国书店出版社，2001 年。

[46]［越］吴士连：《大越史记全书》，重庆：西南师范大学出版社，2016 年。

[47]［越］张登桂等：《大南实录》，东京：日本庆应义塾大学，1961—1981 年。

[48]《安南志原》，河内：法国远东学院，1931 年。

[49]（元）黎崱：《安南志略》，文渊阁四库全书本。

[50] 戴可来、杨保筠校注：《岭南摭怪等史料三种》，郑州：中州古籍出版社，1991 年。

[51] 伍琼华、彭多意：《中国南传佛教资料辑录》，昆明：云南大学出版社，2015 年。

[52] 余定邦等：《中国古籍中有关缅甸资料汇编》，北京：中华书局，2002 年。

［53］李谋、姚秉彦、蔡祝生等译注：《琉璃宫史》，北京：商务印书馆，2007年。

［54］林远辉、张应龙：《中文古籍中的马来西亚资料汇编》，马来西亚中华大会堂总会，1998年。

［55］陆峻岭、周绍泉：《中国古籍中有关柬埔寨资料汇编》，北京：中华书局，1986年。

［56］景振国：《中国古籍中有关老挝资料汇编》，郑州：中州古籍出版社，1985年。

［57］中国第一历史档案馆：《清代中国与东南亚各国关系档案史料汇编》，北京：国际文化出版公司，2004年。

［58］王元林主编：《广东海上丝绸之路史料汇编》，广州：广东经济出版社，2017年。

［59］姚贤镐：《中国近代对外贸易史资料（1840—1895）》，北京：中华书局，1962年。

［60］台湾"中央研究院"历史语言研究所编：《明清史料·庚编》，北京：中华书局，1987年。

［61］万历《广东通志》，广州：岭南美术出版社，2009年。

［62］夏东元编：《郑观应集》，上海：上海人民出版社，1982年。

［63］苏莱曼著，穆根来、汶江、黄倬汉译：《中国印度见闻录》，北京：中华书局，1983年。

二、现代文献类

（一）著作类

［1］梁志明：《东南亚古代史》，北京：北京大学出版社，2013年。

［2］贺圣达：《东南亚文化发展史》，昆明：云南人民出版社，2011年。

［3］段立生：《东南亚宗教论集》，曼谷：大通出版社，2002年。

［4］刘稚：《东南亚概论》，昆明：云南大学出版社，2016年。

［5］黄心川主编：《世界十大宗教》，北京：东方出版社，1988年。

［6］古小松主编：《东南亚文化》，北京：中国社会科学出版社，2015年。

［7］尹湘玲主编：《东南亚文学史概论》，广州：世界图书出版广东有限公司，2011年。

［8］朱海鹰：《东南亚民族音乐》，昆明：云南大学出版社，2012年。

［9］刘稚、罗圣荣：《东南亚概论（第2版）》，昆明：云南大学出版社，2016年。

［10］余定邦、喻常森等：《近代中国与东南亚关系史》，广州：世界图书出版广东

有限公司，2015 年。

　　[11] 陆耀新、卢品慕：《中国—东盟商务简史》，北京：中国商务出版社，2013 年。

　　[12] 冯文慈：《中外音乐交流史》，北京：人民音乐出版社，2013 年。

　　[13] 晁中辰：《中外文化的冲突与融合》，济南：山东大学出版社，2010 年。

　　[14] 郑师渠：《中国文化通史》，北京：北京师范大学出版社，2009 年。

　　[15] 石源华：《近代中国周边外交史论》，上海：上海辞书出版社，2006 年。

　　[16] 余定邦：《东南亚近代史》，贵阳：贵州人民出版社，2003 年。

　　[17] 郭振铎、张笑梅：《越南通史》，北京：中国人民大学出版社，2001 年。

　　[18] 吕士朋：《北属时期的越南》，香港：香港中文大学新亚研究所，1964 年。

　　[19] 孙衍峰：《越南文化概论》，广州：世界图书出版广东有限公司，2014 年。

　　[20] 兰强、徐方宇等：《越南概论》，广州：世界图书出版广东有限公司，2012 年。

　　[21] 徐绍丽等：《越南》，北京：社会科学文献出版社，2005 年。

　　[22] 陈显泗：《柬埔寨两千年史》，郑州：中州古籍出版社，1990 年。

　　[23] 钟楠：《柬埔寨文化概论》，广州：世界图书出版广东有限公司，2014 年。

　　[24] 卢军、钟楠等：《柬埔寨概论》，广州：世界图书出版广东有限公司，2012 年。

　　[25] 李晨阳、韦德星等：《柬埔寨》，北京：社会科学文献出版社，2005 年。

　　[26] ［法］多凡·默涅著，刘永焯译：《柬埔寨史》，广州：暨南大学东南亚研究所，1982 年。

　　[27] 段立生：《泰国通史》，上海：上海社会科学院出版社，2014 年。

　　[28] 陈晖、熊韬：《泰国概论》，广州：世界图书出版广东有限公司，2012 年。

　　[29] ［苏］尼·瓦·烈勃里科娃著，王易今等译：《泰国近代史纲（1768—1917）》，北京：商务印书馆，1974 年。

　　[30] 范宏贵、黄兴球、卢建家：《老挝佬族起源研究文集》，广州：世界图书出版广东有限公司，2011 年。

　　[31] 郝勇、黄勇等：《老挝概论》，广州：世界图书出版广东有限公司，2012 年。

　　[32] 金应熙：《菲律宾史》，开封：河南大学出版社，1990 年。

　　[33] 中山大学东南亚历史研究室：《菲律宾史稿》，北京：商务印书馆，1977 年。

　　[34] 李涛、陈丙先：《菲律宾概论》，广州：世界图书出版广东有限公司，2012 年。

　　[35] 王任叔：《印度尼西亚古代史》，北京：中国社会科学出版社，1987 年。

　　[36] 李美贤：《印尼史——异中求同的海上神鹰》，台北：三民书局，2005 年。

　　[37] 唐慧等：《印度尼西亚概论》，广州：世界图书出版广东有限公司，2012 年。

［38］王俊：《世界我知道·印度尼西亚》，长春：东北师范大学出版社，2012 年。

［39］［印度尼西亚］巴尼著，吴世璜译：《印度尼西亚史》，北京：商务印书馆，1959 年。

［40］马燕冰等：《列国志·马来西亚》，北京：社会科学文献出版社，2011 年。

［41］龚晓辉等：《马来西亚概论》，广州：世界图书出版广东有限公司，2012 年。

［42］周伟民、唐玲玲：《中国与马来西亚文化交流史》，海口：海南出版社，2008 年。

［43］钱文宝、林伍光：《马来西亚简史》，北京：商务印书馆，1981 年。

［44］中山大学东南亚历史研究室：《东南亚问题：马来西亚的概况》，1975 年。

［45］钟智翔、尹湘玲：《缅甸文化概论》，广州：世界图书出版广东有限公司，2014 年。

［46］贺圣达、李晨阳：《缅甸》，北京：社会科学文献出版社，2009 年。

［47］余定邦等：《缅甸》，南宁：广西人民出版社，1994 年。

［48］［缅］貌丁昂著，贺圣达译：《缅甸史》，云南省东南亚研究所，1983 年。

［49］中山大学东南亚历史研究所：《缅甸简史》，北京：商务印书馆，1979 年。

［50］［越］陶维英著，刘统文、子钺译：《越南古代史》，北京：商务印书馆，1976 年。

［51］［越］陶维英著，钟民岩译：《越南历代疆域》，北京：商务印书馆，1973 年。

［52］［法］马司培罗著，冯承钧译：《占婆史》，北京：中华书局，1910—1913 年。

［53］冯承钧：《中国南海交通史》，北京：商务印书馆，2011 年。

［54］邓殿臣：《南传佛教史简编》，北京：中国佛教协会，1991 年。

［55］张旭东：《东南亚的中国形象》，北京：人民出版社，2010 年。

［56］陈炎：《海上丝绸之路与中外文化交流》，北京：北京大学出版社，1996 年。

［57］杨保筠：《中国文化在东南亚》，郑州：大象出版社，2009 年。

［58］程爱勤：《古代中印交往与东南亚文化》，郑州：大象出版社，2009 年。

（二）论文类

［1］张利敏：《越南北部红河下游地区史前文化研究》，广西师范大学硕士学位论文，2013 年。

［2］蒋志龙：《越南同奈盆地的史前文化》，《云南民族大学学报（哲学社会科学版）》，1997 年第 1 期。

［3］南林：《东南亚的沙萤陶器》，《东南亚南亚研究》，1987 年第 1 期。

［4］王民同：《东南亚史前文化述略》，《昆明师范学院学报（哲学社会科学版）》，1983 年第 1 期。

［5］王民同：《东南亚民族的来源和分布》，《云南师范大学学报（哲学社会科学

版）》，1984 年第 2 期。

［6］周大鸣：《东南亚地区旧石器文化与中国旧石器文化的关系》，《东南文化》，1988 年第 1 期。

［7］许红艳：《印度尼西亚地区南岛语民族的形成初探》，《曲靖师范学院学报》，2013 年第 1 期。

［8］梁志明：《论日本对东南亚的占领及其影响（1941—1945）》，《世界历史》，1995 年第 4 期。

［9］黄宗焕：《试论东南亚宗教的演变》，《南洋问题研究》，1986 年第 2 期。

［10］顾海：《古代印度和锡兰著作中的东南亚——东南亚史料简介之一》，《东南亚》，1985 年第 3 期。

［11］马丁：《试论东南亚宗教的特点》，《历史教学（下半月刊）》，1996 年第 3 期。

［12］王冬梅：《浅析印度宗教文化对东南亚的影响》，《晋东南师范专科学校学报》，2000 年第 1 期。

［13］黄宗焕：《试论东南亚宗教的演变》，《南洋问题研究》，1986 年第 2 期。

［14］贺圣达：《东南亚南传上座部佛教文化圈的形成、发展及其基本特点》，《东南亚南亚研究》，2015 年第 4 期。

［15］唐庆华：《越南历代语言政策的嬗变》，《东南亚纵横》，2009 年第 6 期。

［16］陆蕴联：《浅析老挝文字的历史渊源》，《东南亚纵横》，2007 年第 3 期。

［17］钱伟：《东南亚国家文字的拉丁化改革》，《东南亚南亚研究》，2016 年第 1 期。

［18］郭卫东、刘敏：《菲律宾不同时期语言政策及其造成的影响》，《新疆社会科学》，2016 年第 6 期。

［19］陈丽琴：《越南传统戏剧衍生与传承的文化生态》，《社会科学家》，2015 年第 12 期。

［20］颜保：《越南戏剧发展初探》，《国外文学》，1988 年第 2 期。

［21］韩燕平：《菲律宾的音乐和舞蹈》，《中国音乐》，1994 年第 1 期。

［22］汤羽扬：《本土建筑与外来文化的相融——菲律宾建筑给我们的启示》，《华中建筑》，1990 年第 2 期。

［23］孙来臣：《明清时期中缅贸易关系及其特点》，《东南亚研究》，1989 年第 4 期。